C O N T E N T S

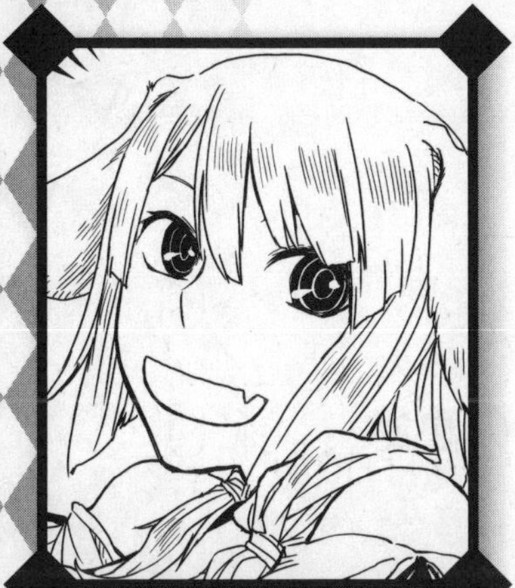

セリーナ

若くして商会の会頭を務める獣人族の美少女。

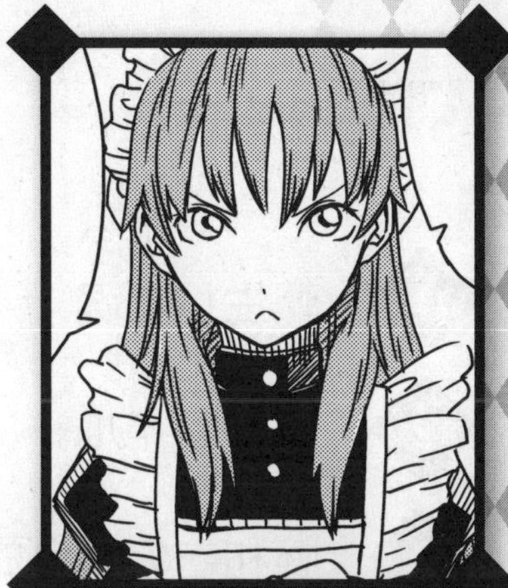

セイルーン

コルネリアス家で働く侍女。バルドの姉代わり的存在。

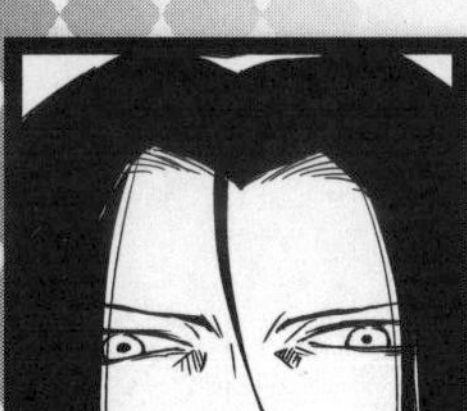

トーラス

隣国ハウレリア王国セルヴィー侯爵家の騎士。確かな腕と侯爵への忠誠心を持つ武人。

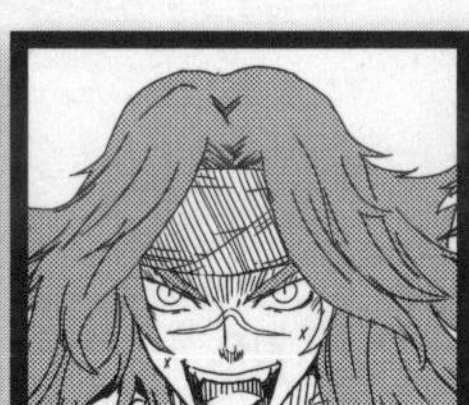

ジルコ

マゴットの戦友。各地を流れて傭兵稼業に勤しんでいる。食べることが大好き。

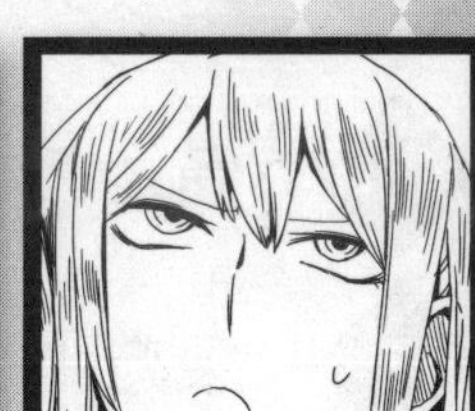

マゴット

バルドの母親。かつては「銀光」の異名を持つ最強の傭兵だった。

異世界転生騒動記

Otaku knowledge & Samurai spirit & Blue blood

1

original
高見梁川
TAKAMIRYOUSEN

comic
ほのじ
HONOJI

original character design
りりんら

アルファポリス
COMICS

主な登場人物

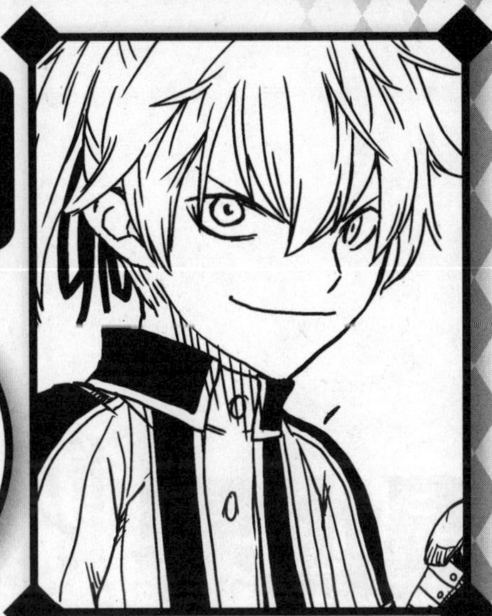

バルド・コルネリアス

本編の主人公。マウリシア王国貴族イグニス・コルネリアスの息子。自身の自我に加え、雅晴と左内の魂をその身に宿している。

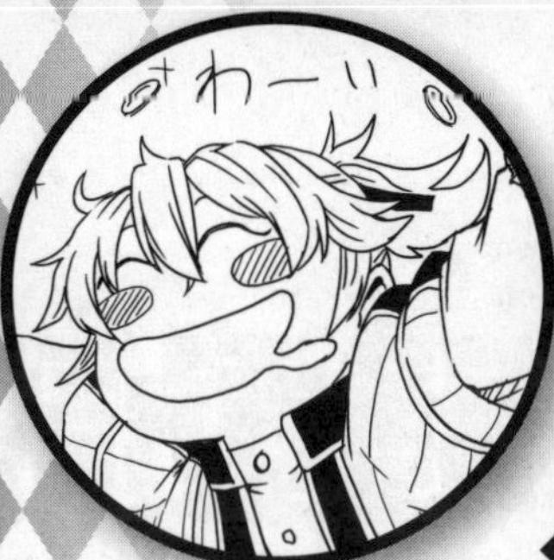

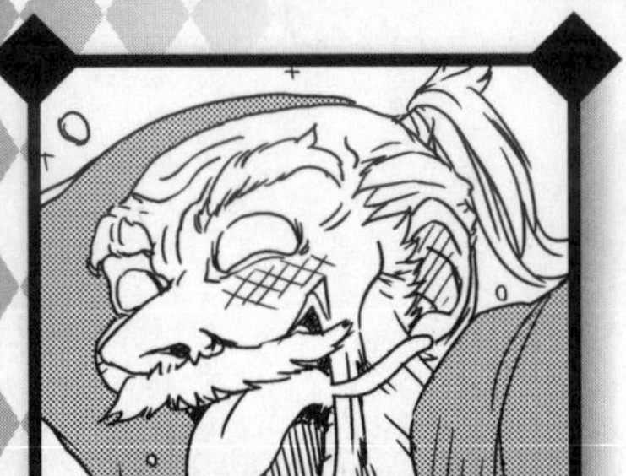

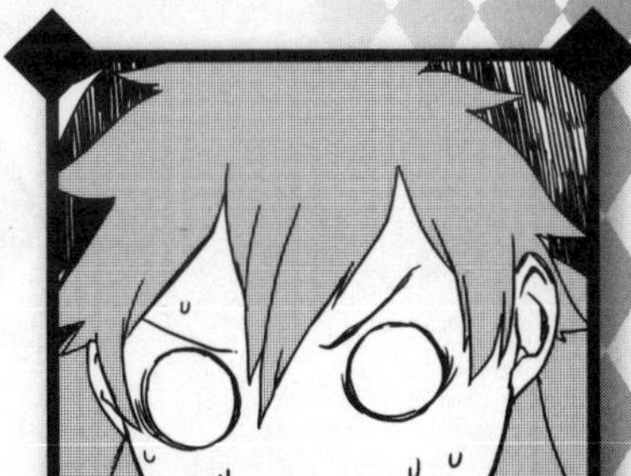

岡左内

バルドの身に宿る魂その1。戦国時代に名を馳せた武将であった。お金が大好き

岡雅晴

バルドの身に宿る魂その2。「イヌ耳とネコ耳、どちらが正義か」について悩んでいるオタク高校生。

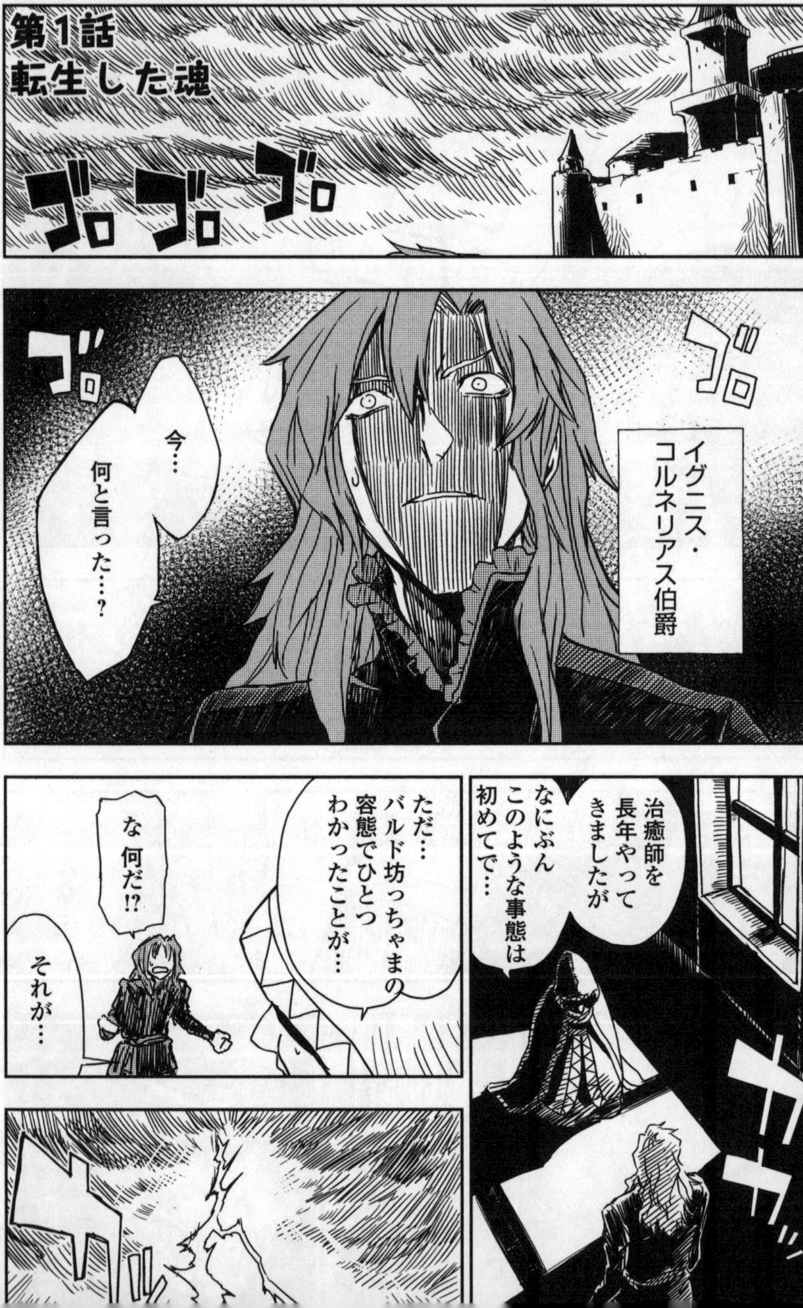
第1話
転生した魂
ゴロゴロゴロ
ゴロ
イグニス・コルネリアス伯爵
今…何と言った…？
ゴロ
治癒師を長年やってきましたが
なにぶんこのような事態は初めてで…
ただ…バルド坊っちゃまの容態でひとつわかったことが…
な何だ!?
それが…

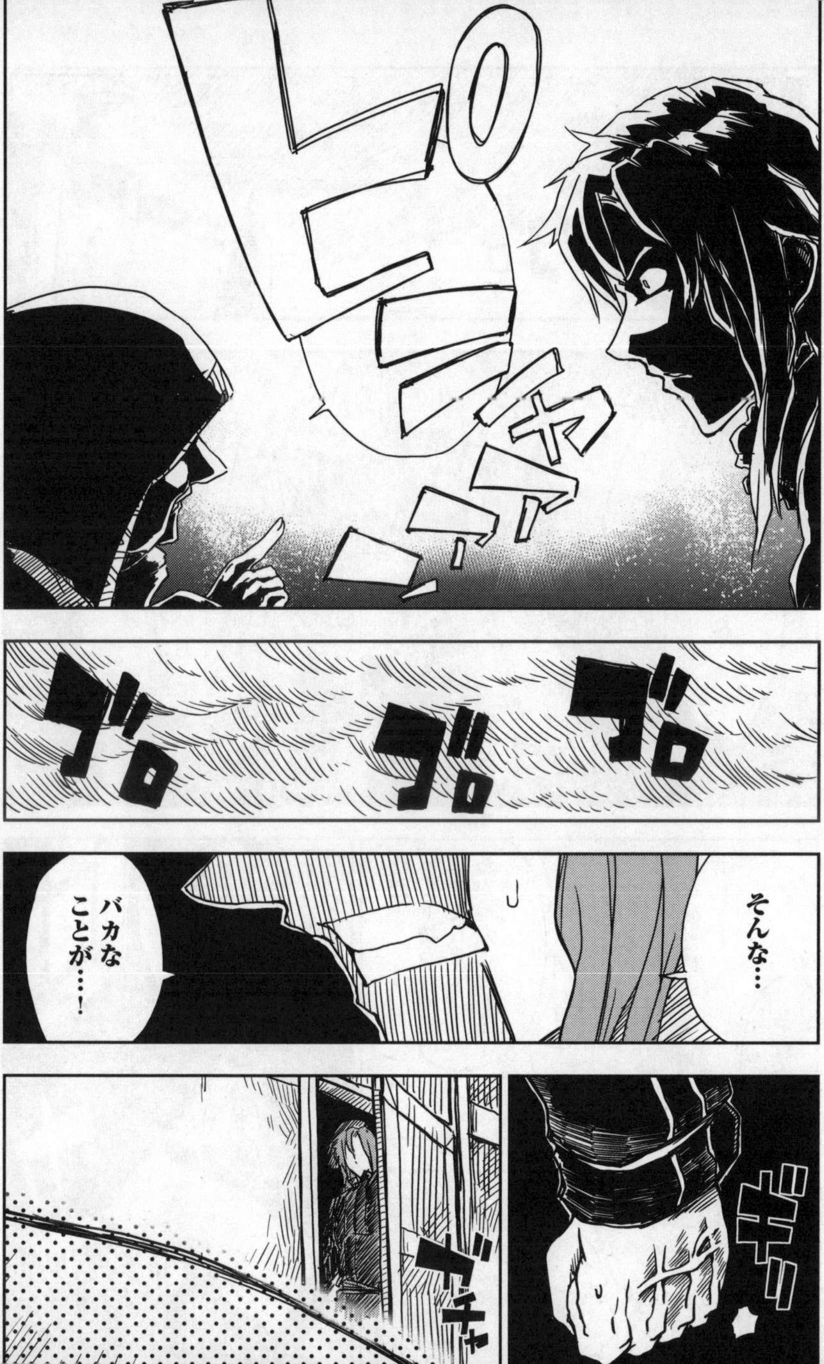
ピシャァァァ!
ゴロ
ゴロ
ゴロ
そんな…
バカなことが…!
ギリッ
ガチャ

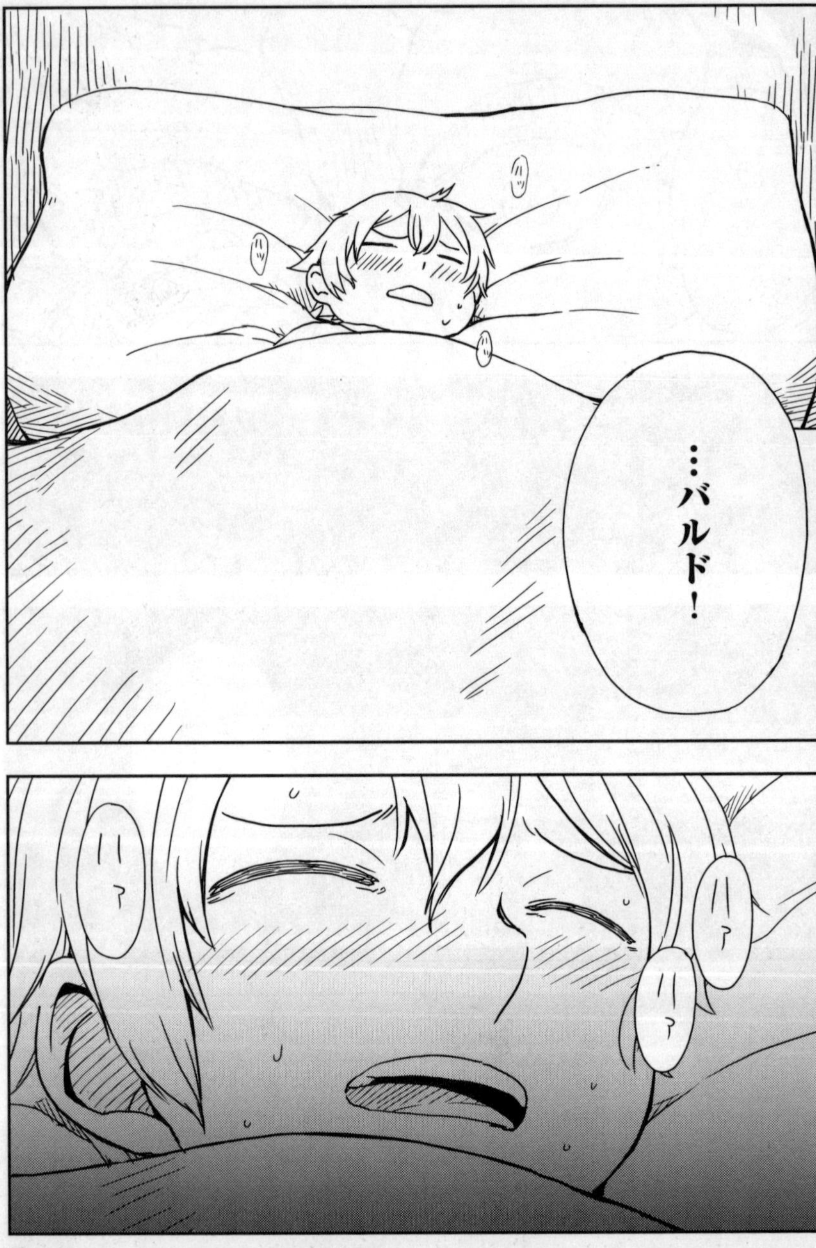
…バルド！
ハァ
ハァ
ハァ

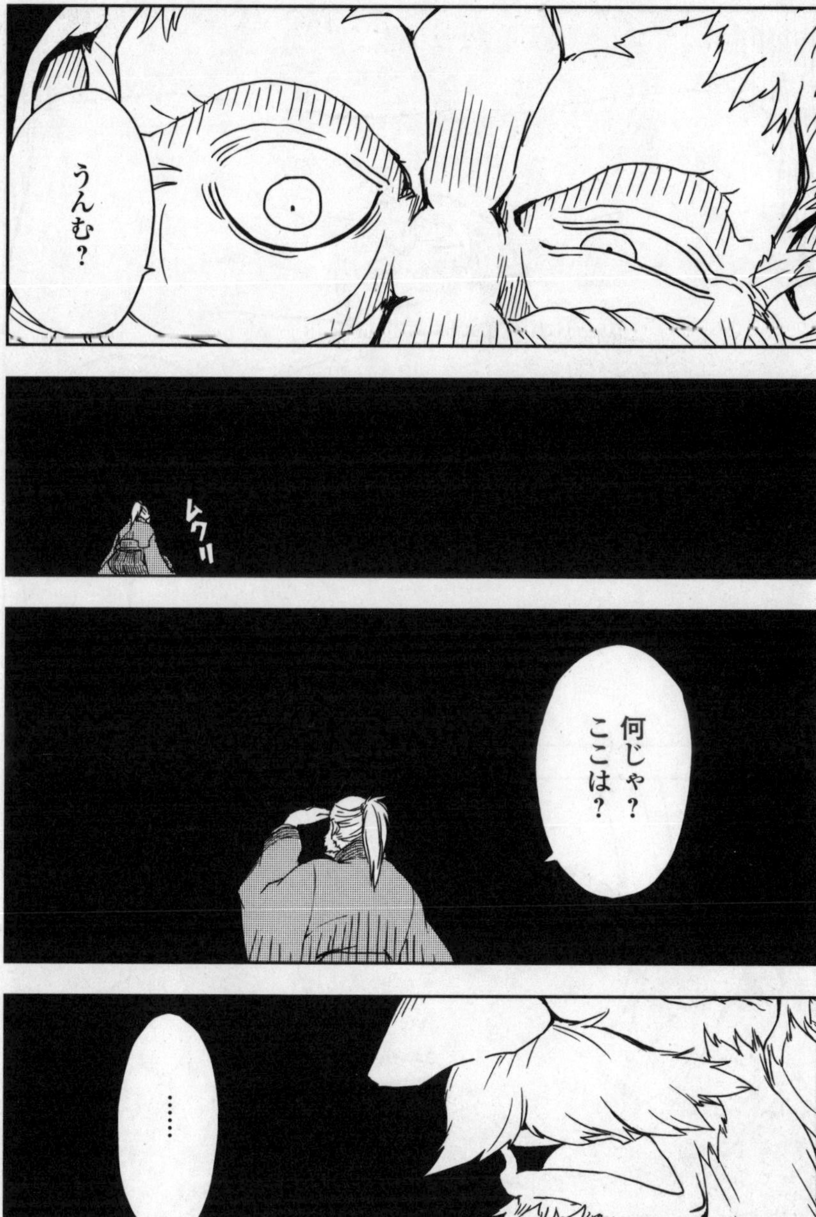
うんむ？
ムクリ
何じゃ？
ここは？
……

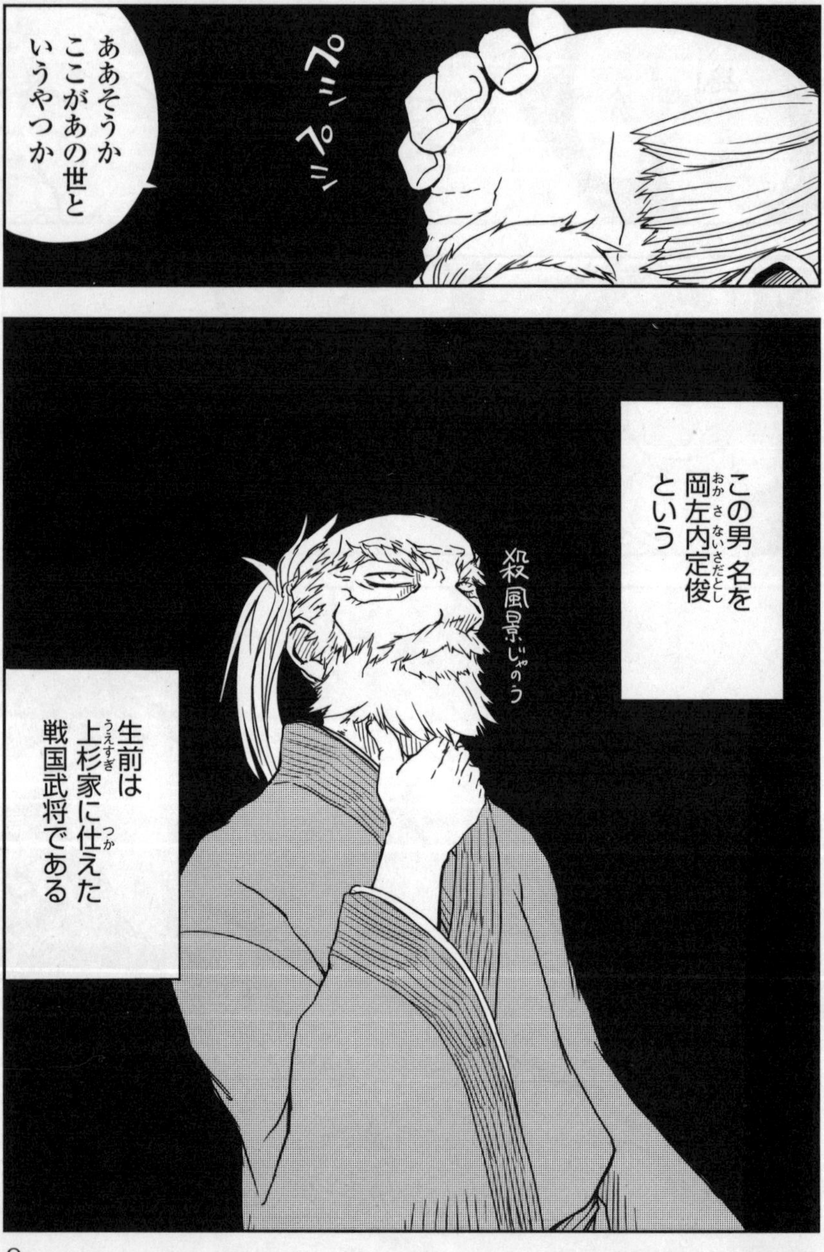
ペシペシ
ああそうか
ここがあの世と
いうやつか
この男 名を
岡左内定俊（おかさないさだとし）
という
殺風景じゃのう
生前は
上杉家（うえすぎ）に仕（つか）えた
戦国武将である

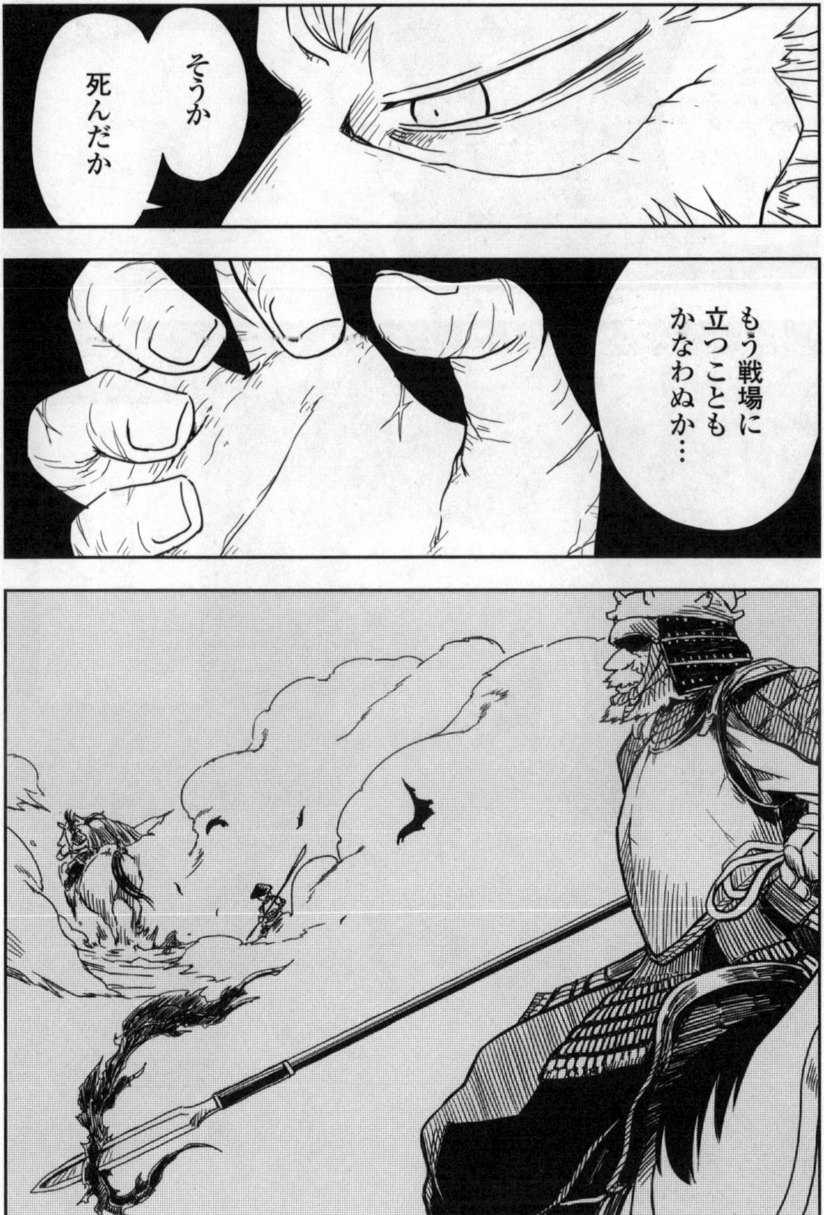
そうか
死んだか
もう戦場に
立つことも
かなわぬか…

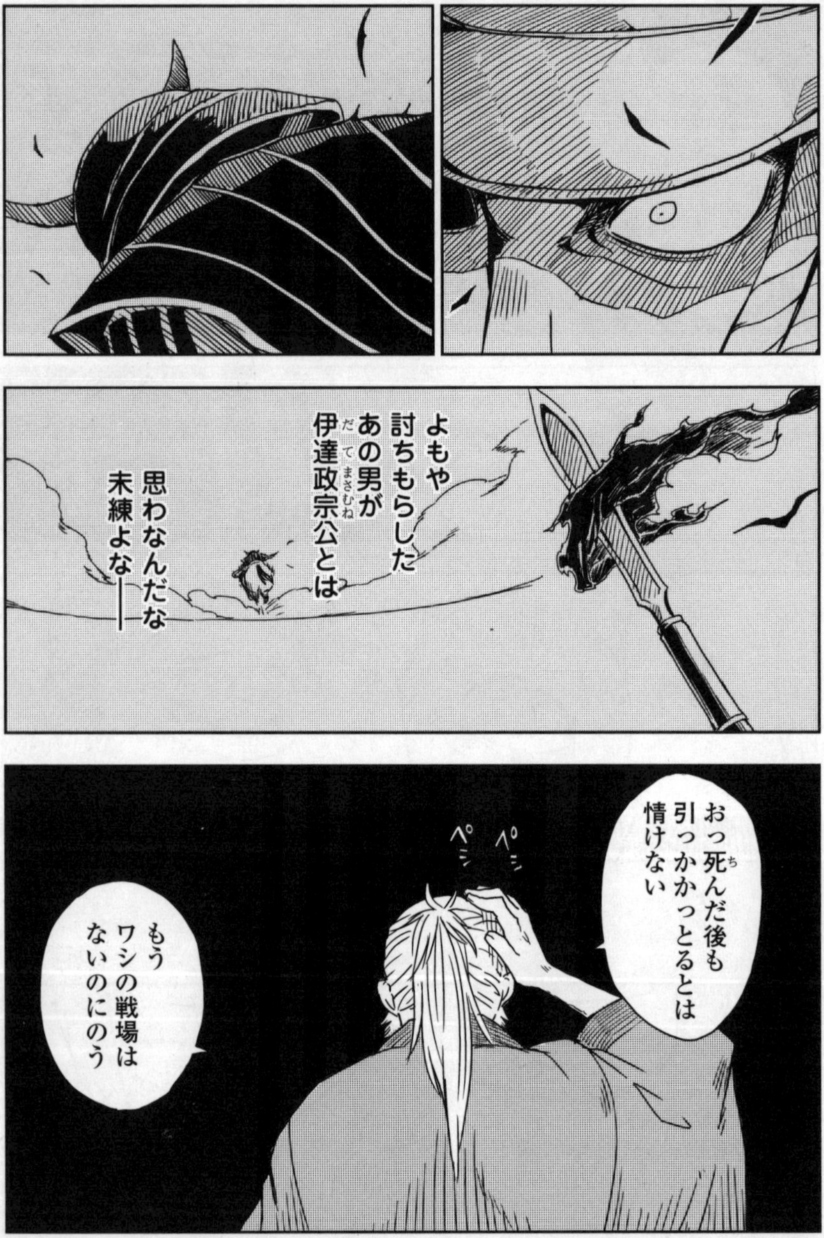
よもや討ちもらしたあの男が伊達政宗公とは思わなんだな
未練よな――
おっ死んだ後も引っかかっとるとは情けない
ペ
ペ
もうワシの戦場はないのにのう

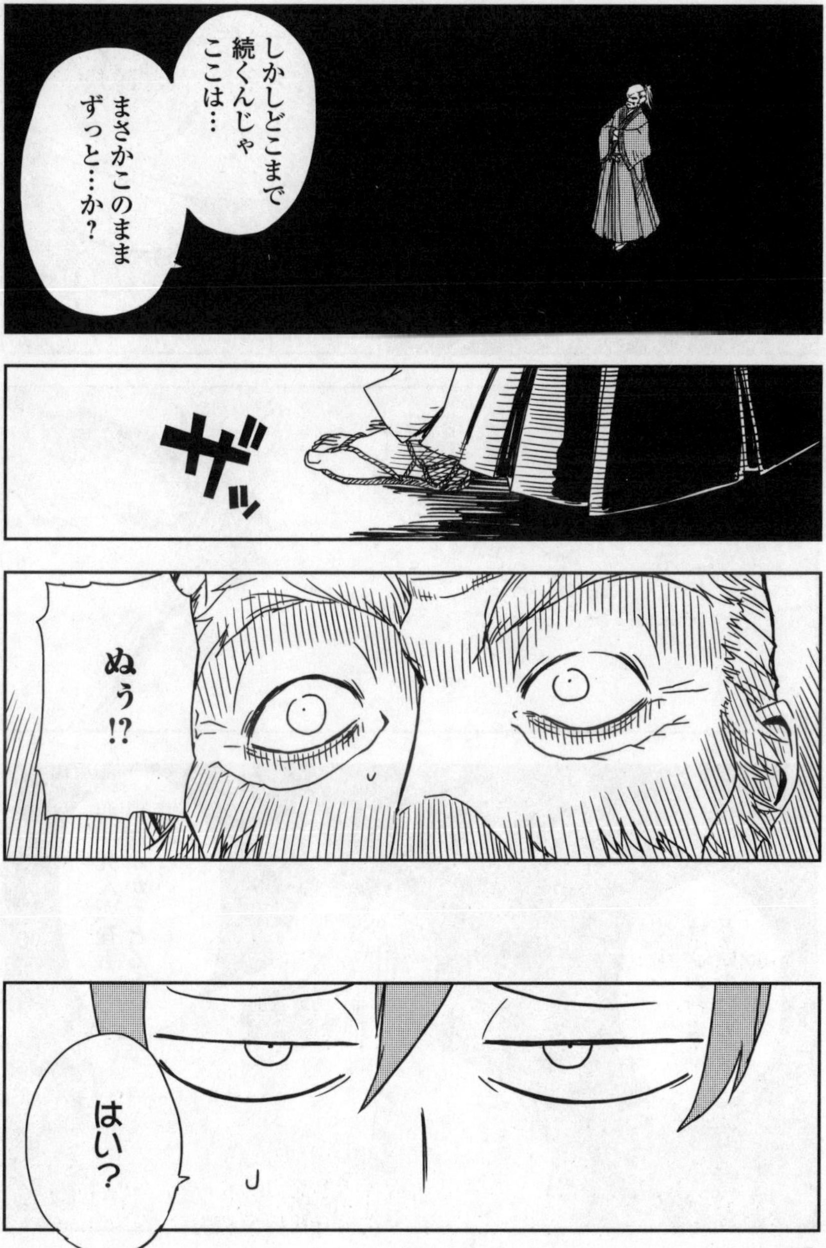
しかしどこまで続くんじゃここは…
まさかこのままずっと…か？
ザッ
ぬぅ!?
はい？

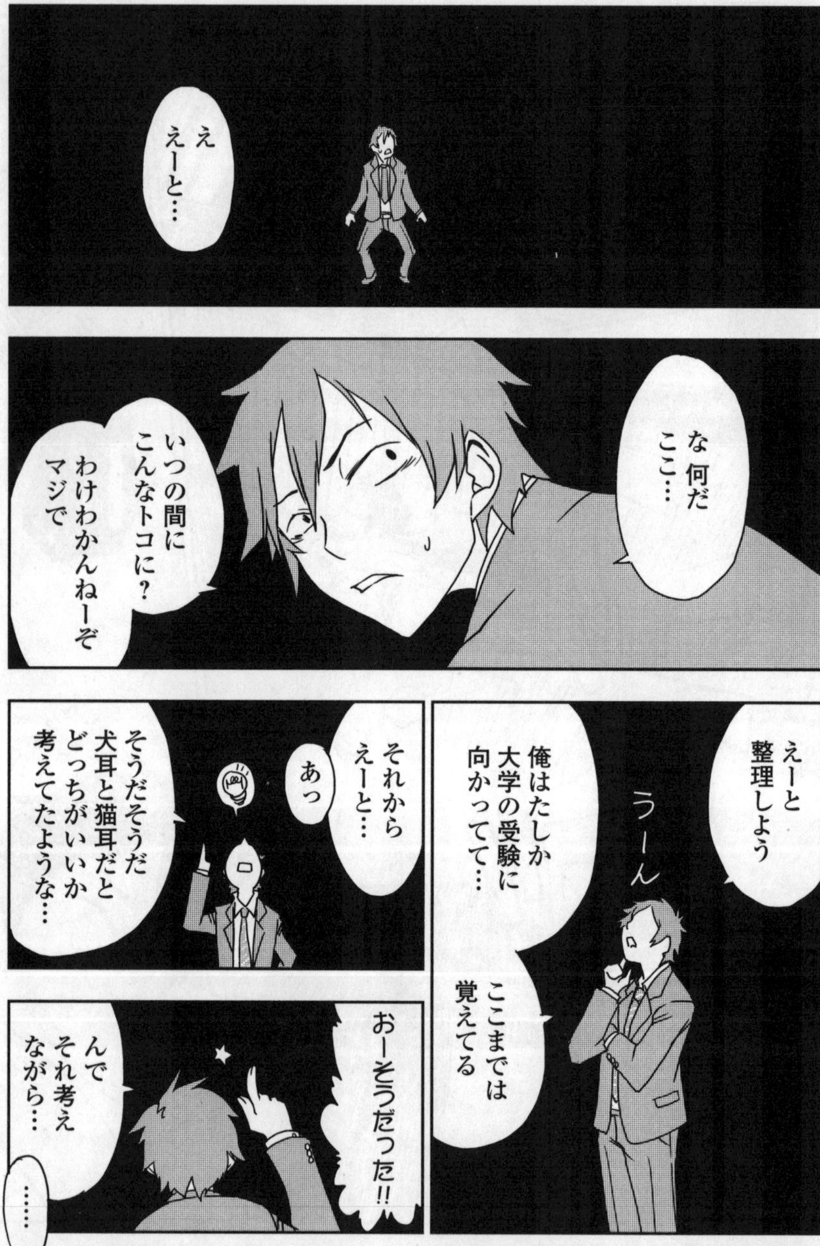
え
えーと…
な何だ
ここ…
いつの間に
こんなトコに？
わけわかんねーぞ
マジで
えーと
整理しよう
うーん
俺はたしか
大学の受験に
向かってて…
ここまでは
覚えてる
それから
えーと…
あっ
そうだそうだ
犬耳と猫耳だと
どっちがいいか
考えてたような…
おーそうだった!!
んで
それ考え
ながら…
……

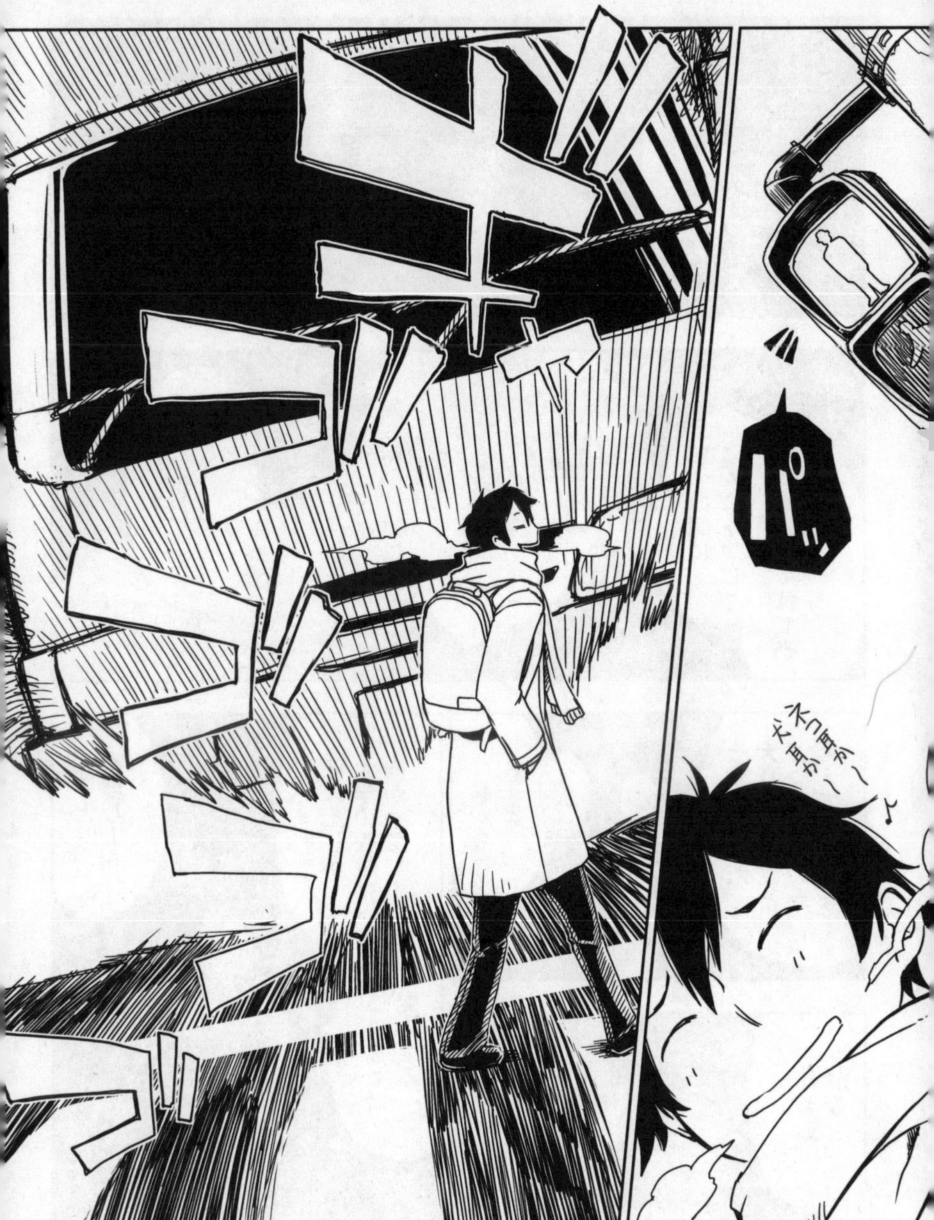
ネコ耳か〜
犬耳か〜♪

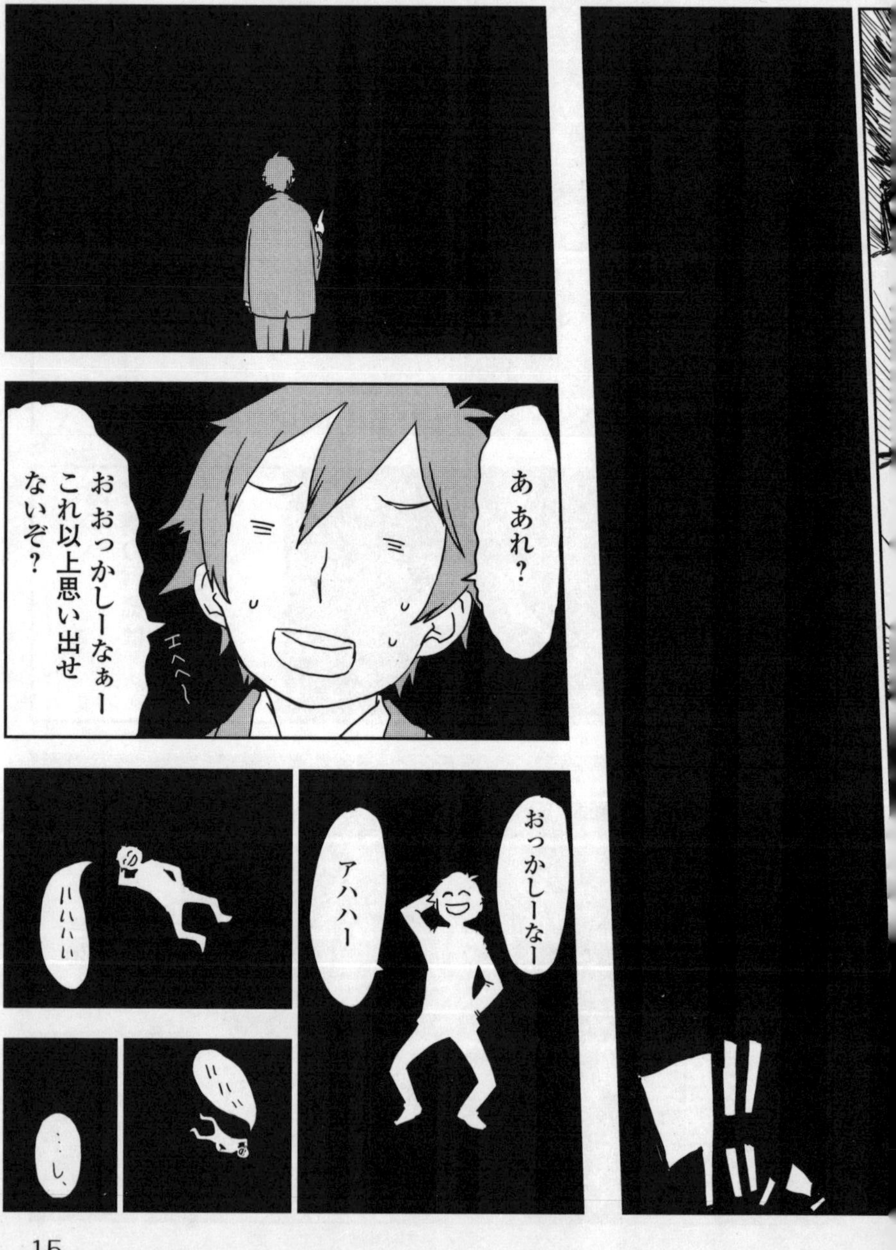
あ あれ？
お おっかしーなぁー
これ以上思い出せ
ないぞ？
エヘヘ～
おっかしーなー
アハハー
ハハハハ
ハハハ
…し、

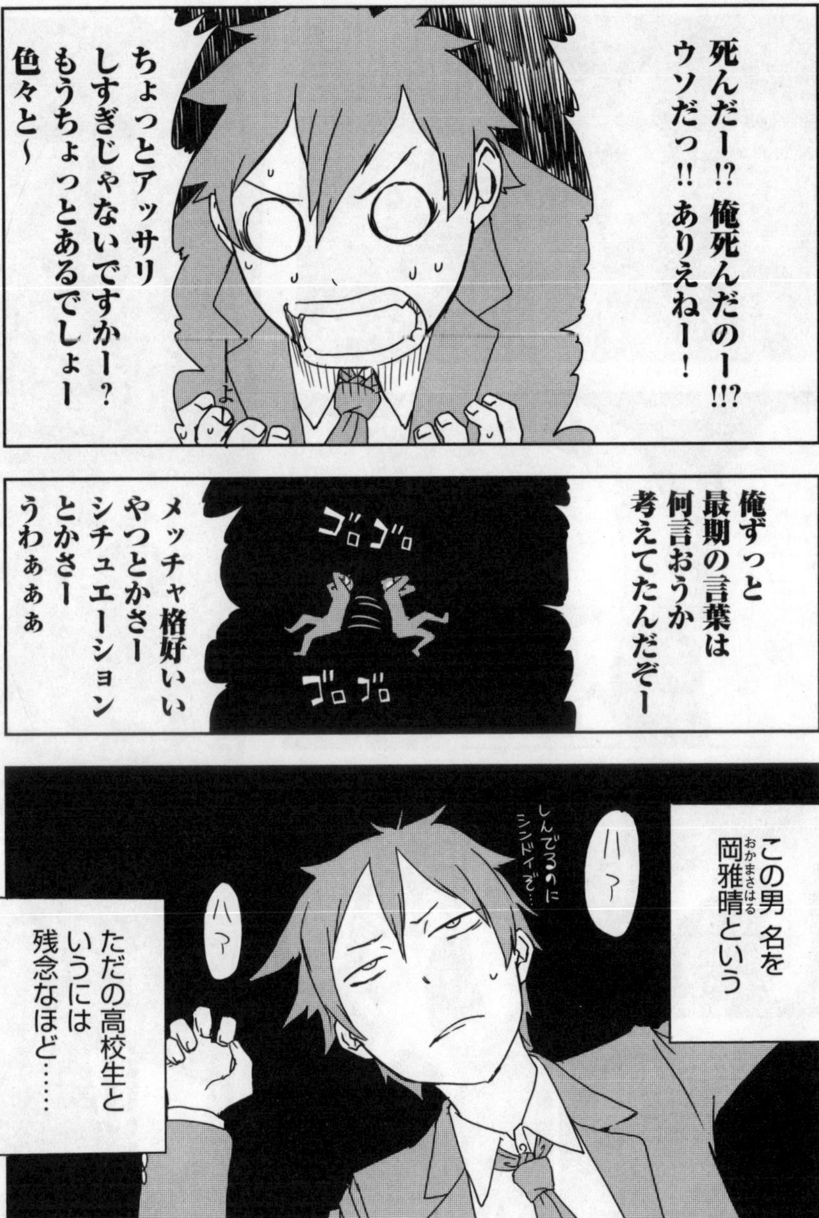

死んだー!? 俺死んだのー!!?
ウソだっ!! ありえねー!
ちょっとアッサリしすぎじゃないですかー? もうちょっとあるでしょー 色々と～
俺ずっと最期の言葉は何言おうか考えてたんだぞー
メッチャ格好いいやつとかさーシチュエーションとかさーうわぁぁぁぁ
ゴロゴロ
ゴロゴロ
この男 名を岡雅晴(おかまさはる)という
ハァ
しんでるのにシンドイぞ…
ハァ
ただの高校生というには残念なほど……

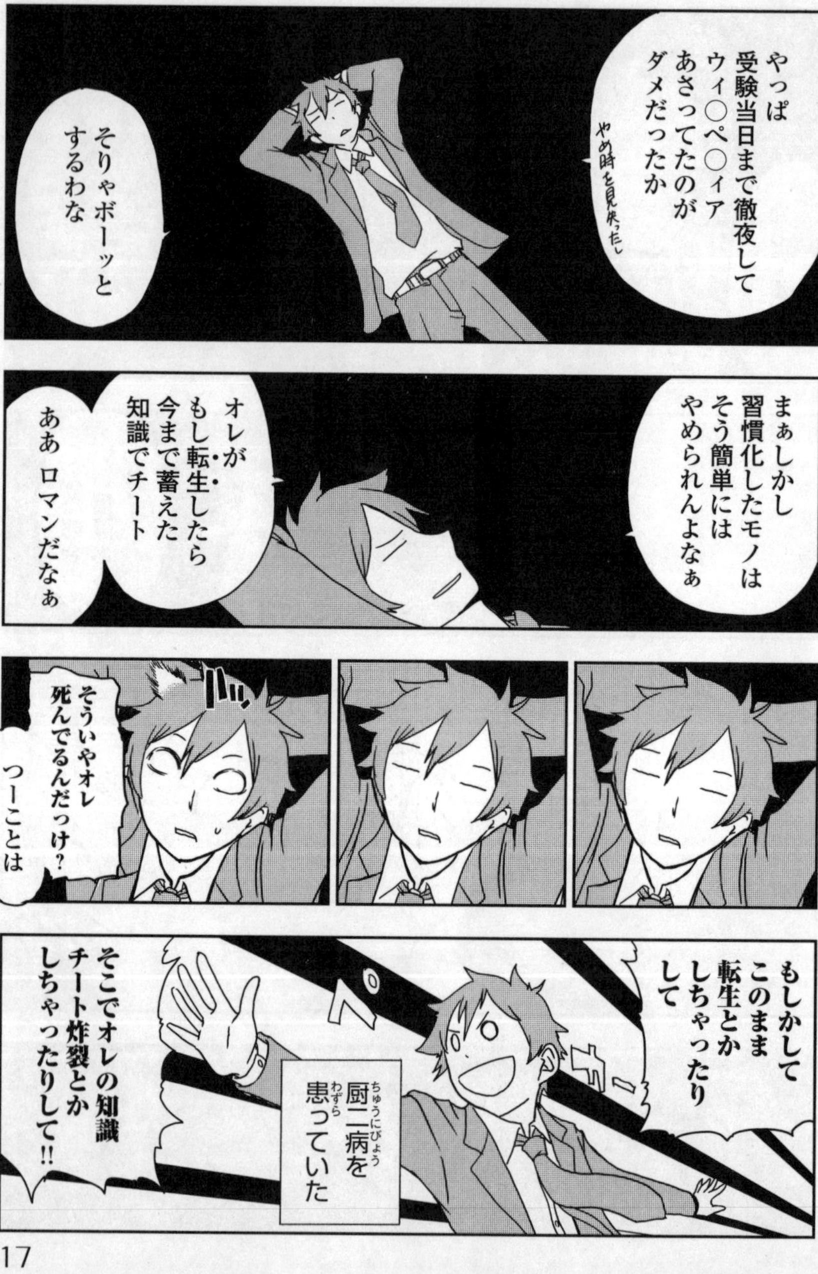
やっぱ受験当日まで徹夜してウィ○ペ○ィアあさってたのがダメだったか
やめ時を見失ったし
そりゃボーッとするわな
まぁしかし習慣化したモノはそう簡単にはやめられんよなぁ
オレが・・もし転生したら今まで蓄えた知識でチート
ああ ロマンだなぁ
そういやオレ死んでるんだっけ？
つーことは
もしかしてこのまま転生とかしちゃったりして
そこでオレの知識チート炸裂とかしちゃったりして!!
厨二病を患っていた

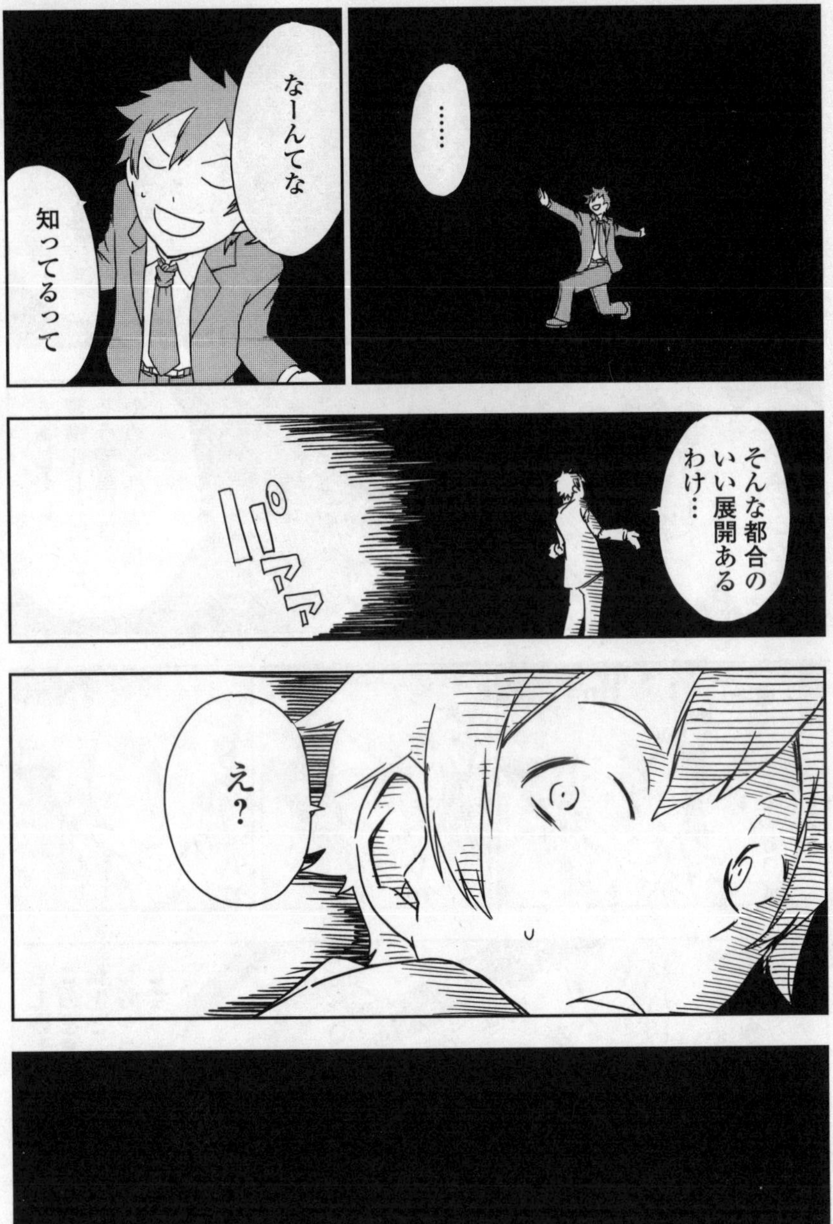
……
なーんてな
知ってるって
そんな都合のいい展開あるわけ…
パァァ
え？

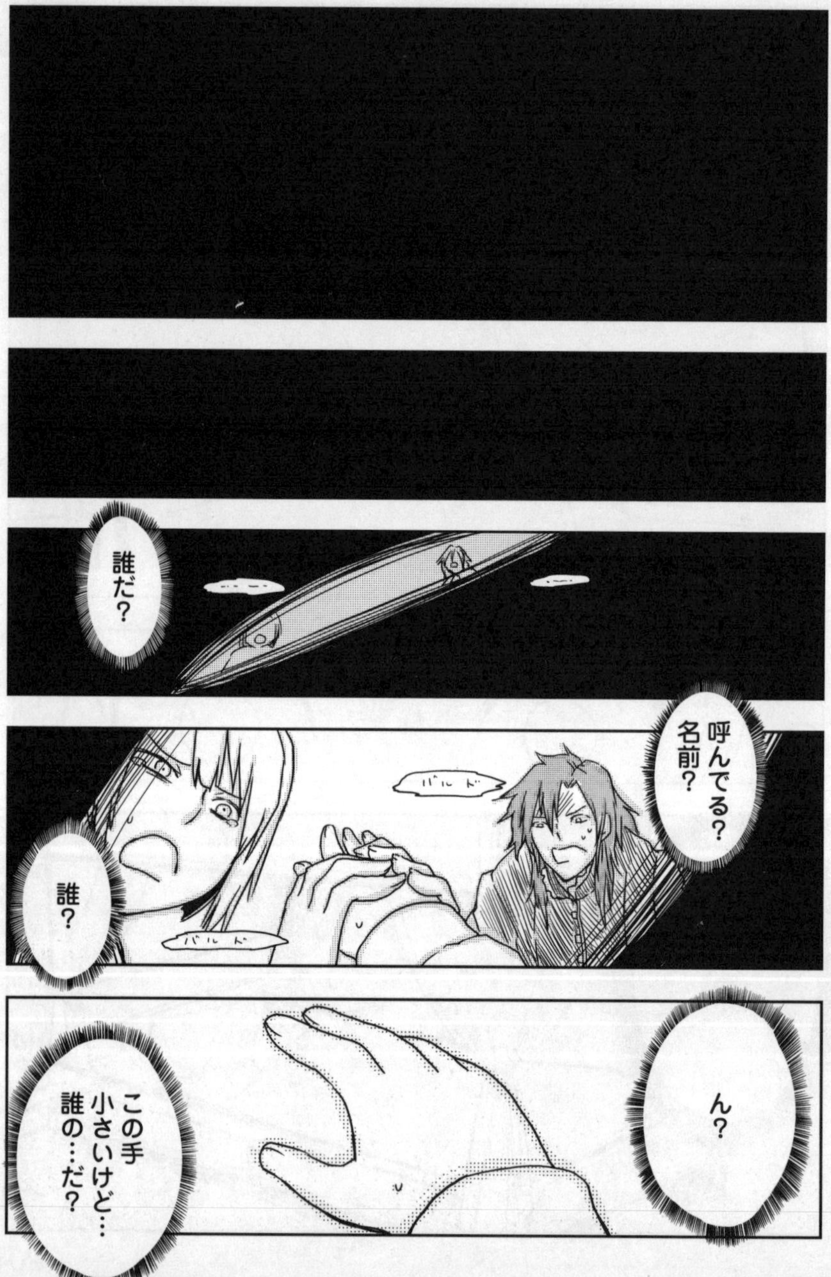
誰だ？
呼んでる？
名前？
バルド
誰？
バルド
ん？
この手
小さいけど…
誰の…だ？

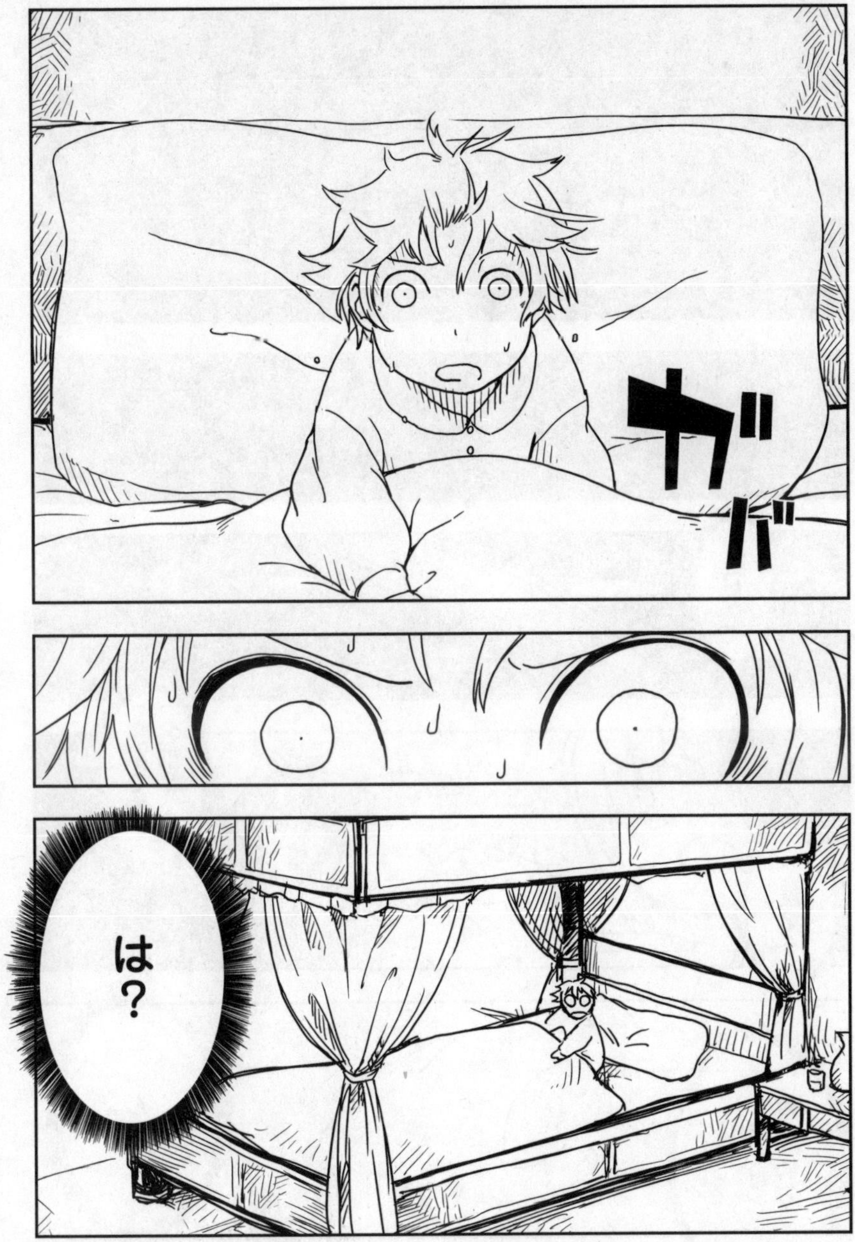
ガバ
は？

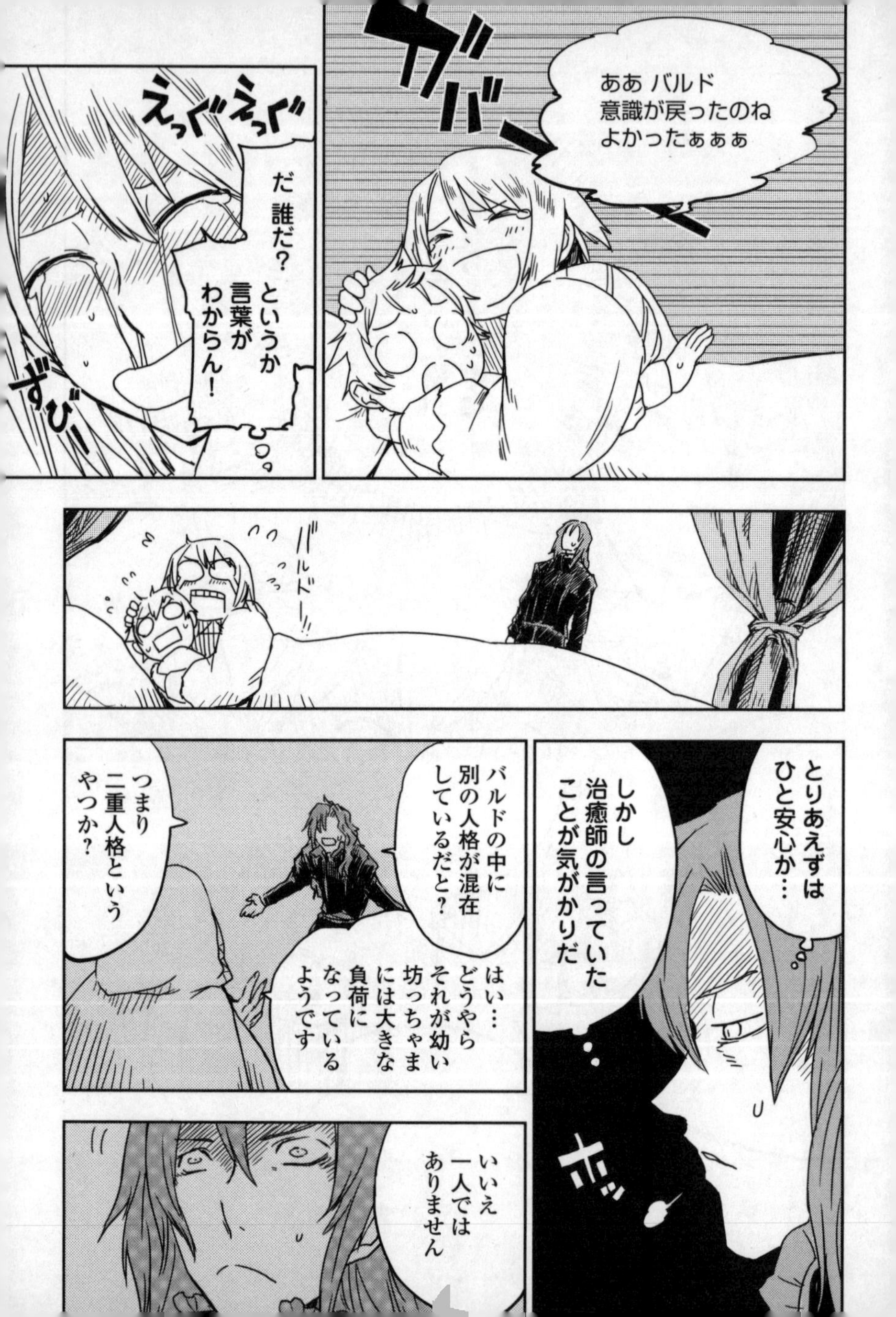
ガバー
ああ バルド 意識が戻ったのね よかったぁぁぁ
えっぐえっぐ
だ 誰だ? というか 言葉が わからん!
ずびー
バルドー!!
とりあえずは ひと安心か…
しかし 治癒師の言っていた ことが気がかりだ
ホッ
バルドの中に 別の人格が混在 しているだと?
はい… どうやら それが幼い 坊っちゃま には大きな 負荷に なっている ようです
つまり 二重人格という やつか?
いいえ 一人では ありません

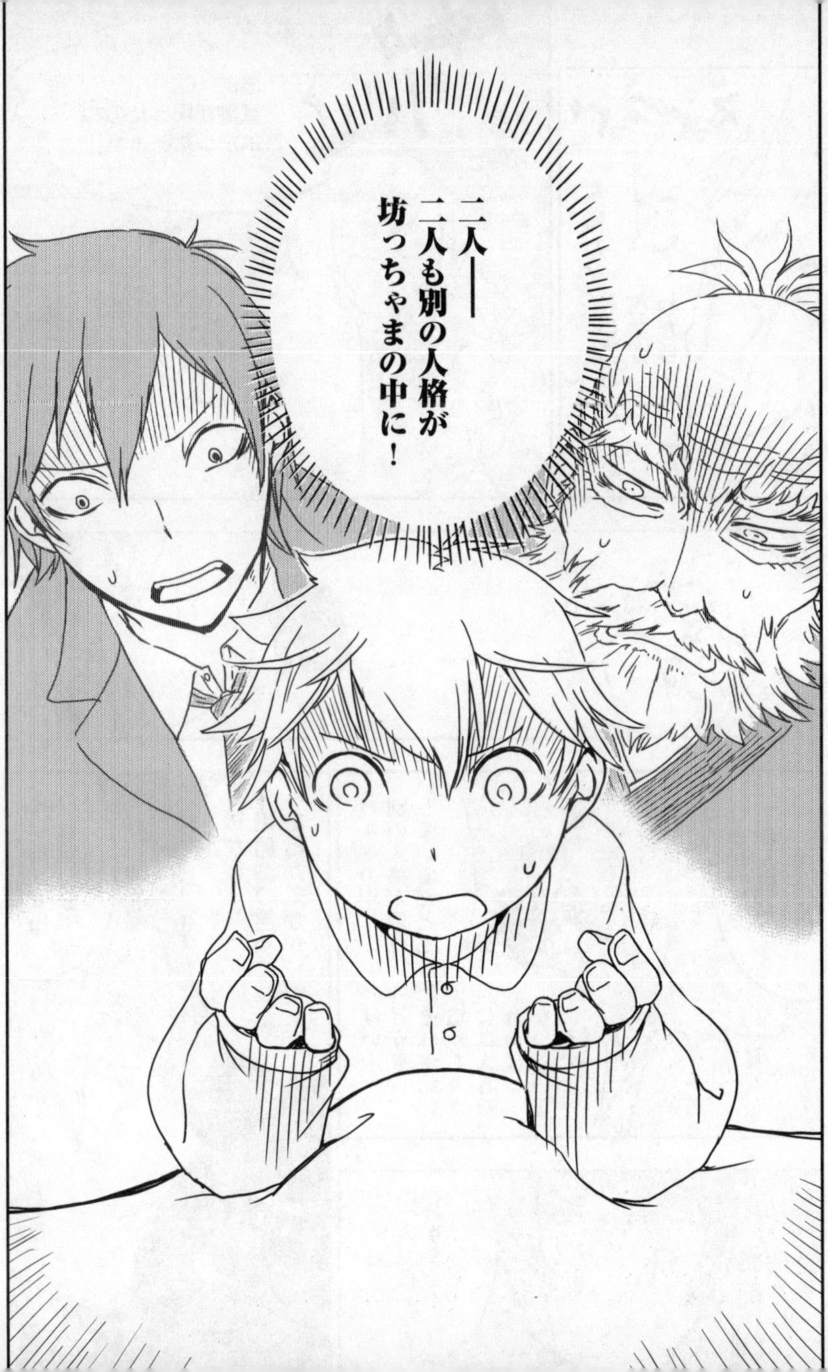
二人――
二人も別の人格が
坊っちゃまの中に！

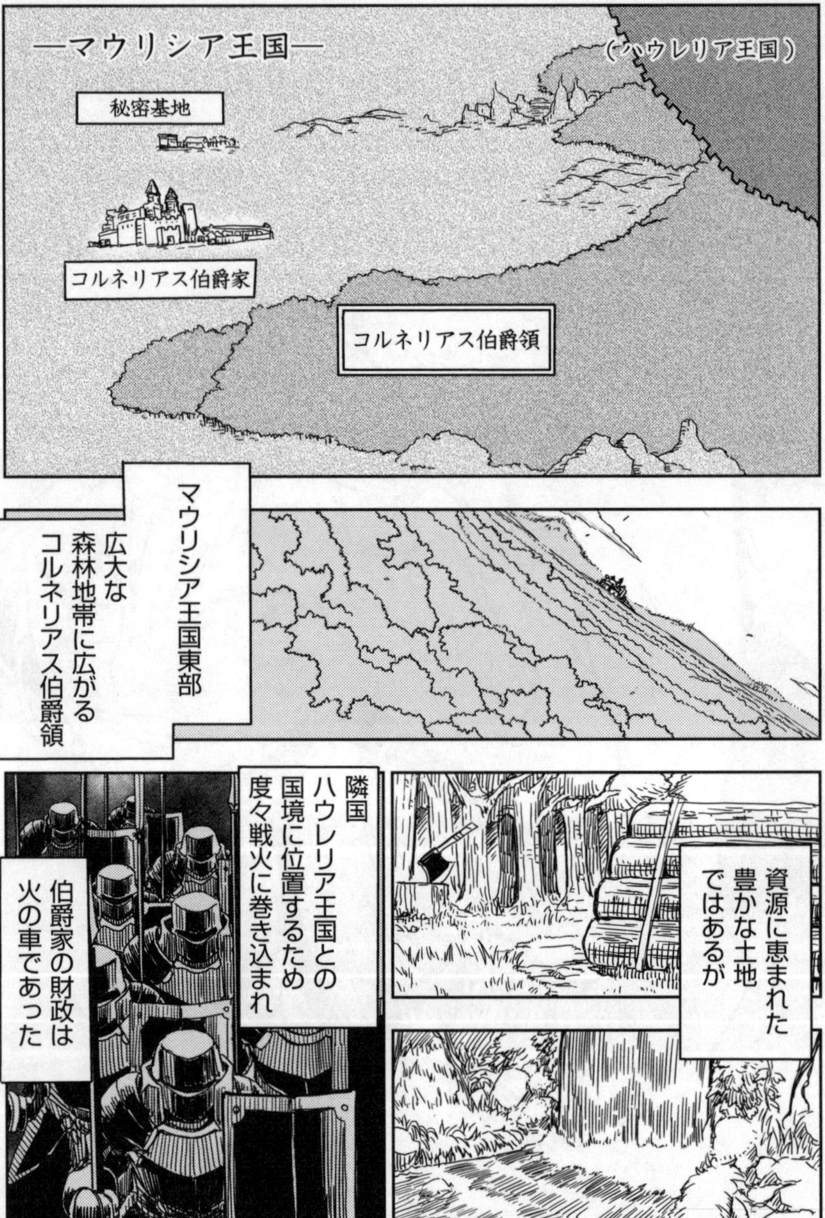

—マウリシア王国—
（ハウレリア王国）
秘密基地
コルネリアス伯爵家
コルネリアス伯爵領
マウリシア王国東部
広大な森林地帯に広がるコルネリアス伯爵領
資源に恵まれた豊かな土地ではあるが
隣国ハウレリア王国との国境に位置するため度々戦火に巻き込まれ
伯爵家の財政は火の車であった

第2話
侍女セイルーンの憂鬱

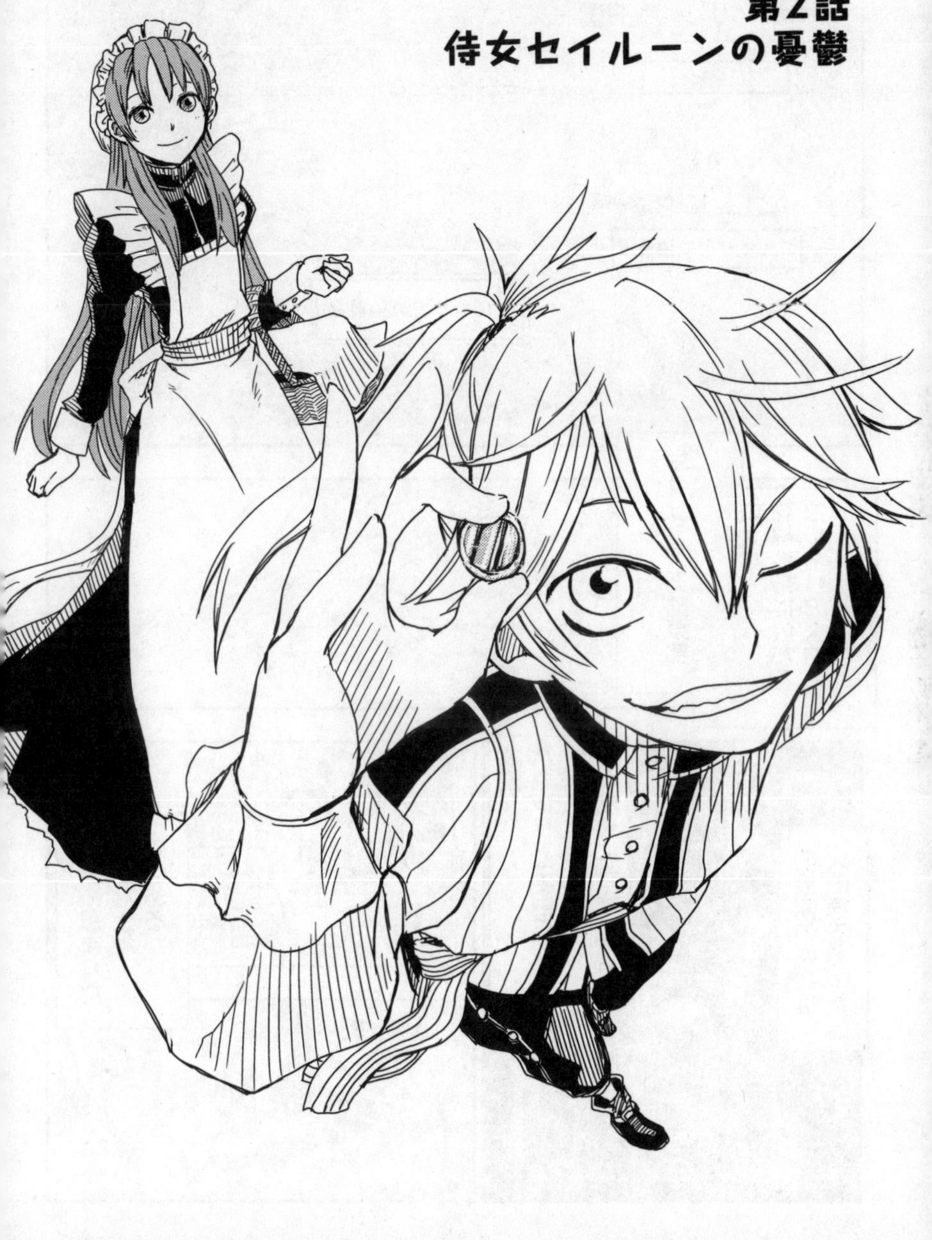

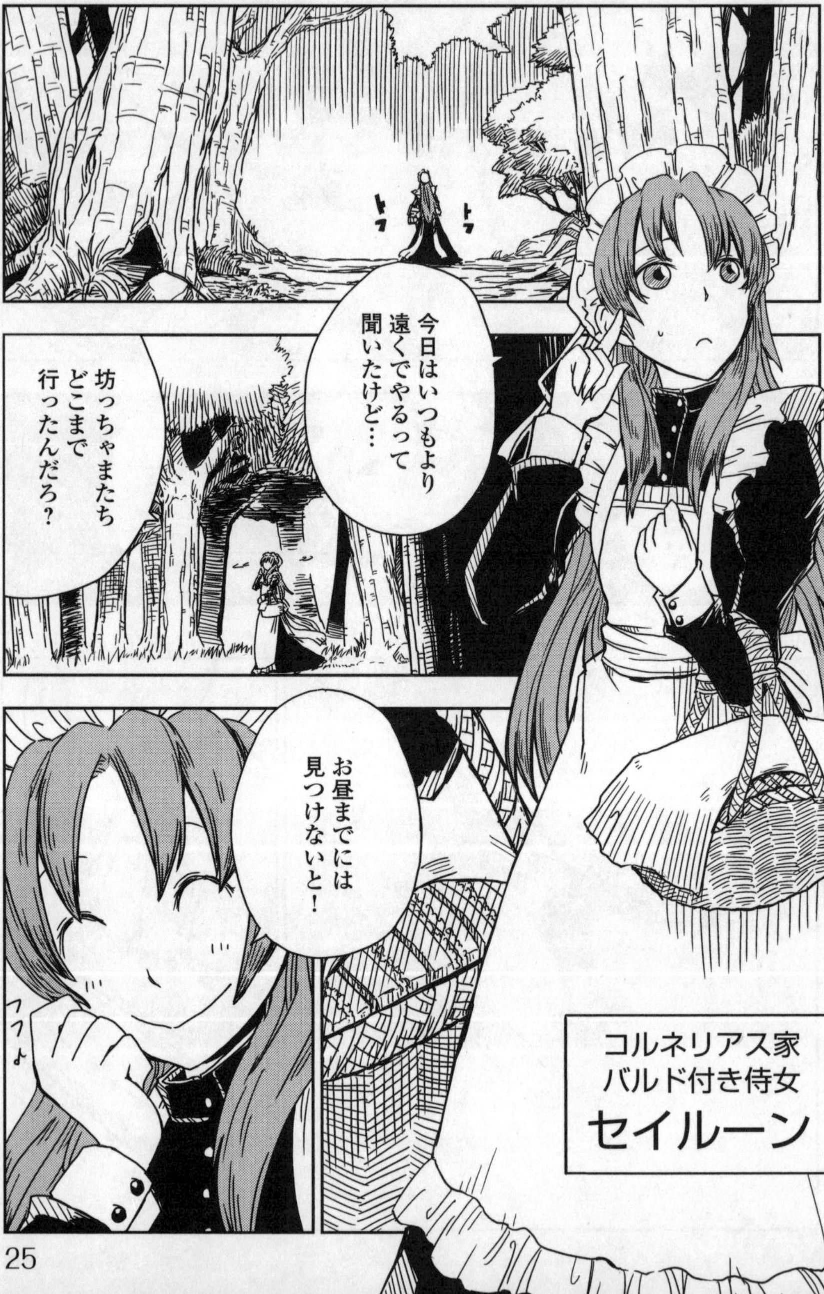
トテ
トテ
今日はいつもより遠くでやるって聞いたけど…
坊っちゃまたちどこまで行ったんだろ？
お昼までには見つけないと！
フフッ♪
コルネリアス家
バルド付き侍女
セイルーン

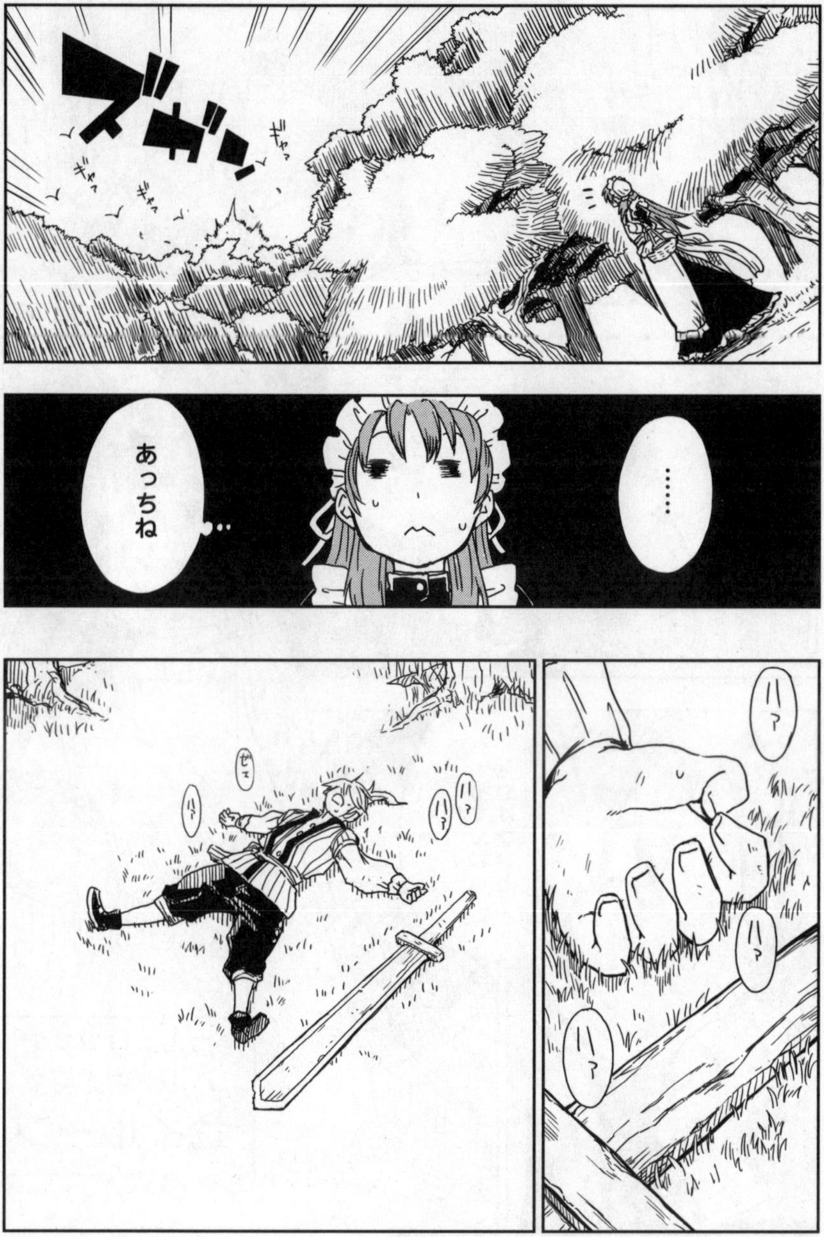
ズガン
ギャァ
ギャァ
ギャァ
……
あっちね…
ハァ
ハァ
ハァ
ゼェ
ハァ
ハァ
ハァ

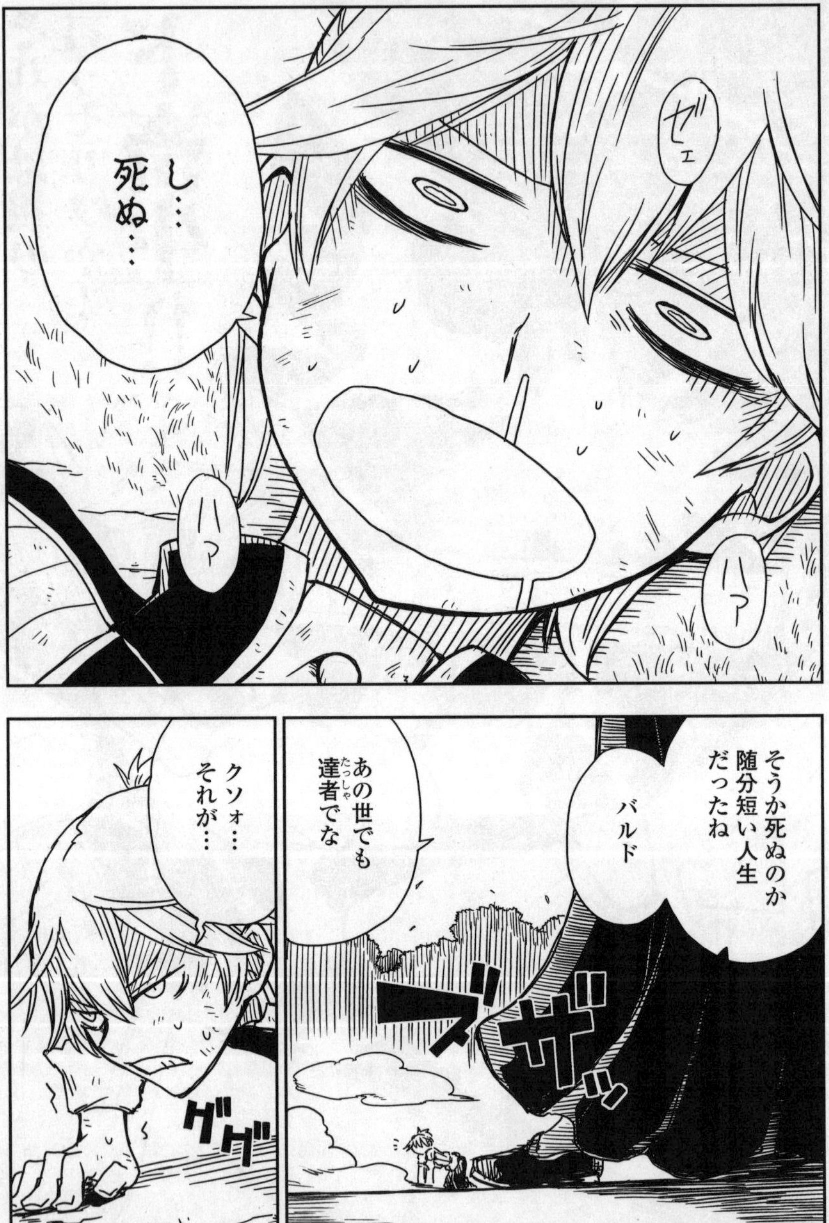
ゼェ
し…
死ぬ……
ハァ
ハァ
そうか死ぬのか
随分短い人生だったね
バルド
ザッ
ズ
あの世でも達者(たっしゃ)でな
クソォ…
それが…
ググ

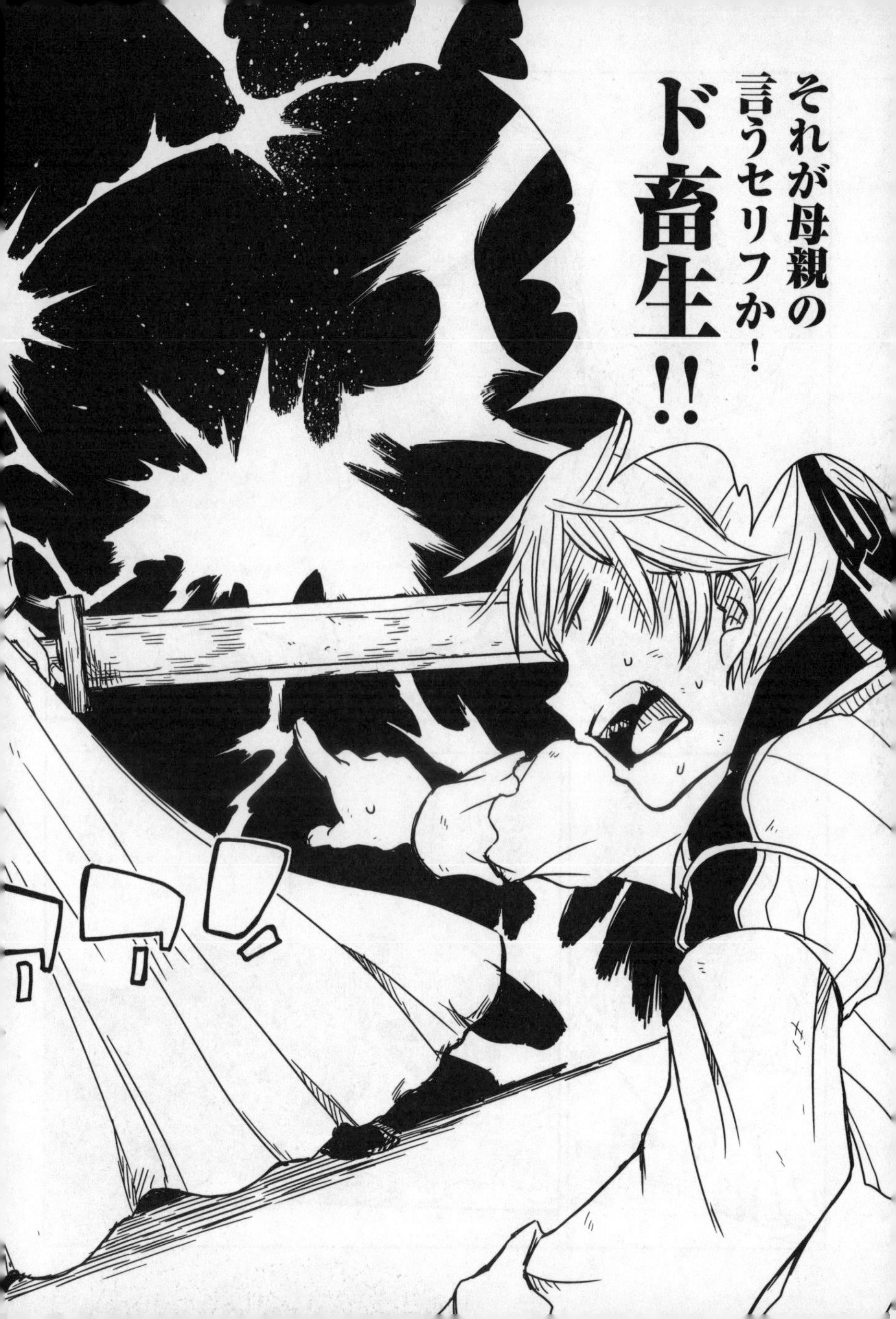
それが母親の言うセリフか！
ド畜生!!

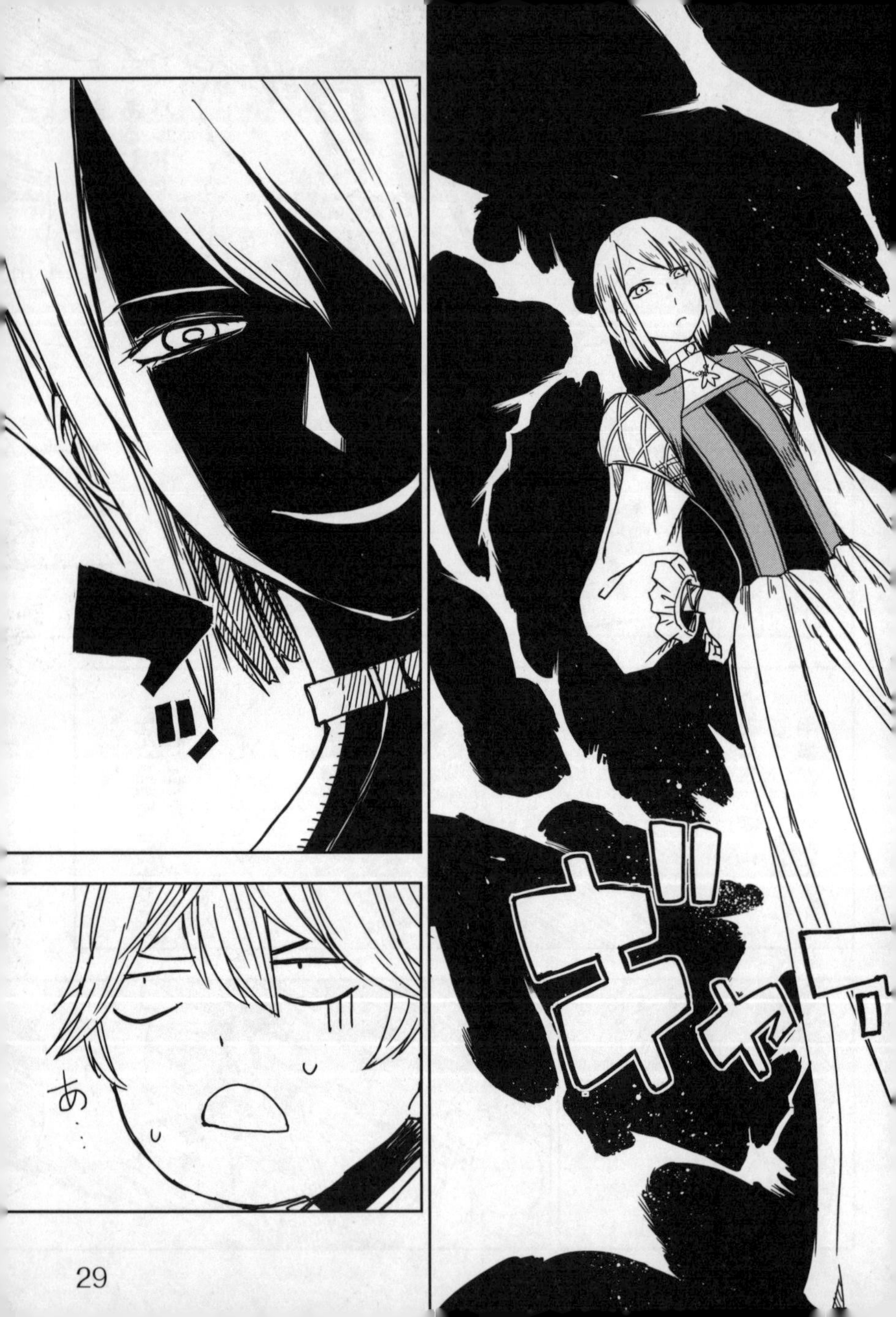
ギャア
あ…

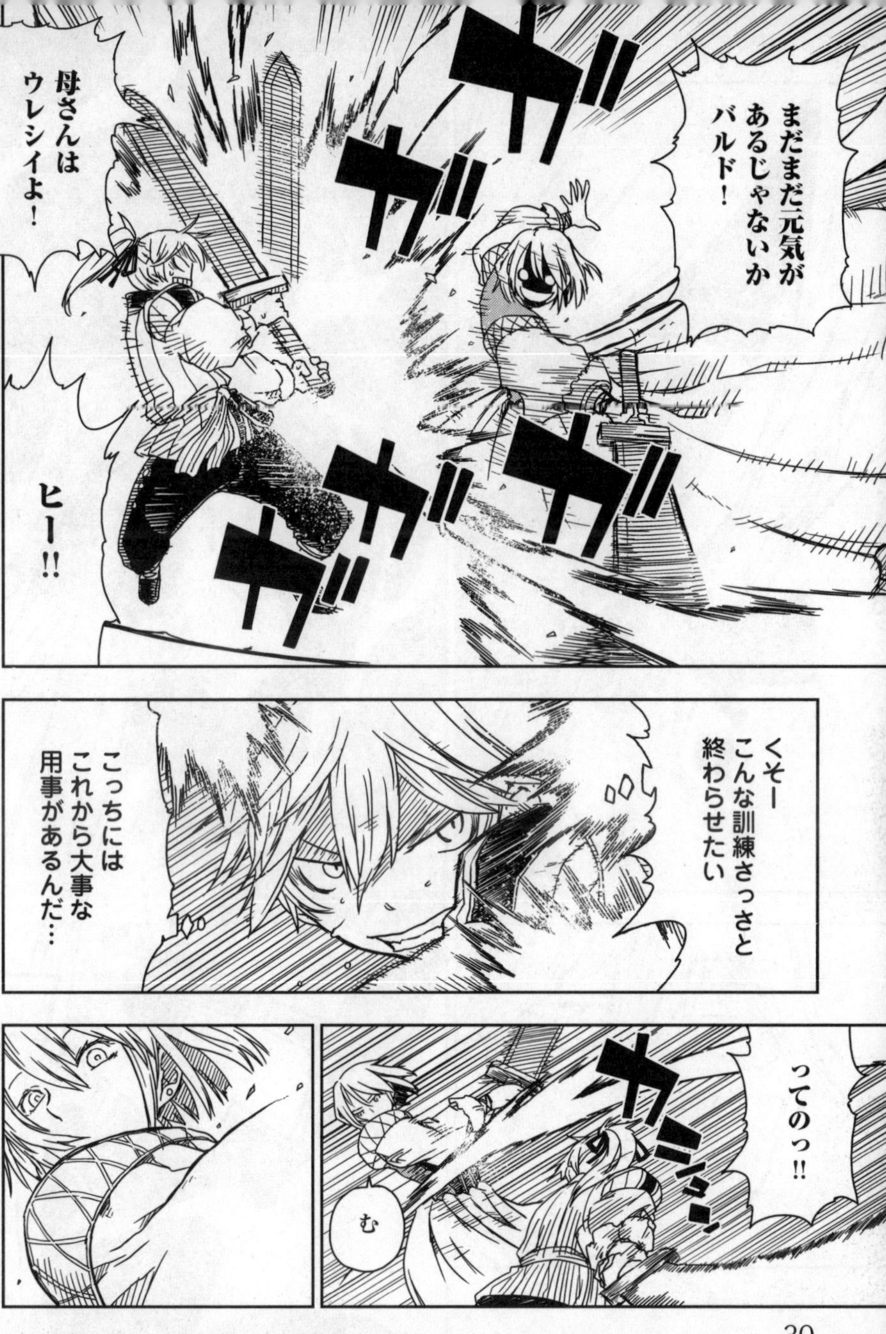
まだまだ元気があるじゃないかバルド！
母さんはウレシイよ！
ヒー!!
くそー こんな訓練さっさと終わらせたい
こっちにはこれから大事な用事があるんだ…
ってのっ!!
む

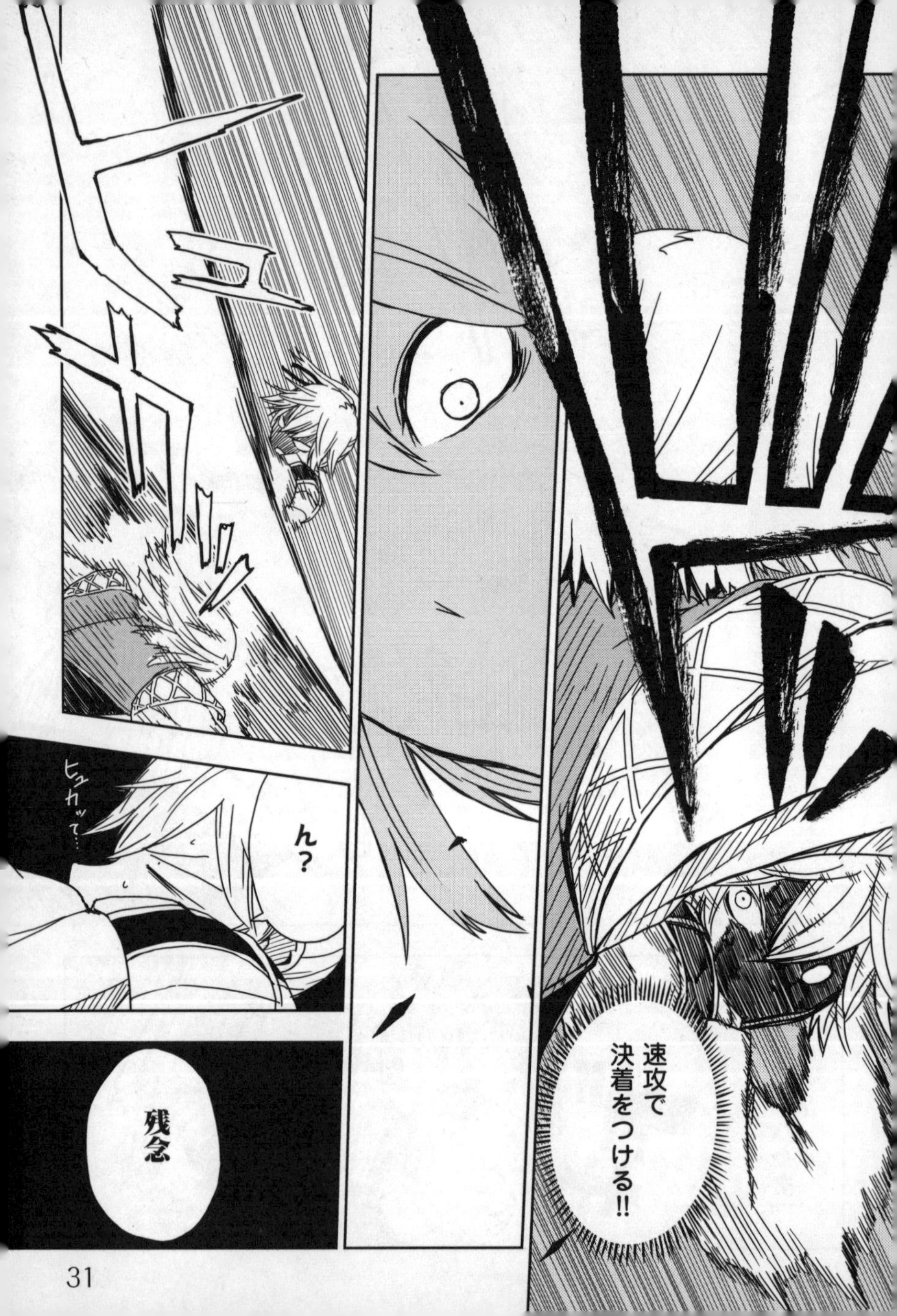
速攻で決着をつける!!
ん?
ヒュカッて…
残念

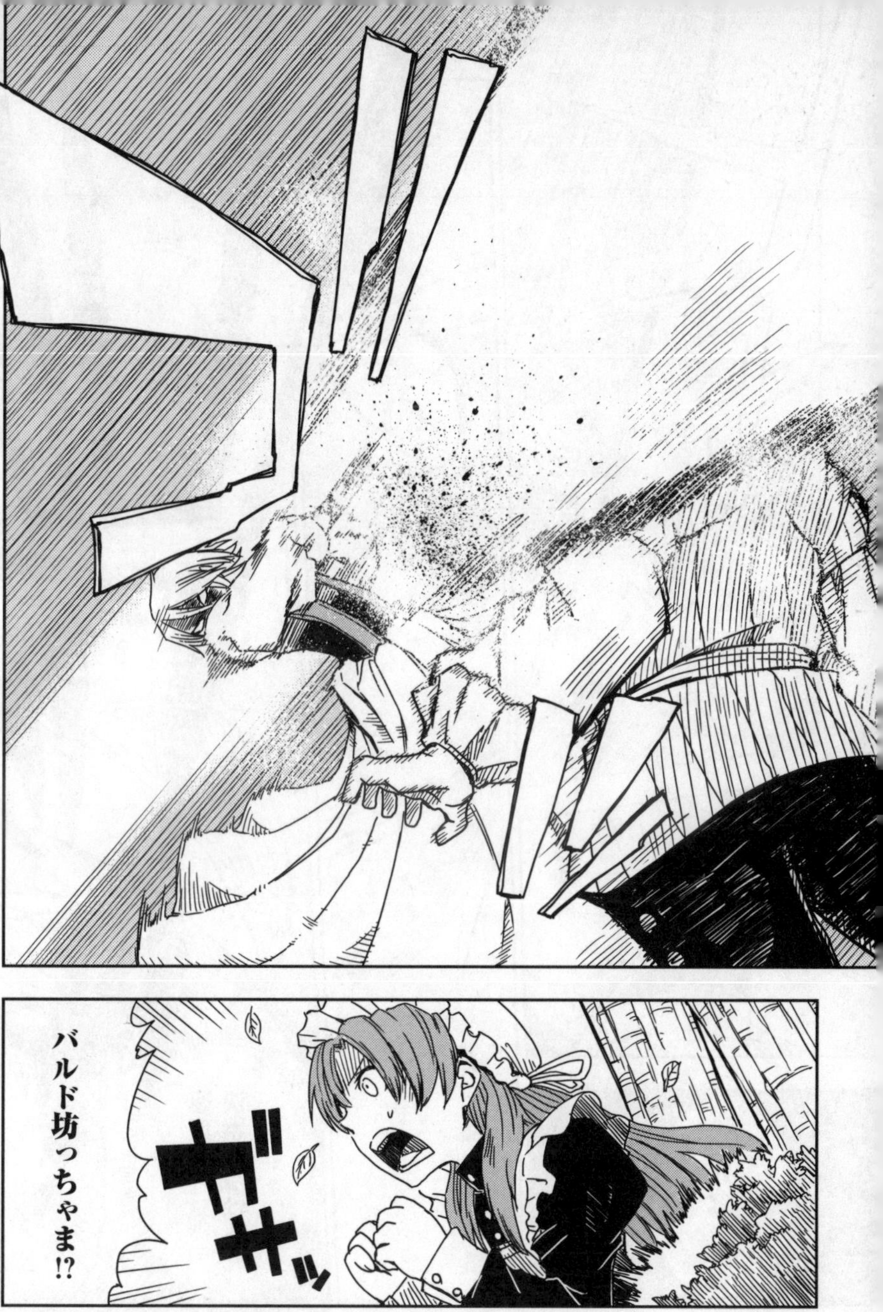
バルド坊っちゃま!?

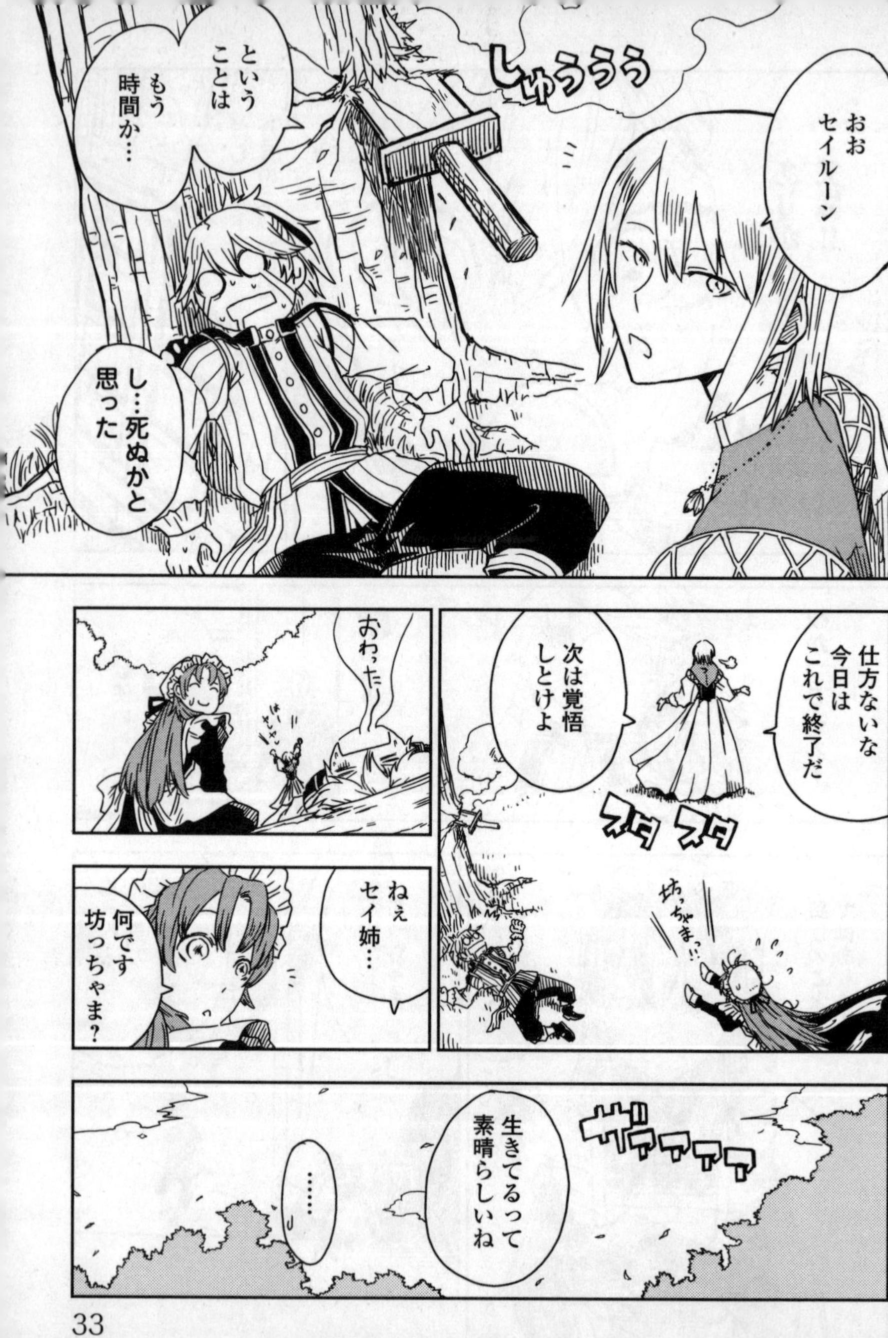

おお
セイルーン
しゅうううう
ということは
もう
時間か…
し…死ぬかと
思った
仕方ないな
今日は
これで終了だ
次は覚悟
しとけよ
スタスタ
坊っちゃまっ!!
おわった
ねぇ
セイ姉…
何です
坊っちゃま？
ザァァァァ
生きてるって
素晴らしいね
……

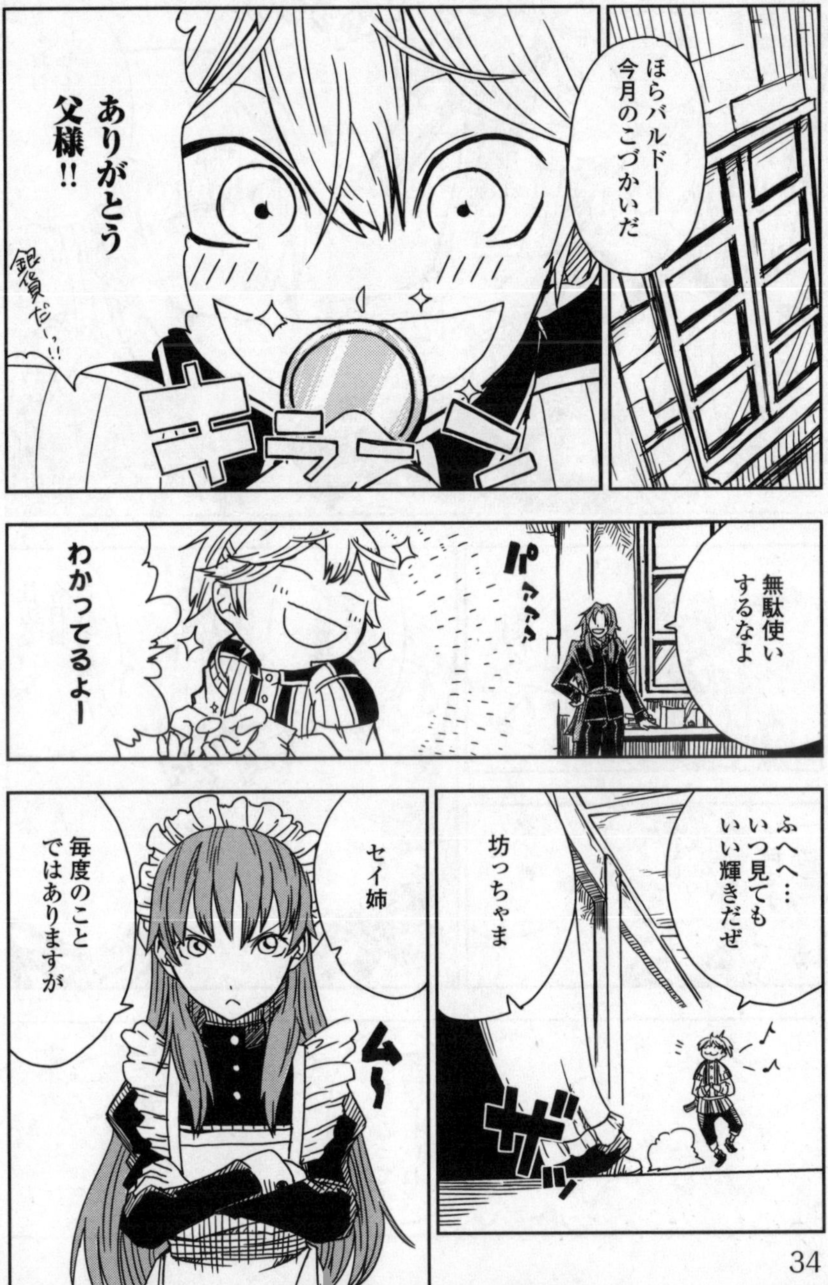
ほらバルドー
今月のこづかいだ
キラーン
ありがとう
父様!!
銀貨だっ!!
無駄使い
するなよ
パァァァ
わかってるよー
ふへへ…
いつ見ても
いい輝きだぜ
坊っちゃま
ザッ
セイ姉
毎度のこと
ではありますが
ムゥ

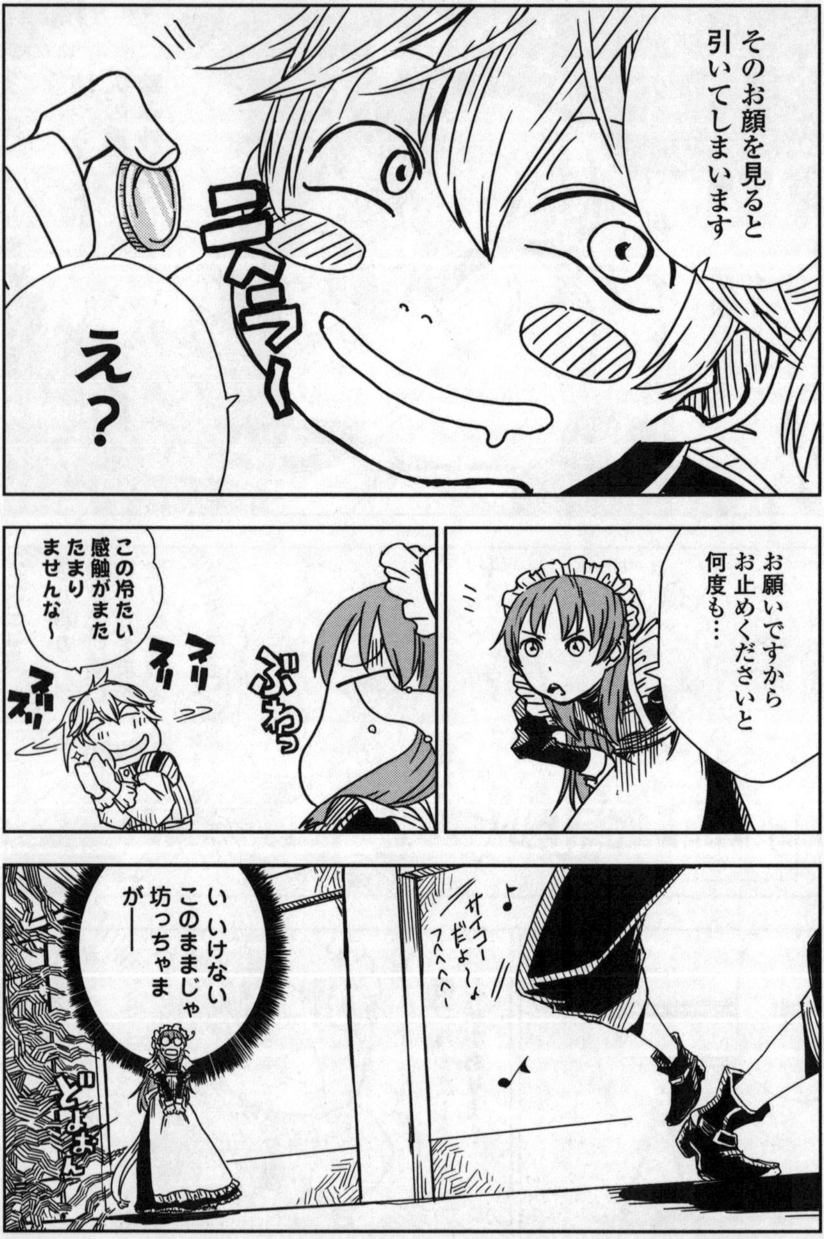
そのお顔を見ると
引いてしまいます
ユヘラ〜
え？
お願いですから
お止めくださいと
何度も…
ぶわっ
この冷たい
感触がまた
たまり
ませんな〜
スリスリスリ
サイコーだよ〜♪
フヘヘヘー
いいけない
このままじゃ
坊っちゃま
が——
どよおん

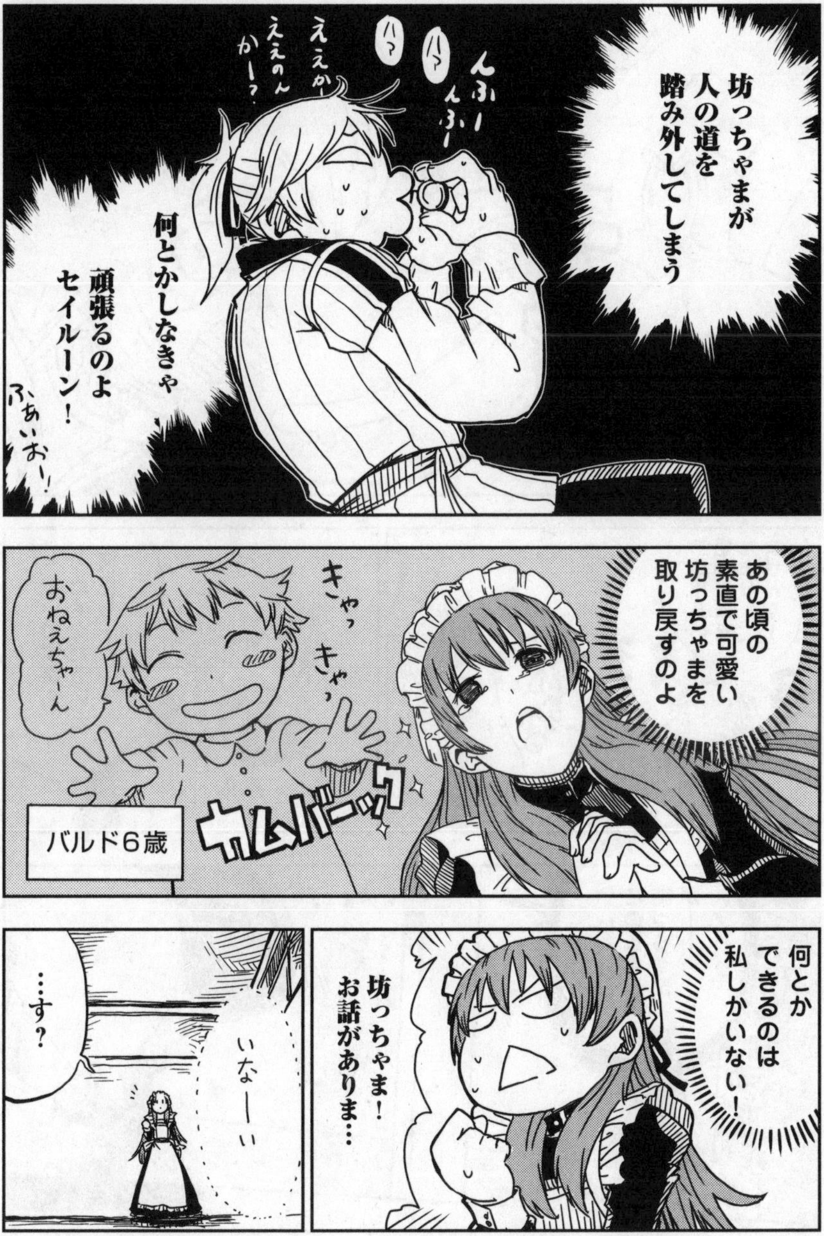

坊っちゃまが人の道を踏み外してしまう
んふーんふー
ハァハァ
ええかーええのんかーっ
何とかしなきゃ
頑張るのよセイルーン！
ふぁいおー！
あの頃の素直で可愛い坊っちゃまを取り戻すのよ
キャッキャッ
おねえちゃーん
カムバーック
バルド6歳
何とかできるのは私しかいない！
坊っちゃま！お話がありま…
…す？
いなーい

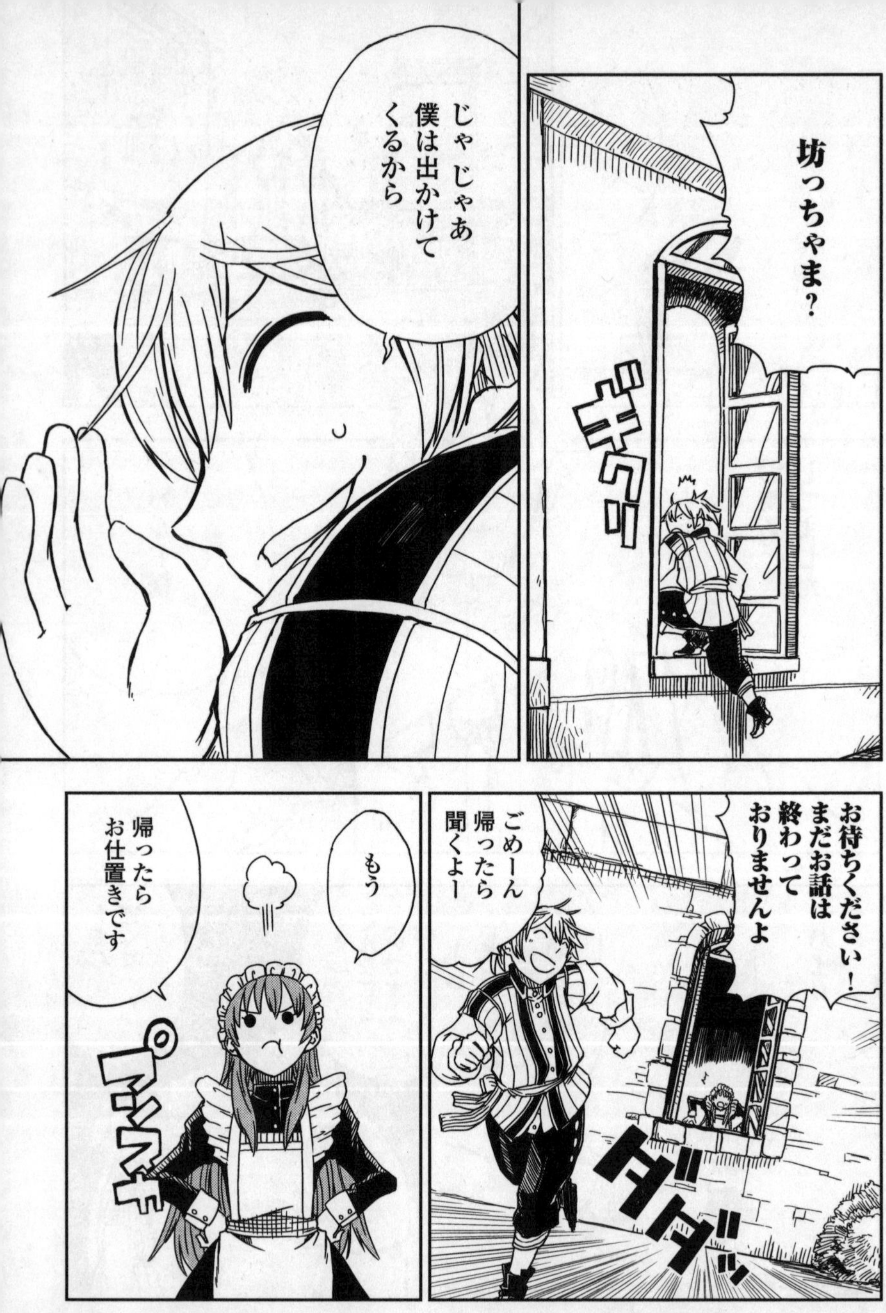
坊っちゃま？
ギクリ
じゃじゃあ
僕は出かけて
くるから
お待ちください！
まだお話は
終わって
おりませんよ
ごめーん
帰ったら
聞くよー
ダダッ
もう
帰ったら
お仕置きです
プンスカ

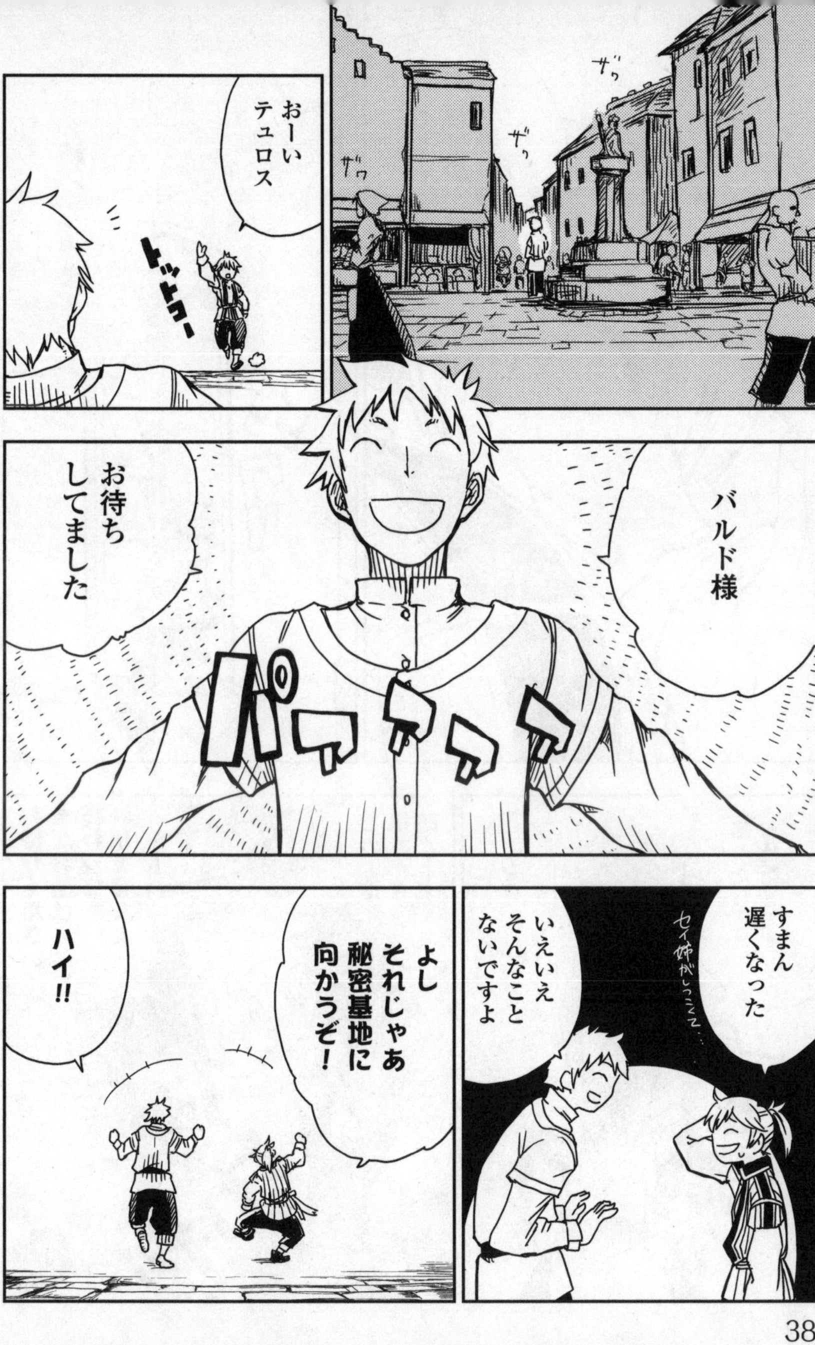
ザワ
ザワ
ザワ
おーい
テュロス
トットコ
バルド様
お待ちしてました
パァァァ
すまん
遅くなった
セイ姉がしつこくて…
いえいえ
そんなこと
ないですよ
よし
それじゃあ
秘密基地に
向かうぞ!
ハイ!!

ザァァァァ
フッフッフッ
いい眺めだぜ
ザザン

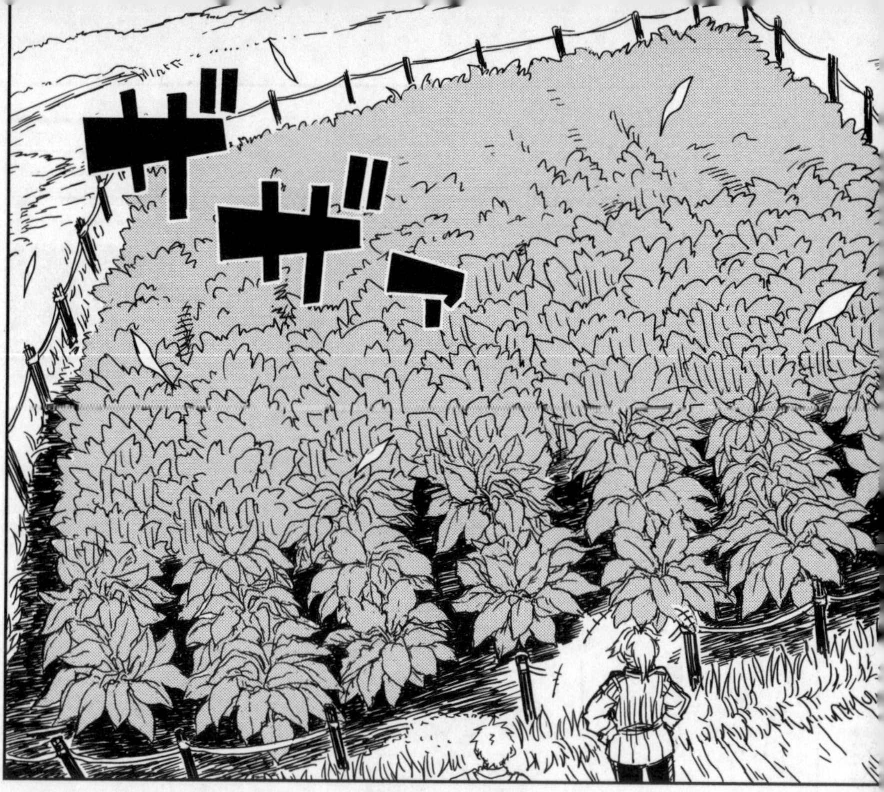
ザザッ

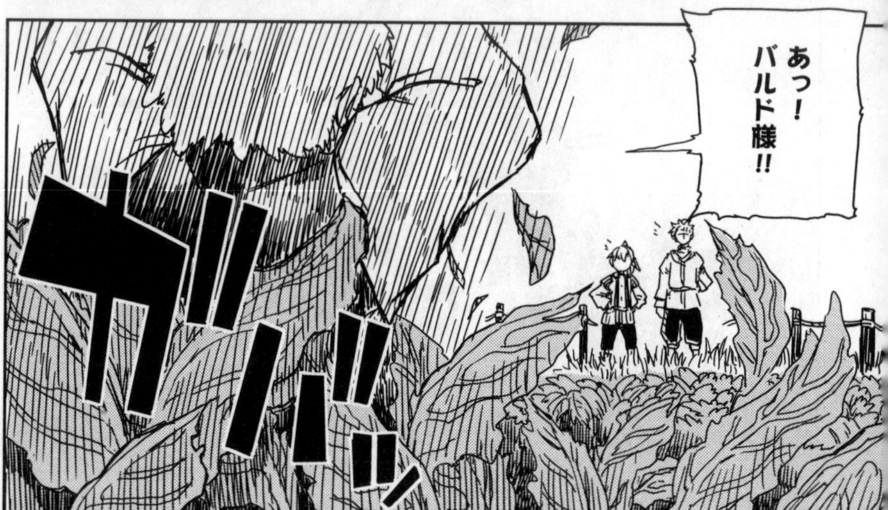
ガバッ
あっ！バルド様!!

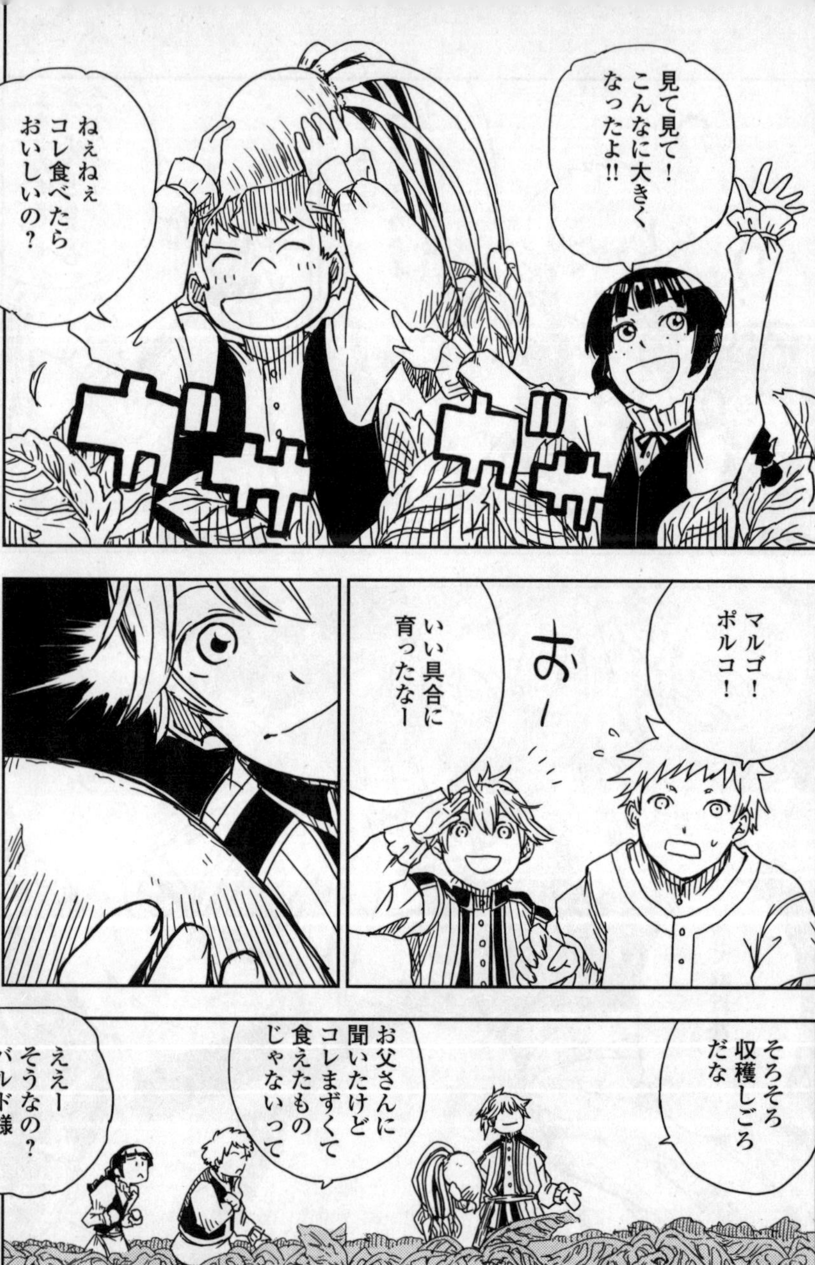

見て見て！こんなに大きくなったよ!!
ねぇねぇコレ食べたらおいしいの？
ワイワイ
ワイワイ
マルゴ！ポルコ！
お！
いい具合に育ったなー
そろそろ収穫しごろだな
お父さんに聞いたけどコレまずくて食えたものじゃないって
ええーそうなの？バルド様

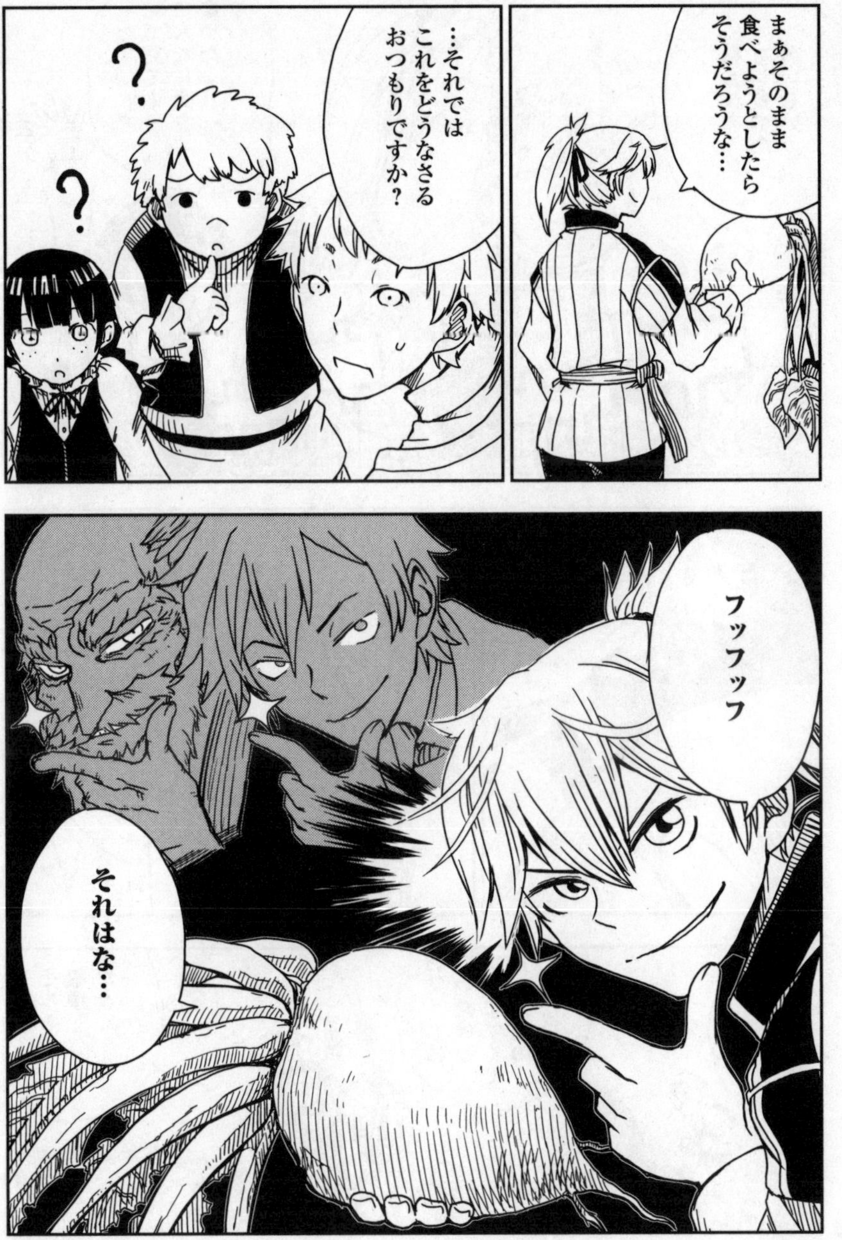
まぁそのまま
食べようとしたら
そうだろうな…
…それでは
これをどうなさる
おつもりですか？
？
？
フッフッフ
それはな…

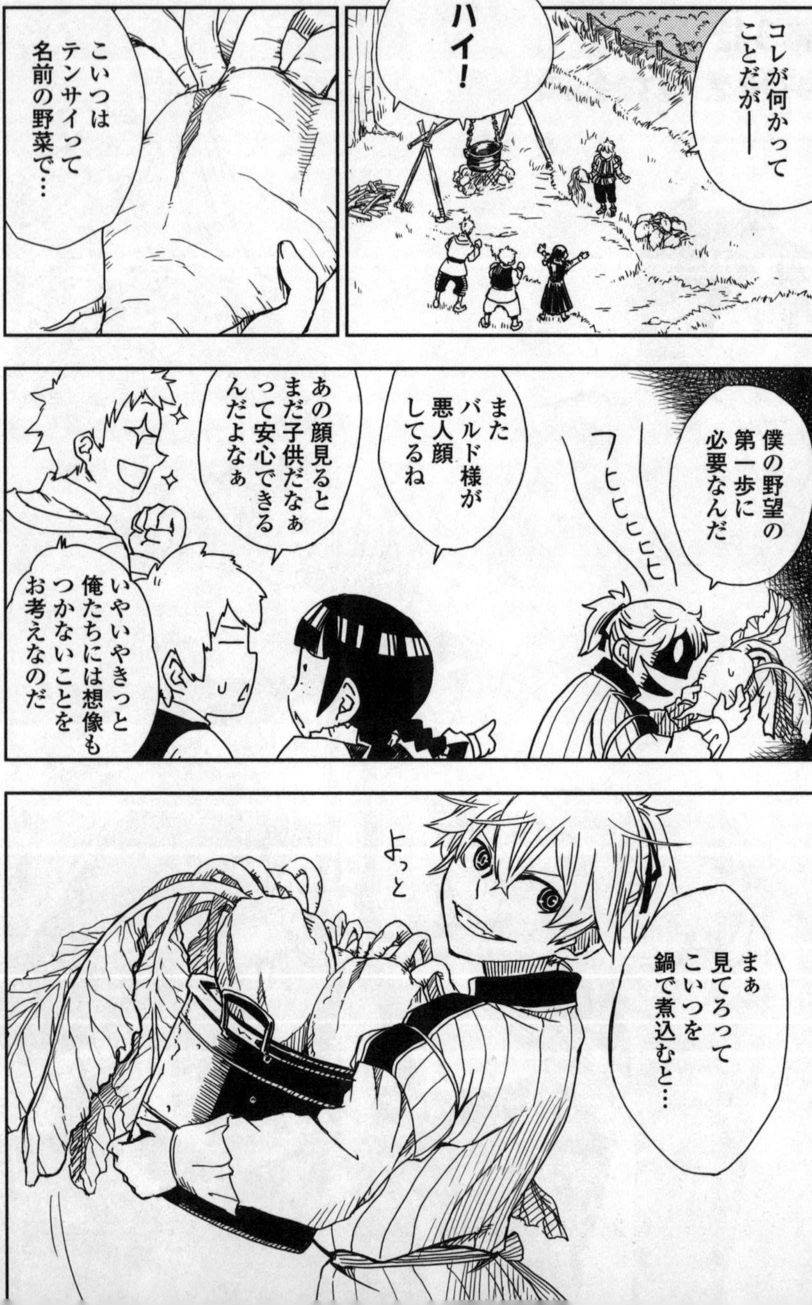

コレが何かってことだが――
ハイ！
こいつはテンサイって名前の野菜で…
僕の野望の第一歩に必要なんだ
フヒヒヒヒヒヒ
またバルド様が悪人顔してるね
あの顔見るとまだ子供だなぁって安心できるんだよなぁ
いやいやきっと俺たちには想像もつかないことをお考えなのだ
まぁ見てろってこいつを鍋で煮込むと…
よっと

第3話
腕利きの女会頭

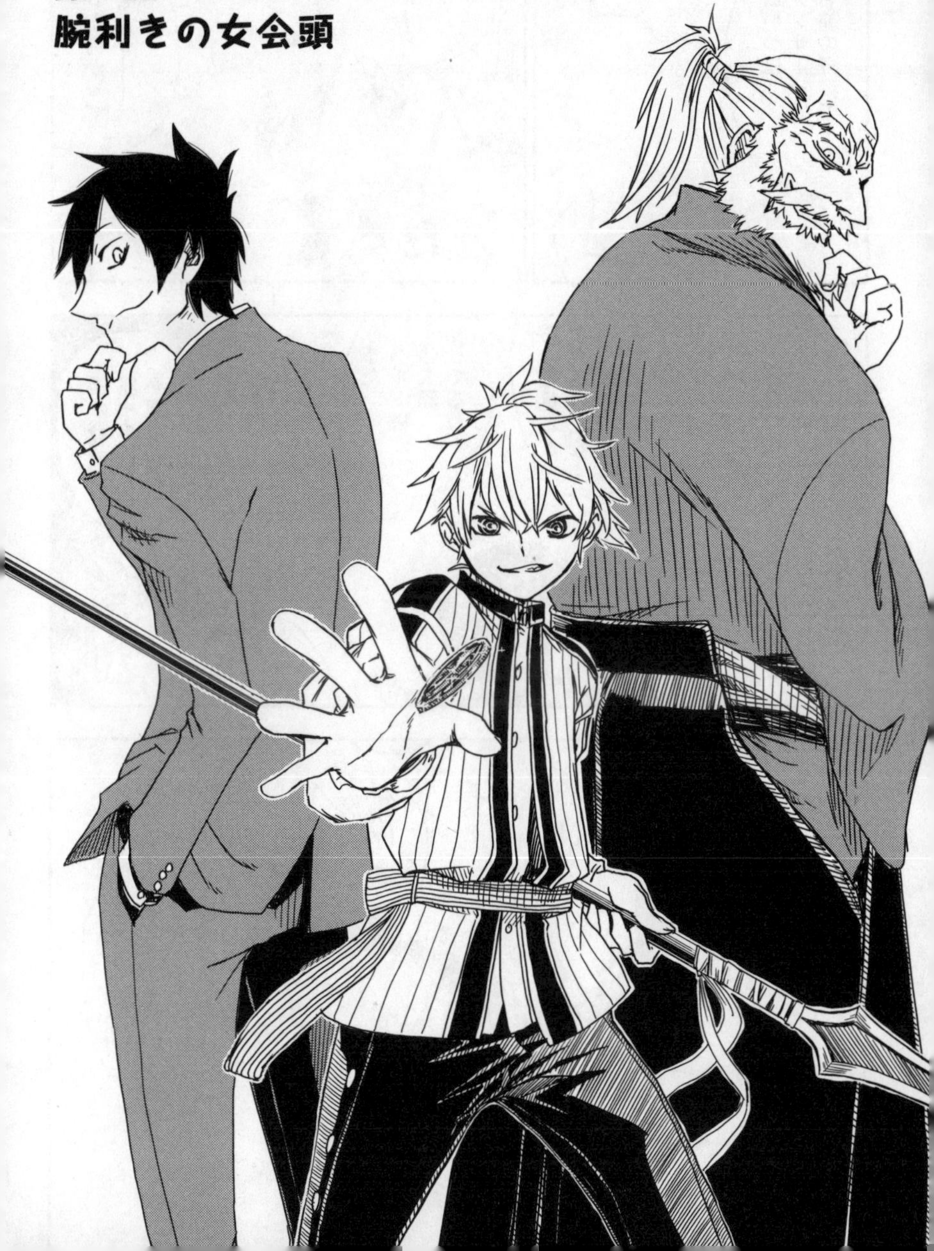

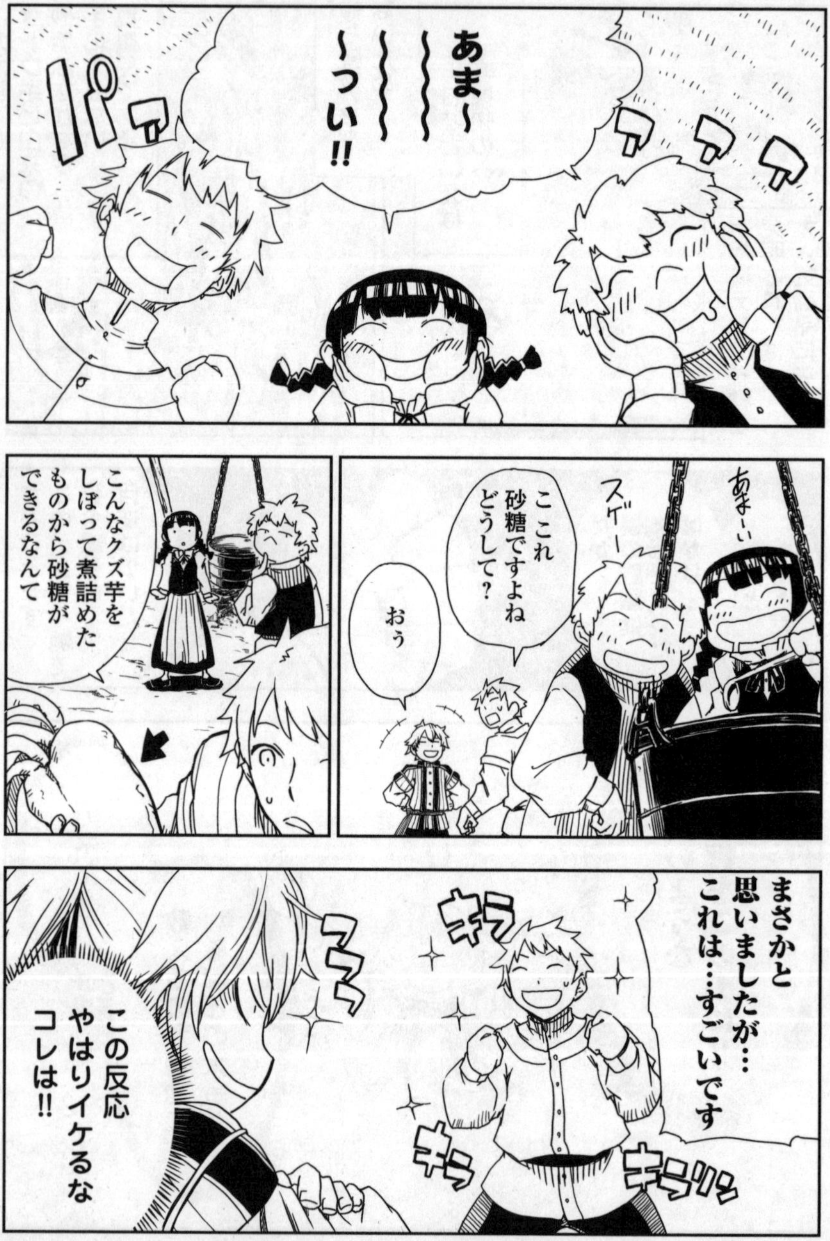

パァ
あま～～～～～っい!!
ァァァ
あま～い
スゲー
これ砂糖ですよねどうして？
おう
こんなクズ芋をしぼって煮詰めたものから砂糖ができるなんて
まさかと思いましたが…これは…すごいです
キラ
キラ
キラリン
この反応やはりイケるなコレは!!

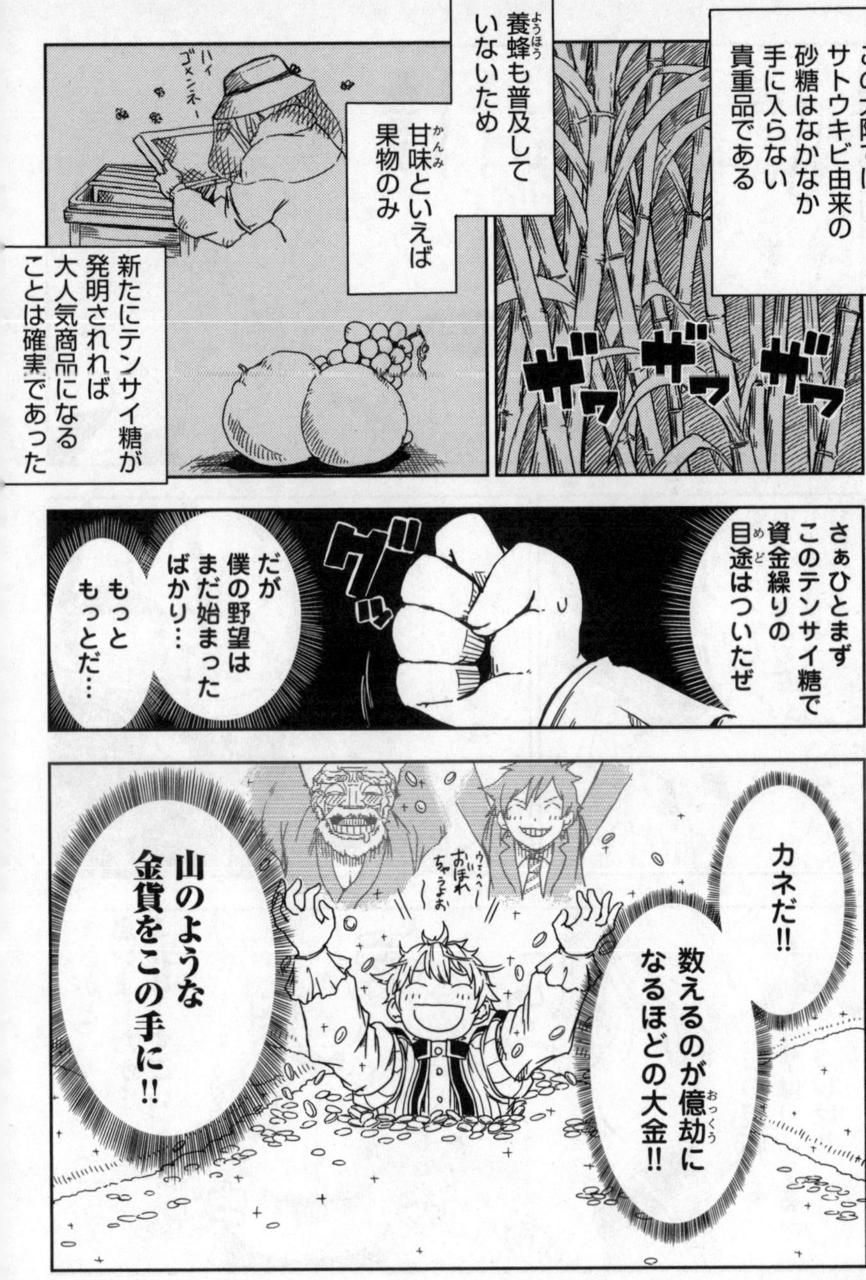
この大陸ではサトウキビ由来の砂糖はなかなか手に入らない貴重品である
ザワザワザワ
養蜂も普及していないため
ハイゴメンネー
甘味といえば果物のみ
新たにテンサイ糖が発明されれば大人気商品になることは確実であった
さぁひとまずこのテンサイ糖で資金繰りの目途はついたぜ
グッ
だが僕の野望はまだ始まったばかり…
もっともっとだ…
カネだ!!
数えるのが億劫になるほどの大金!!
ウェヘヘーおぼれちゃうよぉ
山のような金貨をこの手に!!

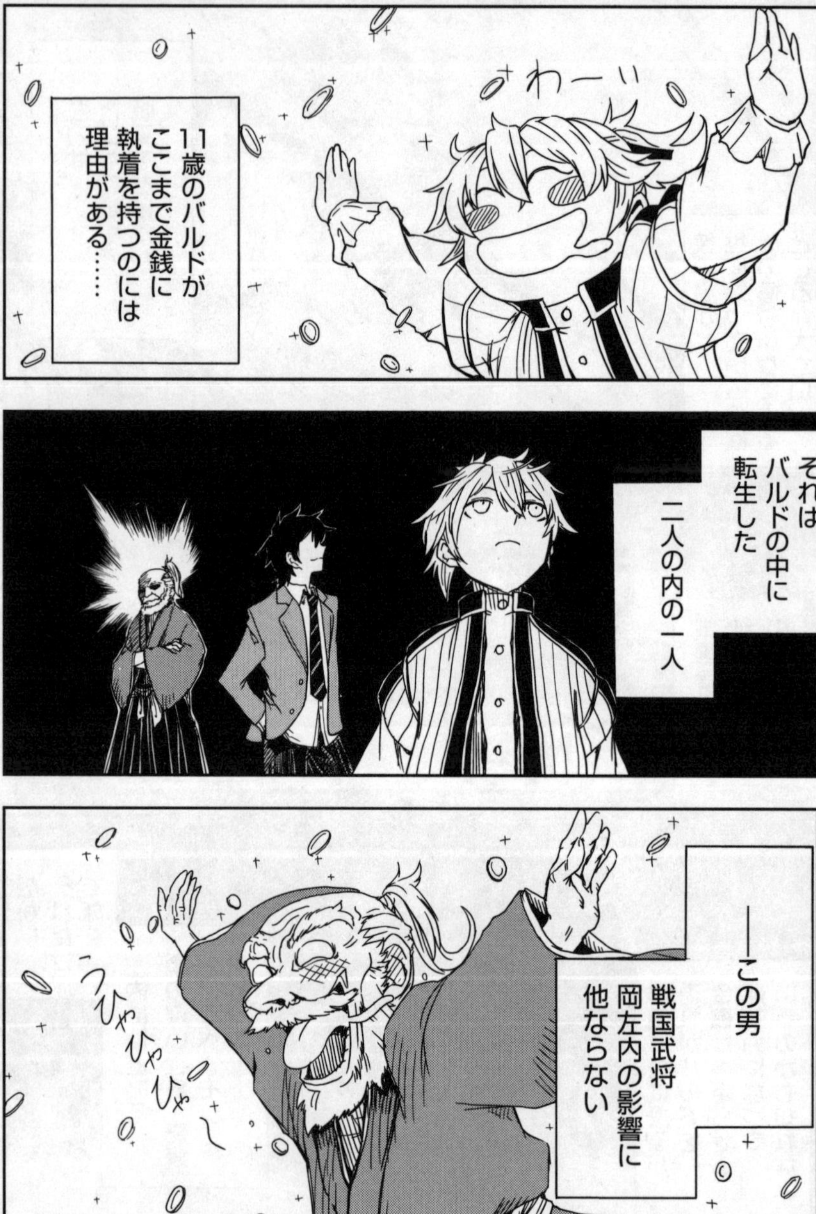
わーい
11歳のバルドがここまで金銭に執着を持つのには理由がある……
それはバルドの中に転生した
二人の内の一人
——この男
戦国武将岡左内の影響に他ならない
ひゃひゃひゃひゃ〜

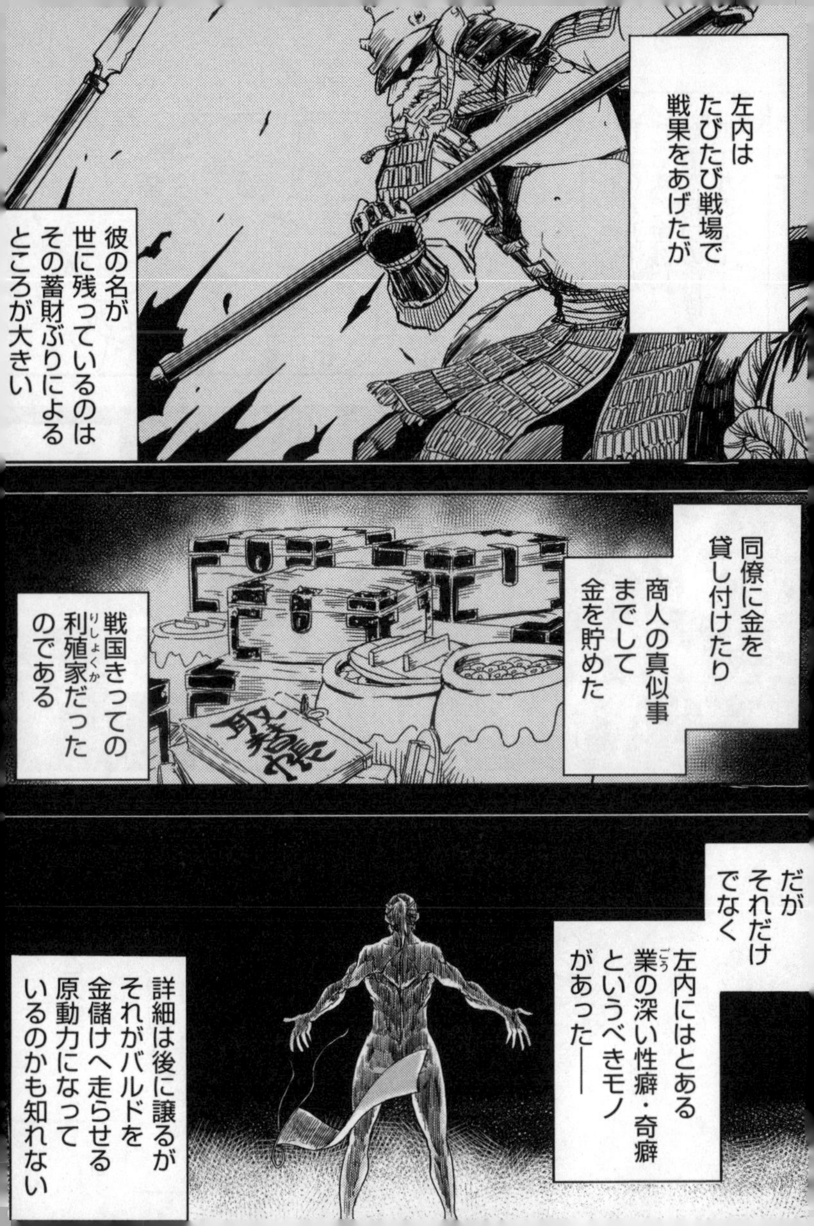

左内はたびたび戦場で戦果をあげたが
彼の名が世に残っているのはその蓄財ぶりによるところが大きい
同僚に金を貸し付けたり
商人の真似事までして金を貯めた
戦国きっての利殖家だったのである
だがそれだけでなく
左内にはとある業の深い性癖・奇癖というべきモノがあった――
詳細は後に譲るがそれがバルドを金儲けへ走らせる原動力になっているのかも知れない

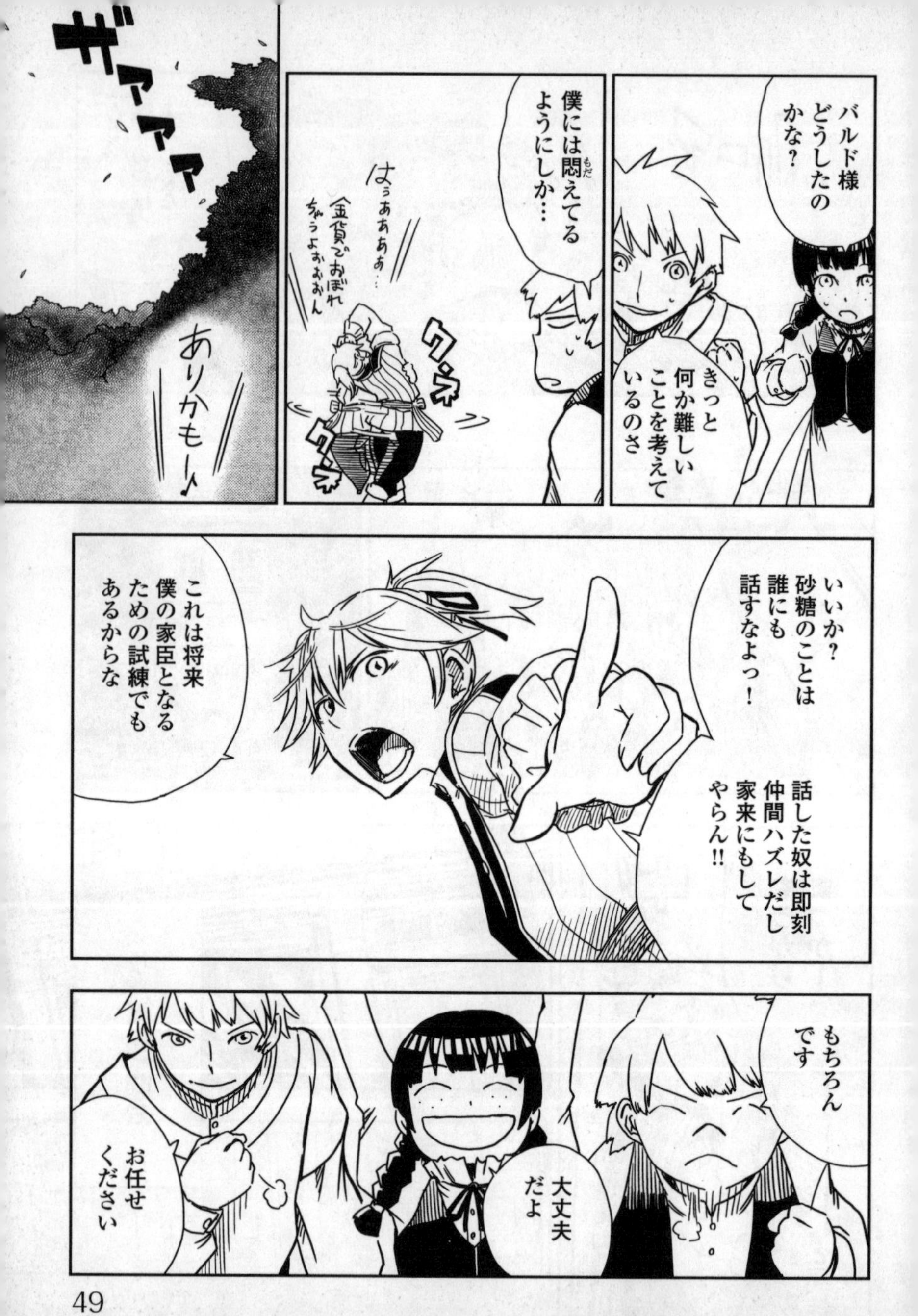
バルド様どうしたのかな？
きっと何か難しいことを考えているのさ
僕には悶えてるようにしか…
はぁあああぁ…
金貨でおぼれちゃうよぉおおん
クネ
クネ
ザアアアア
ありかも～ん♪
いいか？砂糖のことは誰にも話すなよっ！
話した奴は即刻仲間ハズレだし家来にもしてやらん!!
これは将来僕の家臣となるための試練でもあるからな
もちろんです
大丈夫だよ
お任せください

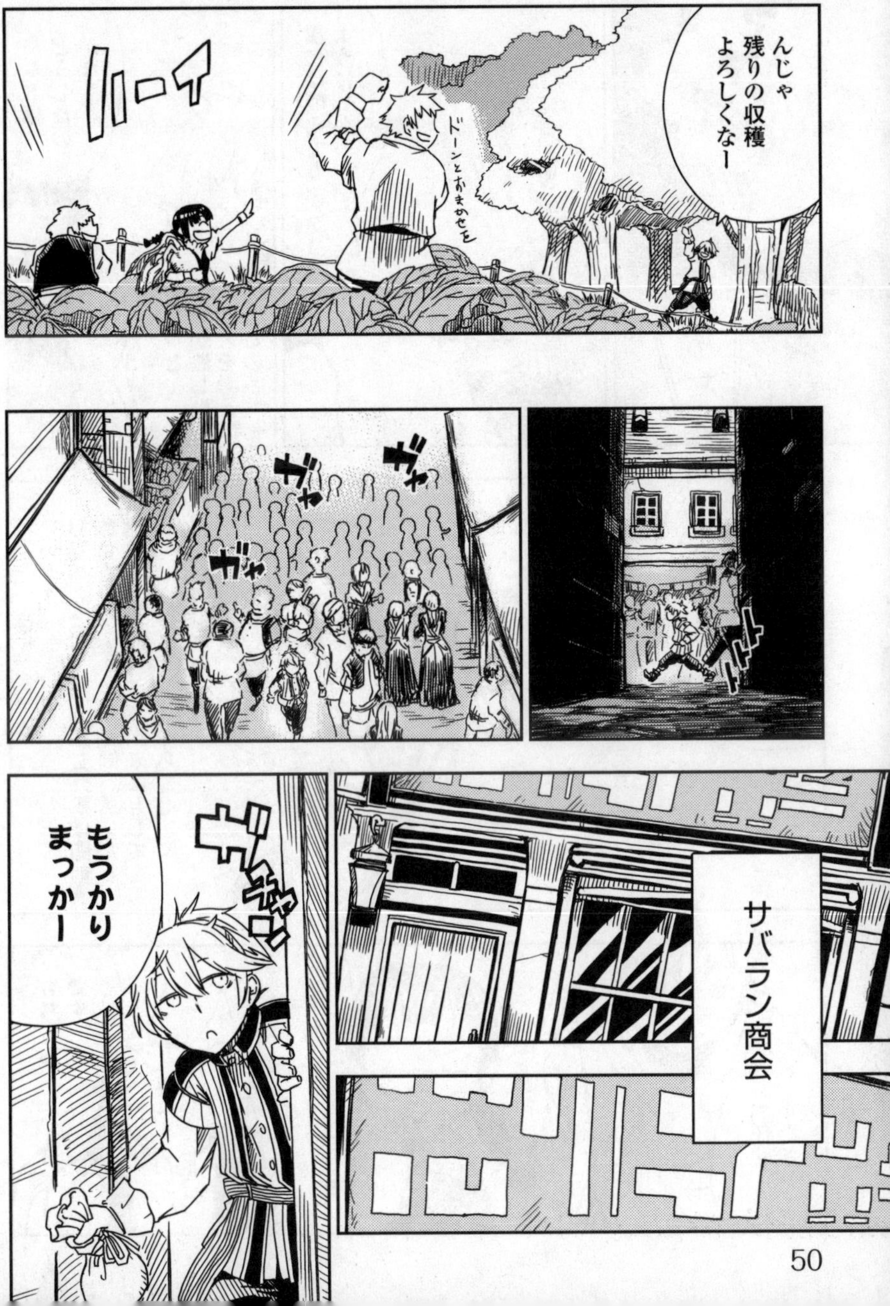
んじゃ
残りの収穫
よろしくなー
ハーイ
ドーンとおまかせを
ザワ
ザワ
ザワ
タッ
サバラン商会
もうかり
まっかー
ガチャ

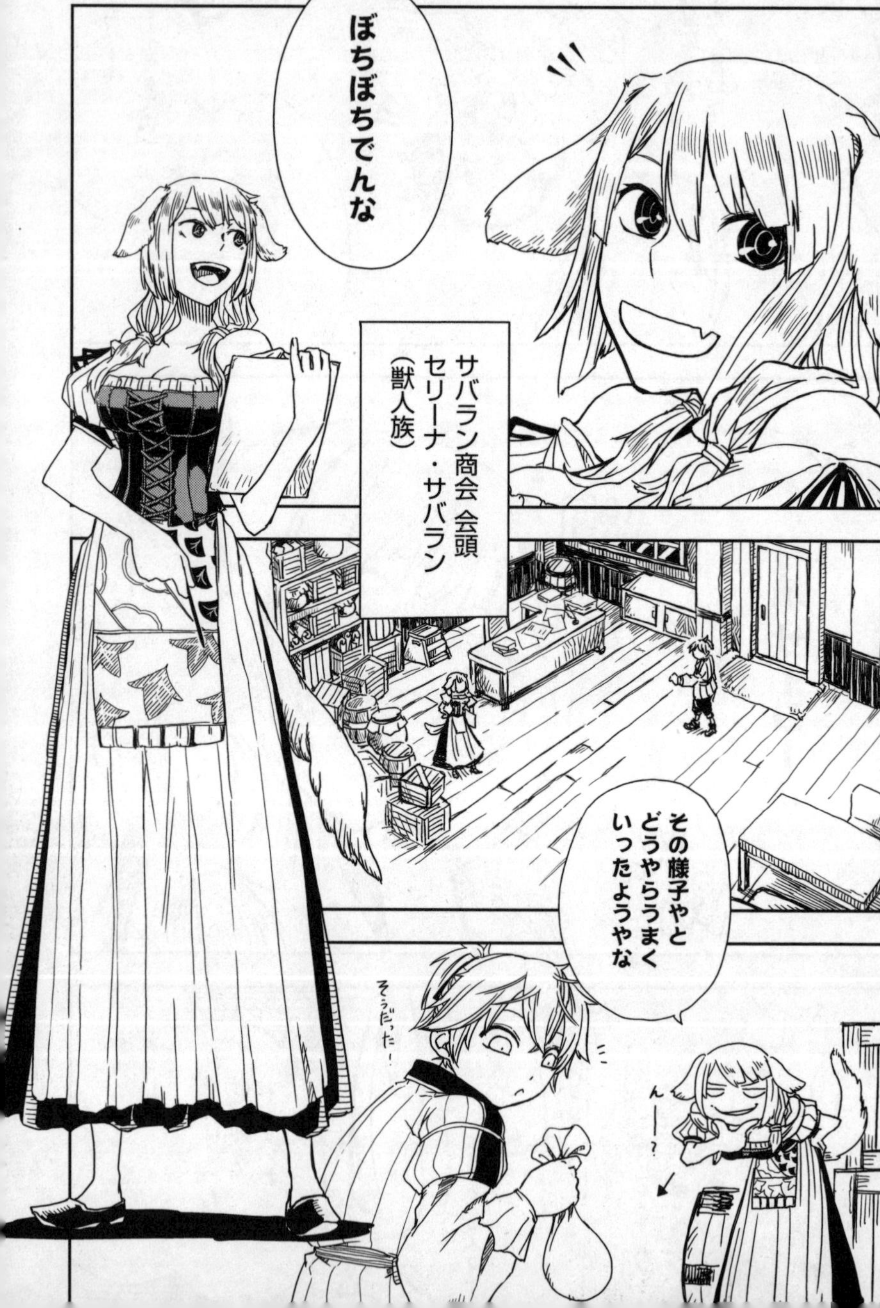
ぼちぼちでんな
サバラン商会 会頭
セリーナ・サバラン
（獣人族）
その様子やと
どうやらうまく
いったようやな
そうだった！
ん――？

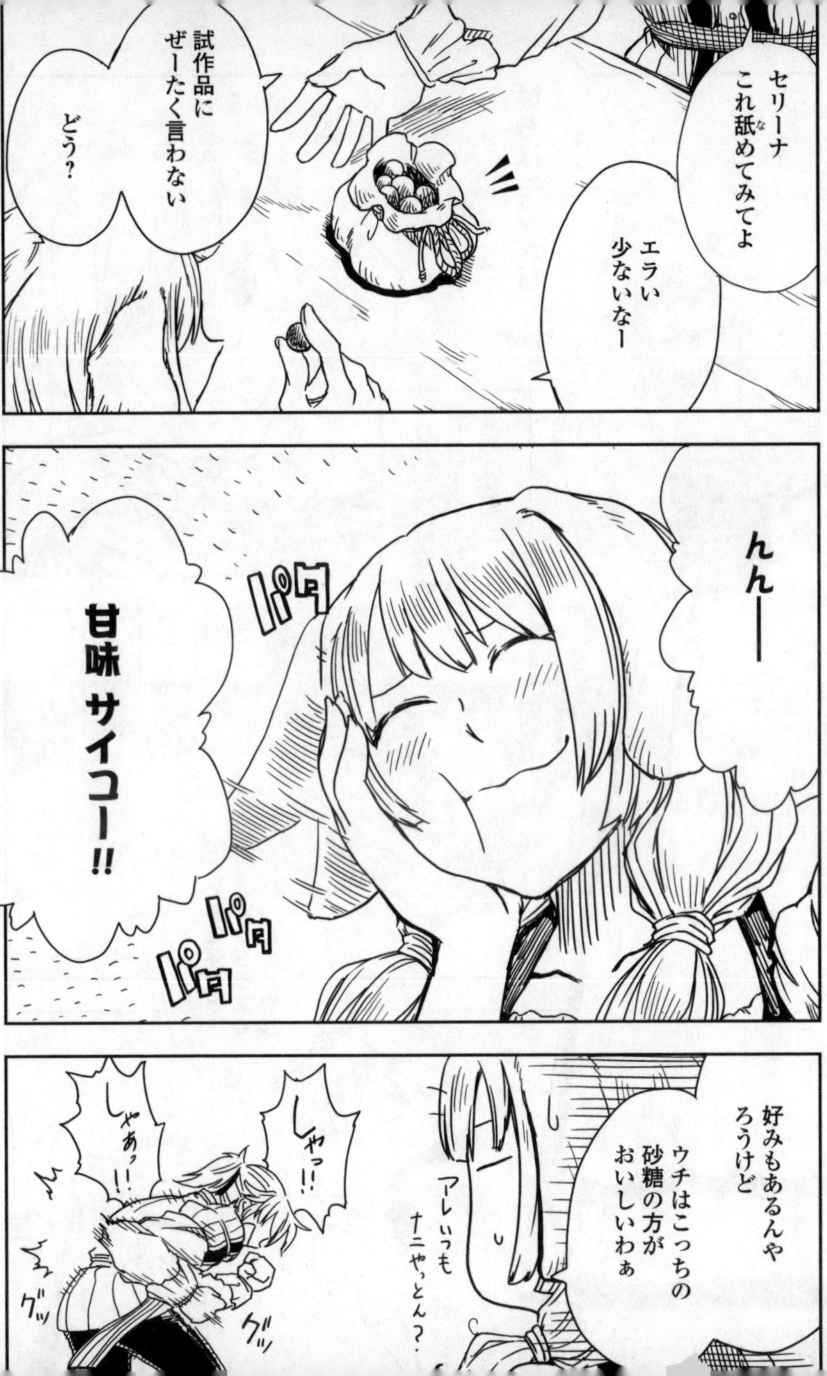
セリーナ
これ舐めてみてよ
エラい
少ないなー
試作品に
ぜーたく言わない
どう？
んんーー
パタ
甘味サイコー!!
パタ
パタ
好みもあるんやろうけど
ウチはこっちの
砂糖の方が
おいしいわぁ
アレいつも
ナニやっとん？
しゃっ!!
しゃあっ!!
グッ
グッ

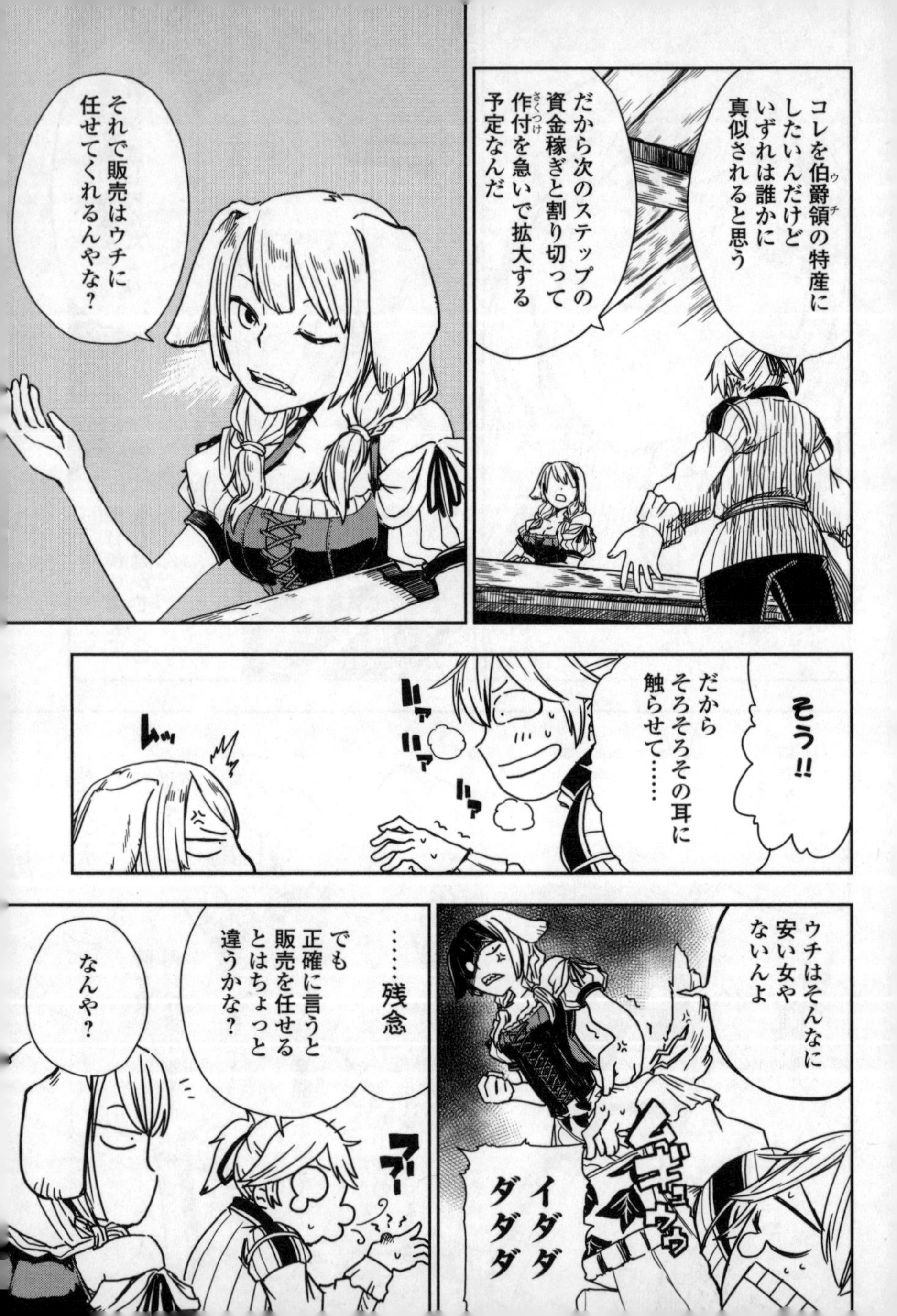
コレを伯爵領の特産にしたいんだけどいずれは誰かに真似されると思う
だから次のステップの資金稼ぎと割り切って作付を急いで拡大する予定なんだ
それで販売はウチに任せてくれるんやな？
そう!!
だからそろそろその耳に触らせて……
ウチはそんなに安い女やないんよ
イダダダダダ
……残念
でも正確に言うと販売を任せるとはちょっと違うかな？
なんや？

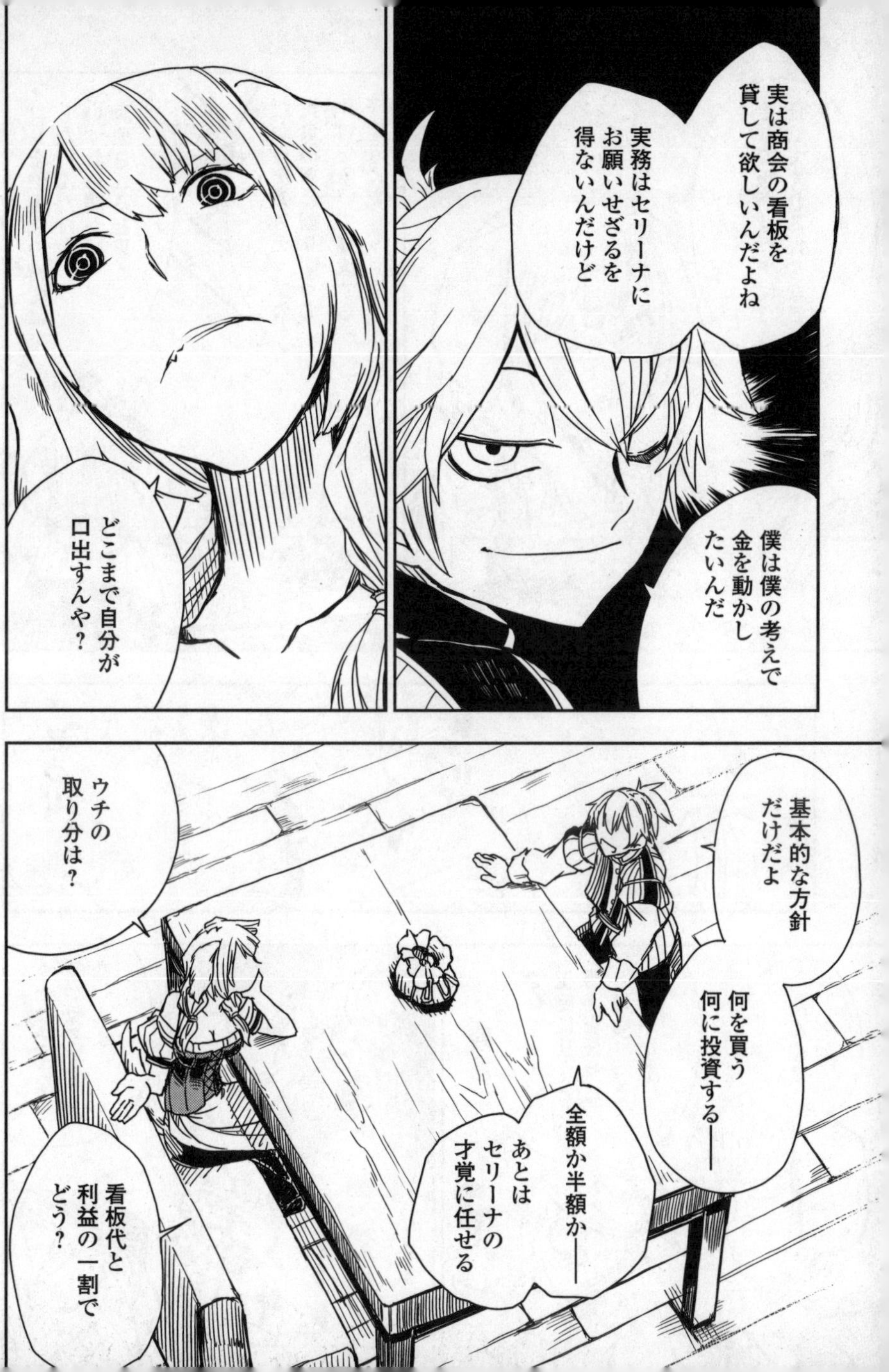
実は商会の看板を貸して欲しいんだよね
実務はセリーナにお願いせざるを得ないんだけど
僕は僕の考えで金を動かしたいんだ
どこまで自分が口出すんや？
基本的な方針だけだよ
何を買う何に投資する――
全額か半額か――
あとはセリーナの才覚に任せる
ウチの取り分は？
看板代と利益の一割でどう？

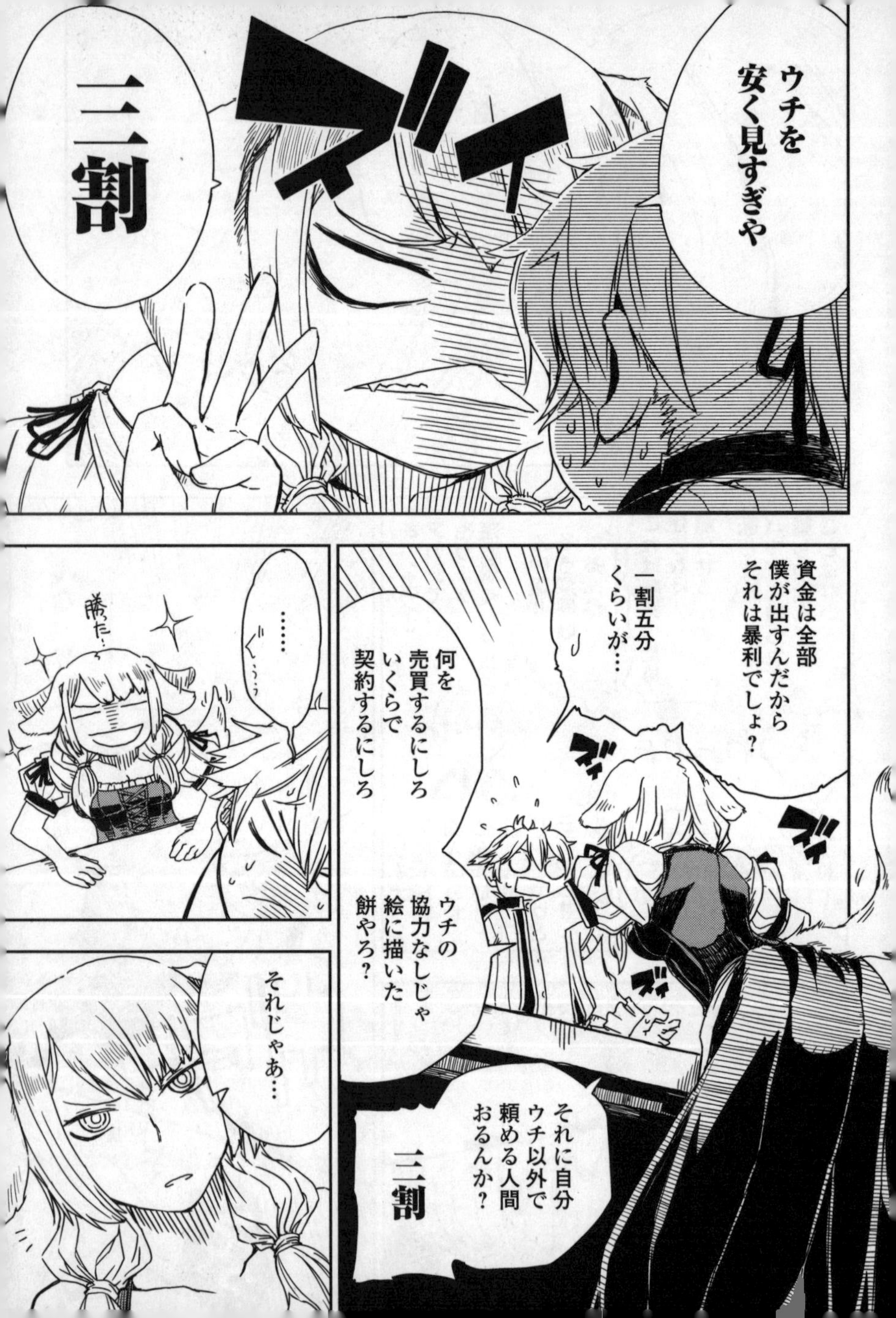
ウチを安く見すぎや
ズイ
三割
資金は全部僕が出すんだからそれは暴利でしょ？
一割五分くらいが…
ズイ
ズイ
何を売買するにしろいくらで契約するにしろ
ウチの協力なしじゃ絵に描いた餅やろ？
ズイ
それに自分ウチ以外で頼める人間おるんか？
三割
……ぐぅぅ
勝った…
それじゃあ…

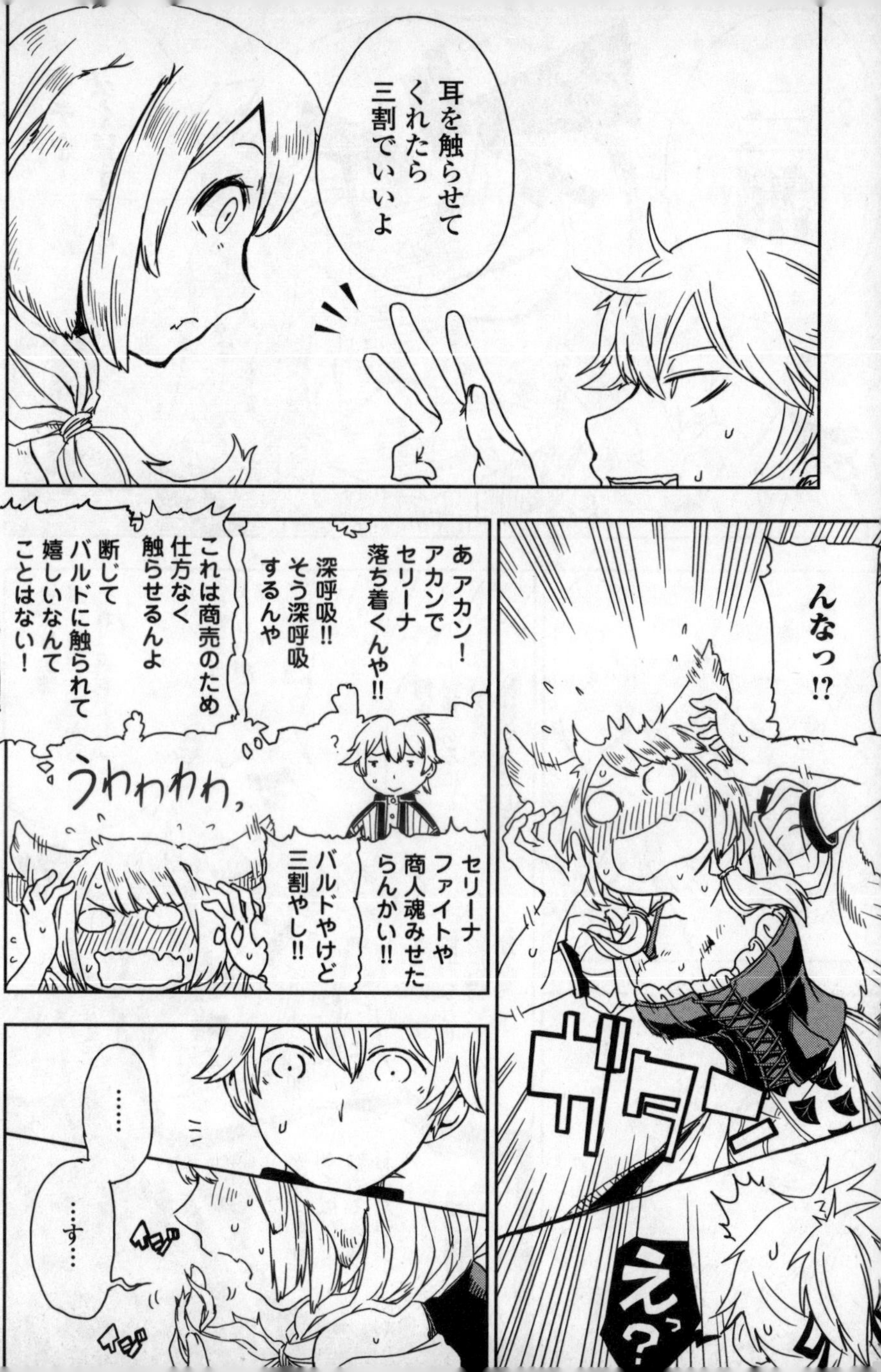

耳を触らせてくれたら三割でいいよ
んなっ!?
あアカン!アカンでセリーナ落ち着くんや!!
深呼吸!!そう深呼吸するんや
これは商売のため仕方なく触らせるんよ
断じてバルドに触られて嬉しいなんてことはない!
うわわわわ
セリーナファイトや商人魂みせたらんかい!!
バルドやけど三割やし!!
えっ?
……
……す……

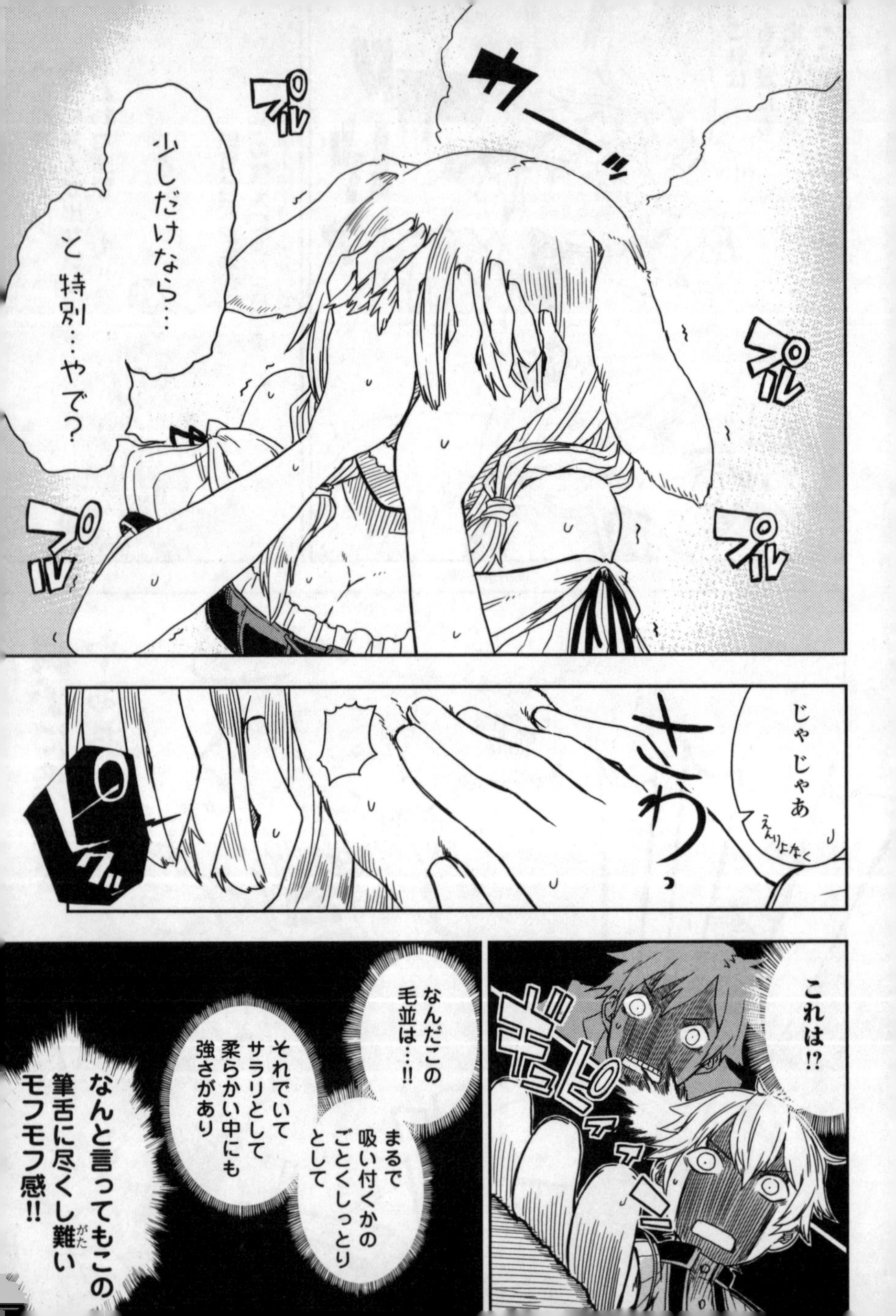

ウーーッ
プル
プル
プル
プル
少しだけなら…
と特別…やで？
じゃ じゃあ
えんりょなく
さわっ
ピクッ
これは!?
ギュピィィィーン
なんだこの毛並は…!!
それでいてサラリとして柔らかい中にも強さがあり
まるで吸い付くかのごとくしっとりとして
なんと言ってもこの筆舌に尽くし難い(がた)モフモフ感!!

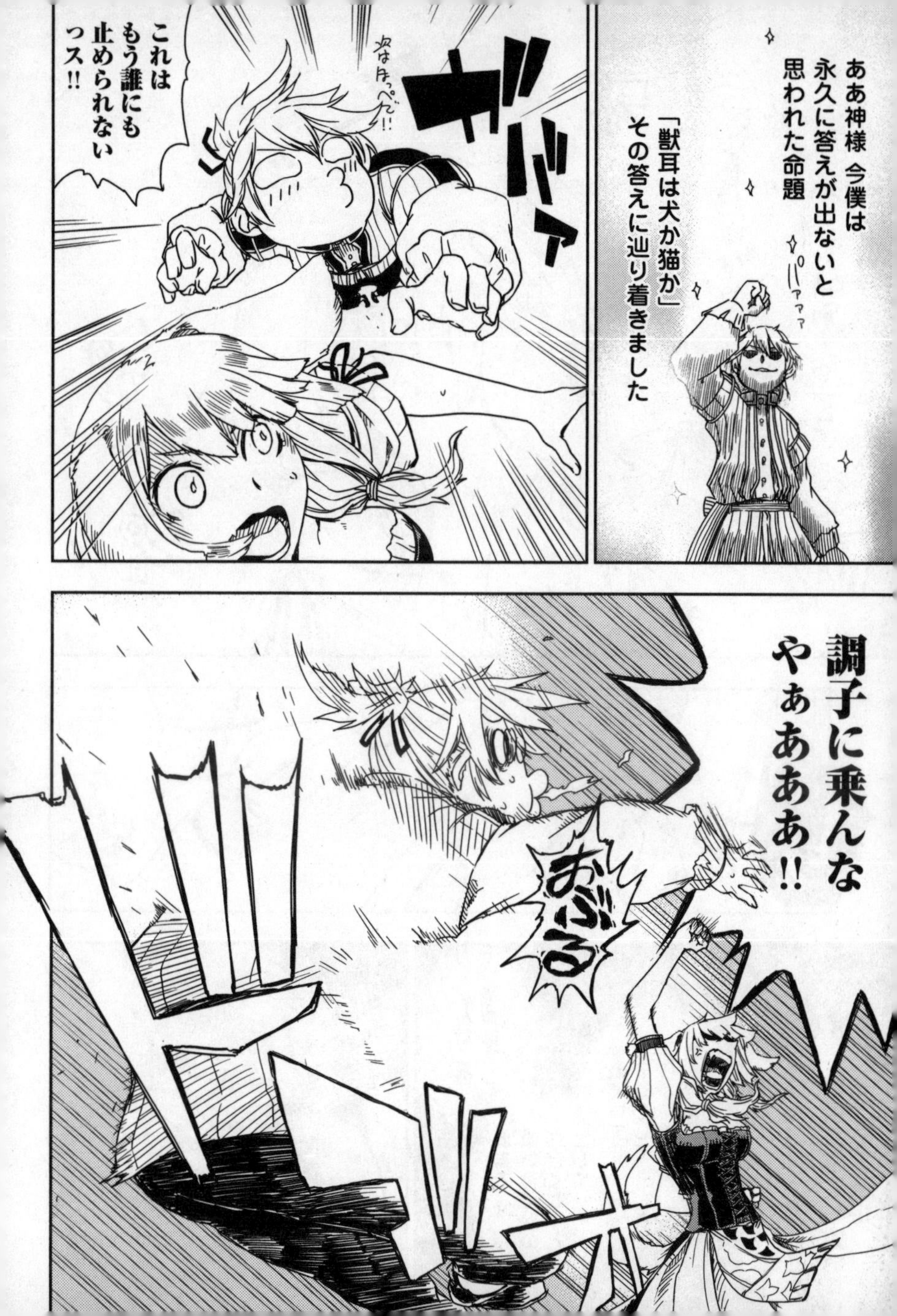
ああ神様 今僕は永久に答えが出ないと思われた命題
「獣耳は犬か猫か」その答えに辿り着きました
パァァァ
ガバァ
次はほっぺだ!!
これはもう誰にも止められないっス!!
調子に乗んなやぁあああ!!
おぶる

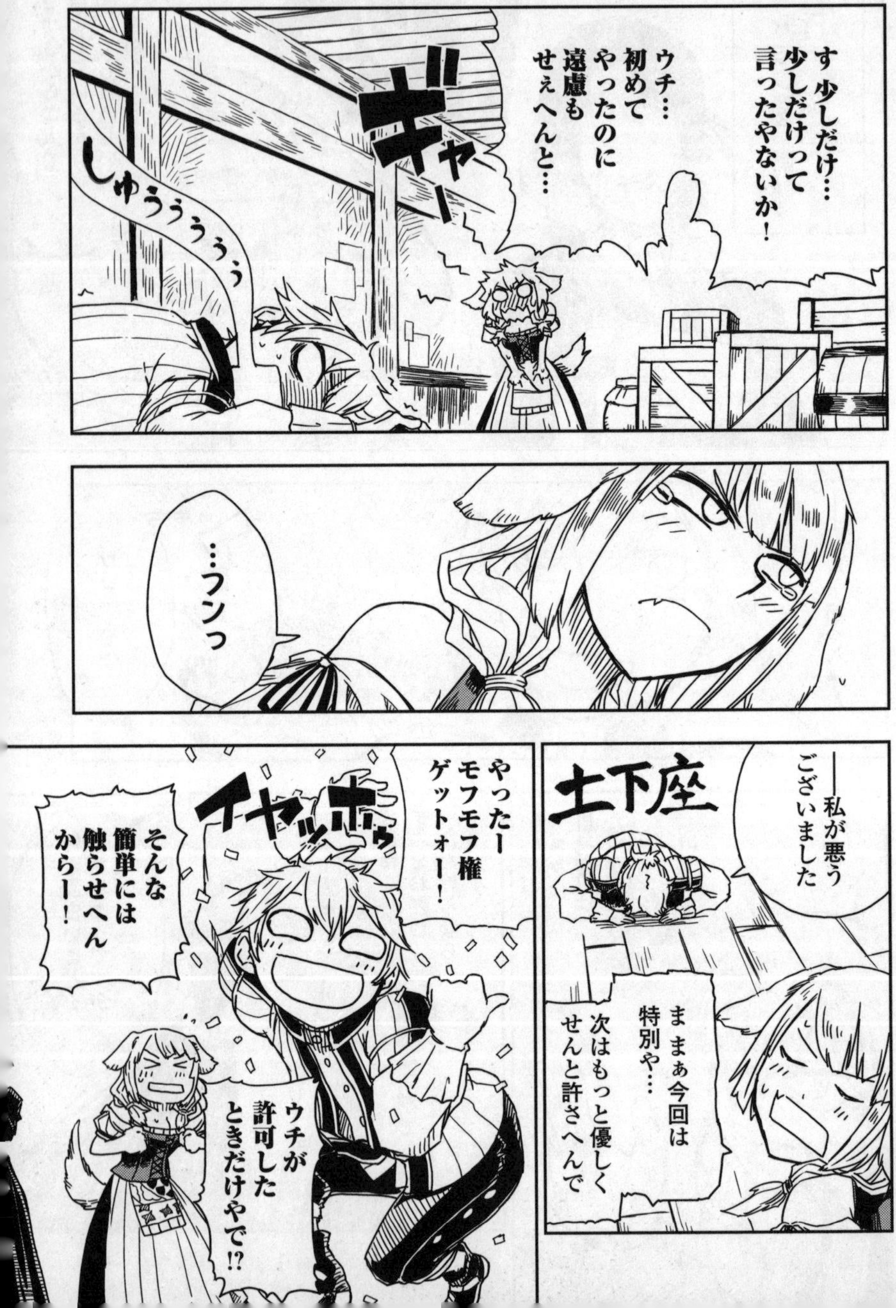
す少しだけ…少しだけって言ったやないか!
ウチ…初めてやったのに遠慮もせぇへんと…
ギャー
しゅううううううう
…フンっ
土下座
──私が悪うございました
まぁ今回は特別や…次はもっと優しくせんと許さへんで
やったーモフモフ権ゲットォー!
イヤッホゥ
そんな簡単には触らせへんからー!
ウチが許可したときだけやで!?

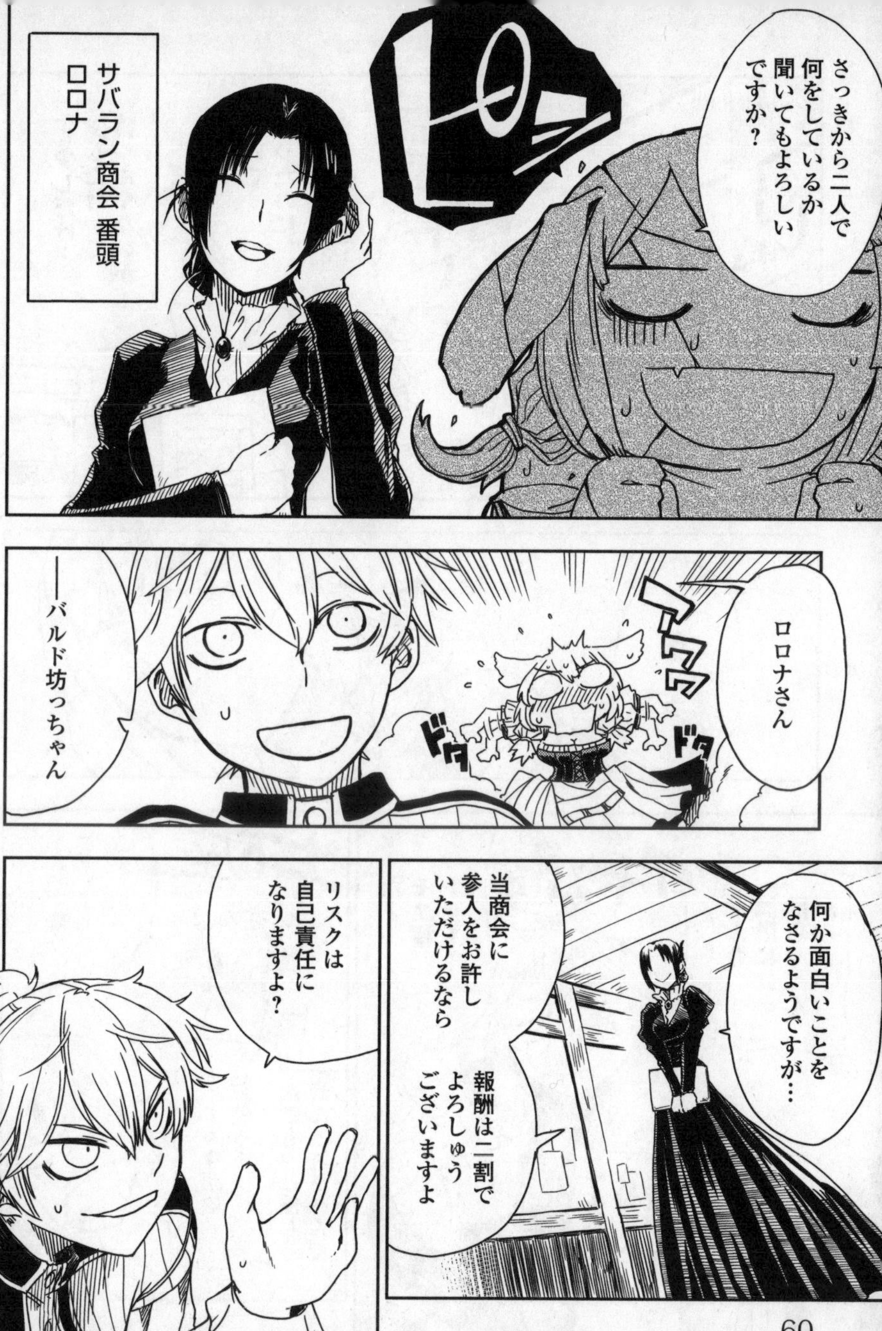

さっきから二人で何をしているか聞いてもよろしいですか？
ヒョコ
サバラン商会 番頭 ロロナ
ロロナさん
アワワ
ドタ
ドタ
——バルド坊っちゃん
何か面白いことをなさるようですが…
当商会に参入をお許しいただけるなら
報酬は二割でよろしゅうございますよ
リスクは自己責任になりますよ？

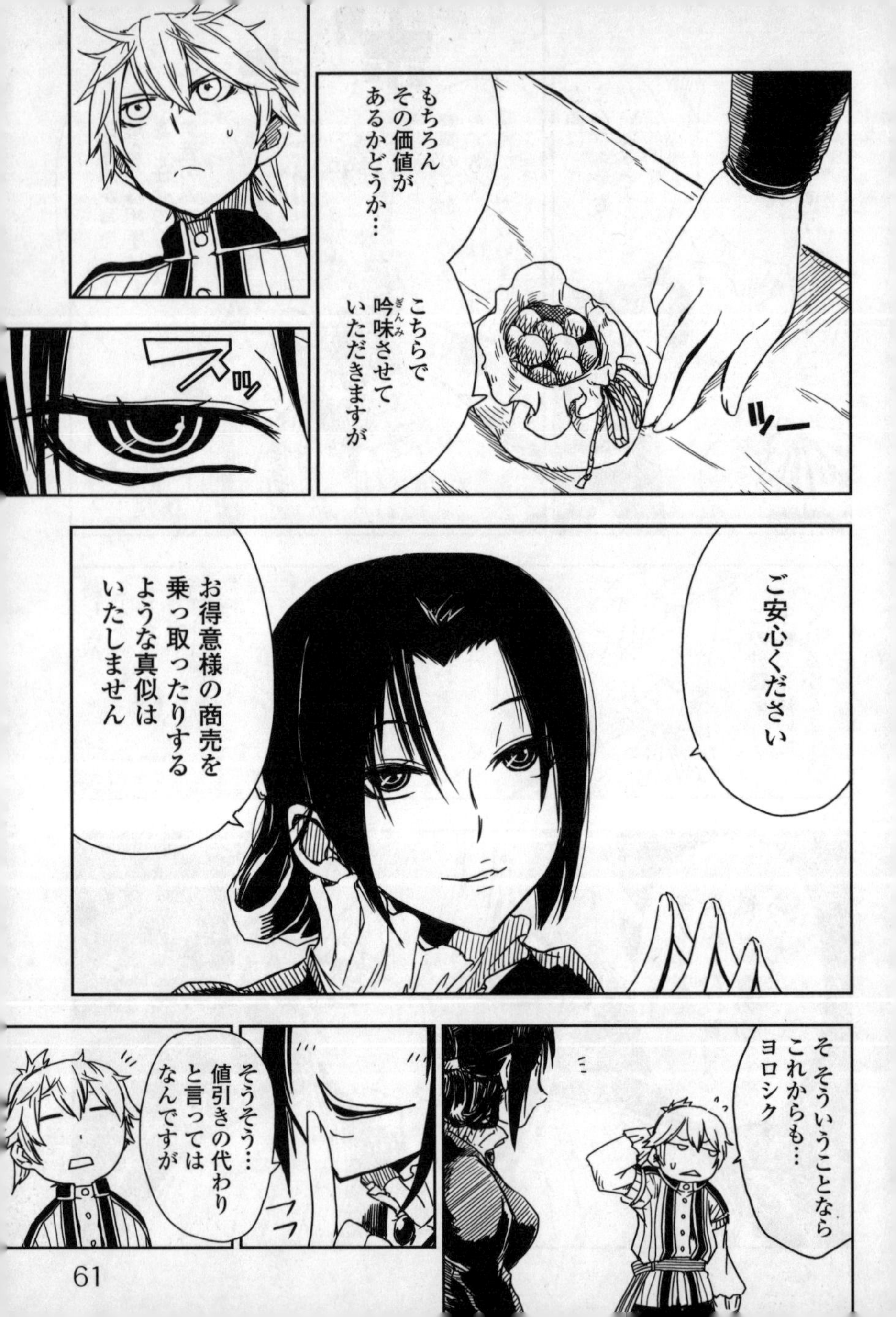
ツー
もちろん その価値が あるかどうか…
こちらで 吟味させて いただきますが
スッ
ご安心ください
お得意様の商売を 乗っ取ったりする ような真似は いたしません
そ そういうことなら これからも… ヨロシク
フフ
そうそう… 値引きの代わり と言っては なんですが

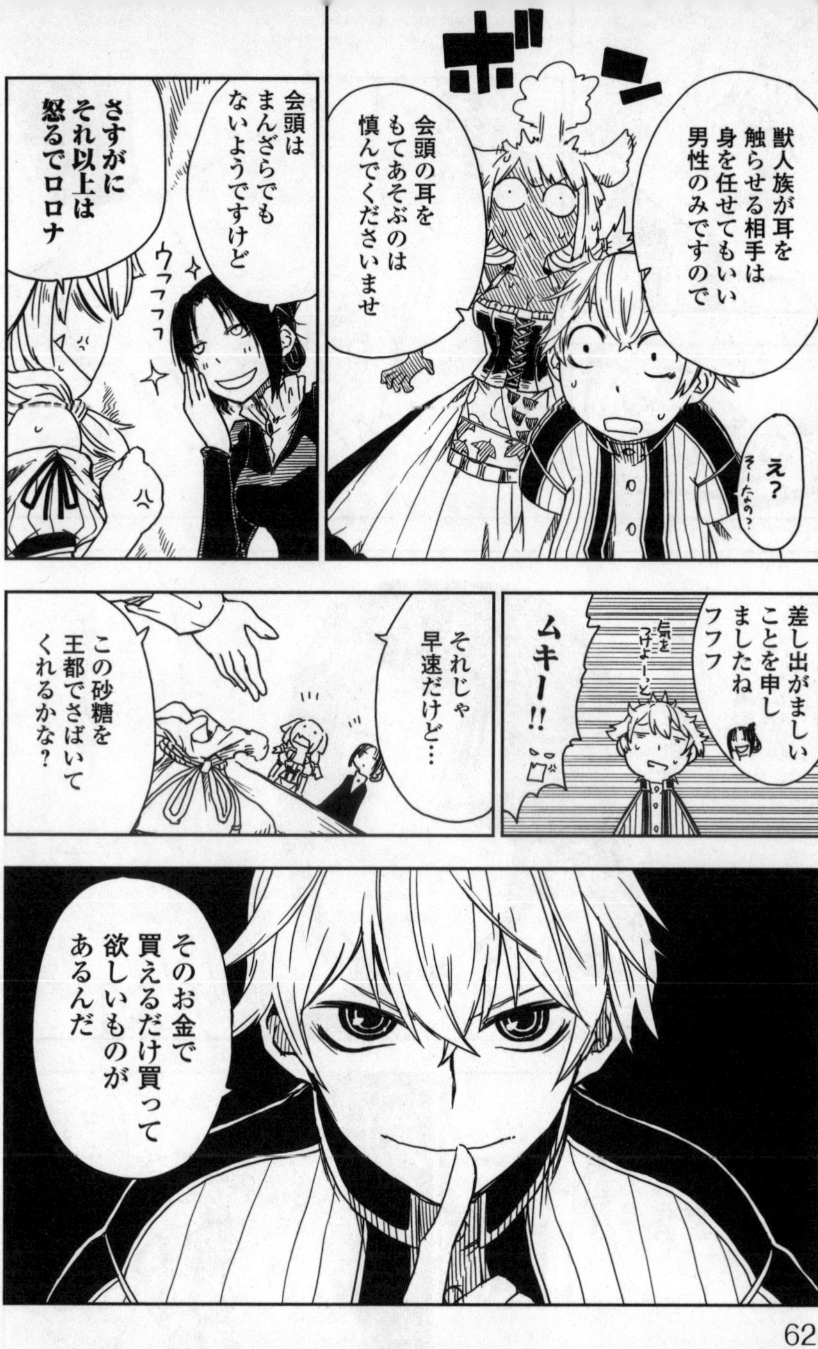

ボン
獣人族が耳を触らせる相手は身を任せてもいい男性のみですので
会頭の耳をもてあそぶのは慎んでくださいませ
え？
そーなの？
会頭はまんざらでもないようですけど
ウフフフフ
さすがにそれ以上は怒るでロロナ
差し出がましいことを申しましたねフフフ
気をつけよーっと
ムキー!!
それじゃ早速だけど…
この砂糖を王都でさばいてくれるかな？
そのお金で買えるだけ買って欲しいものがあるんだ

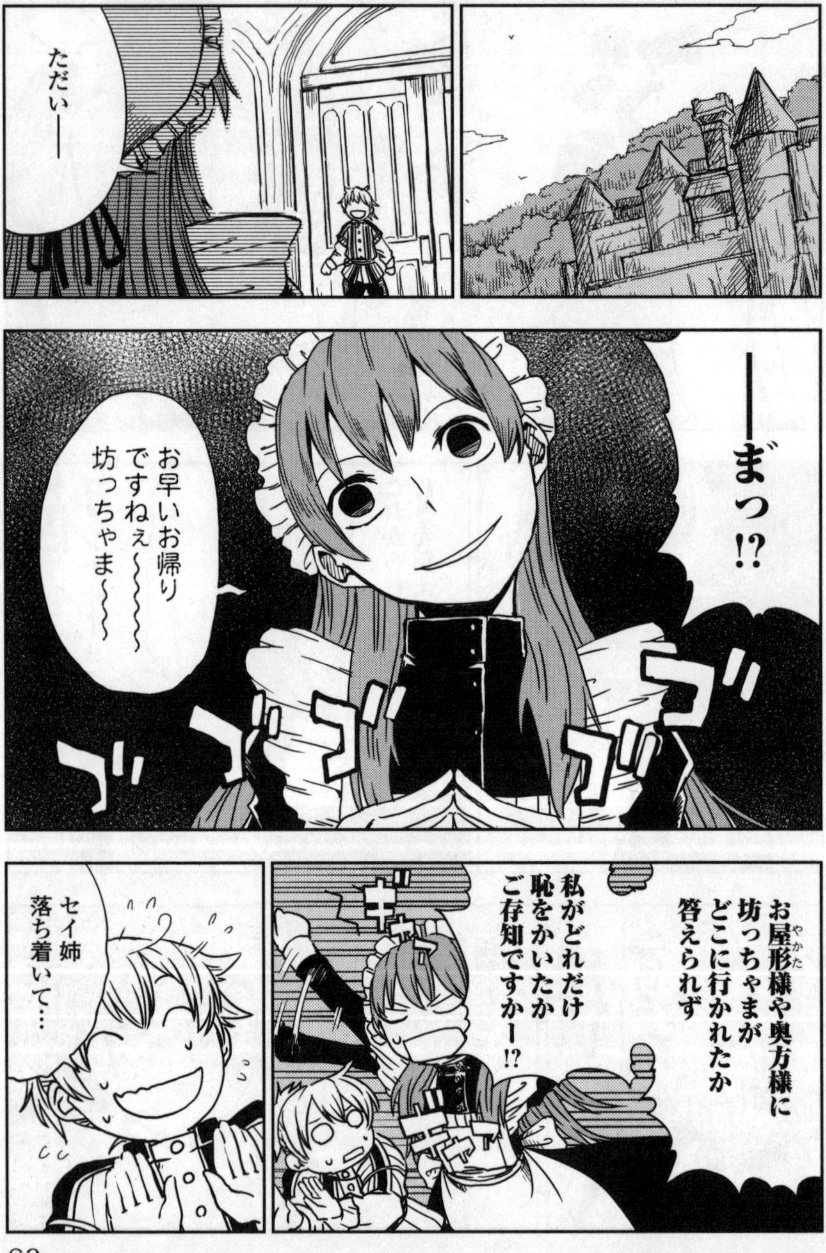
ただいーー
ーーまっ!?
お早いお帰りですねぇ〜〜〜坊っちゃま〜〜〜
ゴゴゴゴゴ
お屋形様や奥方様に坊っちゃまがどこに行かれたか答えられず
私がどれだけ恥をかいたかご存知ですかー!?
ギャー
ギャー
セイ姉落ち着いて…

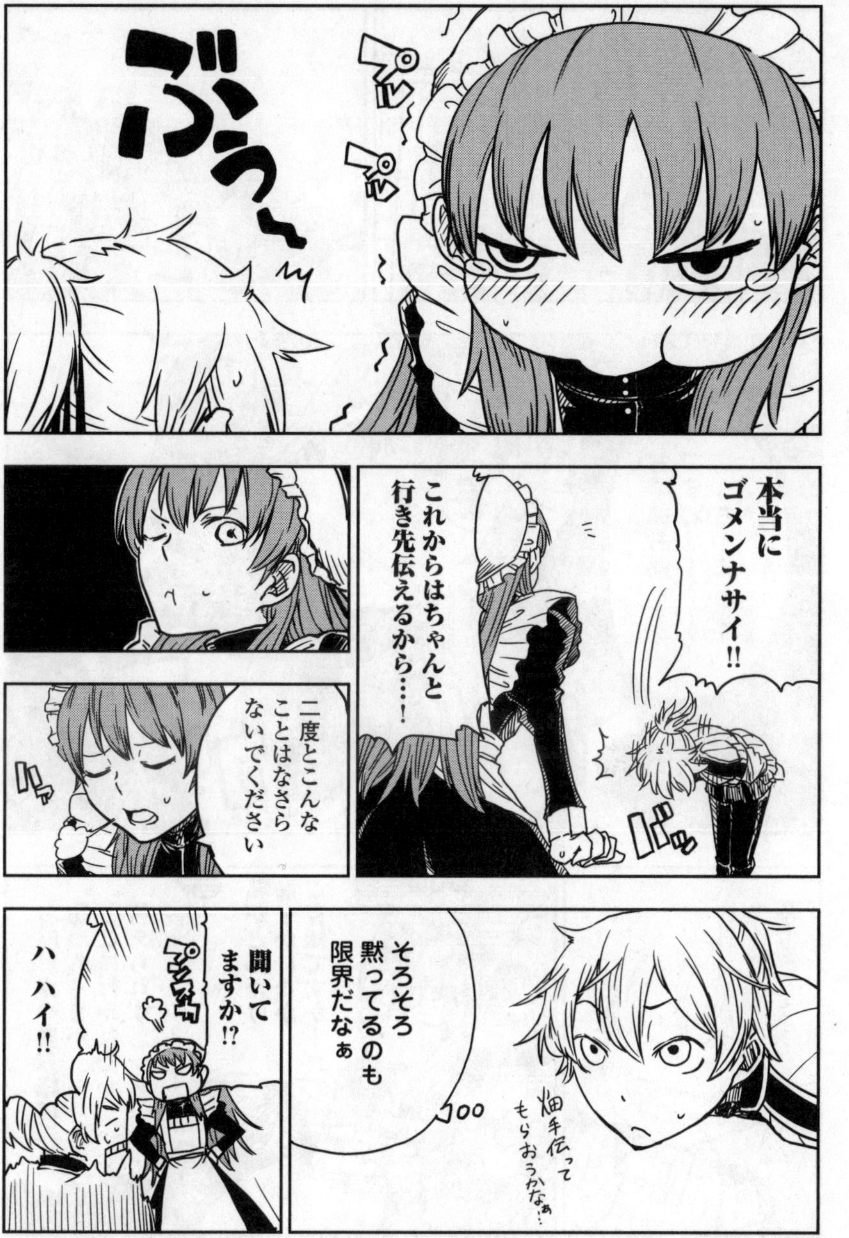
ぶぅ〜
プル
プル
本当に
ゴメンナサイ!!
これからはちゃんと
行き先伝えるから…!
バッ
二度とこんな
ことはなさら
ないでください
ハァ
そろそろ
黙ってるのも
限界だなぁ
畑手伝って
もらおうかなぁ…
聞いて
ますか!?
プンスカ
ハ
ハイ!!

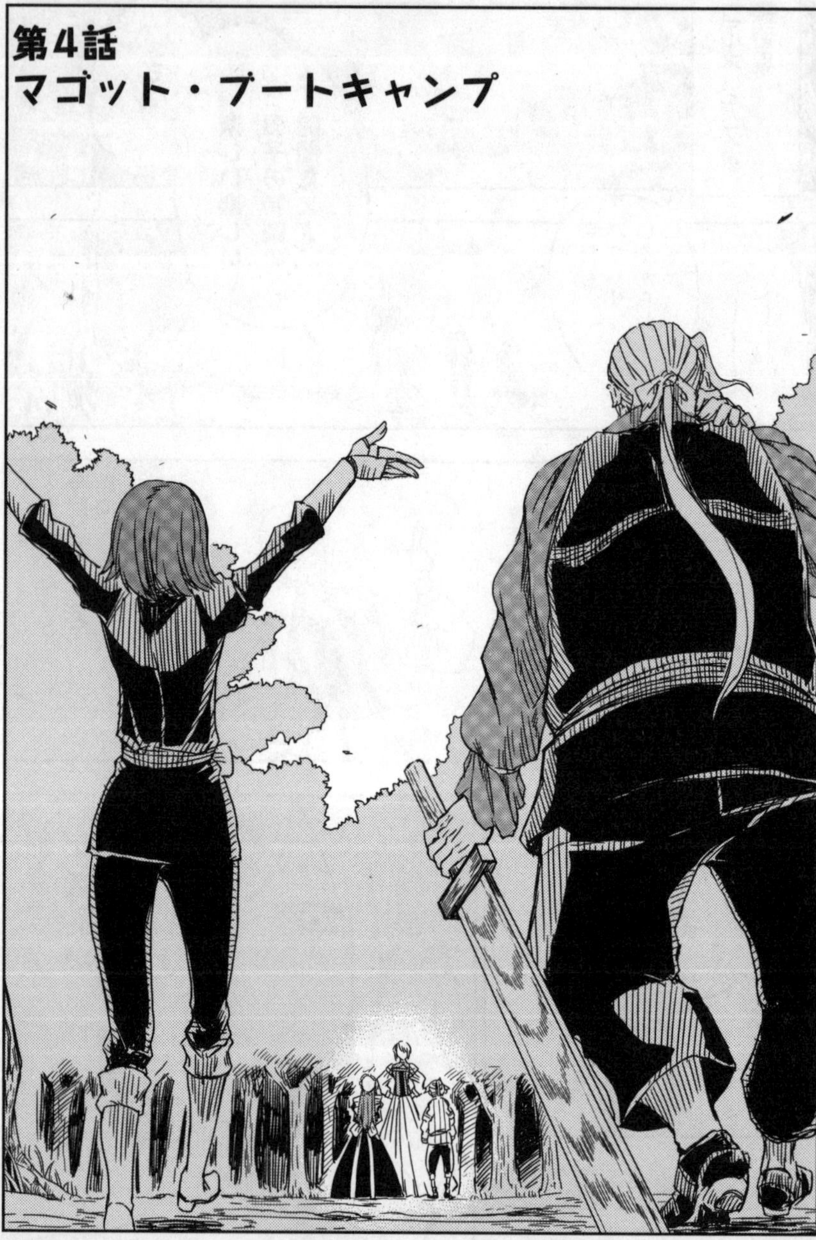
第4話
マゴット・ブートキャンプ

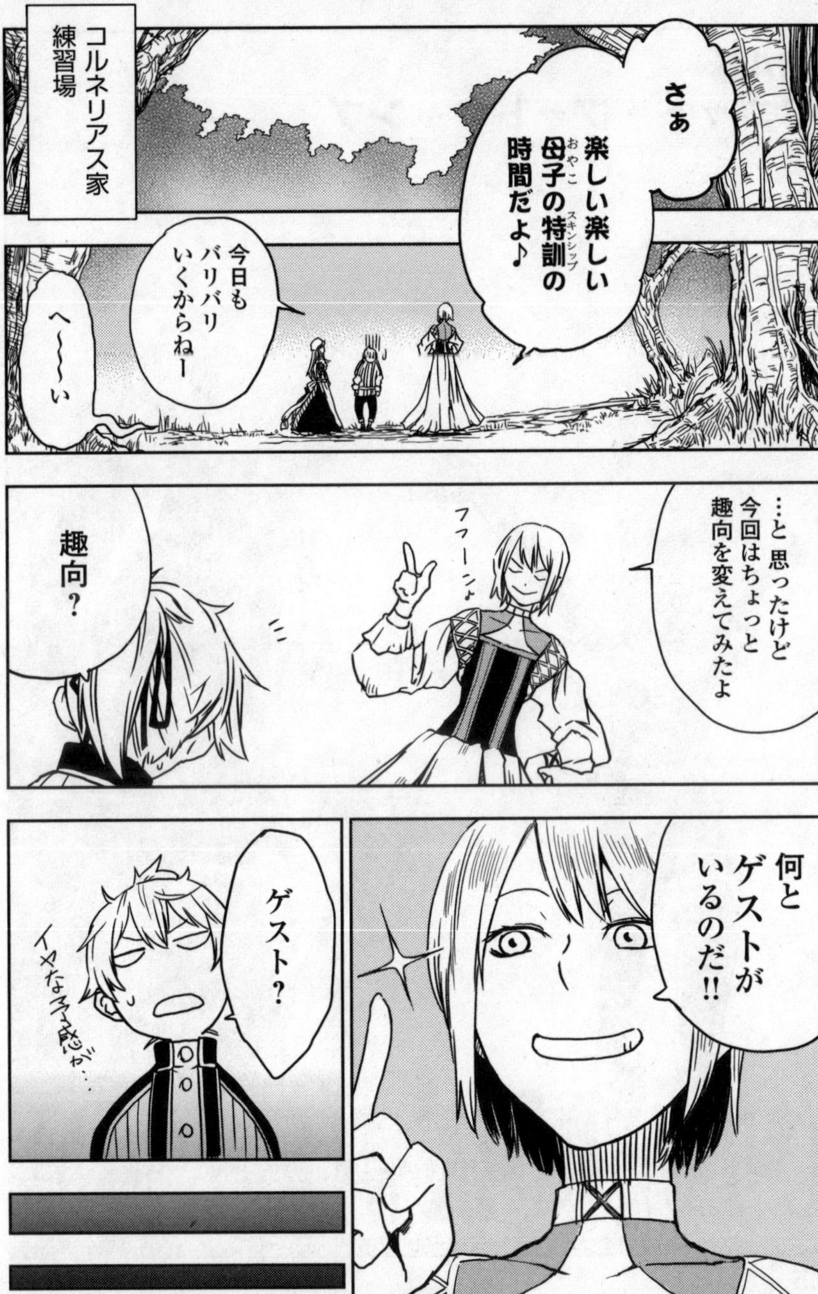
コルネリアス家
練習場
さぁ
楽しい楽しい
母子(おやこ)の特訓(スキンシップ)の
時間だよ♪
今日も
バリバリ
いくからねー
へ〜〜〜い
…と思ったけど
今回はちょっと
趣向を変えてみたよ
フフーン
趣向？
何と
ゲストが
いるのだ!!
ゲスト？
イヤな予感が…

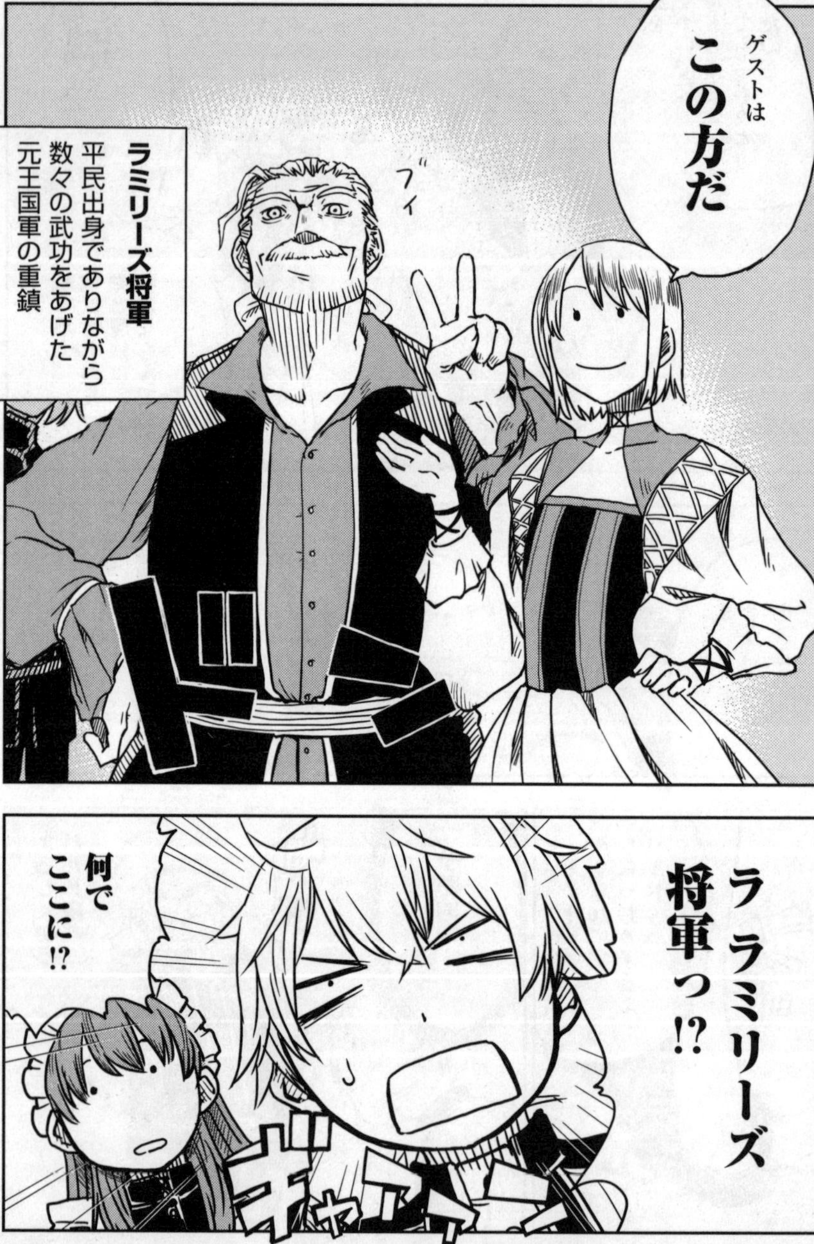
ゲストは
この方だ
ラミリーズ将軍
平民出身でありながら
数々の武功をあげた
元王国軍の重鎮
ブイ
ララミリーズ
将軍っ!?
何で
ここに!?

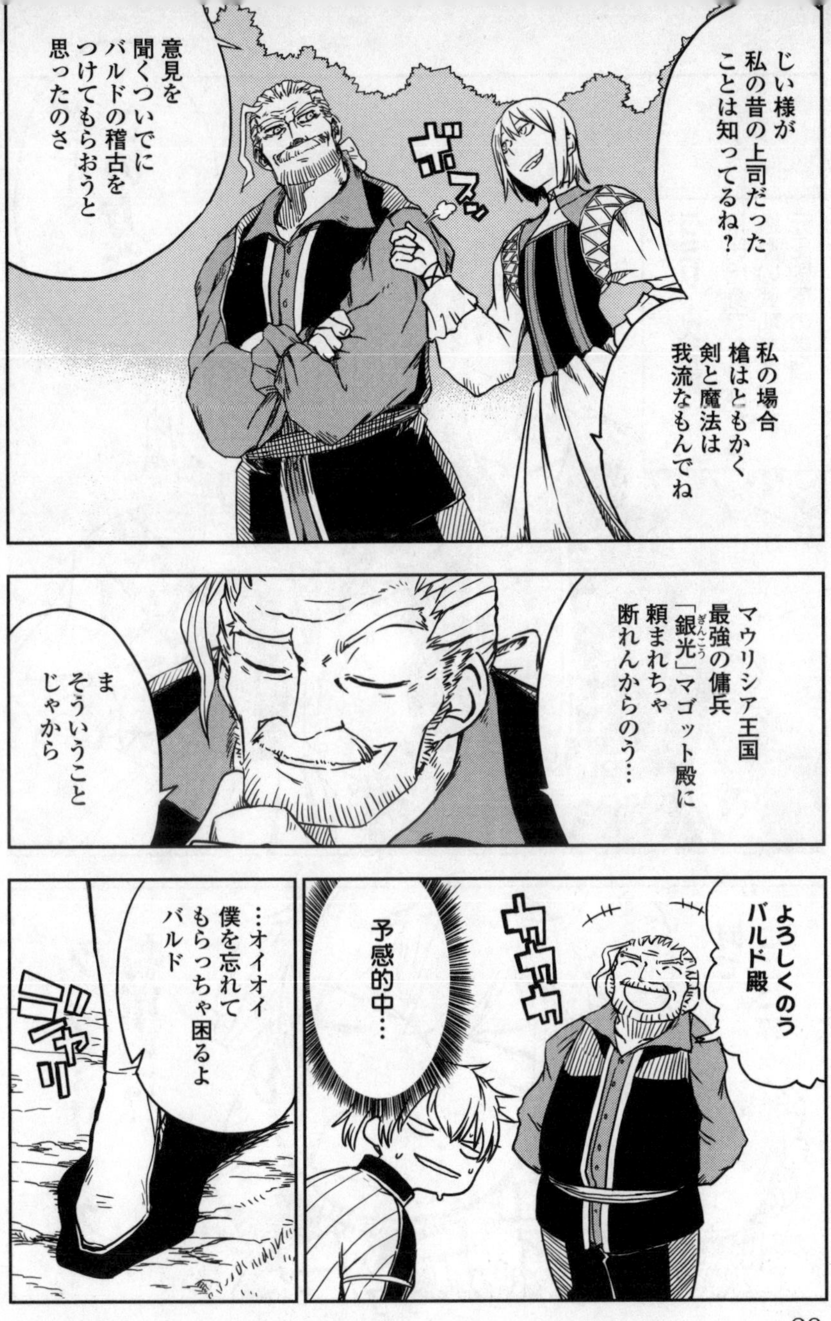

じい様が
私の昔の上司だった
ことは知ってるね？
ボフッ
私の場合
槍はともかく
剣と魔法は
我流なもんでね
意見を
聞くついでに
バルドの稽古を
つけてもらおうと
思ったのさ
マウリシア王国
最強の傭兵
「銀光」マゴット殿に
頼まれちゃ
断れんからのう…
ま
そういうこと
じゃから
よろしくのう
バルド殿
カカカ
予感的中…
…オイオイ
僕を忘れて
もらっちゃ困るよ
バルド
ジャリ

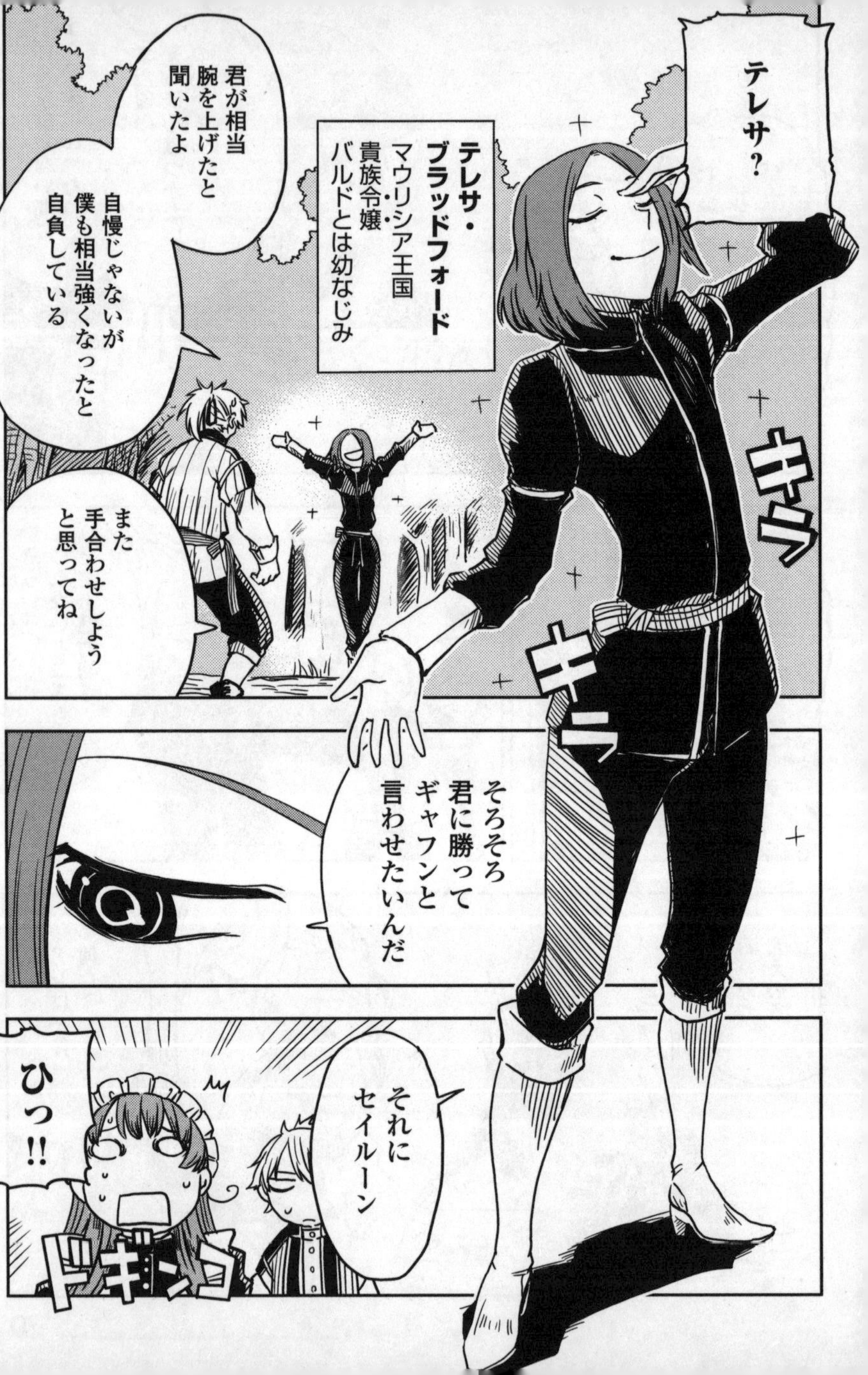
テレサ？
テレサ・ブラッドフォード
マウリシア王国貴族令嬢
バルドとは幼なじみ
君が相当腕を上げたと聞いたよ
自慢じゃないが僕も相当強くなったと自負している
また手合わせしようと思ってね
キラ
キラ
そろそろ君に勝ってギャフンと言わせたいんだ
それにセイルーン
ひっ!!
ドギンッ

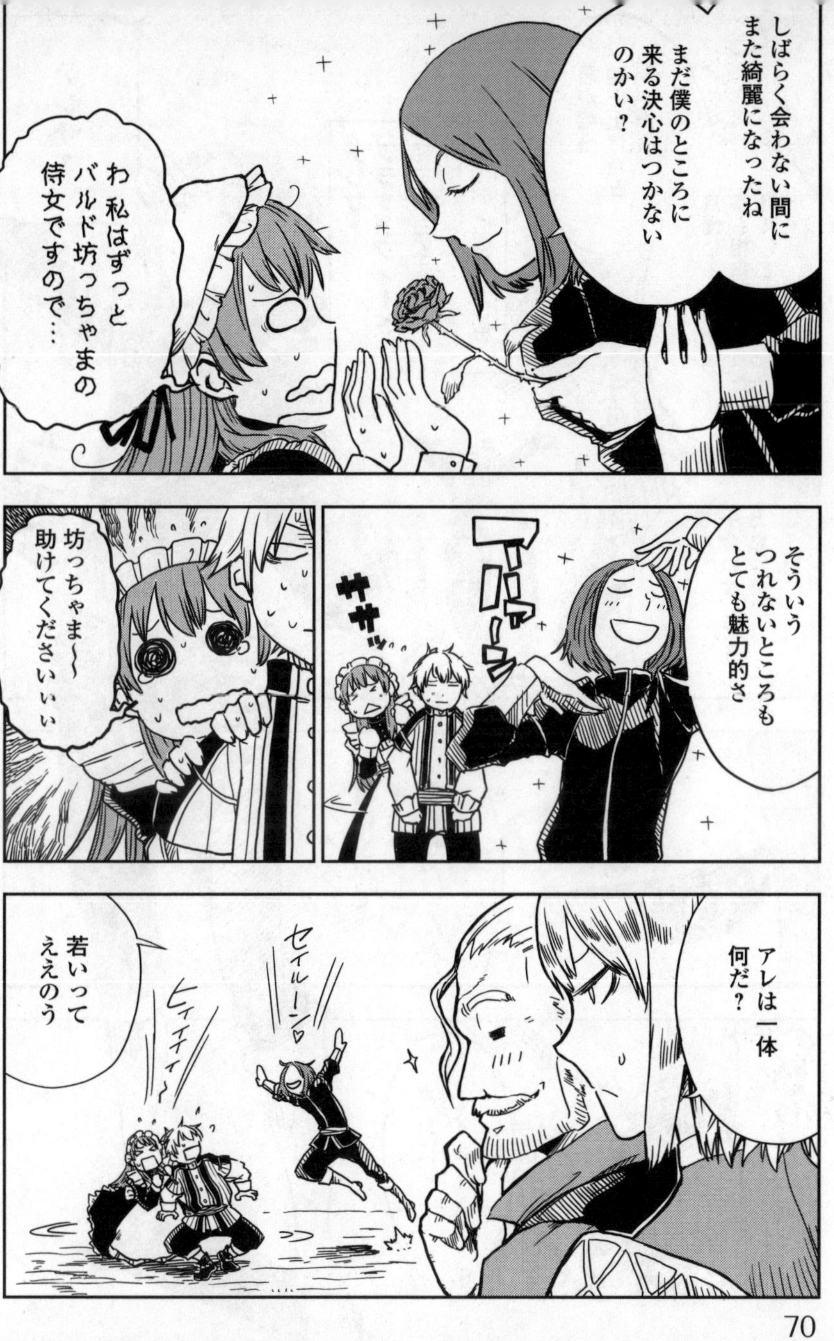
しばらく会わない間に
また綺麗になったね
まだ僕のところに
来る決心はつかない
のかい？
わ私はずっと
バルド坊っちゃまの
侍女ですので…
そういう
つれないところも
とても魅力的さ
ササッ
坊っちゃま〜
助けてくださいぃぃぃ
アレは一体
何だ？
セイルーン♡
ヒィィィィ〜
若いって
ええのう

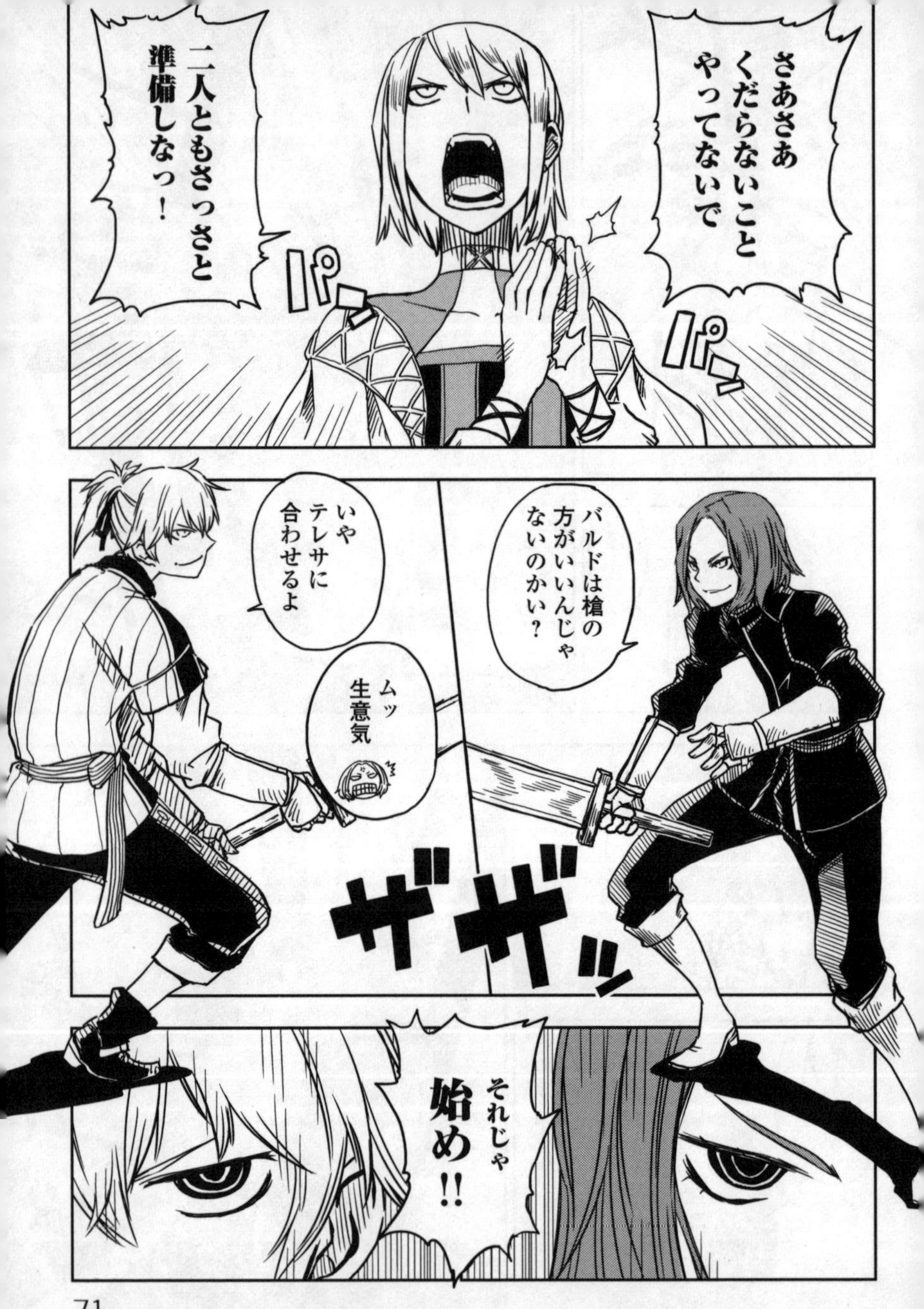

さあさあ
くだらないこと
やってないで
パンッ
パンッ
二人ともさっさと
準備しなっ！
バルドは槍の
方がいいんじゃ
ないのかい？
いや
テレサに
合わせるよ
ムッ
生意気
ザザッ
それじゃ
始め!!

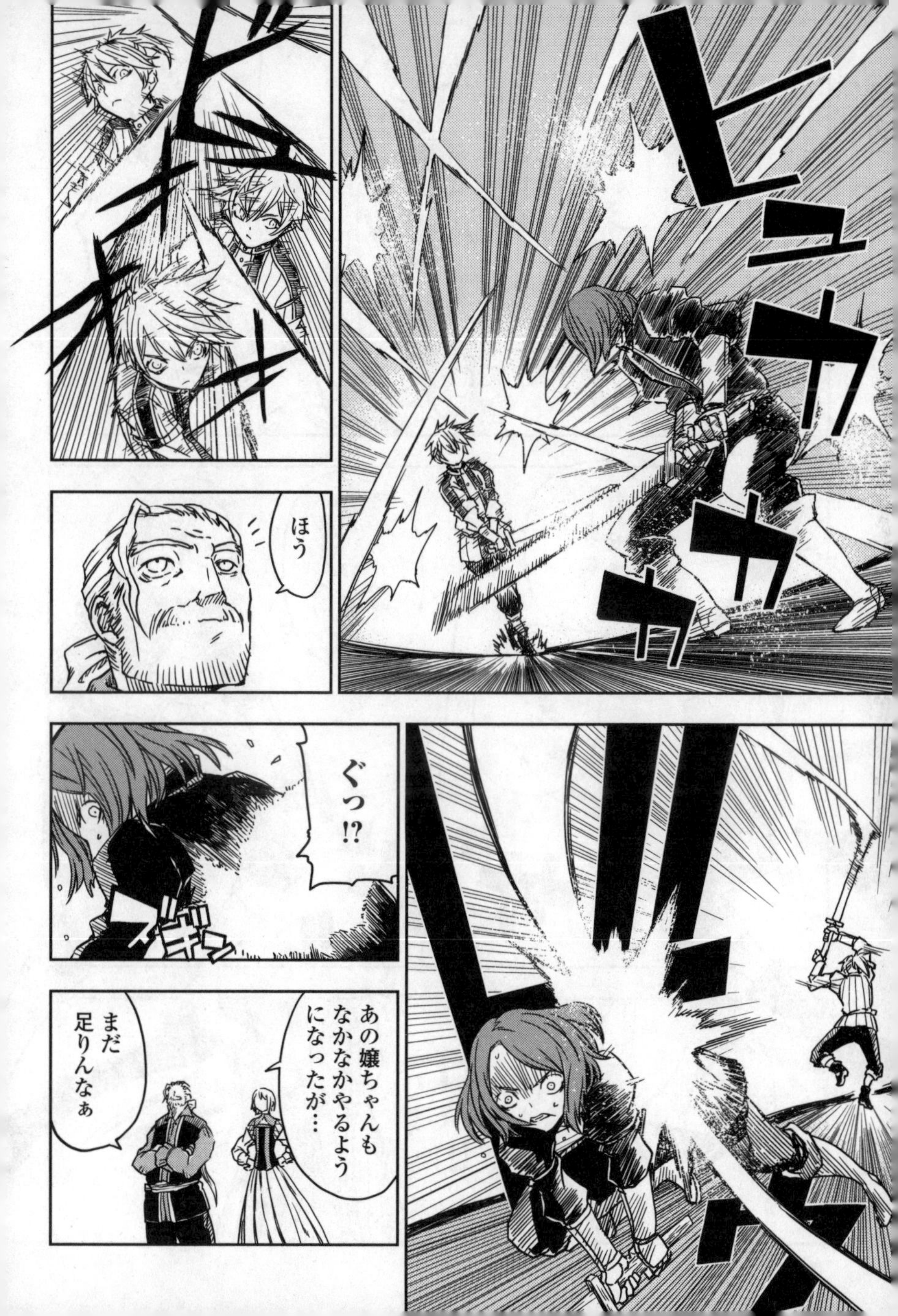
ほう
ぐっ⁉
あの嬢ちゃんもなかなかやるようになったが…
まだ足りんなぁ

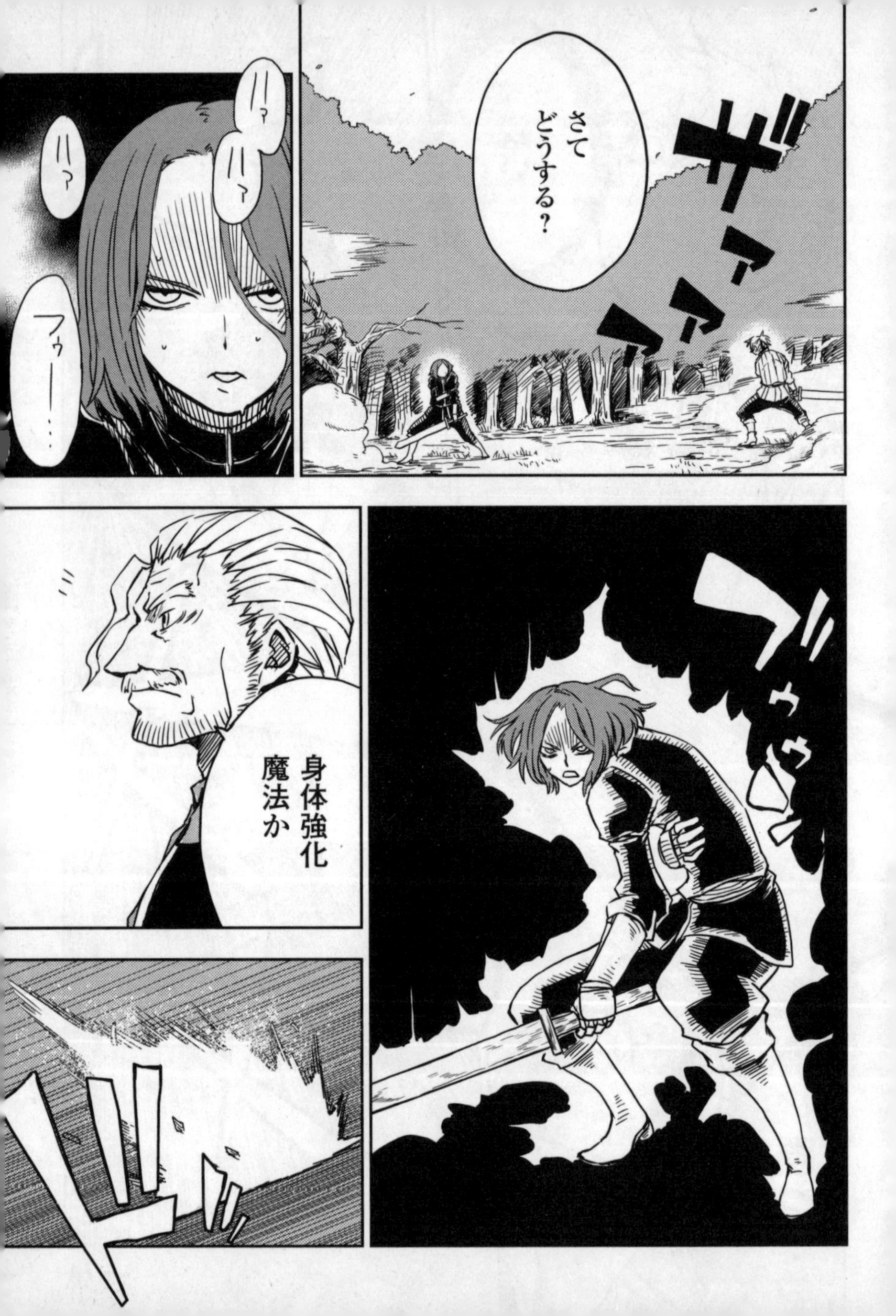
ザァァァ
さて
どうする？
ハァ
ハァ
ハァ
フゥー…
ブゥゥゥン
身体強化
魔法か
ド

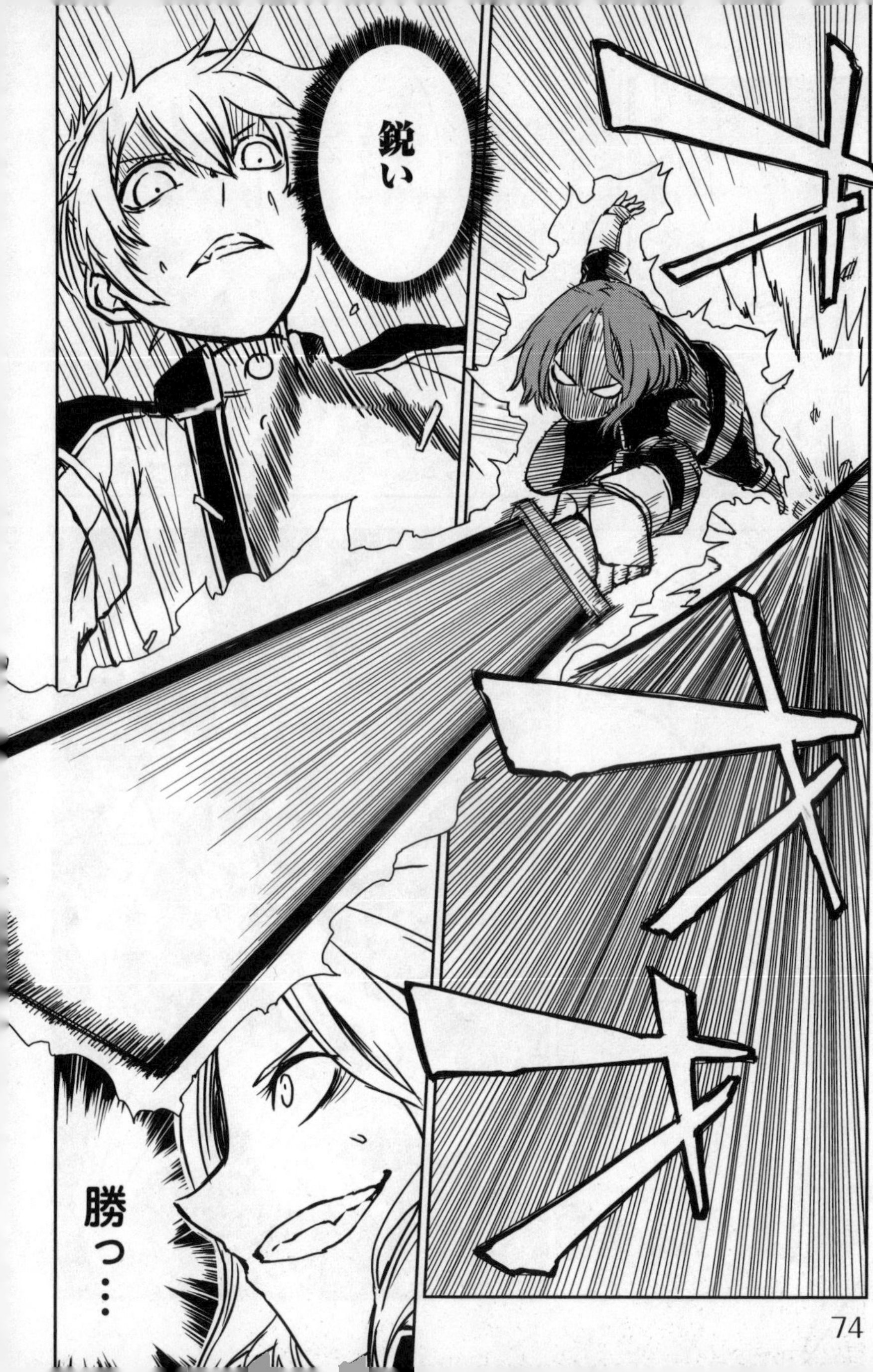
鋭い
勝っ…

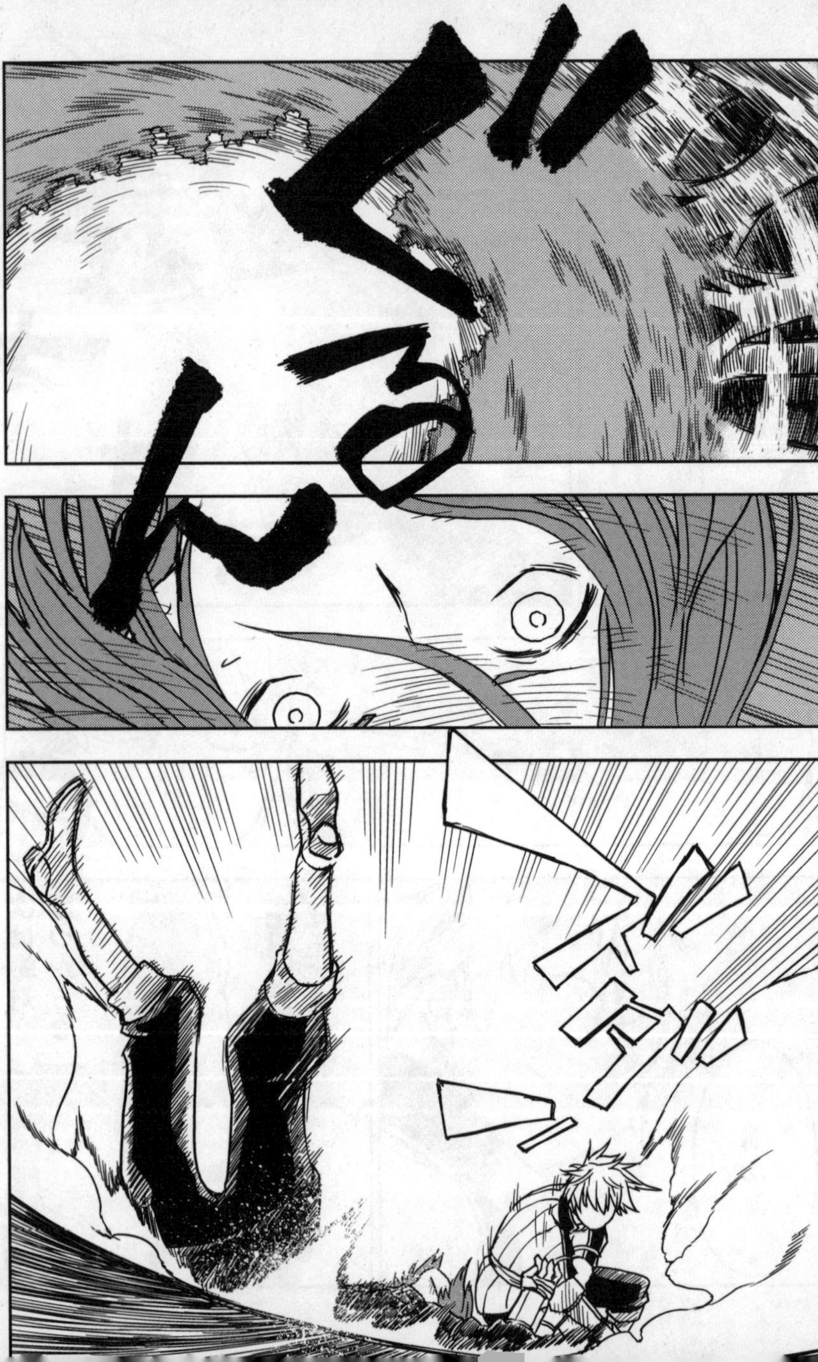
ゴおん

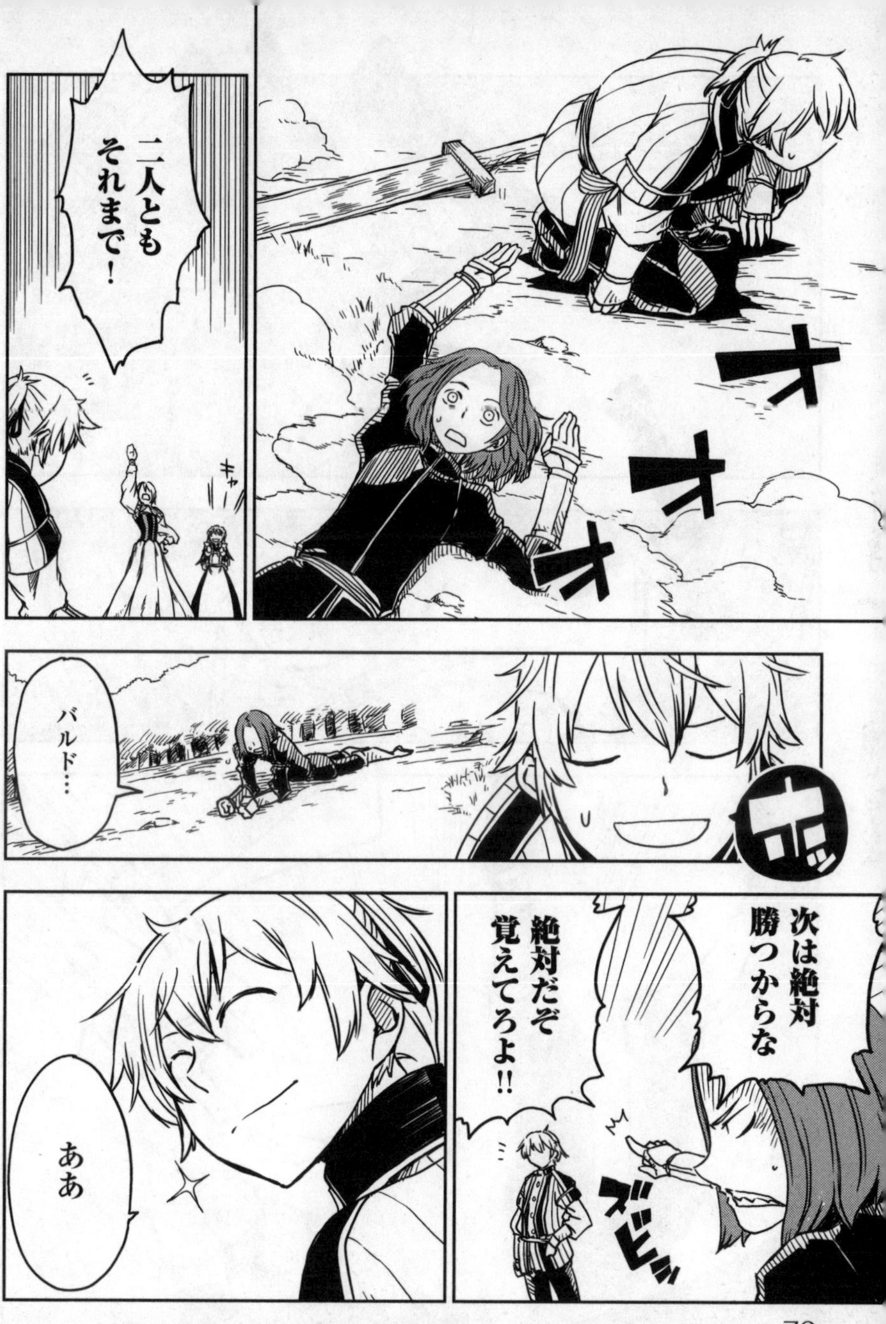
オオオ
二人ともそれまで!
キャ
ホッ
バルド…
次は絶対勝つからな
絶対だぞ覚えてろよ!!
ズビッ
ああ

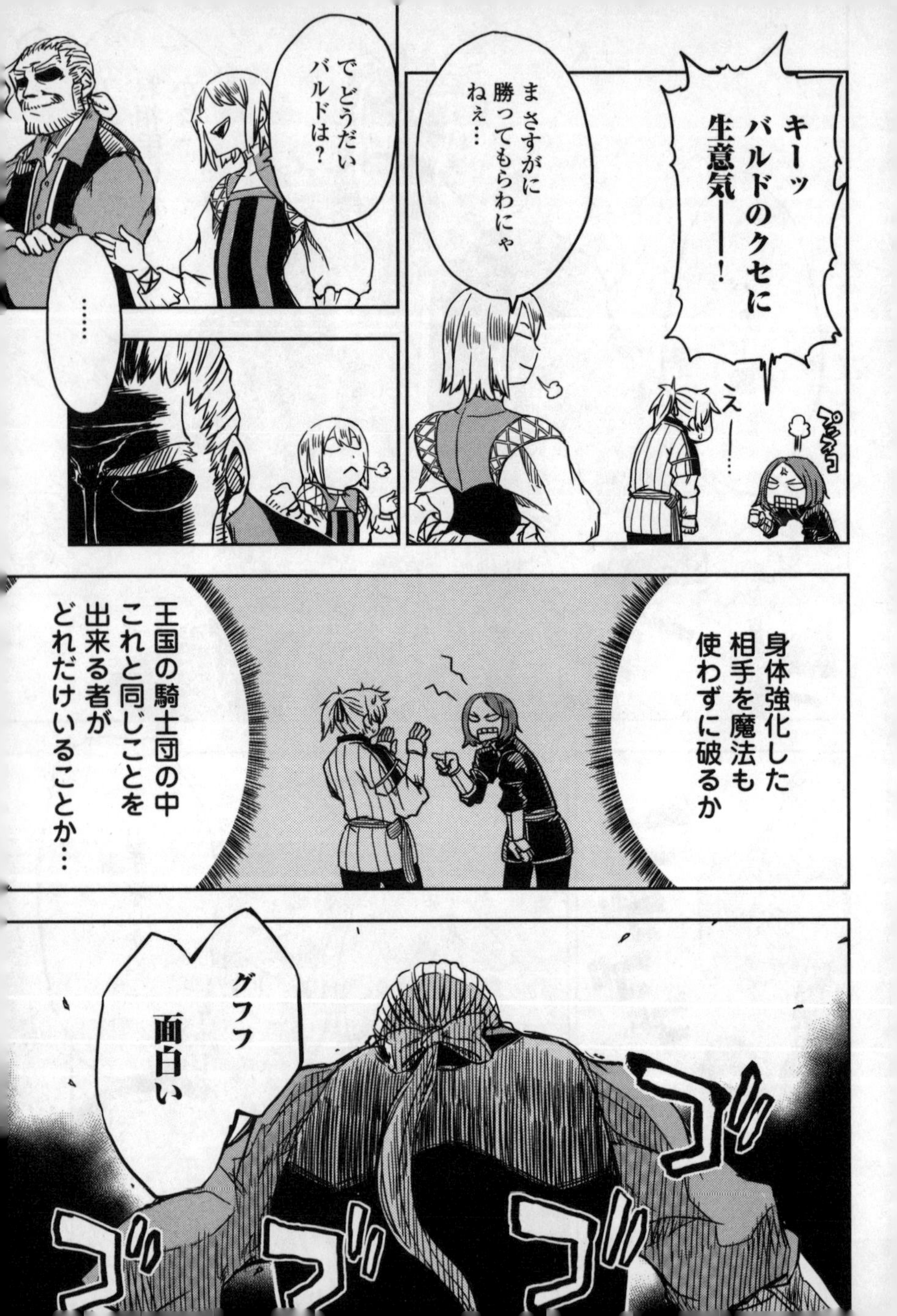
キーッ
バルドのクセに
生意気――――！
ぷんこ
えー……
まさすがに
勝ってもらわにゃ
ねぇ…
でどうだい
バルドは？
……
身体強化した
相手を魔法も
使わずに破るか
王国の騎士団の中
これと同じことを
出来る者が
どれだけいることか…
グフフ
面白い
ゴ
ゴ
ゴ
ゴ

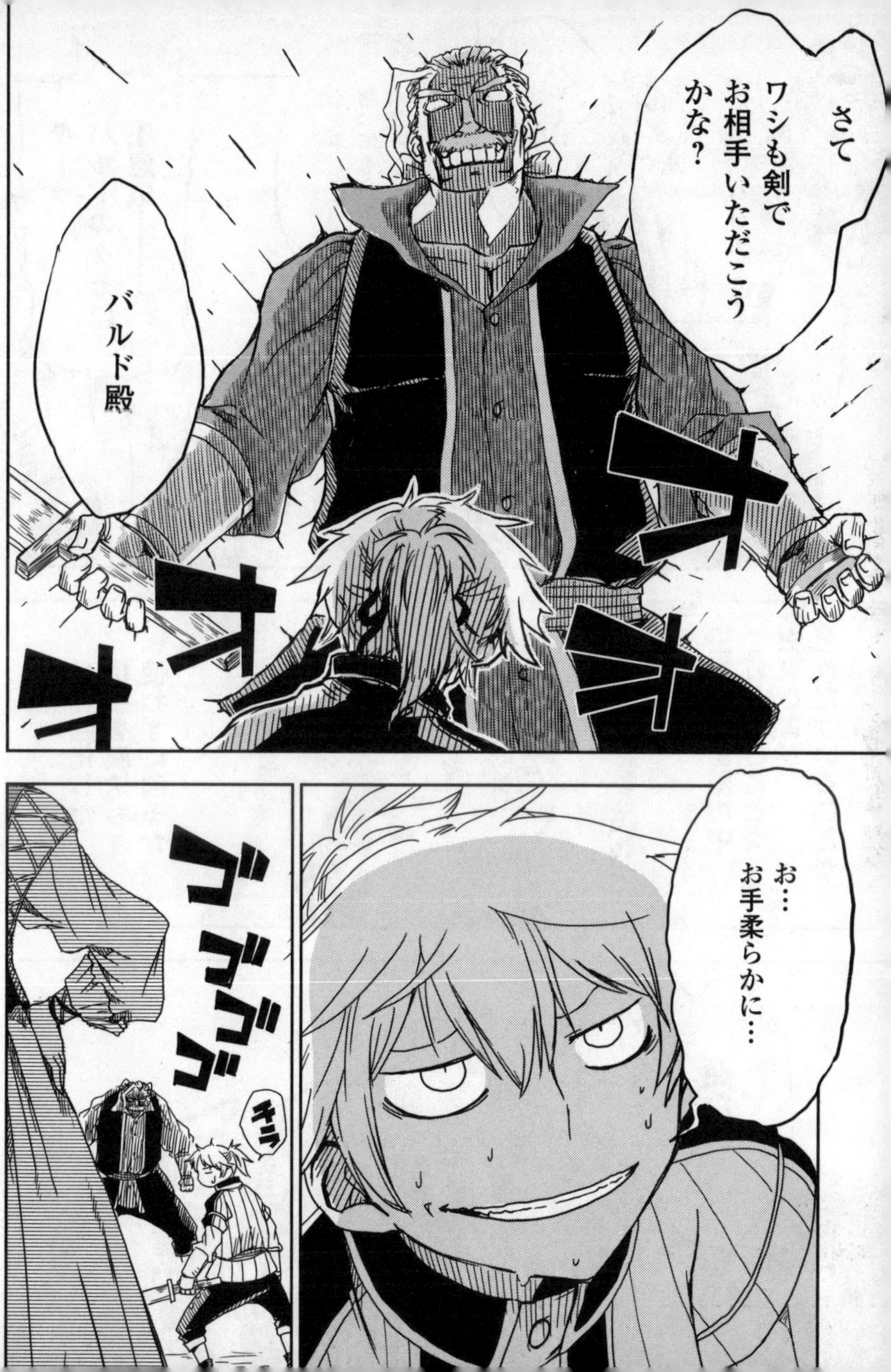
さて
ワシも剣で
お相手いただこう
かな？
バルド殿
オオオオ
お…
お手柔らかに…
ゴゴゴゴ
チラ

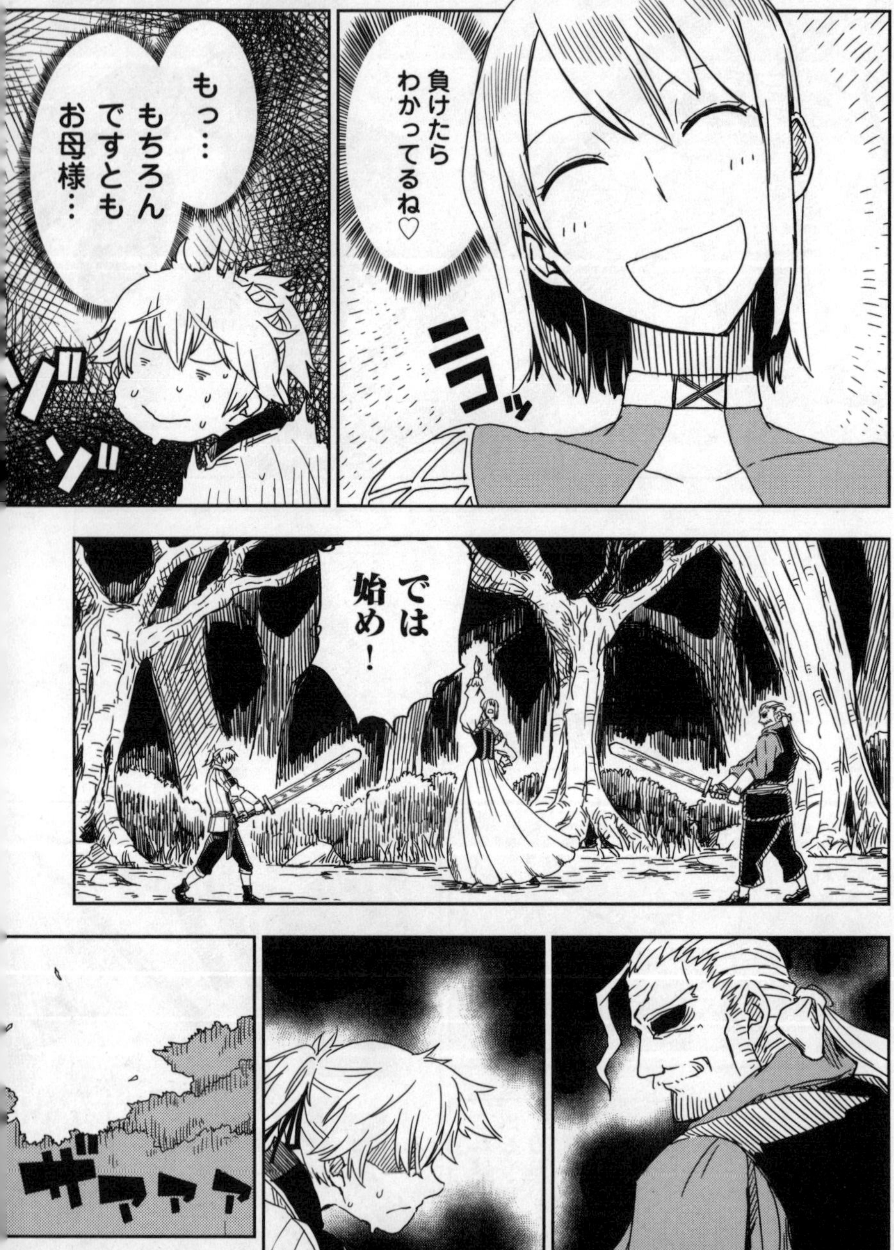
負けたら
わかってるね♡
ニコッ
もっ…
もちろん
ですとも
お母様…
ゾゾ
では
始め！
ザアアア

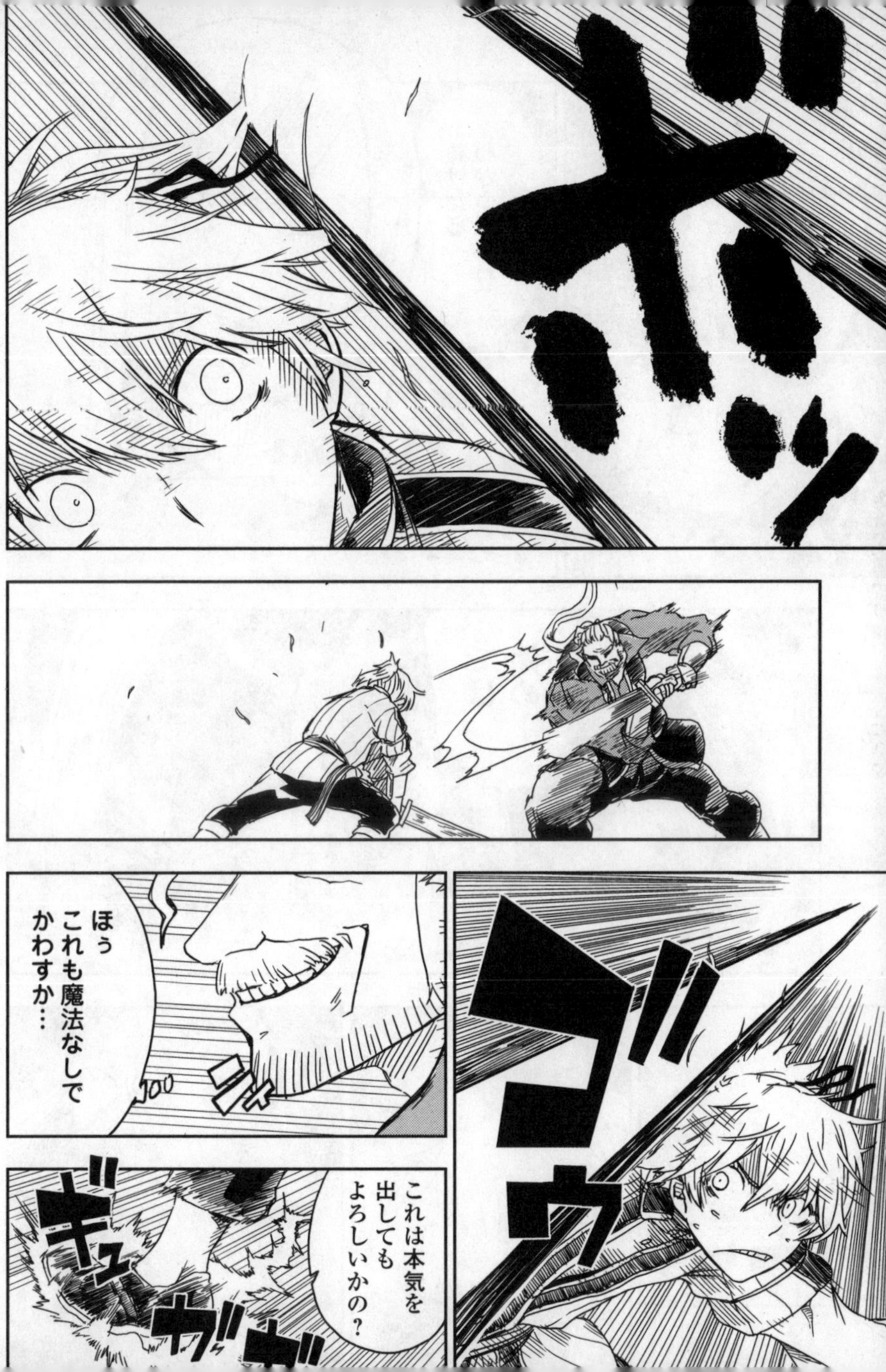
ズバッ
ゴウ
ほう
これも魔法なしで
かわすか…
ニィ
これは本気を
出しても
よろしいかの？

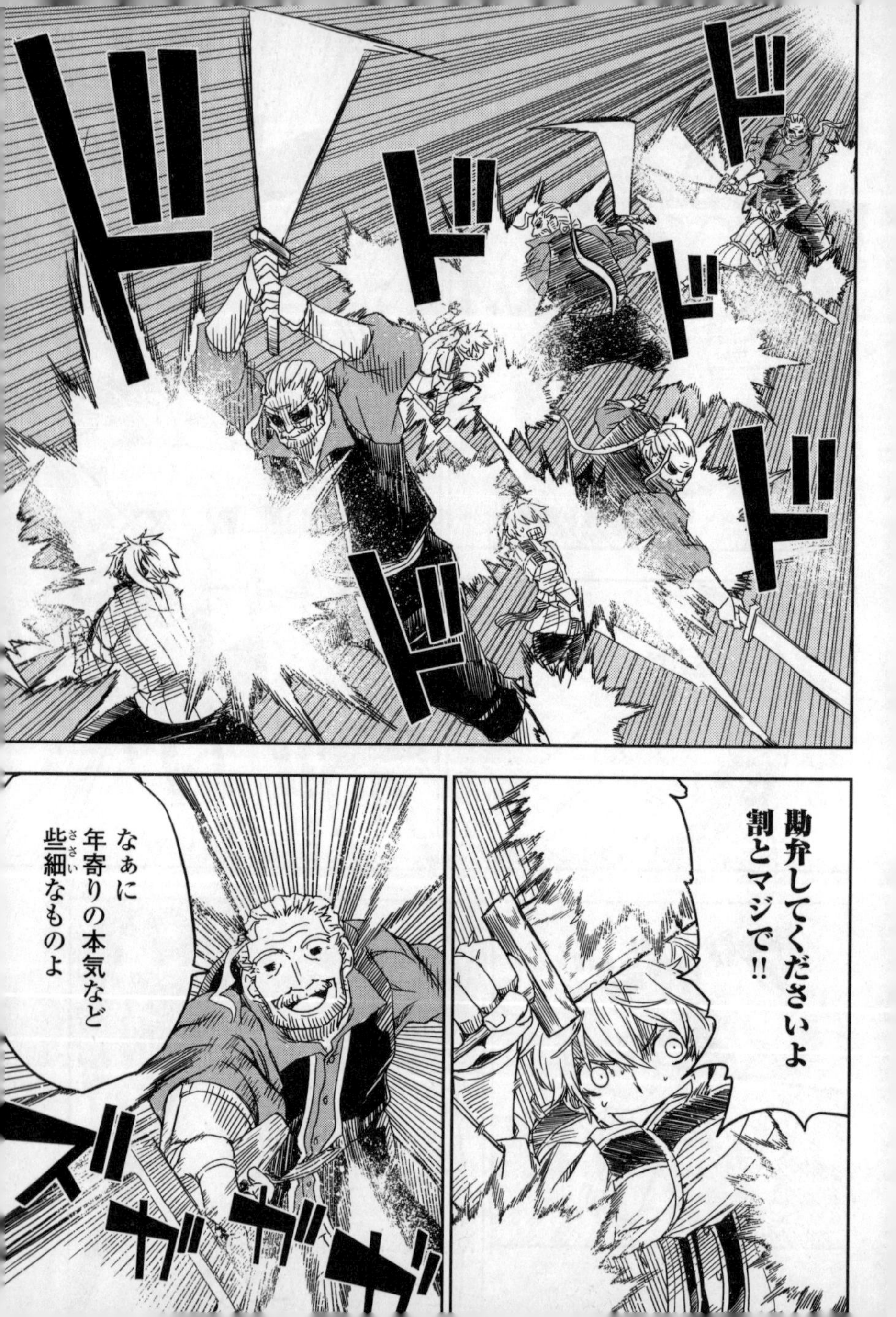
ドドドドドドドド
勘弁してくださいよ
割とマジで!!
なぁに
年寄りの本気など
些細なものよ
ズザザザザ

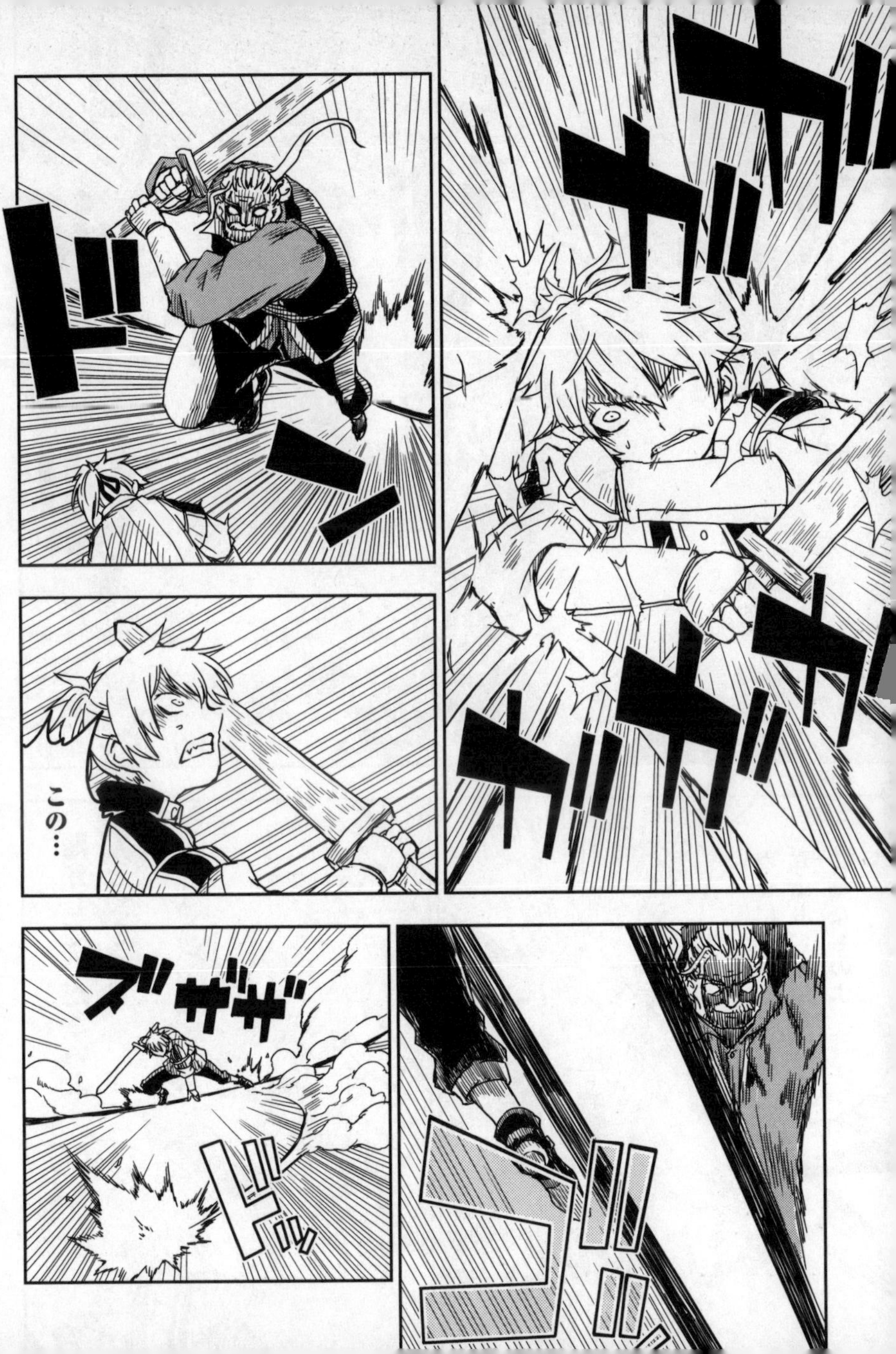
この…
ズザザ

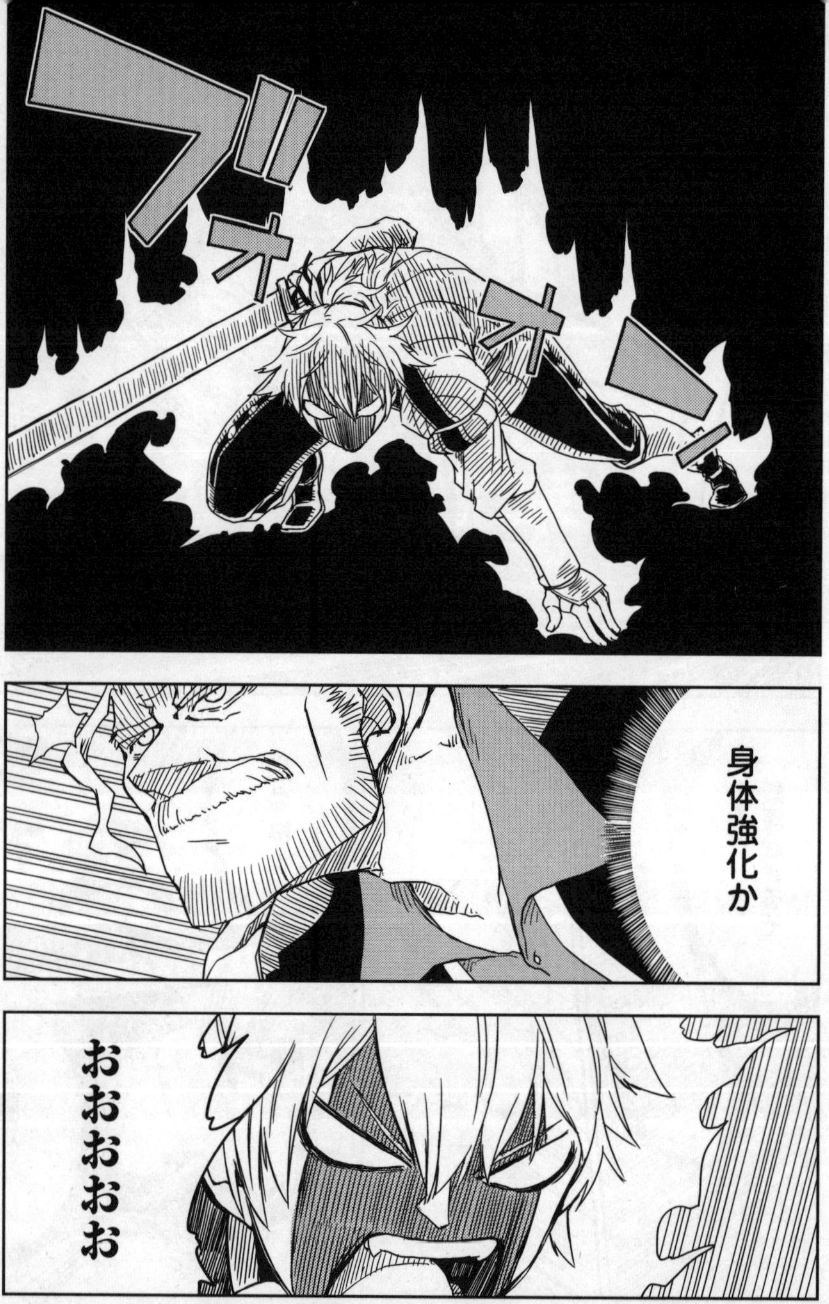

ブオオオー
身体強化か
おおおおお

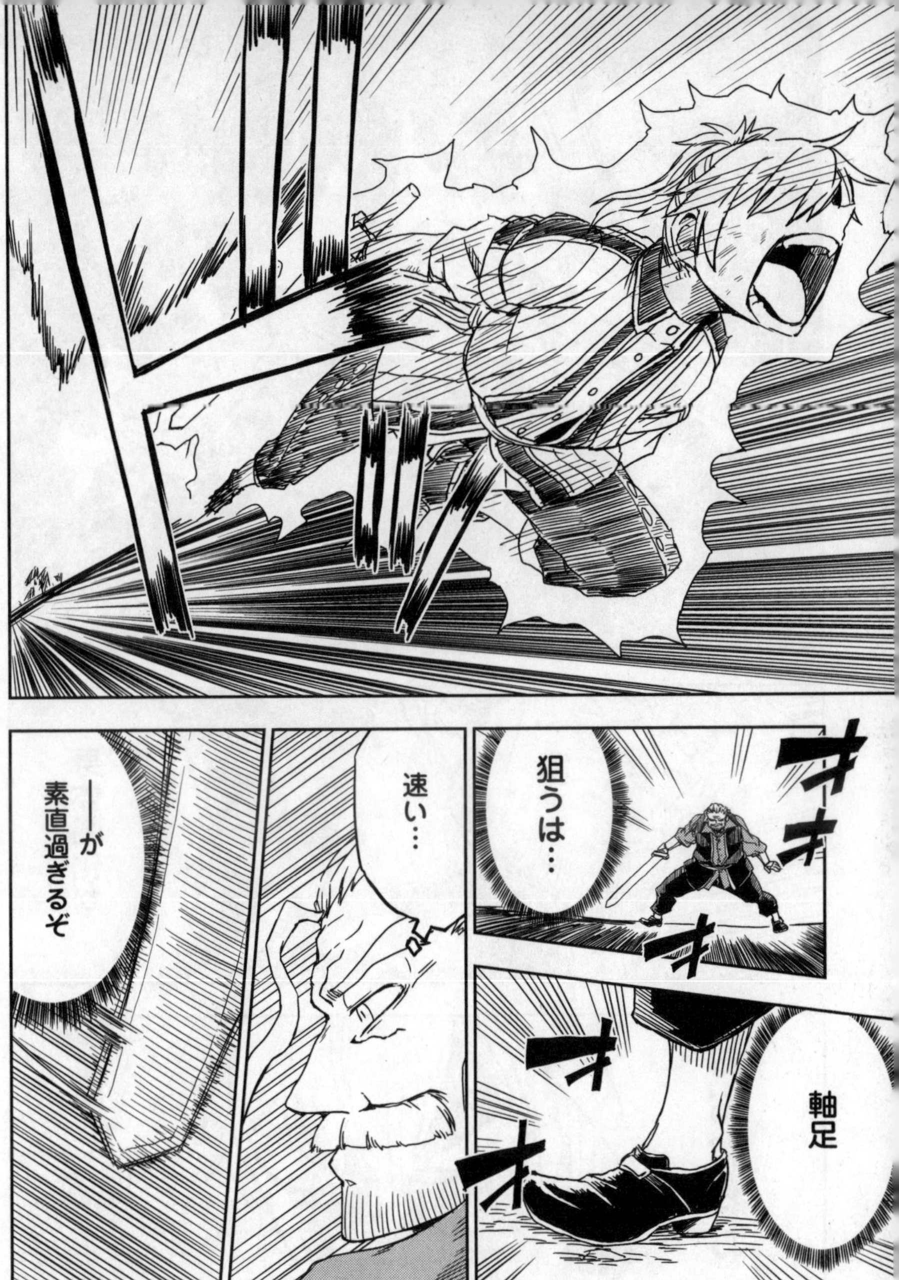
オオオオオ
狙うは…
軸足
速い…
——が
素直過ぎるぞ

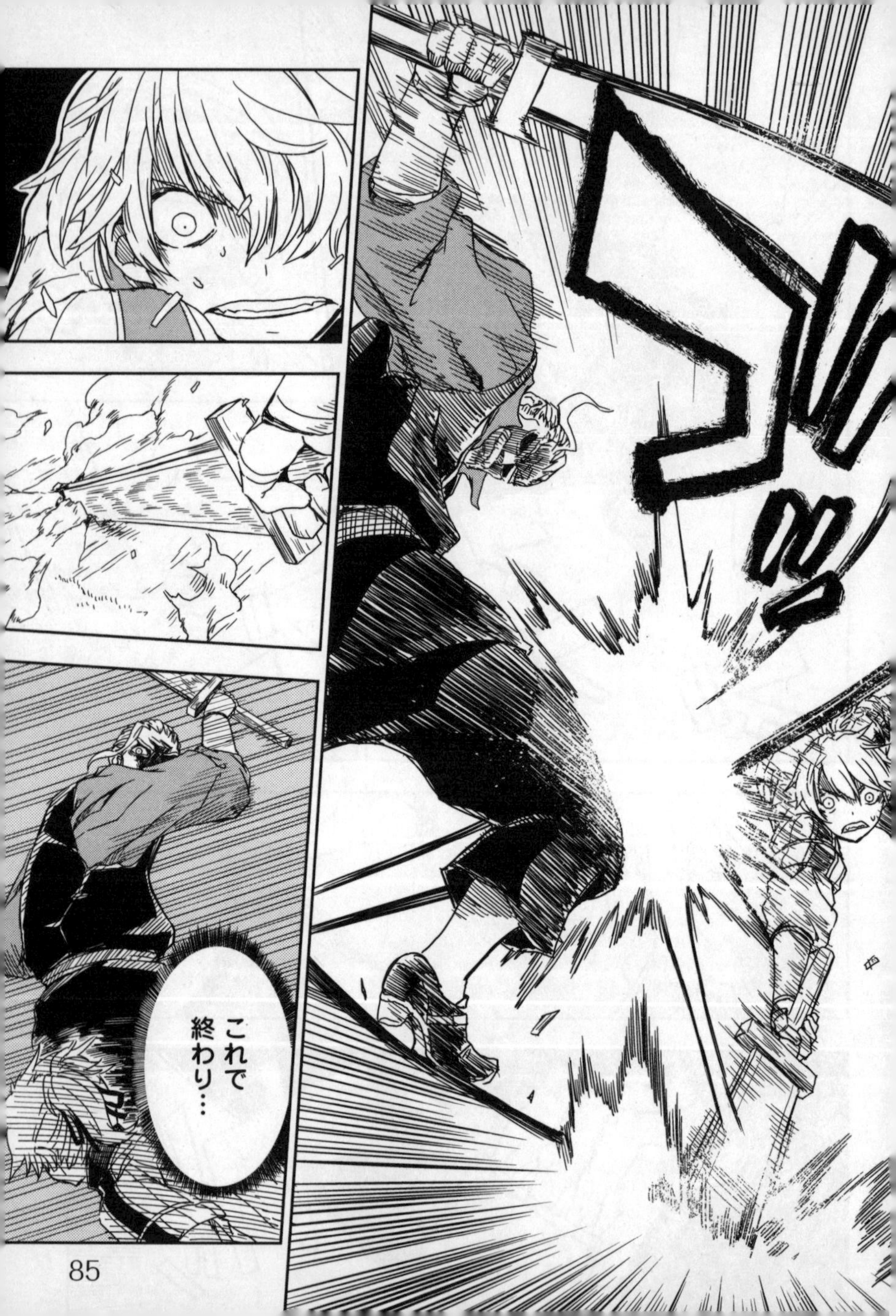
これで終わり…

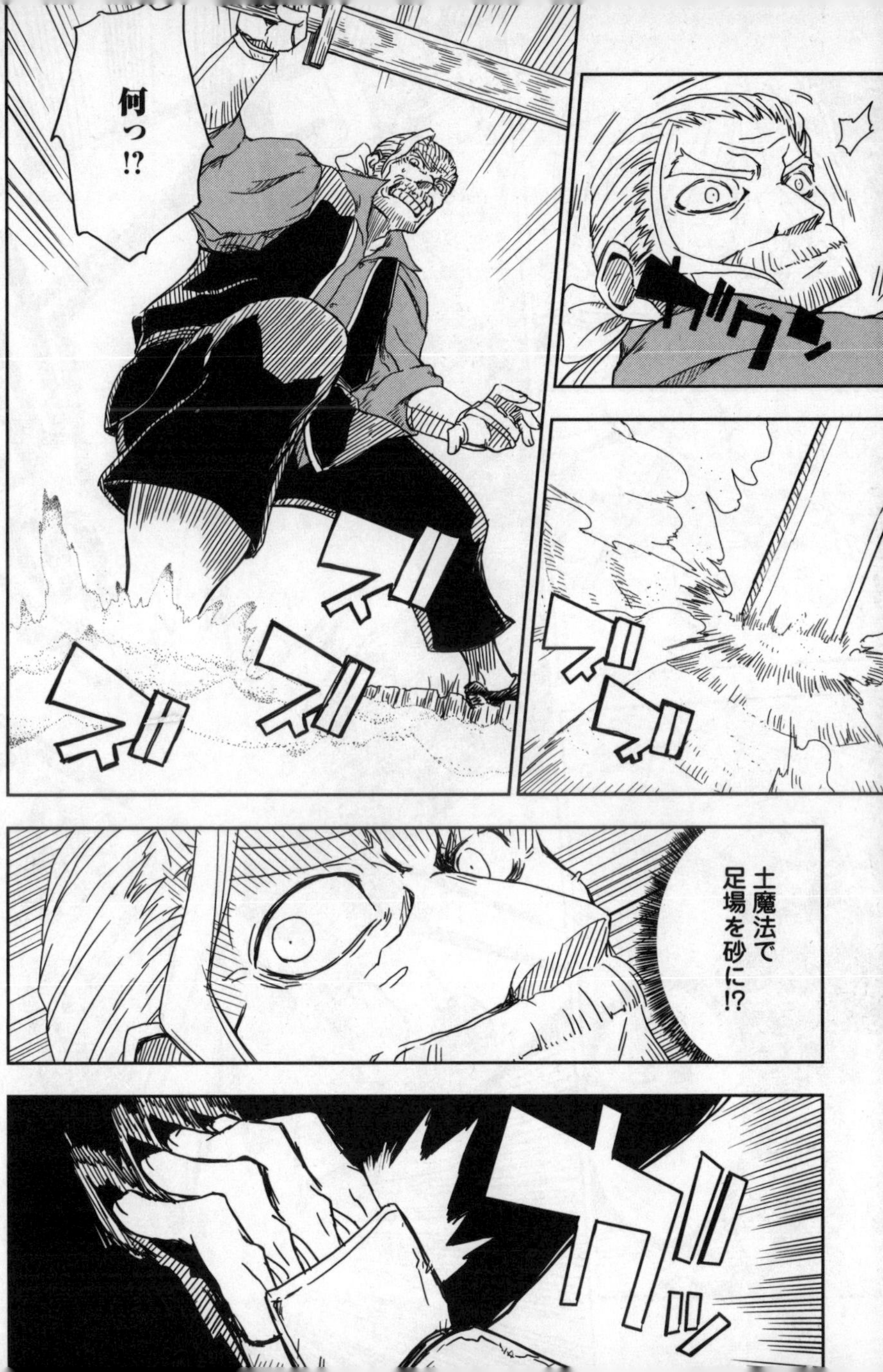
ガクン
ズズ
何っ!?
ズズズ
土魔法で
足場を砂に!?
ガッ

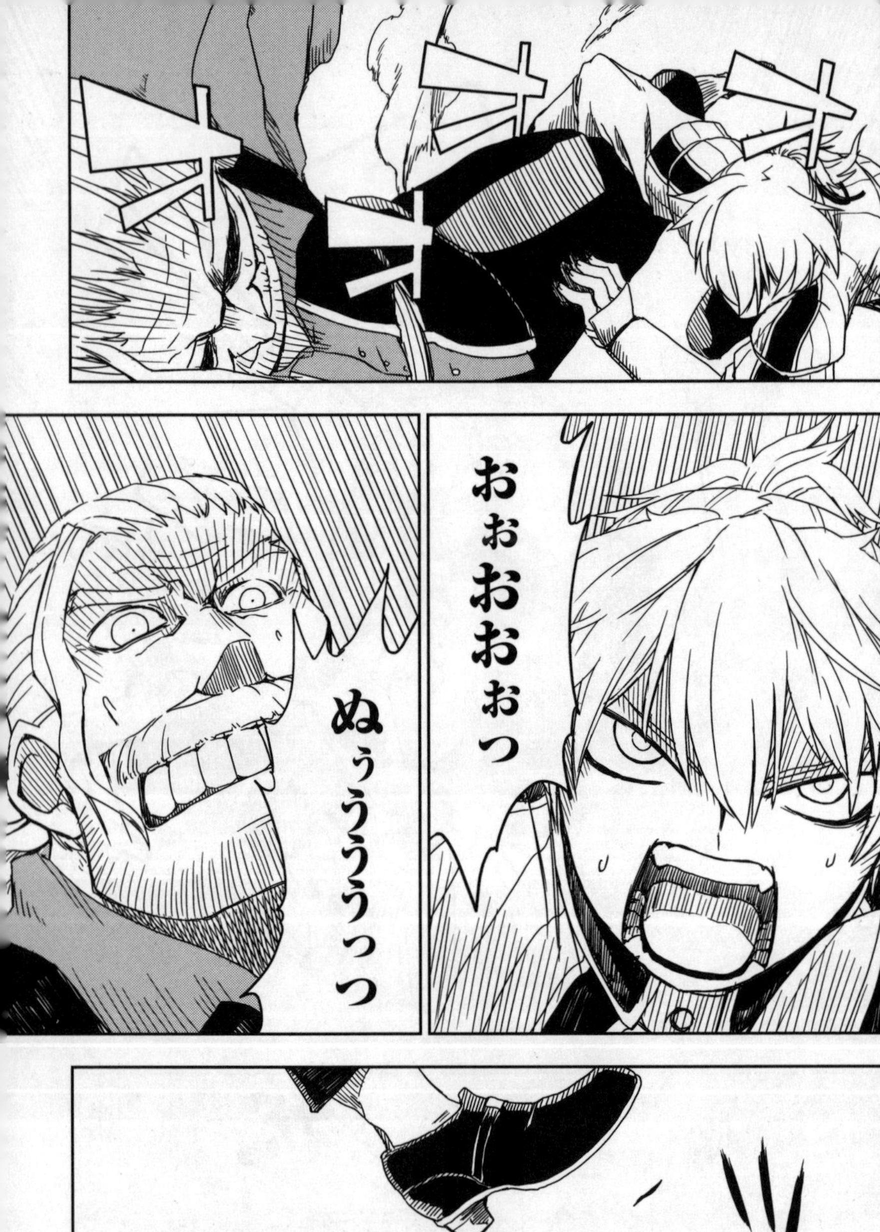

オオオオ
おぉおおぉっ
ぬぅうううっつ

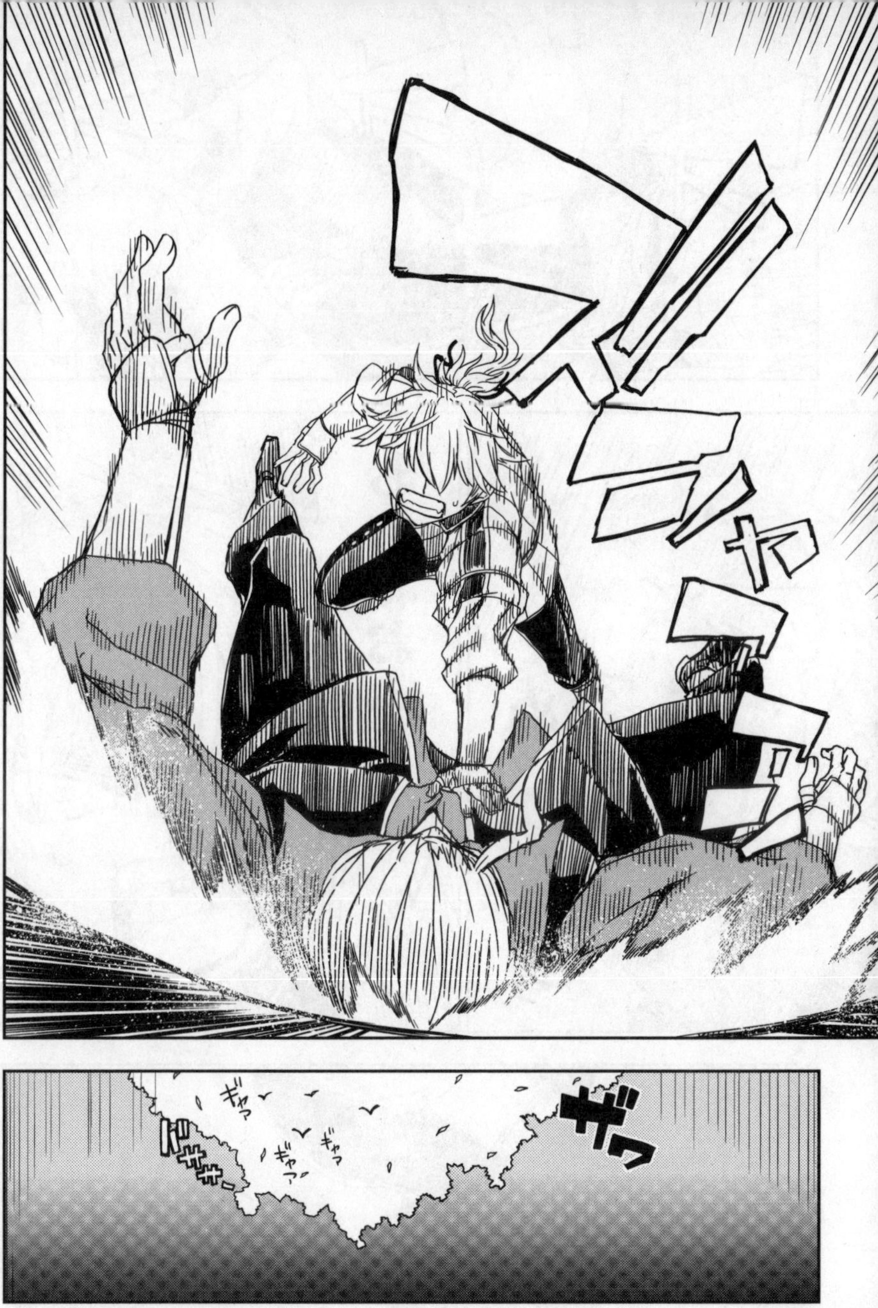
ズシャァッ
ザワ
ギャ
ギャ
ギャア
バサァー

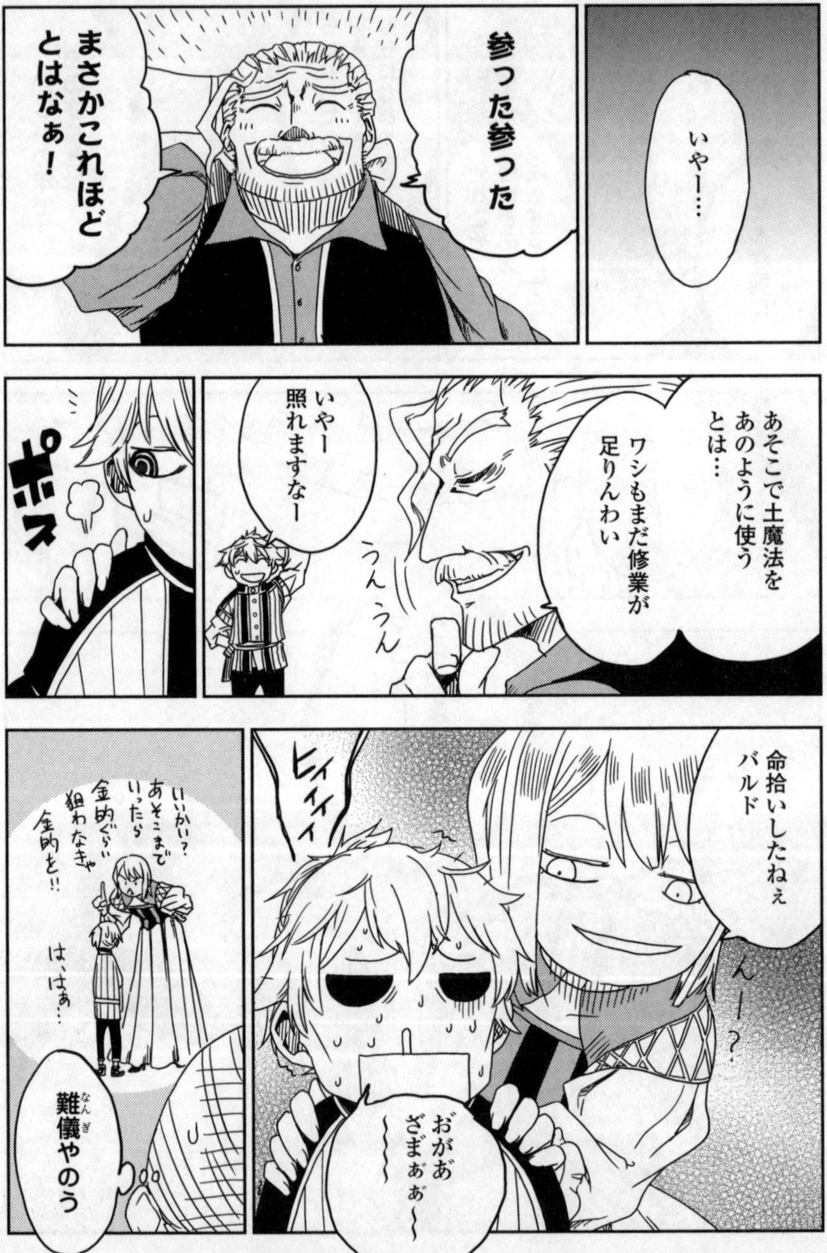
いやー…
参った参った
まさかこれほどとはなぁ！
あそこで土魔法をあのように使うとは…
ワシもまだ修業が足りんわい
うんうん
いやー照れますなー
ポス
命拾いしたねぇバルド
ん!?
ヒィイイイ
おがあざまぁあ〜〜〜
いいかい？あそこまでいったら金的ぐらい狙わなきゃ
金的を!!
は、はぁ…
難儀やのう

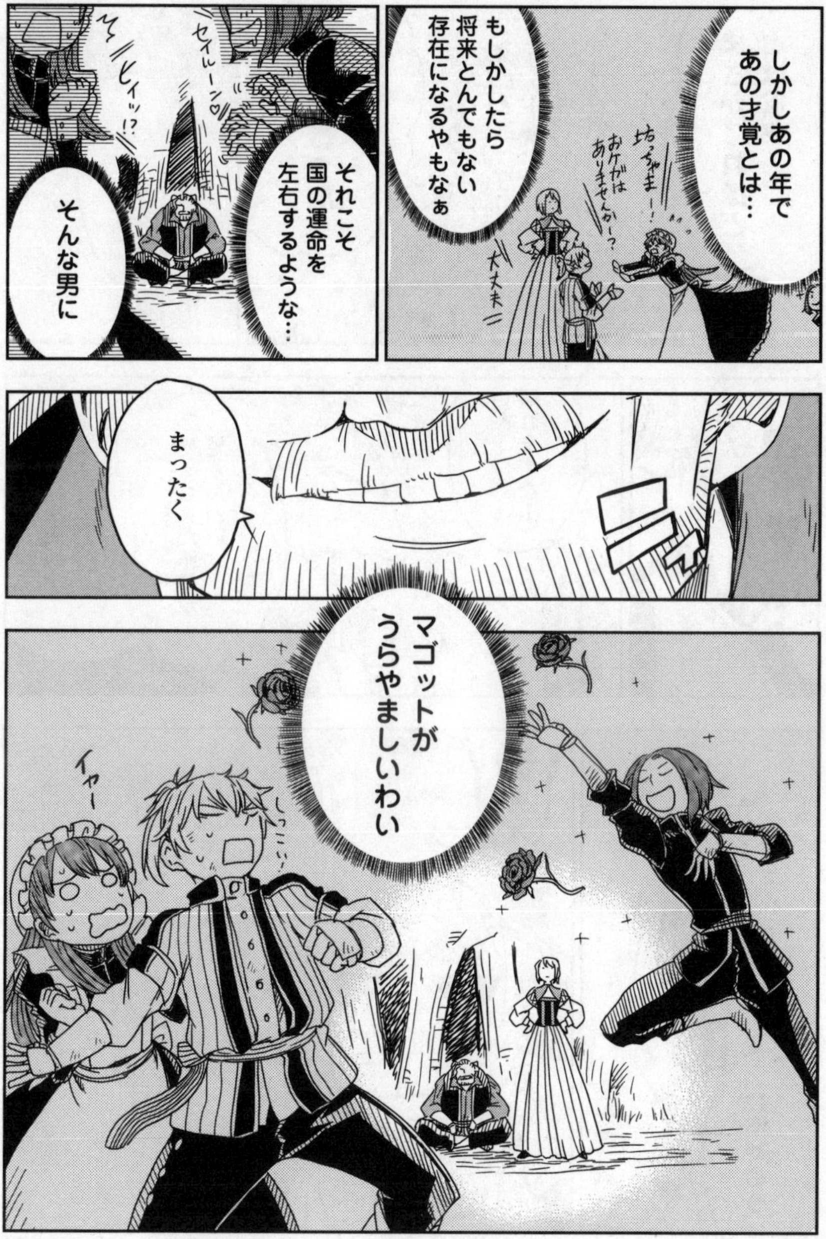
しかしあの年で あの才覚とは…
坊っちゃま!! おケガはありませんかー?
大丈夫
もしかしたら 将来とんでもない 存在になるやもなぁ
それこそ 国の運命を 左右するような…
そんな男に
セイルーン♡
ヒィッ!?
まったく
ニィ
マゴットが うらやましいわい
しつこい!
イヤー

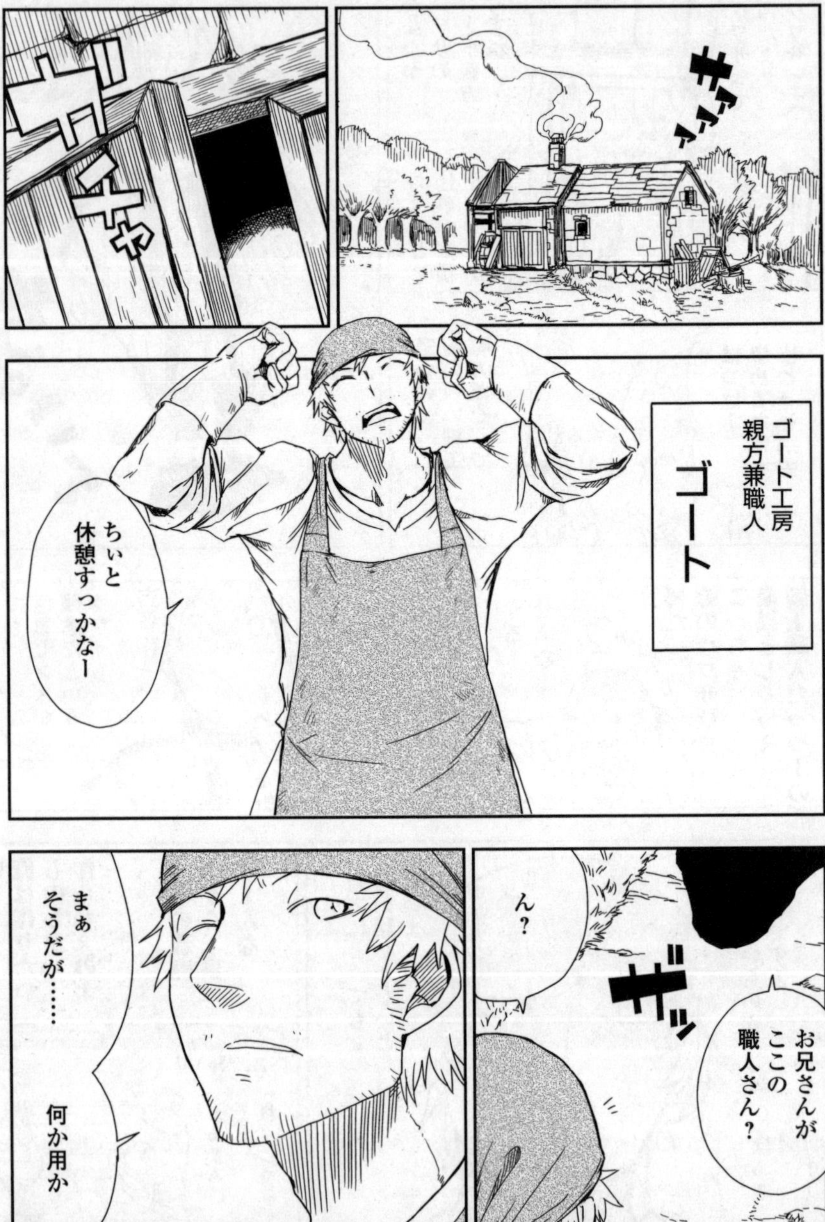
サァアァ
ギィーギャ
ゴート工房
親方兼職人
ゴート
ちぃと
休憩すっかなー
ん？
ザッ
お兄さんが
ここの
職人さん？
まぁ
そうだが……
何か用か

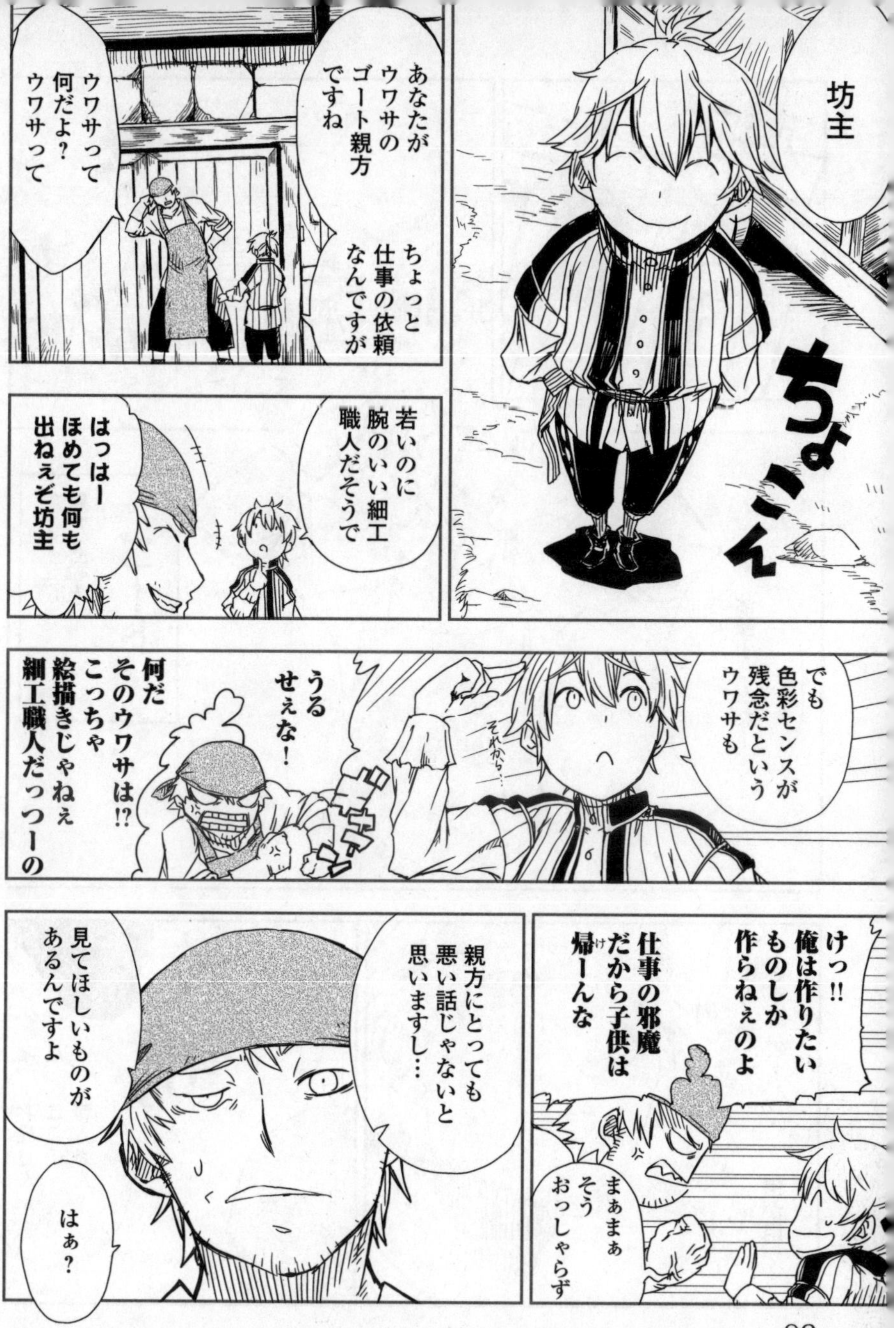
坊主
ちょこん
あなたがウワサのゴート親方ですね
ウワサって何だよ？ウワサって
ちょっと仕事の依頼なんですが
若いのに腕のいい細工職人だそうで
はっはー ほめても何も出ねぇぞ坊主
でも色彩センスが残念だというウワサも
それから…
うるせぇな！
何だそのウワサは!? こっちゃ絵描きじゃねぇ細工職人だっつーの
けっ!! 俺は作りたいものしか作らねぇのよ
仕事の邪魔だから子供は帰ーんな
まぁまぁそうおっしゃらず
親方にとっても悪い話じゃないと思いますし…
見てほしいものがあるんですよ
はぁ？

第5話
内政チートと女の意地

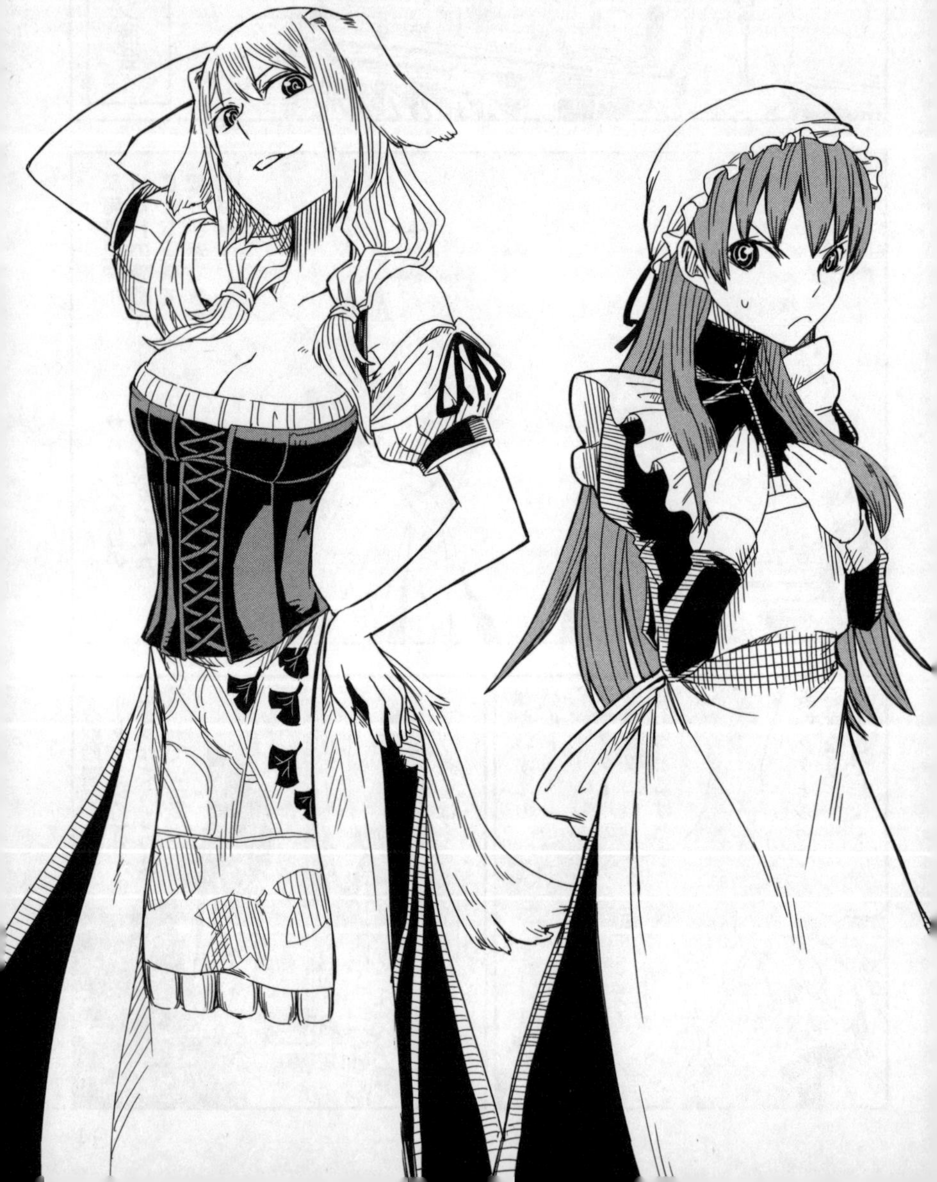

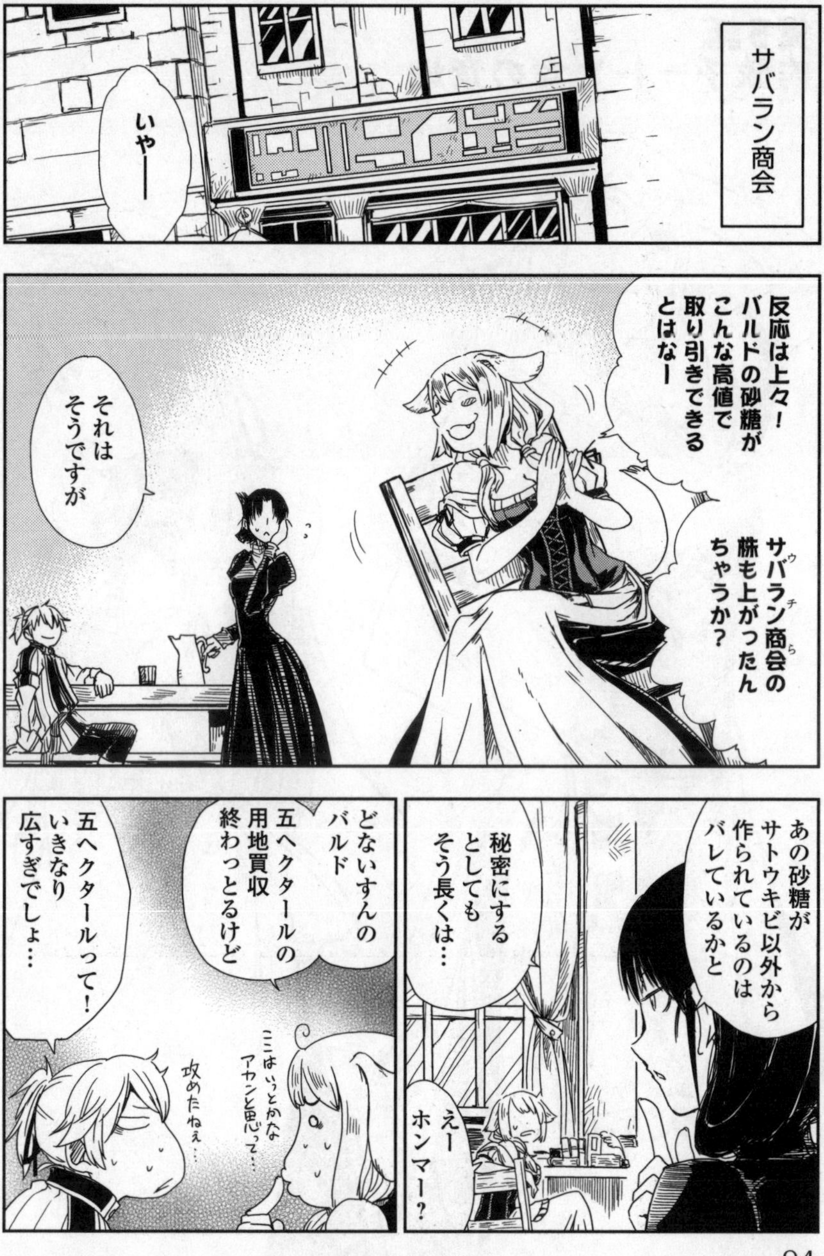
サバラン商会
いやー
反応は上々！バルドの砂糖がこんな高値で取り引きできるとはなー
サバラン商会の株も上がったんちゃうか？
それはそうですが
あの砂糖がサトウキビ以外から作られているのはバレているかと
秘密にするとしてもそう長くは…
えーホンマー？
どないすんのバルド五ヘクタールの用地買収終わっとるけど
五ヘクタールって！いきなり広すぎでしょ…
ここはいっとかなアカンと思って…
攻めたねぇ…

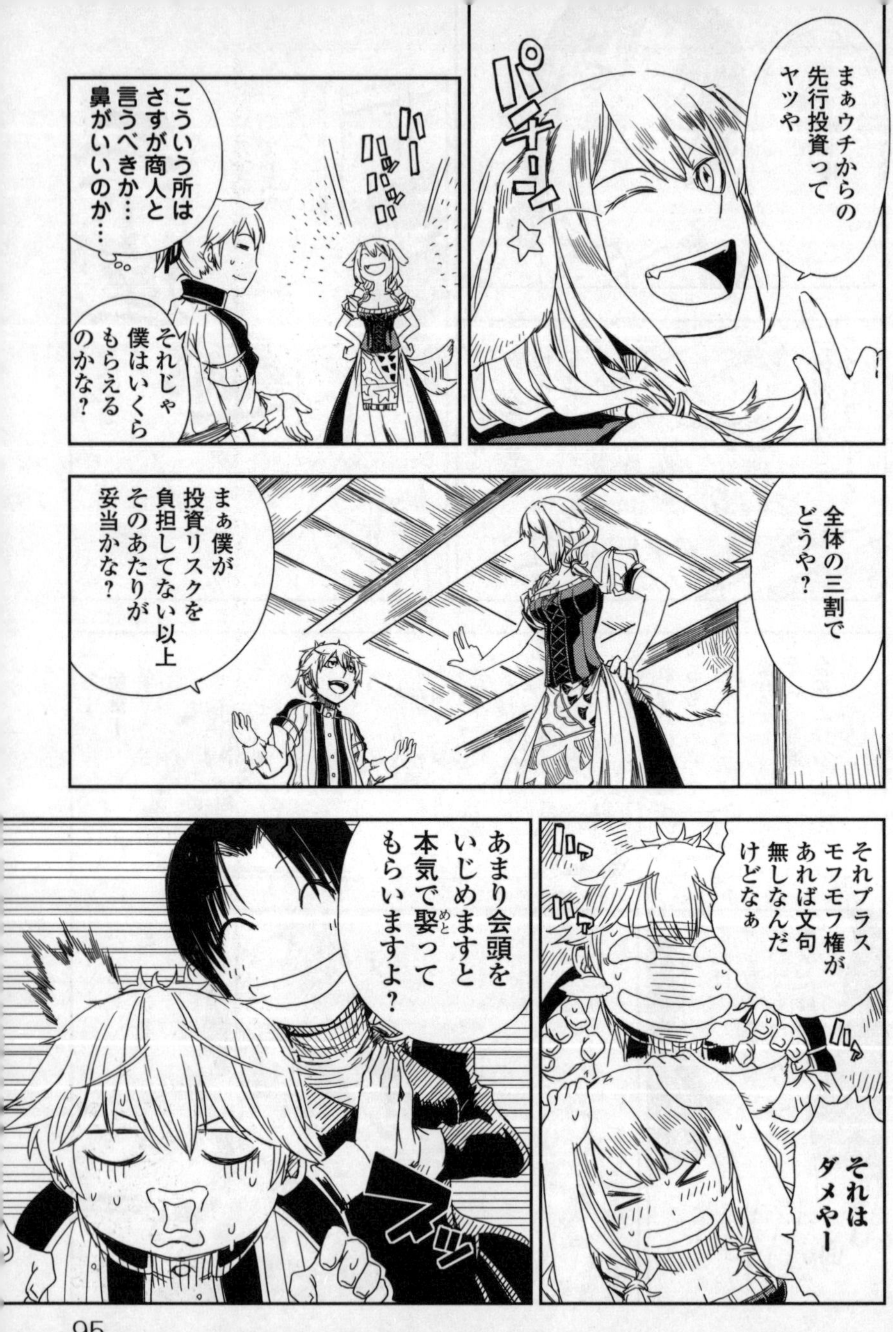

まぁウチからの先行投資ってヤツや
パチーン☆
こういう所はさすが商人と言うべきか…鼻がいいのか…
ハーッハッハッハ
それじゃ僕はいくらもらえるのかな？
全体の三割でどうや？
まぁ僕が投資リスクを負担してない以上そのあたりが妥当かな？
それプラスモフモフ権があれば文句無しなんだけどなぁ
それはダメやー
あまり会頭をいじめますと本気で娶(めと)ってもらいますよ？

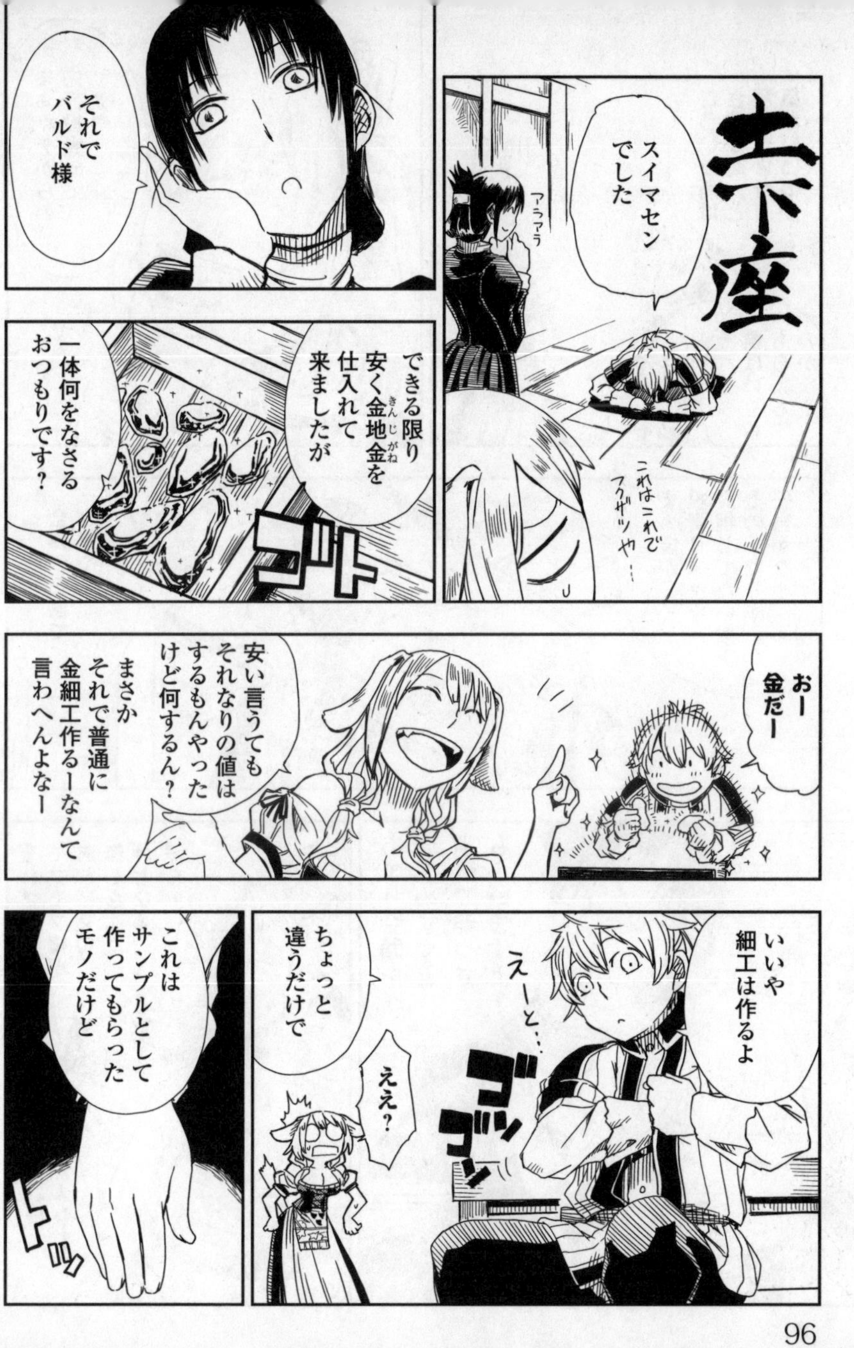
土下座
スイマセンでした
アラアラ
これはこれでフクザツや…
それでバルド様
できる限り安く金地金を仕入れて来ましたが
一体何をなさるおつもりです？
ゴト
おーー金だーー
安い言うてもそれなりの値はするもんやったけど何するん？
まさかそれで普通に金細工作るーなんて言わへんよなー
いいや細工は作るよ
えーと…
ちょっと違うだけで
ええ？
ゴッゴッ
これはサンプルとして作ってもらったモノだけど
トッ

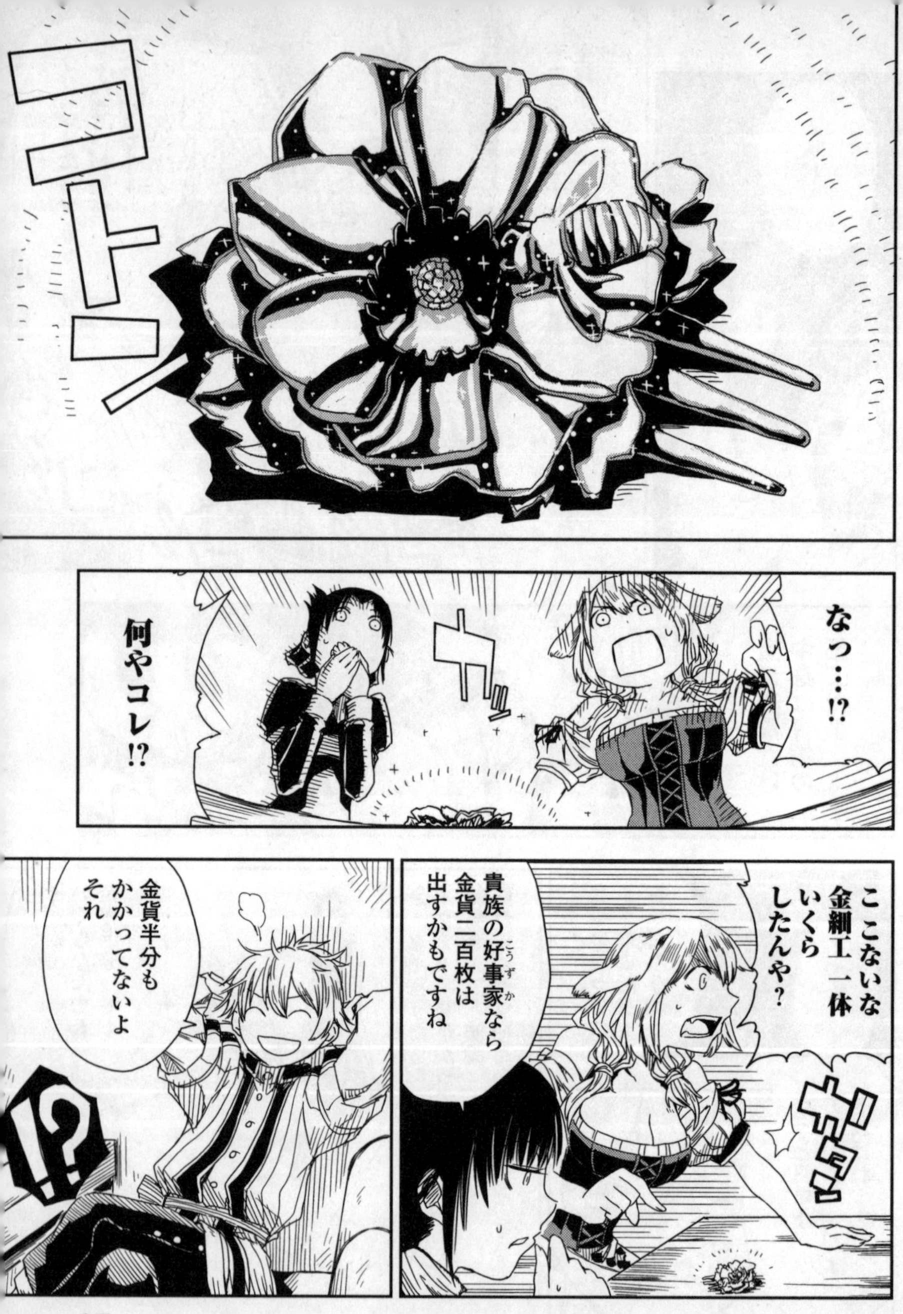

コトッ
なっ…!?
ガタッ
何やコレ!?
ここないな金細工一体いくらしたんや?
貴族の好事家なら金貨二百枚は出すかもですね
金貨半分もかかってないよそれ
!?

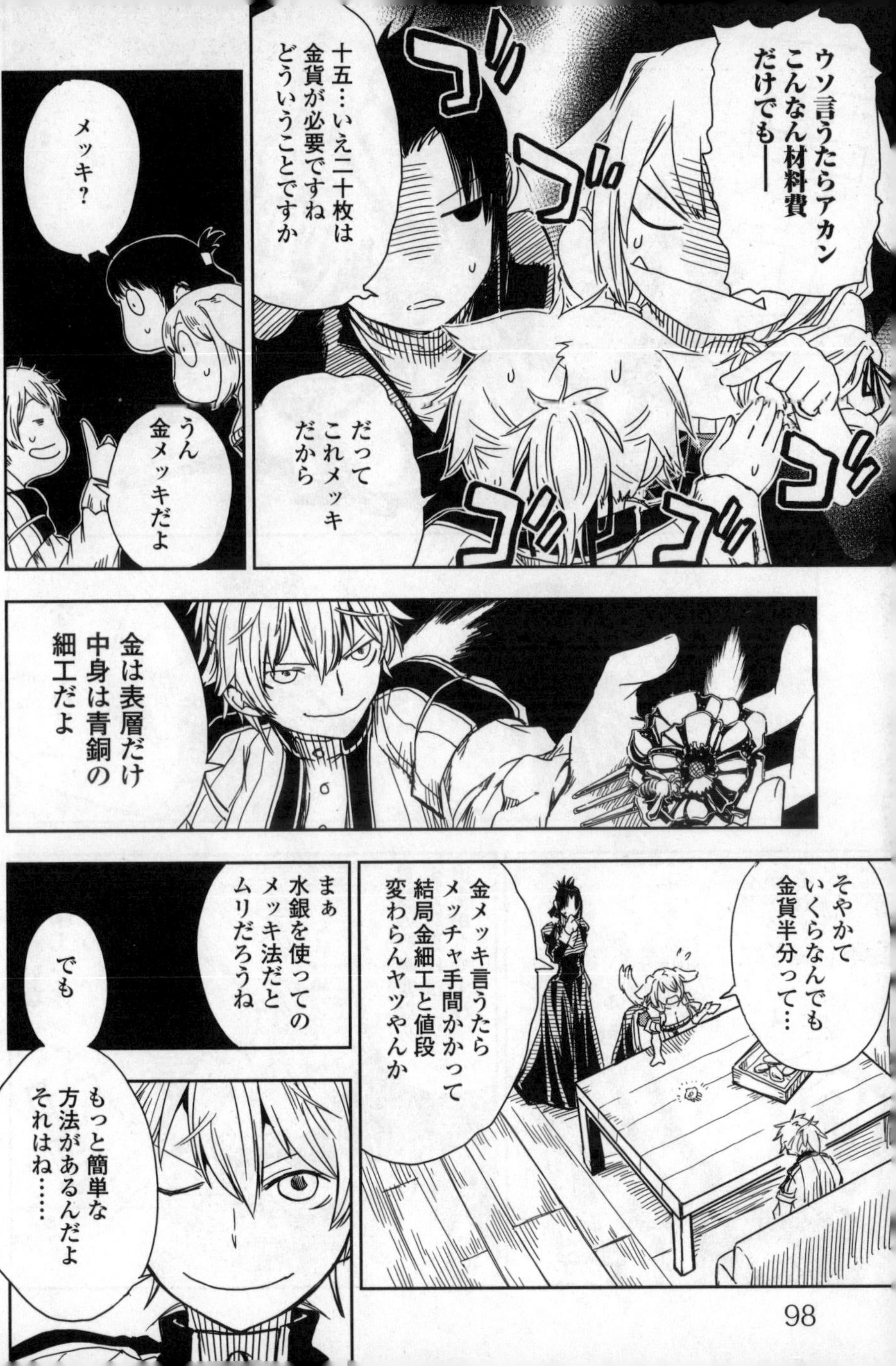
ウソ言うたらアカン
こんなん材料費
だけでも――
十五…いえ二十枚は
金貨が必要ですね
どういうことですか
だって
これメッキ
だから
ゴゴゴゴゴゴ
メッキ？
うん
金メッキだよ
金は表層だけ
中身は青銅の
細工だよ
そやかて
いくらなんでも
金貨半分って…
金メッキ言うたら
メッチャ手間かかって
結局金細工と値段
変わらんヤツやんか
まぁ
水銀を使っての
メッキ法だと
ムリだろうね
でも
もっと簡単な
方法があるんだよ
それはね……

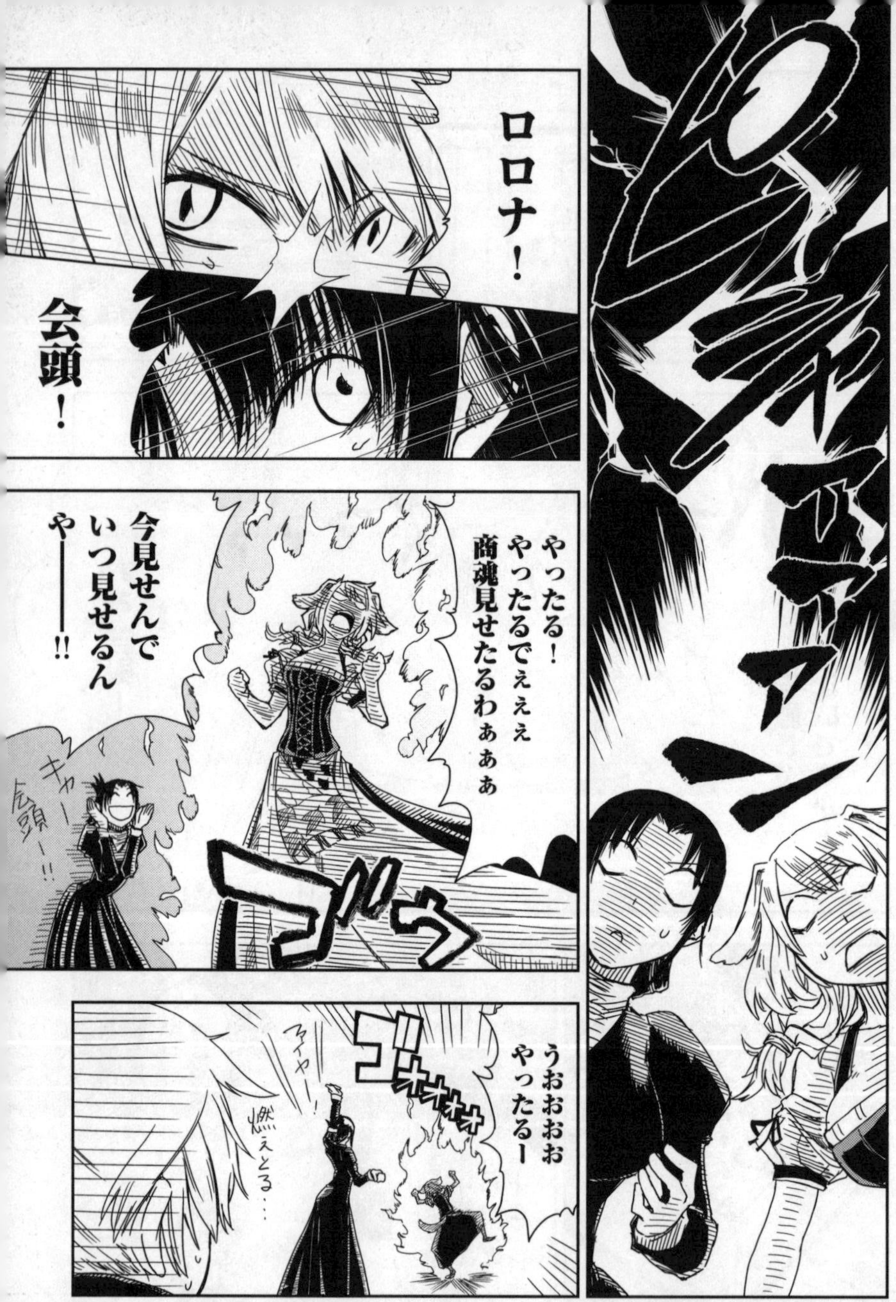
ロロナ！
会頭！
やったる！
やったるでぇぇぇ
商魂見せたるわぁぁぁ
今見せんで
いつ見せるんや———!!
キャー 会頭ー!!
ゴウ
うおおお
やったるー
ゴオオオオ
マイヤー！
燃えとる…

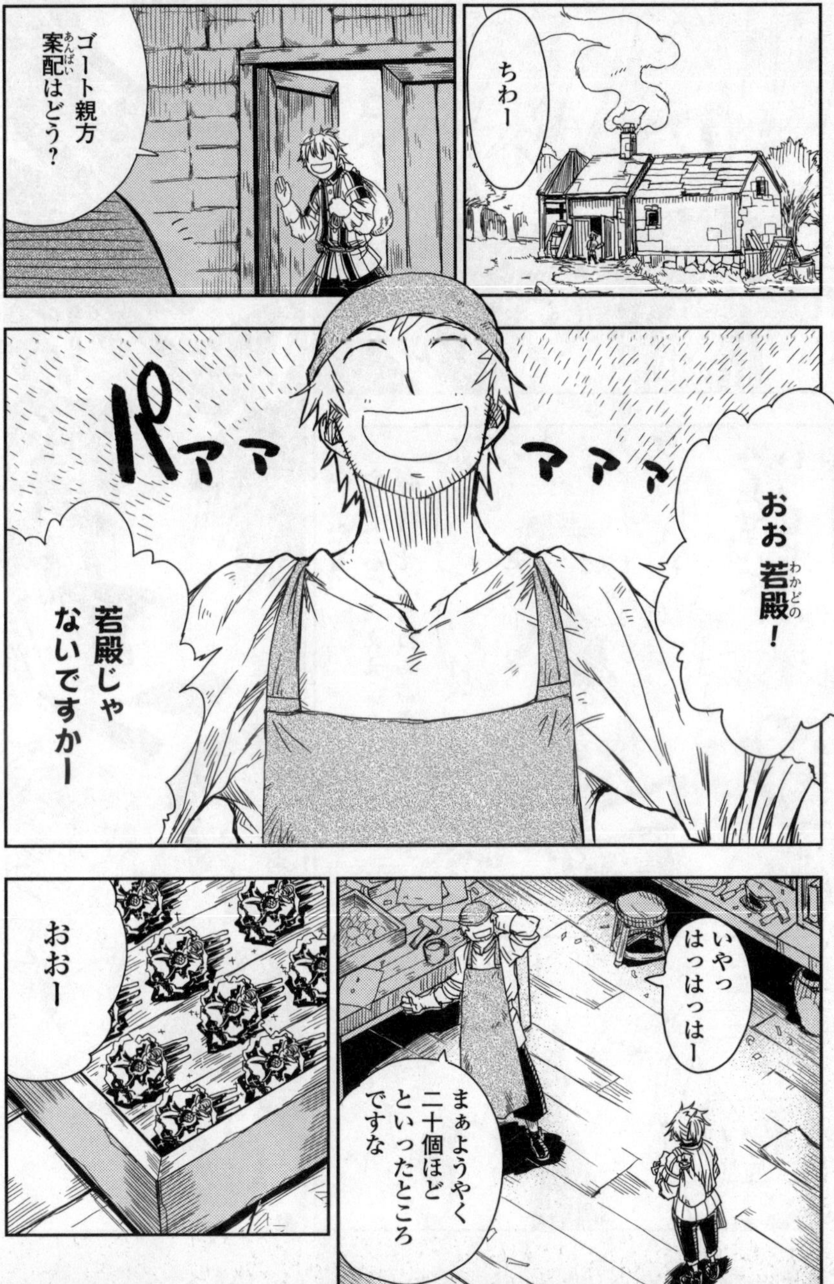

ちわー
ゴート親方 案配はどう？
パァァ アァァ
おお 若殿！
若殿じゃ ないですかー
いやっ はっはっはー
まぁようやく 二十個ほど といったところ ですな
おおー

ご愛読誠にありがとうございます。

読者カード

●ご購入作品名

●この本をどこでお知りになりましたか？

年齢　　歳　　　　性別　　男・女

ご職業　1.学生（大・高・中・小・その他）　2.会社員　3.公務員
4.教員　5.会社経営　6.自営業　7.主婦　8.その他（　　　）

●ご意見、ご感想などありましたら、是非お聞かせ下さい。

●ご感想を広告等、書籍のPRに使わせていただいてもよろしいですか？
※ご使用させて頂く場合は、文章を省略・編集させて頂くことがございます。
（実名で可・匿名で可・不可）

●ご協力ありがとうございました。今後の参考にさせていただきます。

郵便はがき

料金受取人払郵便

渋谷局承認

9400

差出有効期間
平成30年10月
14日まで

1508701

039

東京都渋谷区恵比寿4−20−3
恵比寿ガーデンプレイスタワー5F
恵比寿ガーデンプレイス郵便局
私書箱第5057号

株式会社アルファポリス
編集部 行

お名前	
ご住所 〒 TEL	

※ご記入頂いた個人情報は上記編集部からのお知らせ及びアンケートの集計目的以外には使用いたしません。

アルファポリス http://www.alphapolis.co.jp

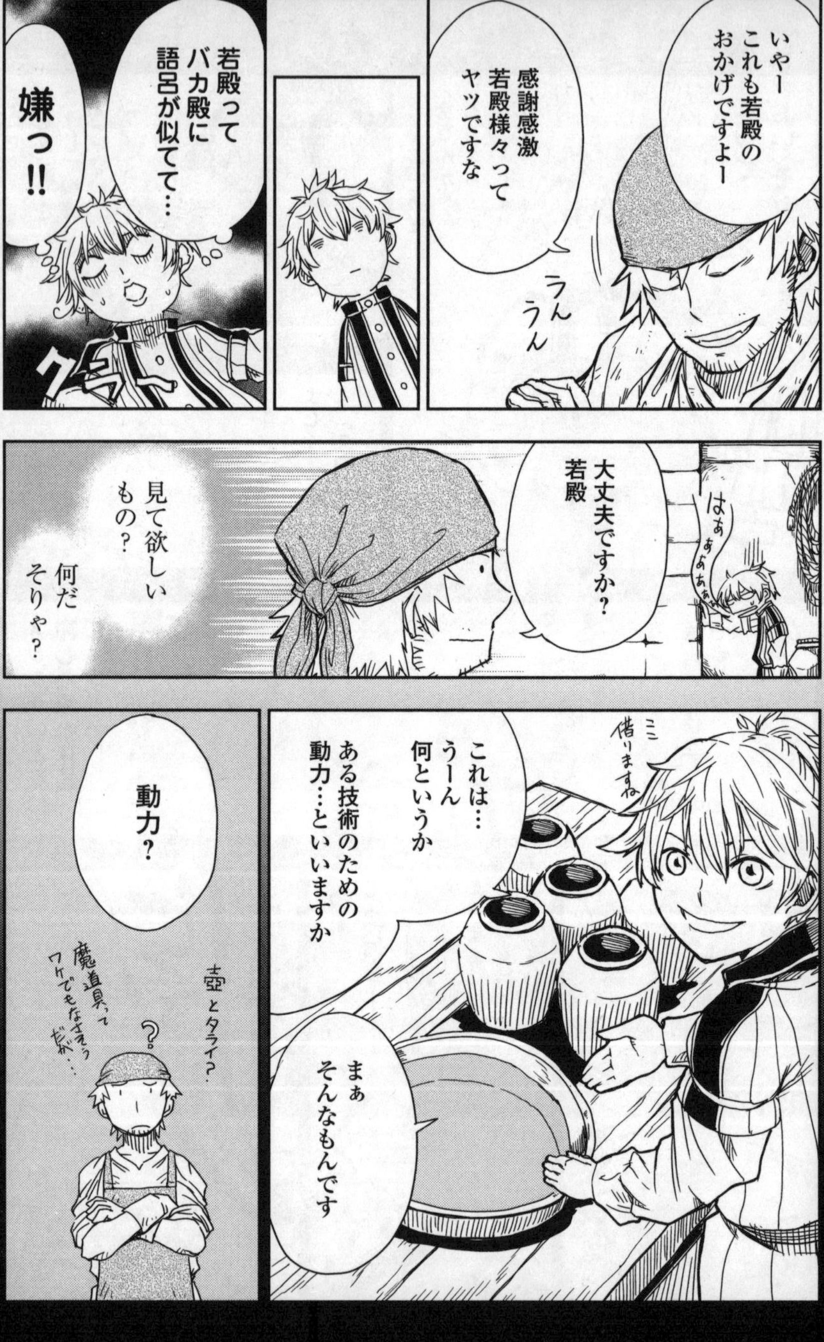
いやー
これも若殿の
おかげですよー
感謝感激
若殿様々って
ヤツですな
うん
うん
若殿って
バカ殿に
語呂が似てて…
嫌っ!!
はぁぁぁぁぁぁ
大丈夫ですか?
若殿
見て欲しい
もの?
何だ
そりゃ?
借りますね
これは…
うーん
何というか
ある技術のための
動力…といいますか
まぁ
そんなもんです
動力?
壺とタライ?
魔道具ってワケでもなさそうだが…

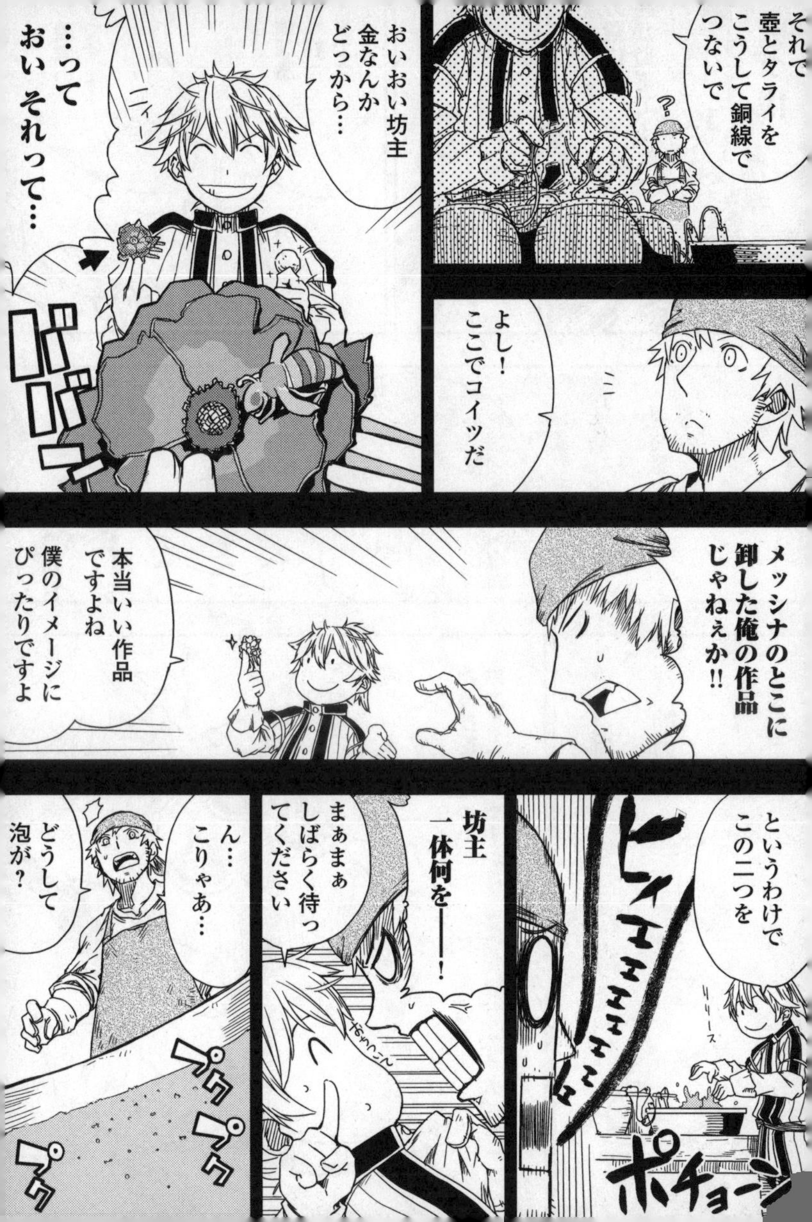

それで
壺とタライを
こうして銅線で
つないで
よし!
ここでコイツだ
おいおい坊主
金なんか
どっから…
…って
おい それって…
メッシナのとこに
卸した俺の作品
じゃねぇか!!
本当いい作品
ですよね
僕のイメージに
ぴったりですよ
というわけで
この二つを
ポチョー
坊主
一体何を——!
まぁまぁ
しばらく待っ
てください
ん…
こりゃあ…
どうして
泡が?
プク
プク
プク

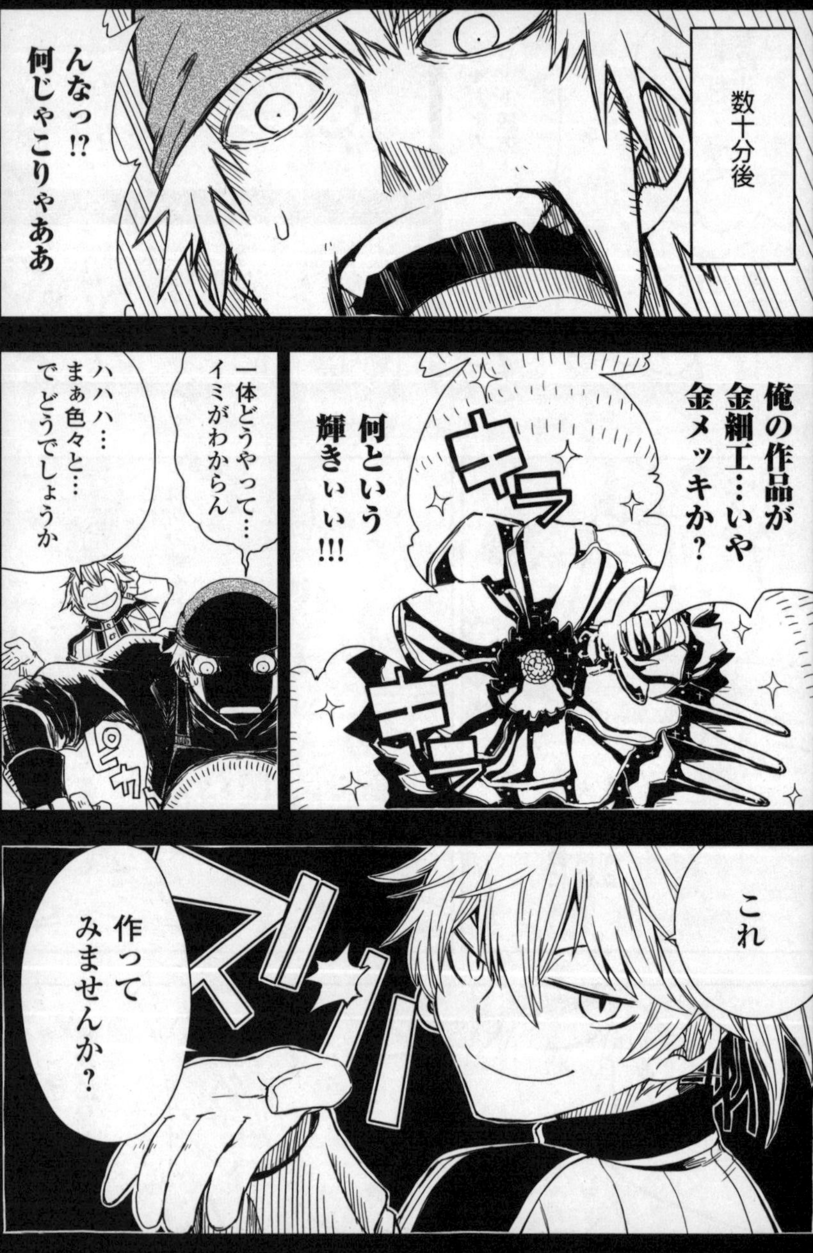
数十分後
んなっ!? 何じゃこりゃあああ
俺の作品が金細工…いや金メッキか?
キラ
何という輝きぃぃ!!!
キラ
一体どうやって… イミがわからん
ハハハ… まぁ色々と… でどうでしょうか
ピカ
これ
作ってみませんか?

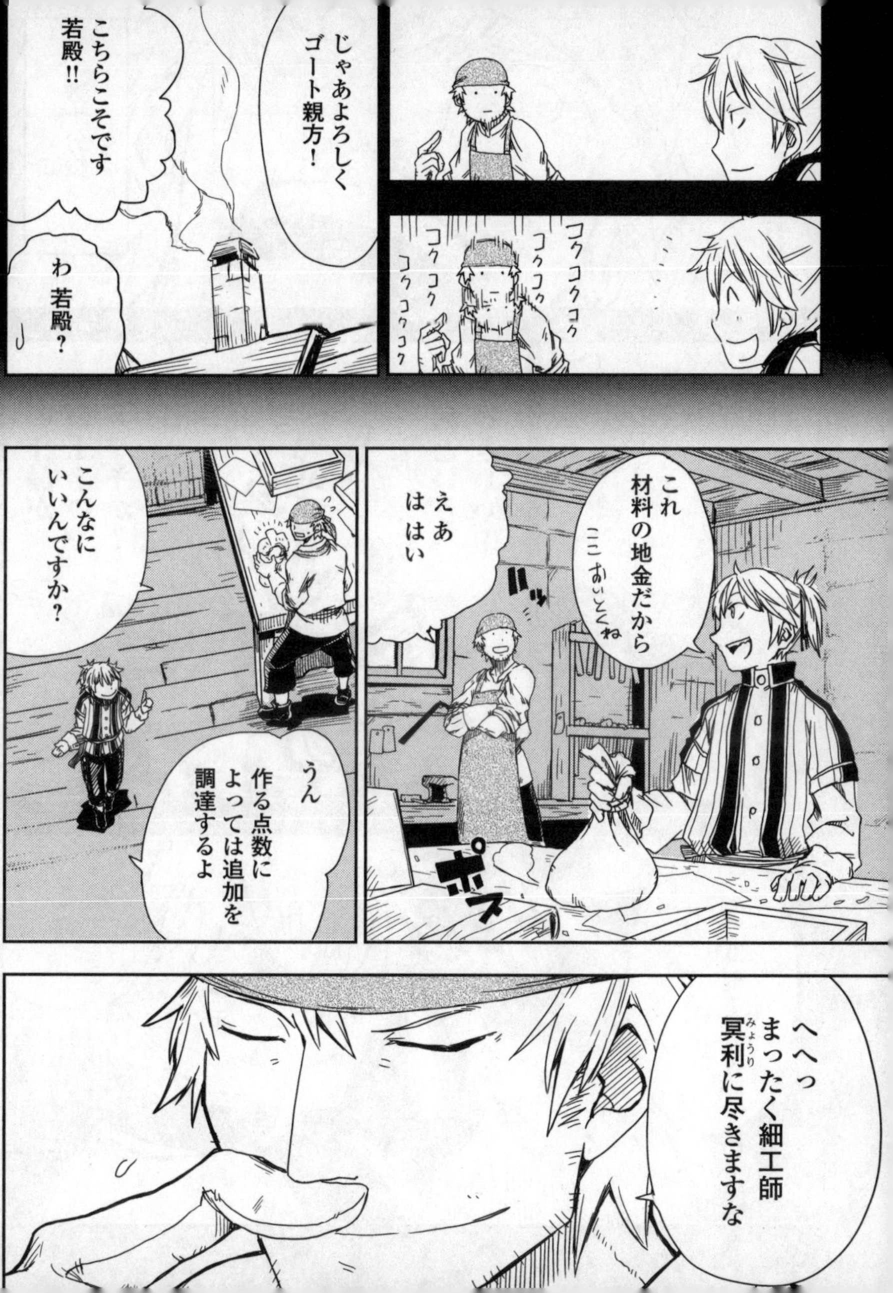
じゃあよろしく
ゴート親方！
こちらこそです
若殿!!
コクコクコクコク
コクコクコクコク
……
わ 若殿？
これ
材料の地金だから
ここおいとくね
ええ
はいはい
ポス
こんなに
いいんですか？
うん
作る点数に
よっては追加を
調達するよ
へへっ
まったく細工師
冥利に尽きますな

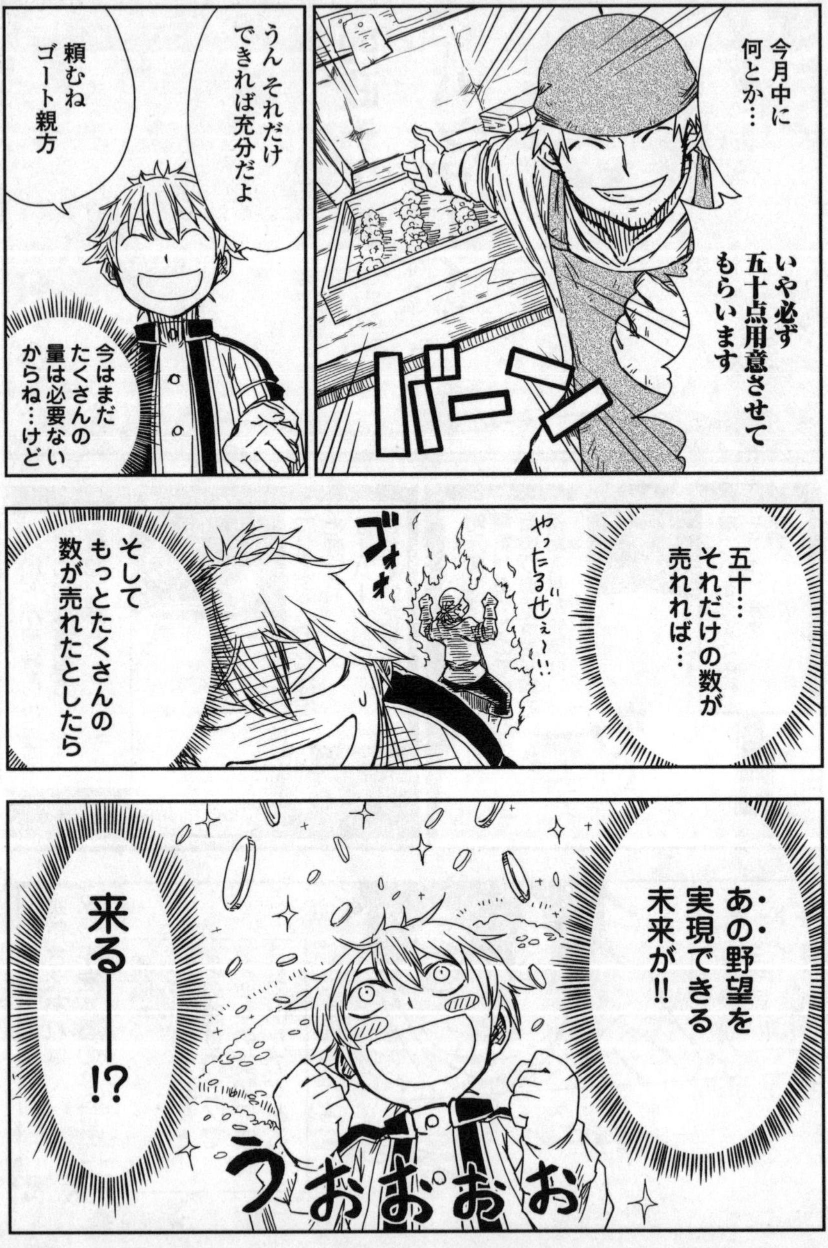
今月中に
何とか…
いや必ず
五十点用意させて
もらいます
バーン
うん それだけ
できれば充分だよ
頼むね
ゴート親方
今はまだ
たくさんの
量は必要ない
からね…けど
五十…
それだけの数が
売れれば…
ゴォォ
やったるぜぇ～!!
そして
もっとたくさんの
数が売れたとしたら
あの野望を
実現できる
未来が!!
来る――!?
うおおおお

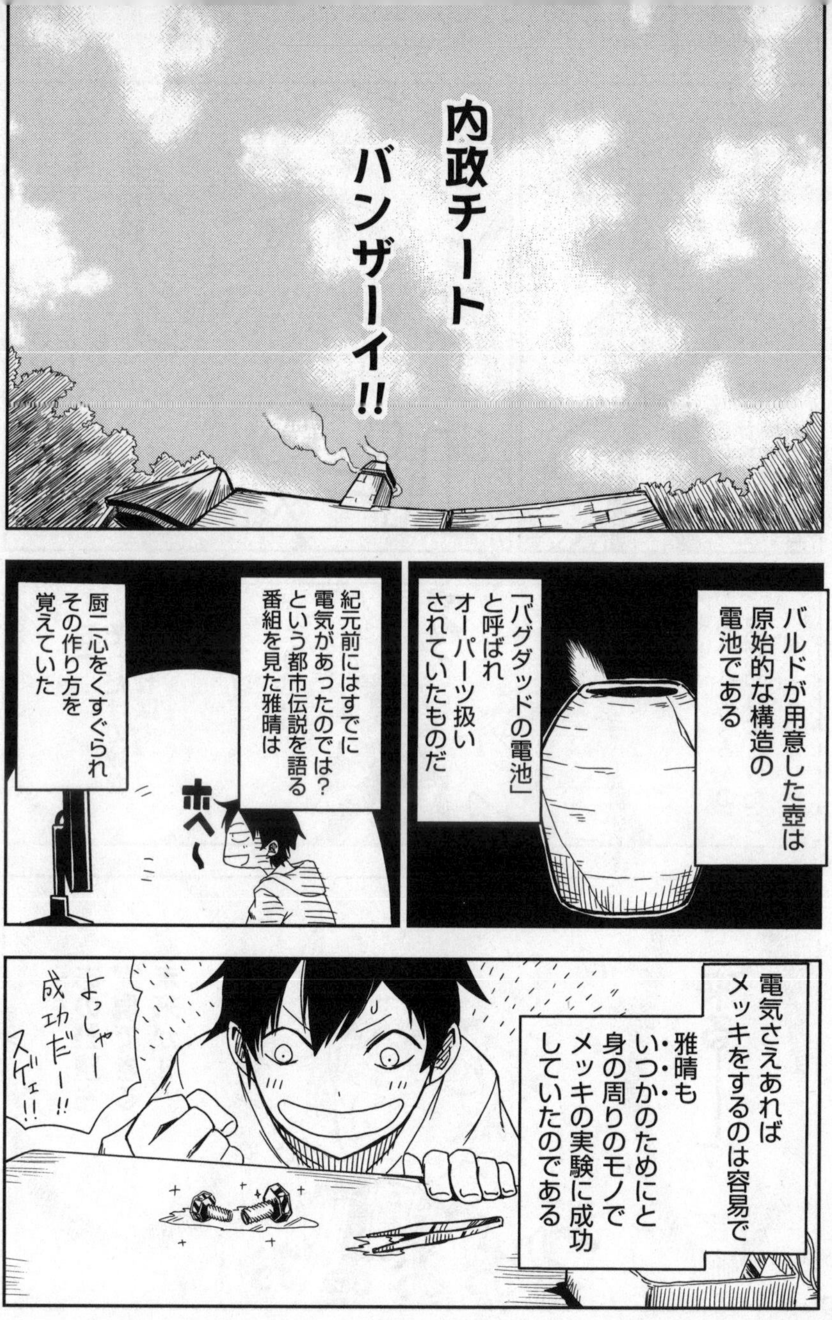
内政チート
バンザーイ!!
バルドが用意した壺は原始的な構造の電池である
「バグダッドの電池」と呼ばれオーパーツ扱いされていたものだ
紀元前にはすでに電気があったのでは?という都市伝説を語る番組を見た雅晴は
ホヘ〜
厨二心をくすぐられその作り方を覚えていた
電気さえあればメッキをするのは容易で
雅晴も・・・いつかのためにと身の周りのモノでメッキの実験に成功していたのである
よっしゃー
成功だー!!
スゲェ!!

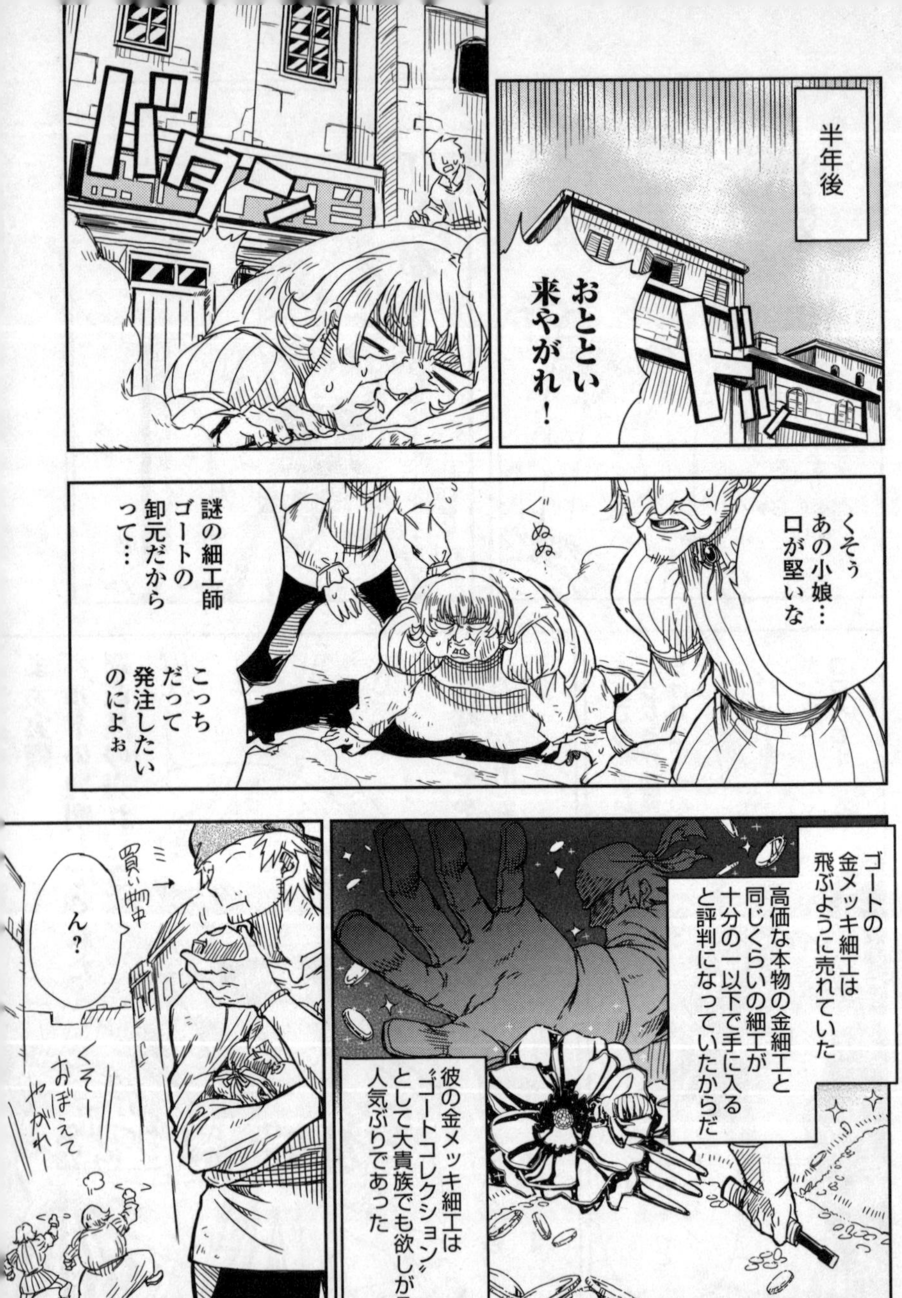

半年後
ドッ
おととい来やがれ！
バタン
くそぅあの小娘…口が堅いな
ぐぬぬ…
謎の細工師ゴートの卸元だからって…
こっちだって発注したいのによぉ
ゴートの金メッキ細工は飛ぶように売れていた
高価な本物の金細工と同じくらいの細工が十分の一以下で手に入ると評判になっていたからだ
彼の金メッキ細工は〝ゴートコレクション〟として大貴族でも欲しがる人気ぶりであった
買い物中
ん？
くそーおぼえてやがれー

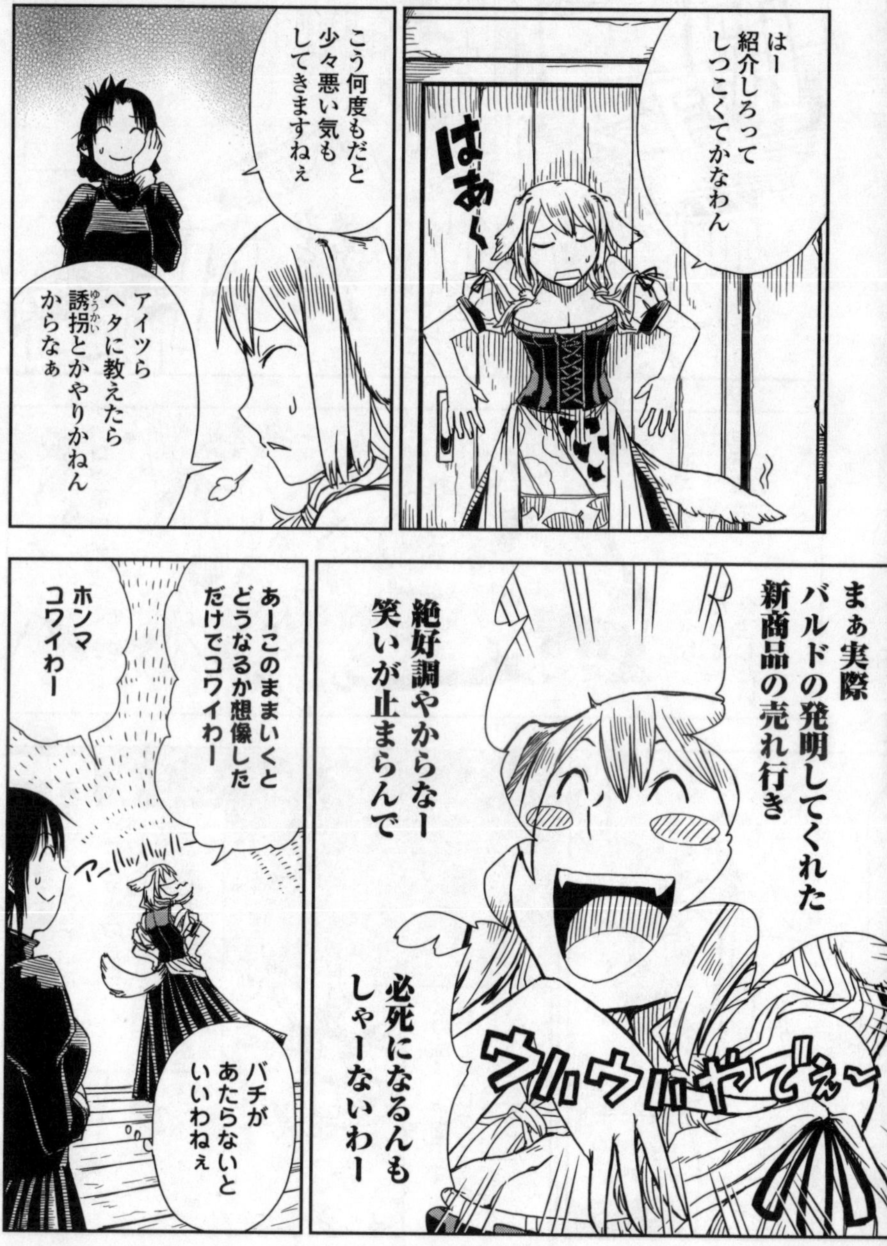
はー
紹介しろってしつこくてかなわん
はあ〜
こう何度もだと少々悪い気もしてきますねぇ
アイツらヘタに教えたら誘拐(ゆうかい)とかやりかねんからなぁ
まぁ実際バルドの発明してくれた新商品の売れ行き
絶好調やからなー笑いが止まらんで
必死になるんもしゃーないわー
ウハウハやでぇ〜
あーこのままいくとどうなるか想像しただけでコワイわー
ホンマコワイわー
アーハッハッハ
バチがあたらないといいわねぇ

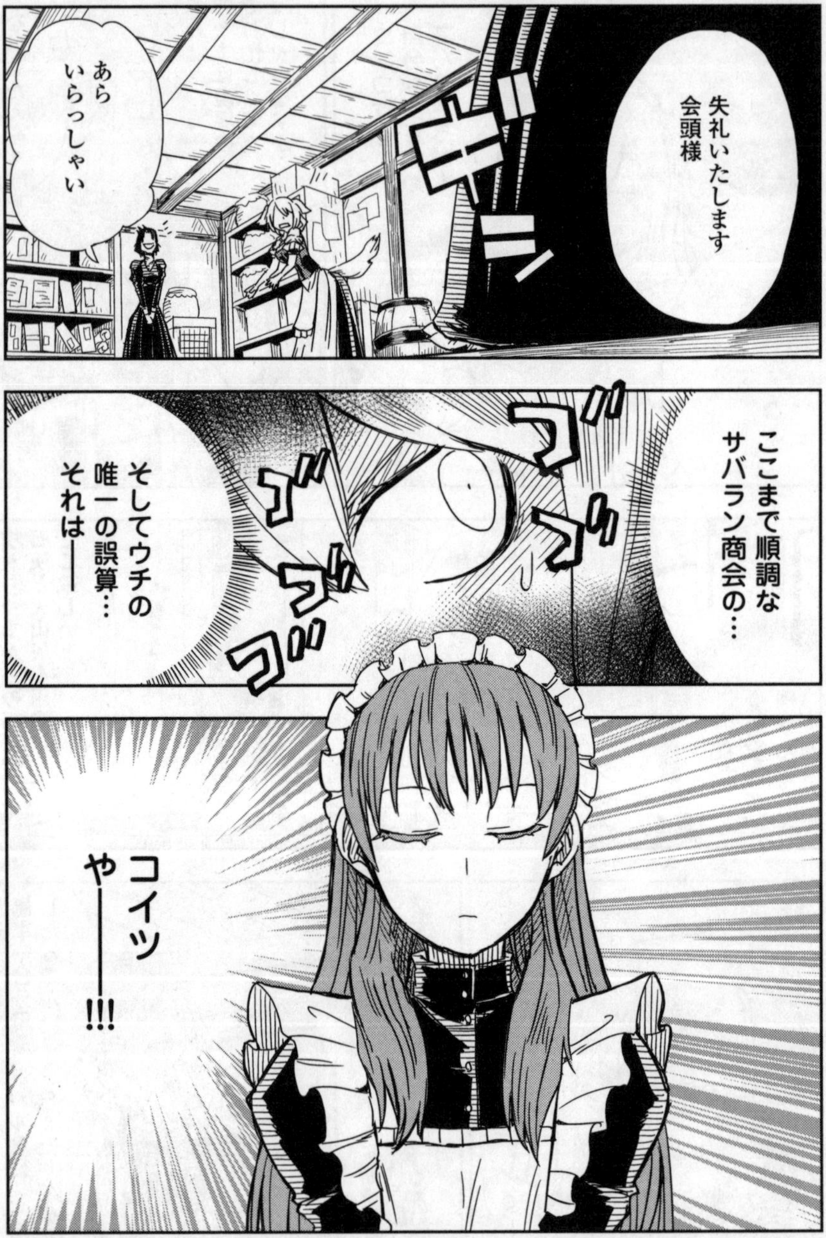
失礼いたします 会頭様
ギギーー
あら いらっしゃい
ここまで順調なサバラン商会の…
そしてウチの唯一の誤算… それは――
ゴゴゴゴ
コイツや――!!!

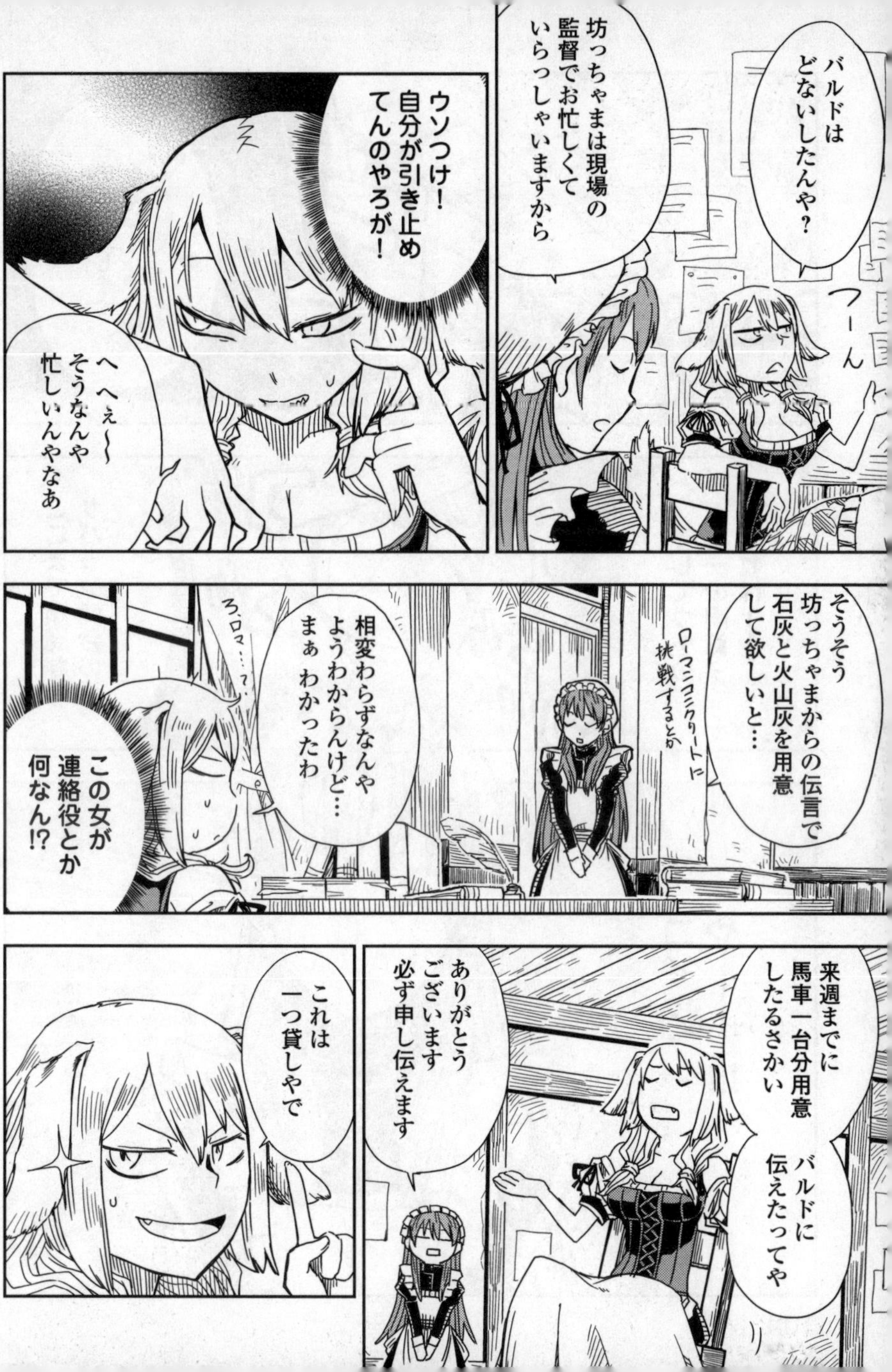
バルドはどないしたんや？
フーん
坊っちゃまは現場の監督でお忙しくていらっしゃいますから
ウソつけ！自分が引き止めてんのやろが！
へへぇ〜そうなんや忙しいんやなあ
そうそう坊っちゃまからの伝言で石灰と火山灰を用意して欲しいと…
ローマンコンクリートに挑戦するとか
相変わらずなんやようわからんけど…まぁわかったわ
ろ、ロマ…て…
この女が連絡役とか何なん⁉
来週までに馬車一台分用意したるさかい
バルドに伝えたってや
ありがとうございます必ず申し伝えます
これは一つ貸しやで

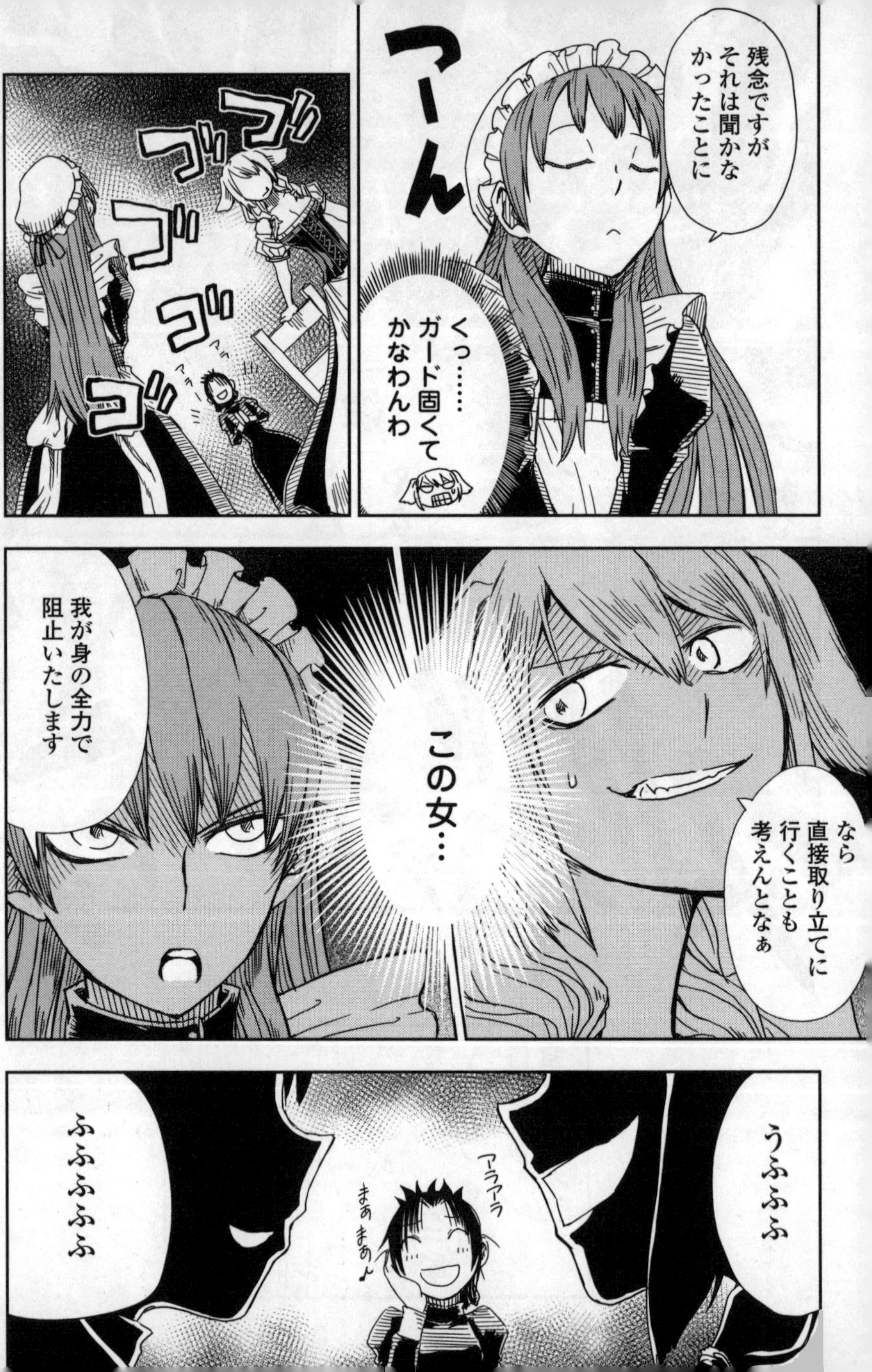
つーん
残念ですが
それは聞かな
かったことに
くっ……
ガード固くて
かなわんわ
ゴゴゴゴゴ
なら
直接取り立てに
行くことも
考えんとなぁ
この女…
我が身の全力で
阻止いたします
うふふふ
アラアラ
まあまあ♪
ふふふふふ

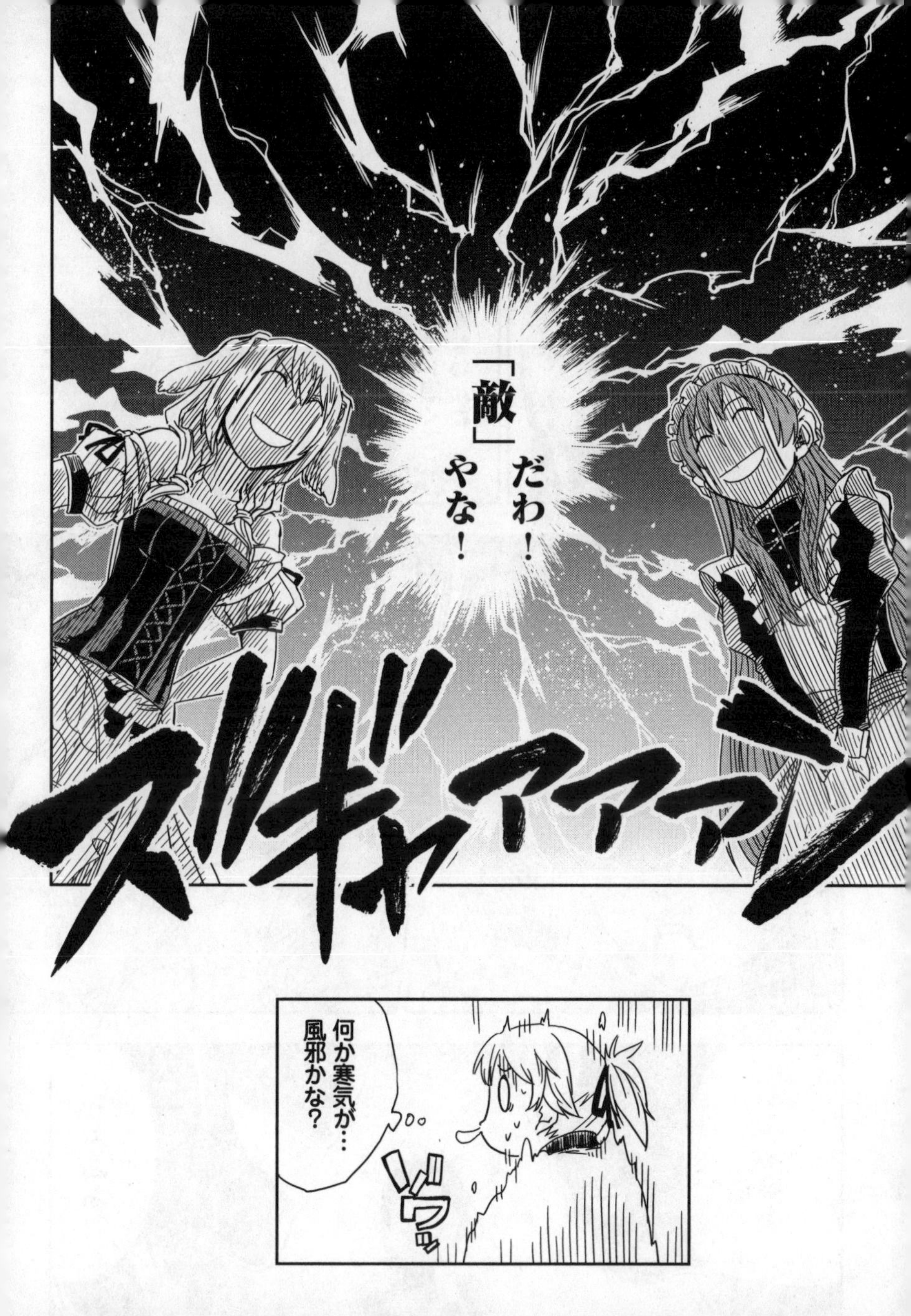
「敵」だわ！
やな！
ズギャアアァン
何か寒気が…
風邪かな？
ゾゥッ

第6話
備えあれば憂いなし？

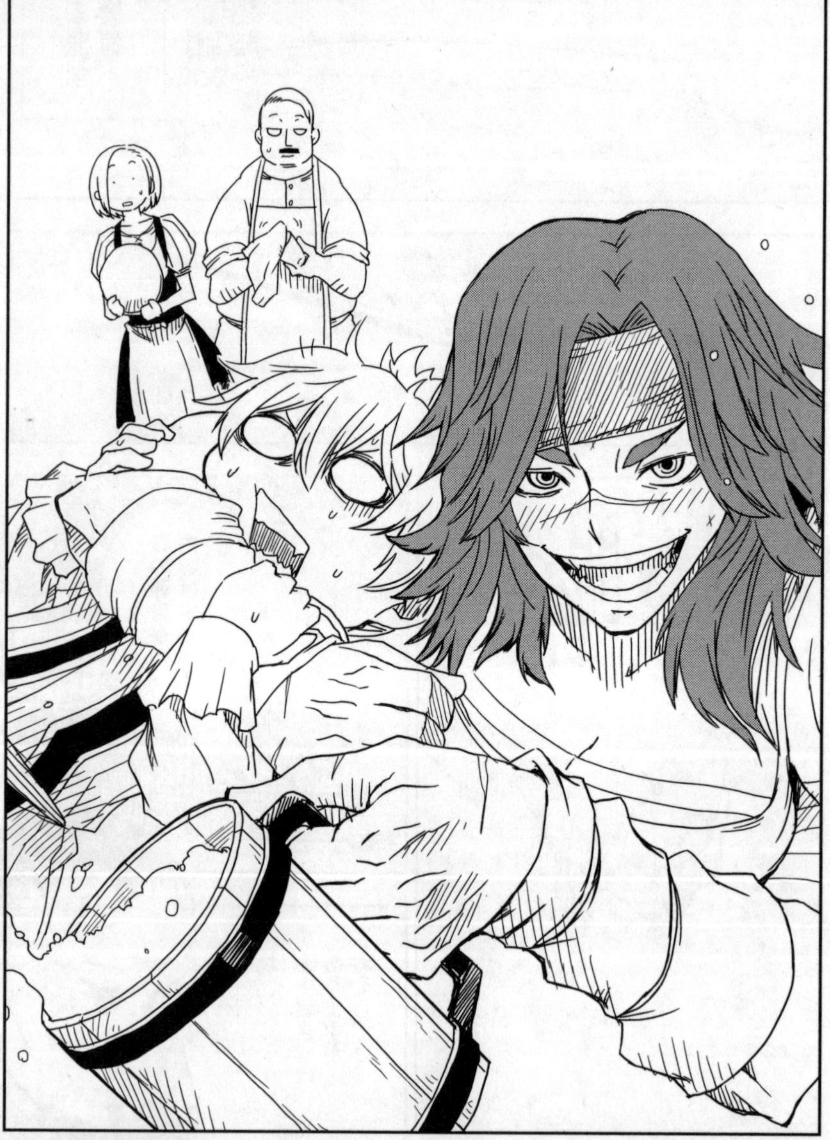

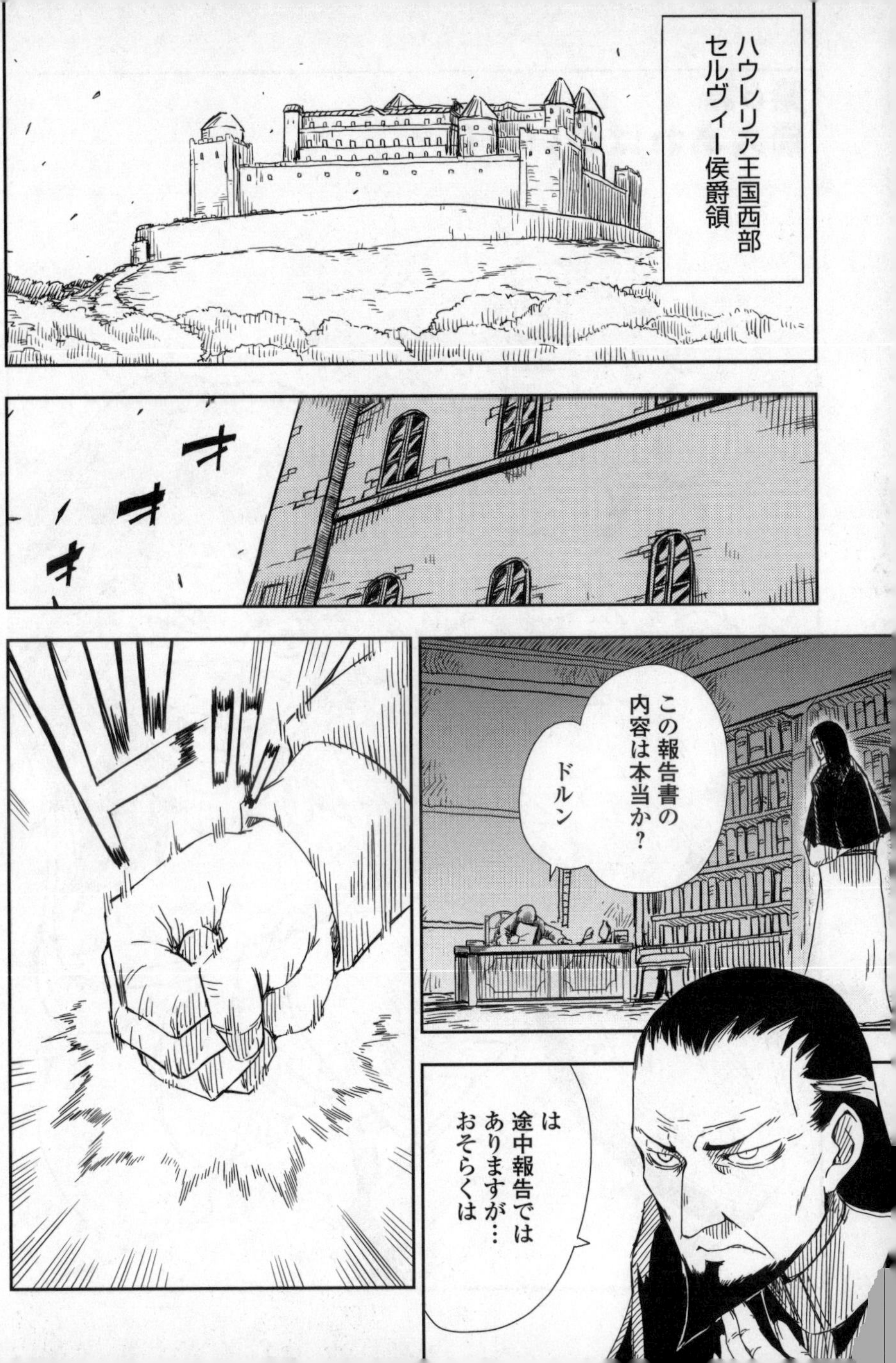
ハウレリア王国西部
セルヴィー侯爵領
オオオ
この報告書の内容は本当か？
ドルン
は
途中報告ではありますが…
おそらくは

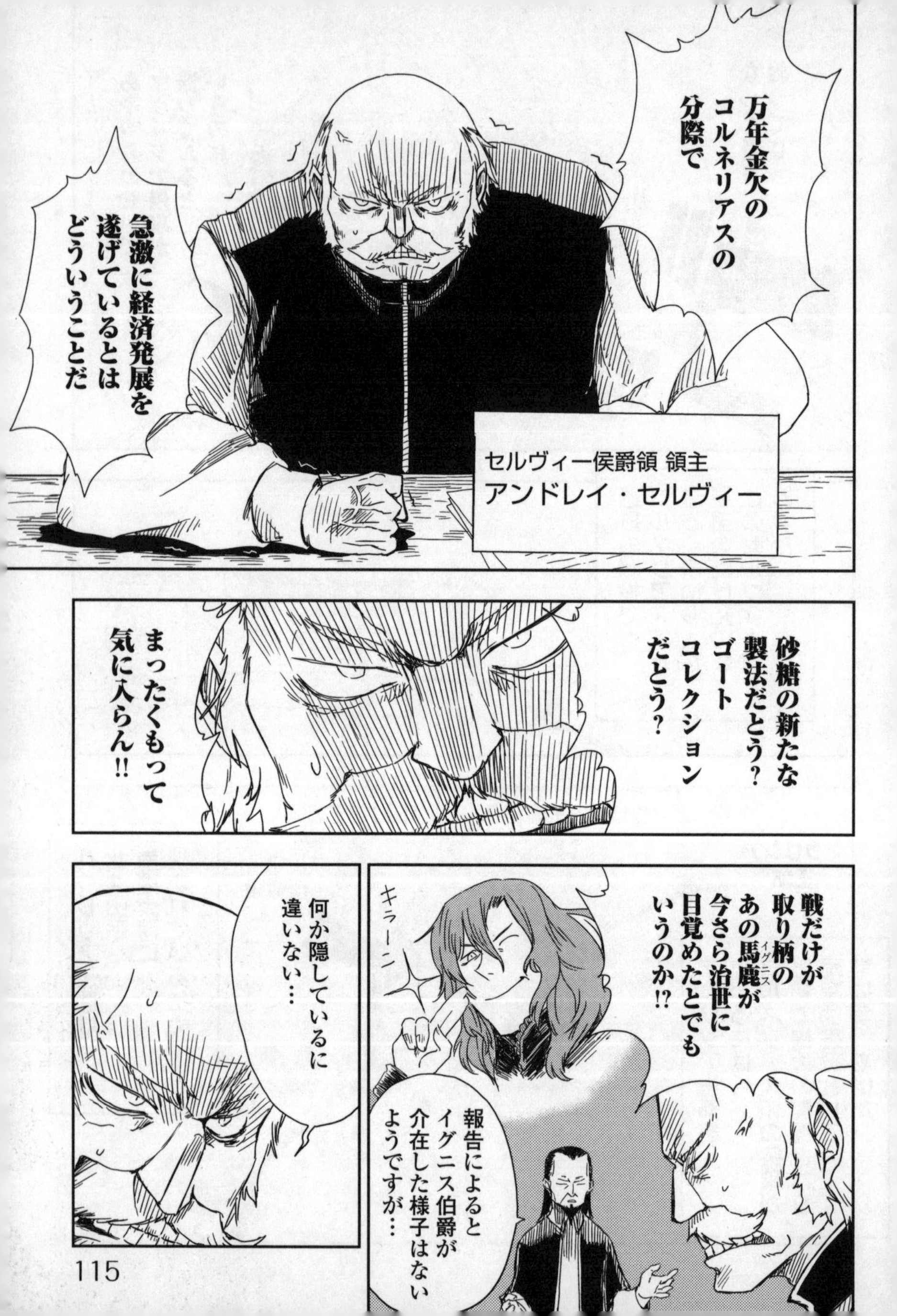
万年金欠のコルネリアスの分際で
急激に経済発展を遂げているとはどういうことだ
セルヴィー侯爵領 領主
アンドレイ・セルヴィー
砂糖の新たな製法だとう？ゴートコレクションだとう？
まったくもって気に入らん!!
戦だけが取り柄のあの馬鹿（イグニス）が今さら治世に目覚めたとでもいうのか!?
キラーン
報告によるとイグニス伯爵が介在した様子はないようですが…
何か隠しているに違いない…

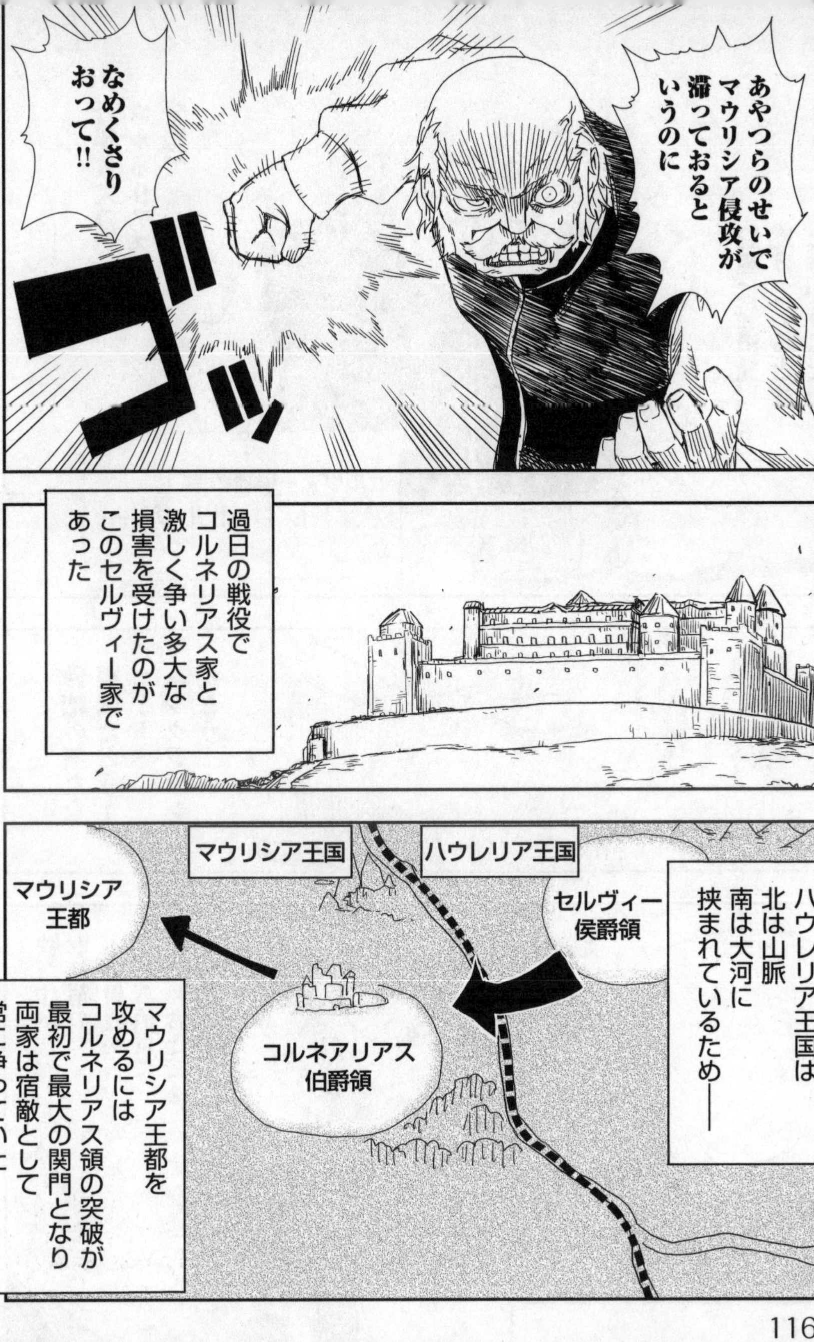
あやつらのせいで
マウリシア侵攻が
滞っておると
いうのに
なめくさり
おって!!
ゴッ
過日の戦役で
コルネリアス家と
激しく争い多大な
損害を受けたのが
このセルヴィー家で
あった
ハウレリア王国は
北は山脈
南は大河に
挟まれているため——
マウリシア王国
ハウレリア王国
マウリシア
王都
セルヴィー
侯爵領
コルネアリアス
伯爵領
マウリシア王都を
攻めるには
コルネリアス領の突破が
最初で最大の関門となり
両家は宿敵として
常に争っていた

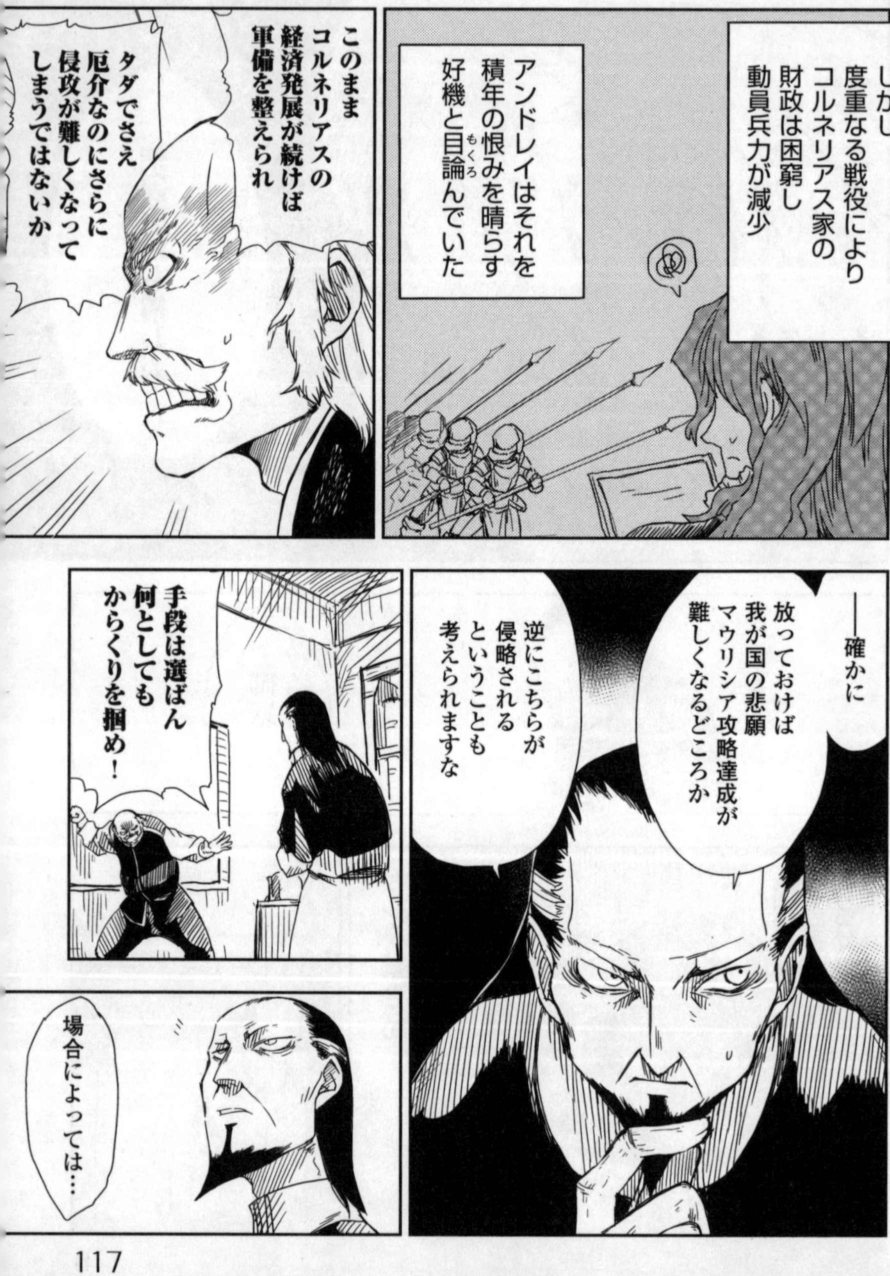

しかし度重なる戦役によりコルネリアス家の財政は困窮し動員兵力が減少
アンドレイはそれを積年の恨みを晴らす好機と目論んでいた
このままコルネリアスの経済発展が続けば軍備を整えられ
タダでさえ厄介なのにさらに侵攻が難しくなってしまうではないか
——確かに
放っておけば我が国の悲願マウリシア攻略達成が難しくなるどころか
逆にこちらが侵略されるということも考えられますな
手段は選ばん何としてもからくりを掴め！
場合によっては…

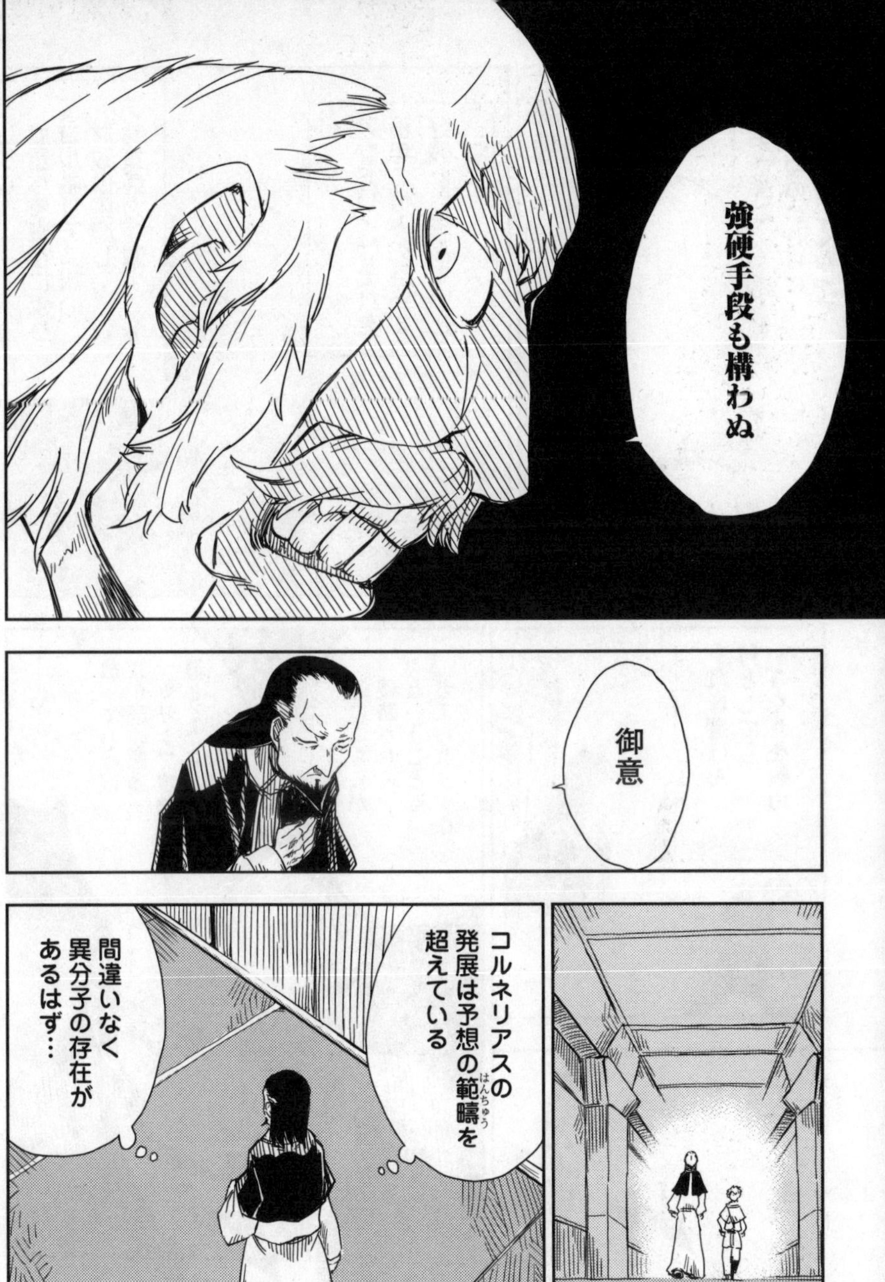
強硬手段も構わぬ
御意
コルネリアスの
発展は予想の範疇を
超えている
間違いなく
異分子の存在が
あるはず…

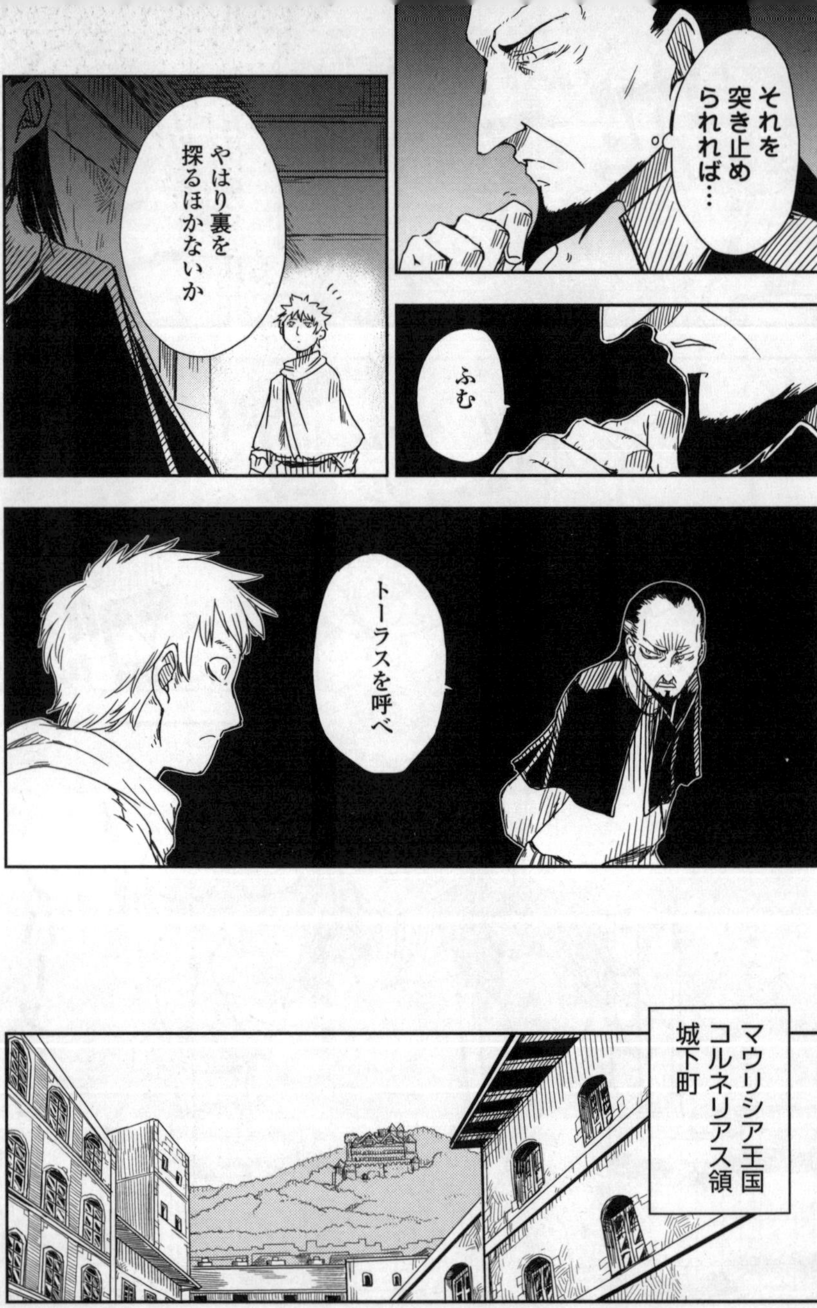
それを突き止められれば…
ふむ
やはり裏を探るほかないか
トーラスを呼べ
マウリシア王国
コルネリアス領
城下町

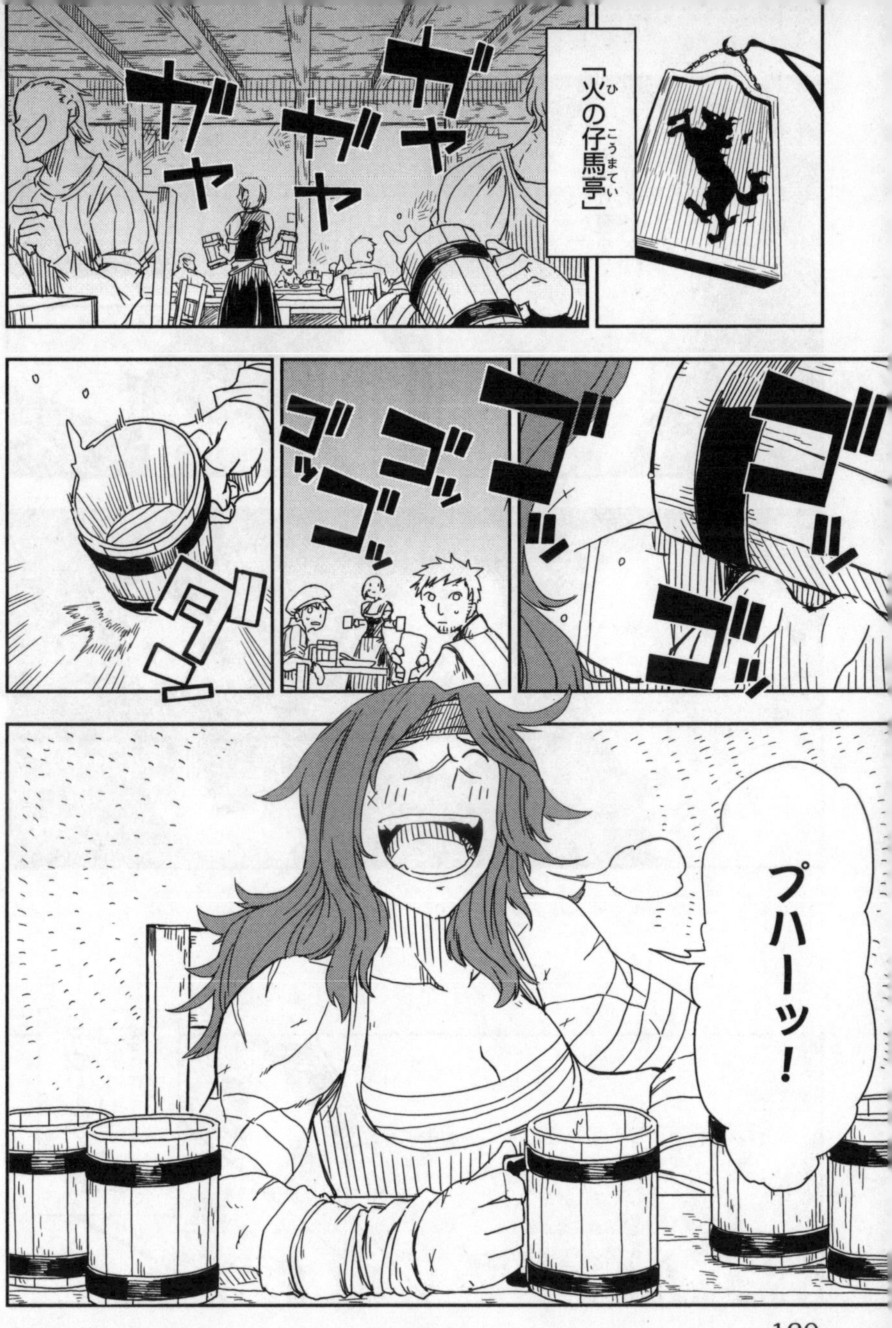
「火の仔馬亭」
ガヤ
ガヤ
ガヤ
ゴッ
ゴッ
ゴッ
ゴッ
ゴッ
ゴッ
ダン
プハーッ！

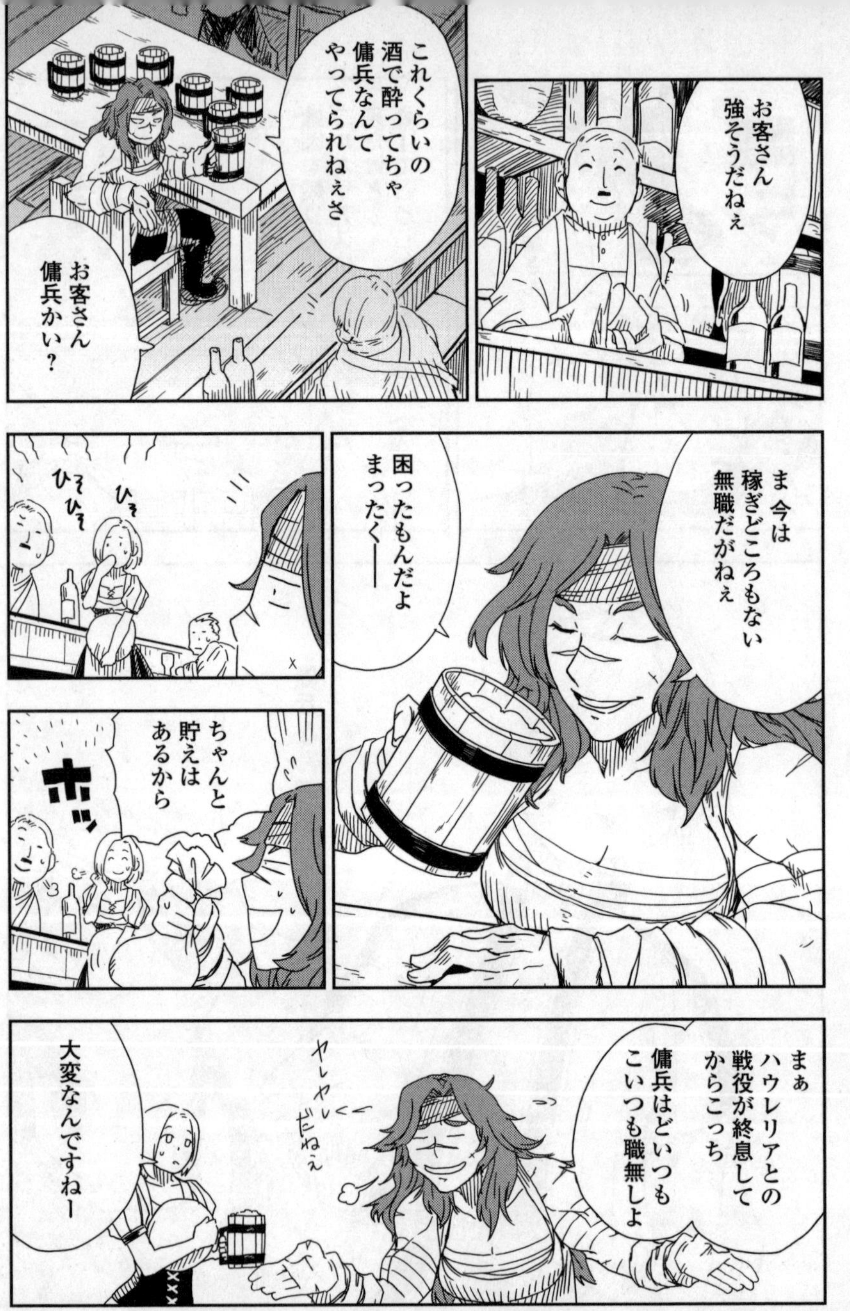
お客さん
強そうだねぇ
これくらいの
酒で酔ってちゃ
傭兵なんて
やってられねぇさ
お客さん
傭兵かい？
ま 今は
稼ぎどころもない
無職だがねぇ
困ったもんだよ
まったく──
ひそ
ひそ
ひそ
ちゃんと
貯えは
あるから
ホッ
まぁ
ハウレリアとの
戦役が終息して
からこっち
傭兵はどいつも
こいつも職無しよ
ヤレヤレだねぇ
大変なんですねー

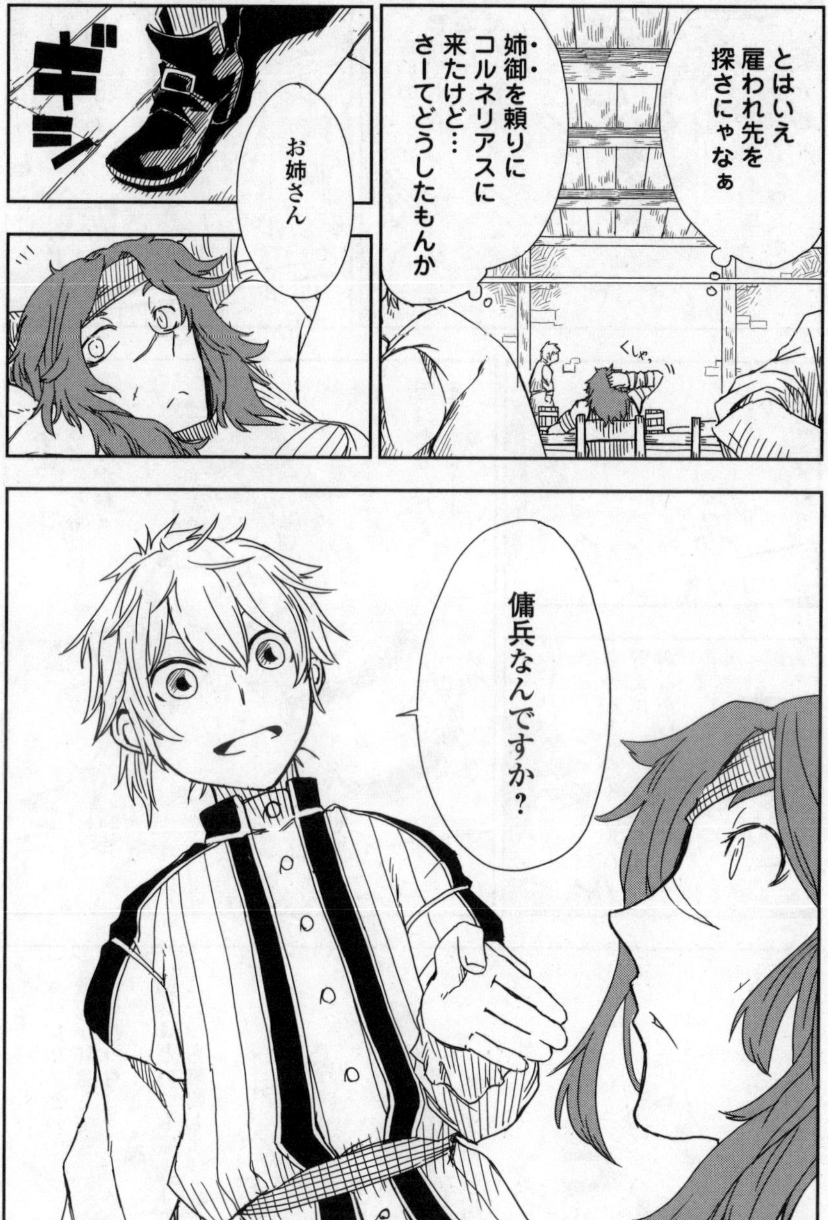

とはいえ雇われ先を探さにゃなぁ
姉御を頼りにコルネリアスに来たけど…さーてどうしたもんか
くしゃ
ギシ
お姉さん
傭兵なんですか？

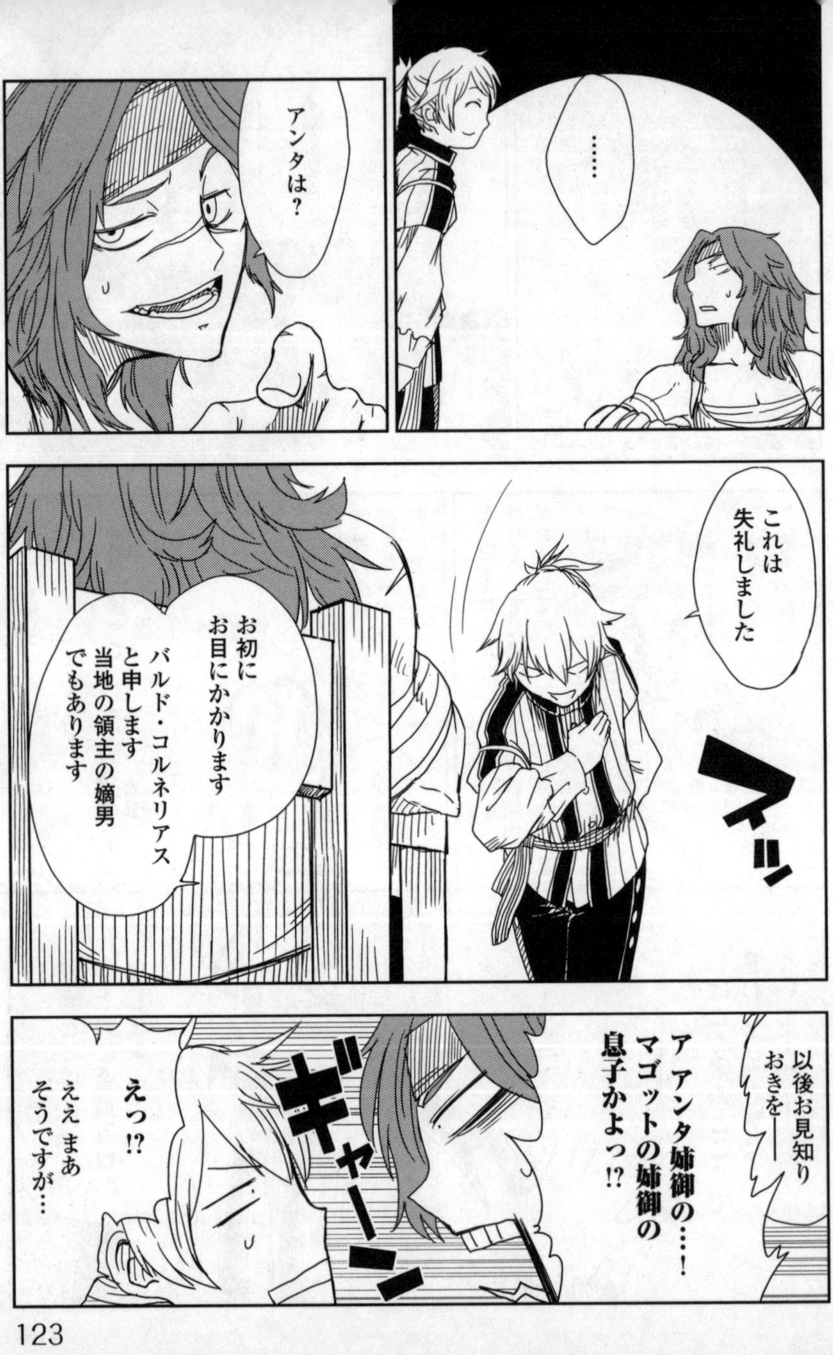
……
アンタは？
これは失礼しました
スッ
お初にお目にかかります
バルド・コルネリアスと申します
当地の領主の嫡男でもあります
以後お見知りおきを――
アアンタ姉御の…！
マゴットの姉御の息子かよっ!?
ギャーン
えっ!?
ええ まあ そうですが…

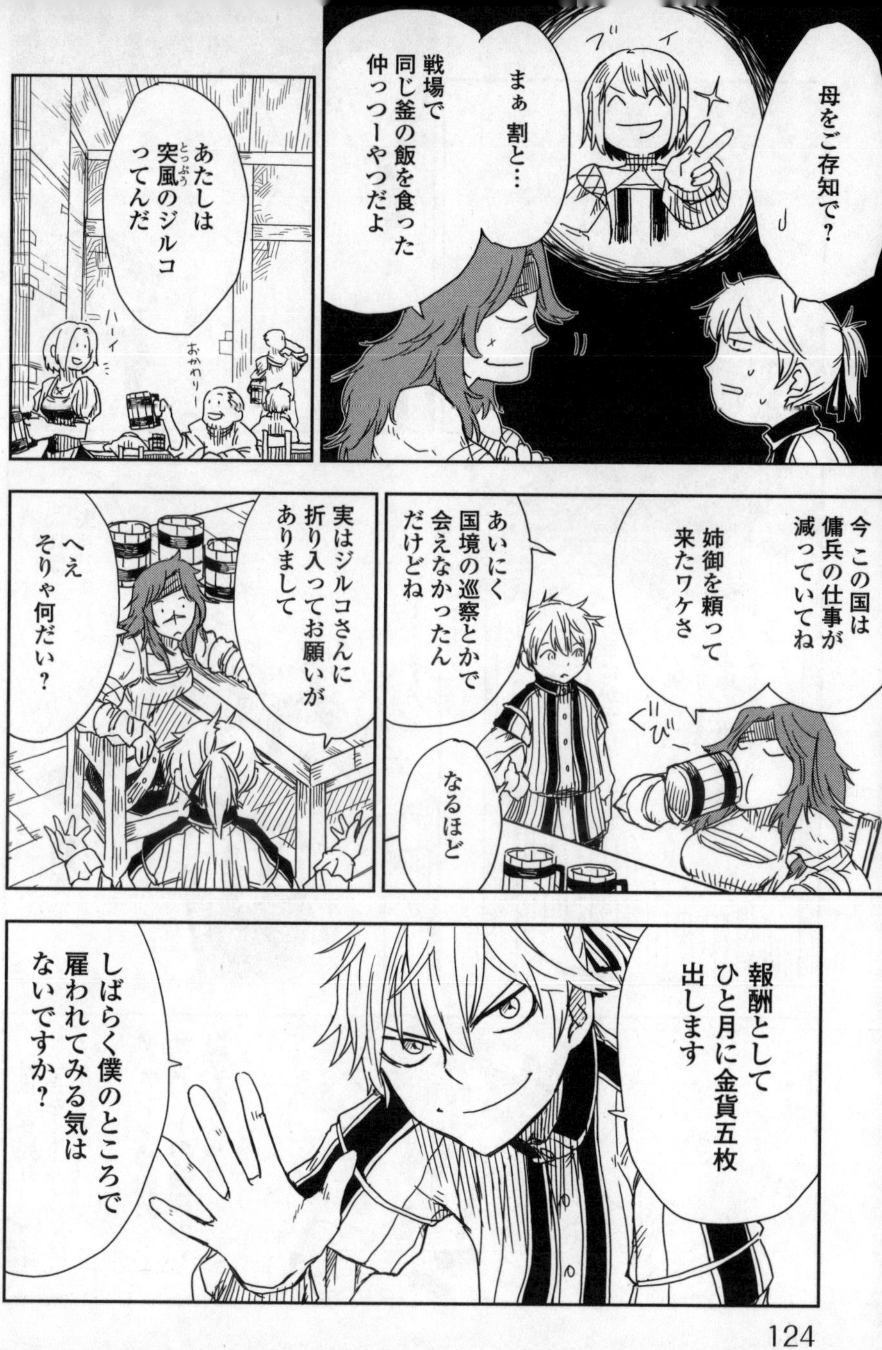
母をご存知で？
ブイ
まぁ 割と…
戦場で同じ釜の飯を食った仲っつーやつだよ
あたしは突風のジルコってんだ
ハーイ
おかわりー
今この国は傭兵の仕事が減っていてね
姉御を頼って来たワケさ
ぐびー
あいにく国境の巡察とかで会えなかったんだけどね
なるほど
実はジルコさんに折り入ってお願いがありまして
へぇ そりゃ何だい？
報酬としてひと月に金貨五枚出します
しばらく僕のところで雇われてみる気はないですか？

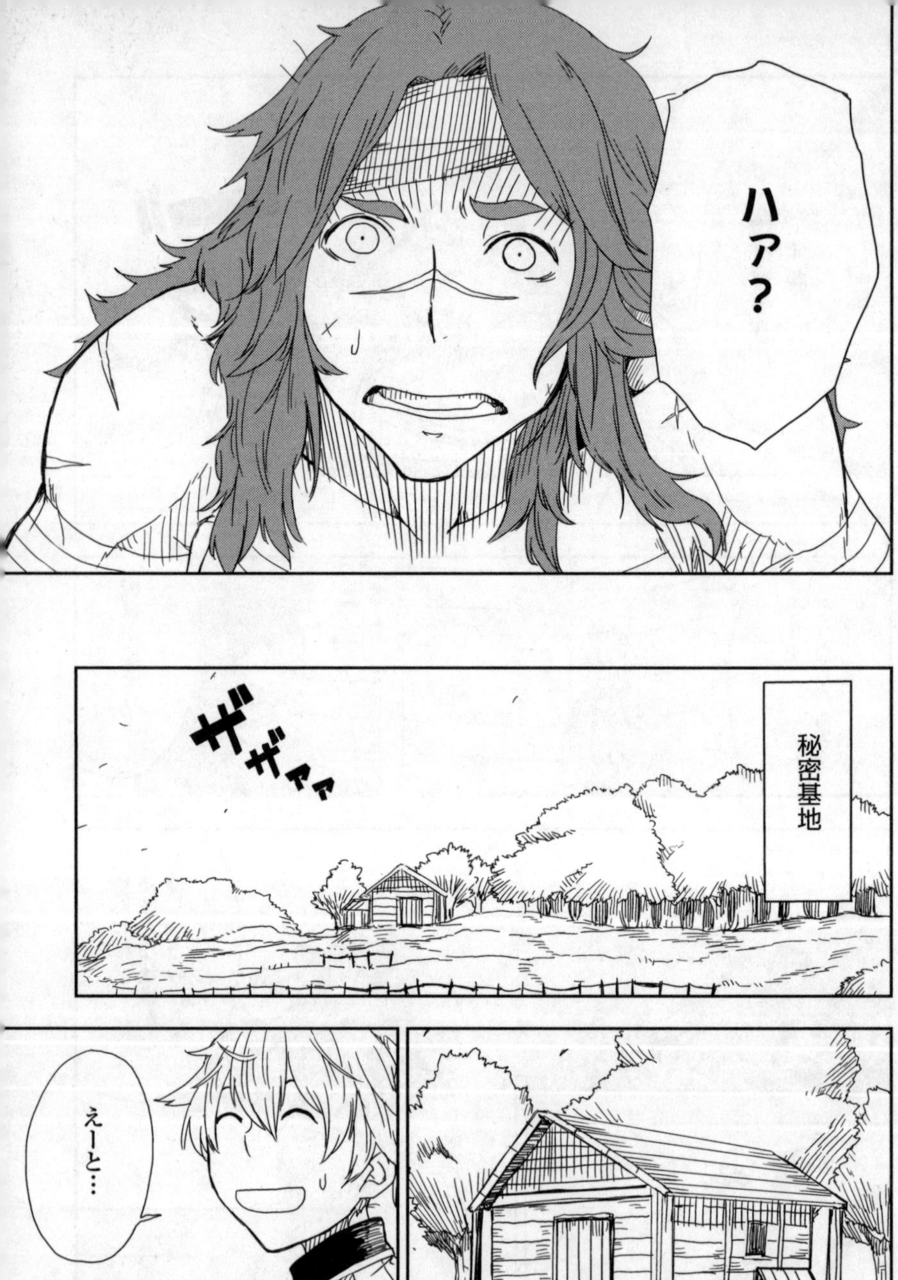
ハア？
秘密基地
ザザァァ
えーと…

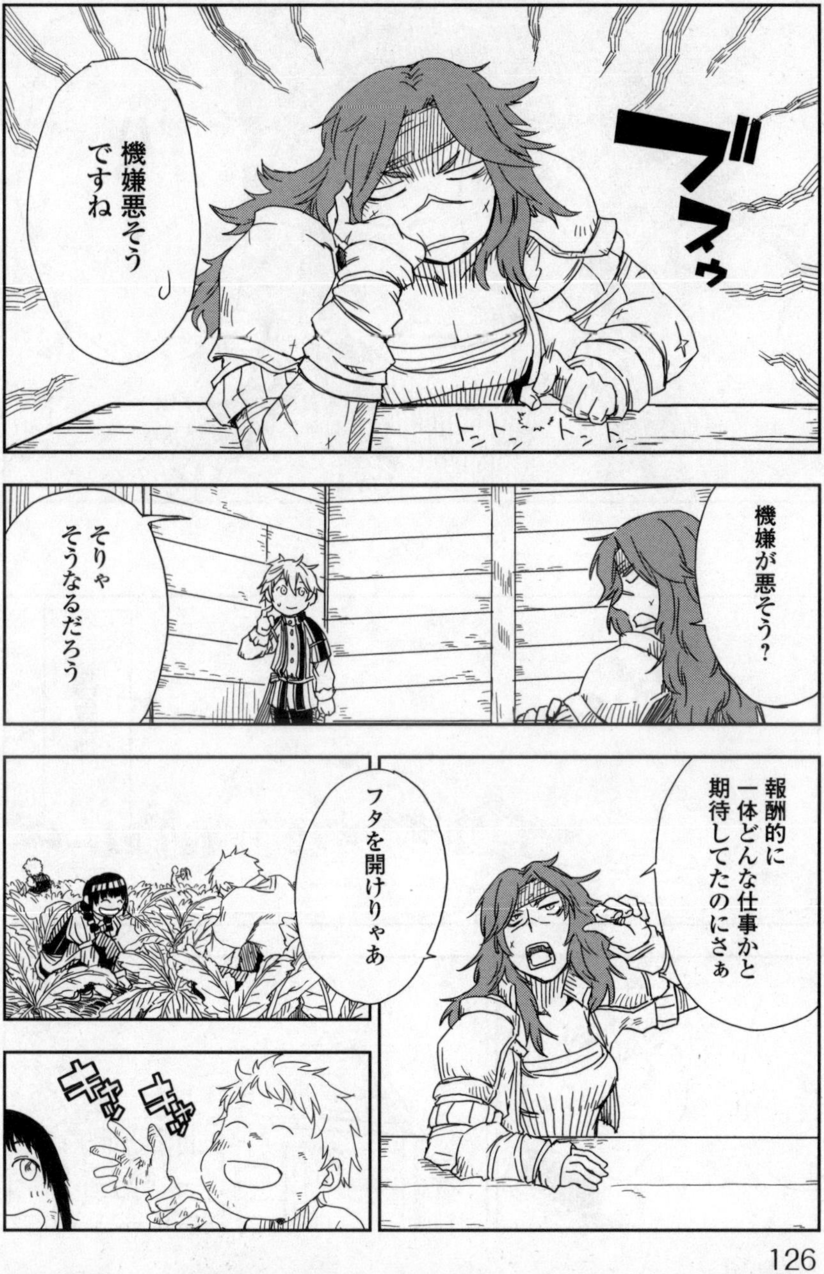
ブスゥ
機嫌悪そうですね
機嫌が悪そう？
そりゃそうなるだろう
報酬的に一体どんな仕事かと期待してたのにさぁ
フタを開けりゃあ
キャッキャッ

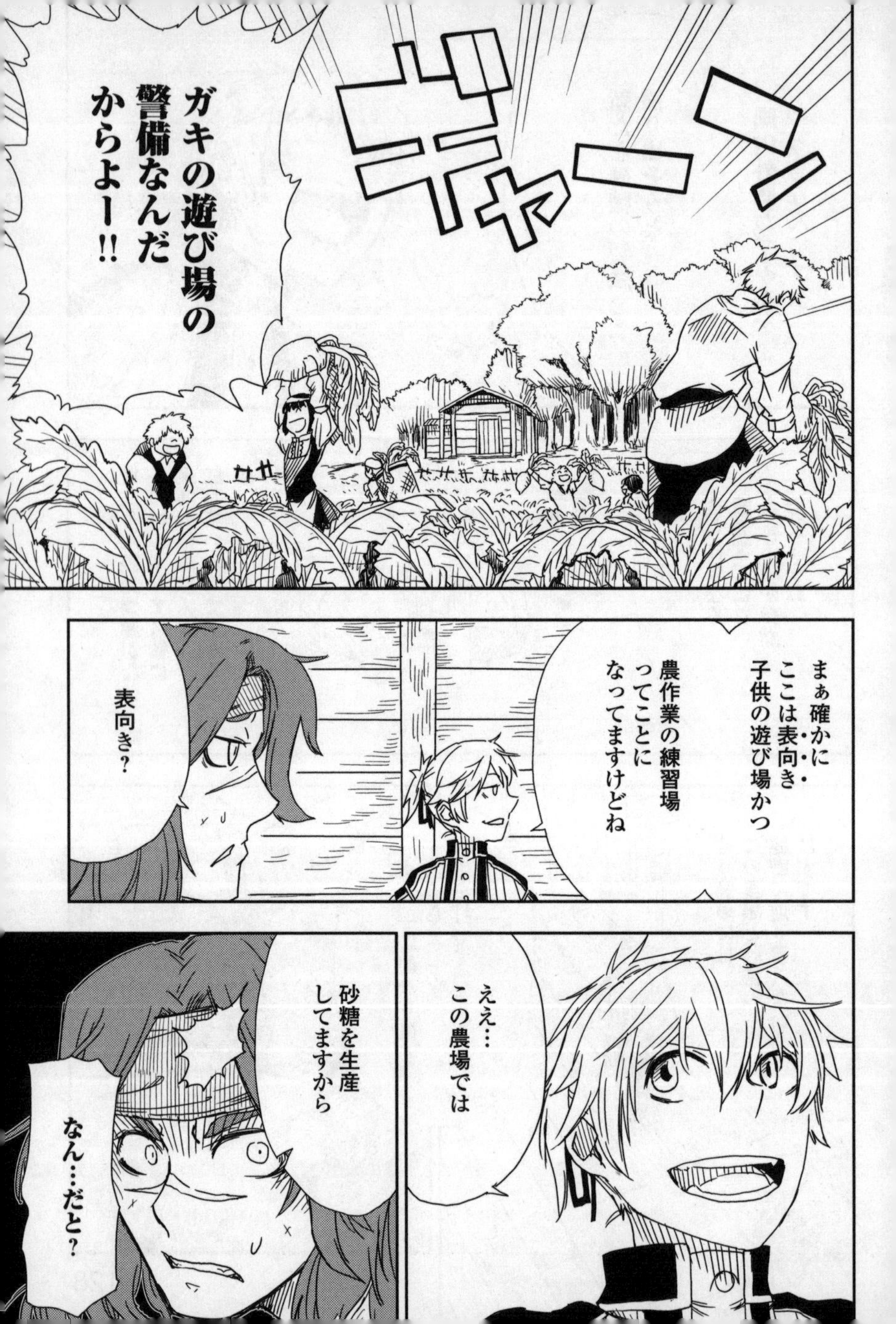
ガキの遊び場の警備なんだからよー!!
ギャーン
まぁ確かにここは表向き・・・子供の遊び場かつ農作業の練習場ってことになってますすけどね
表向き？
ええ…この農場では砂糖を生産してますから
なん…だと？

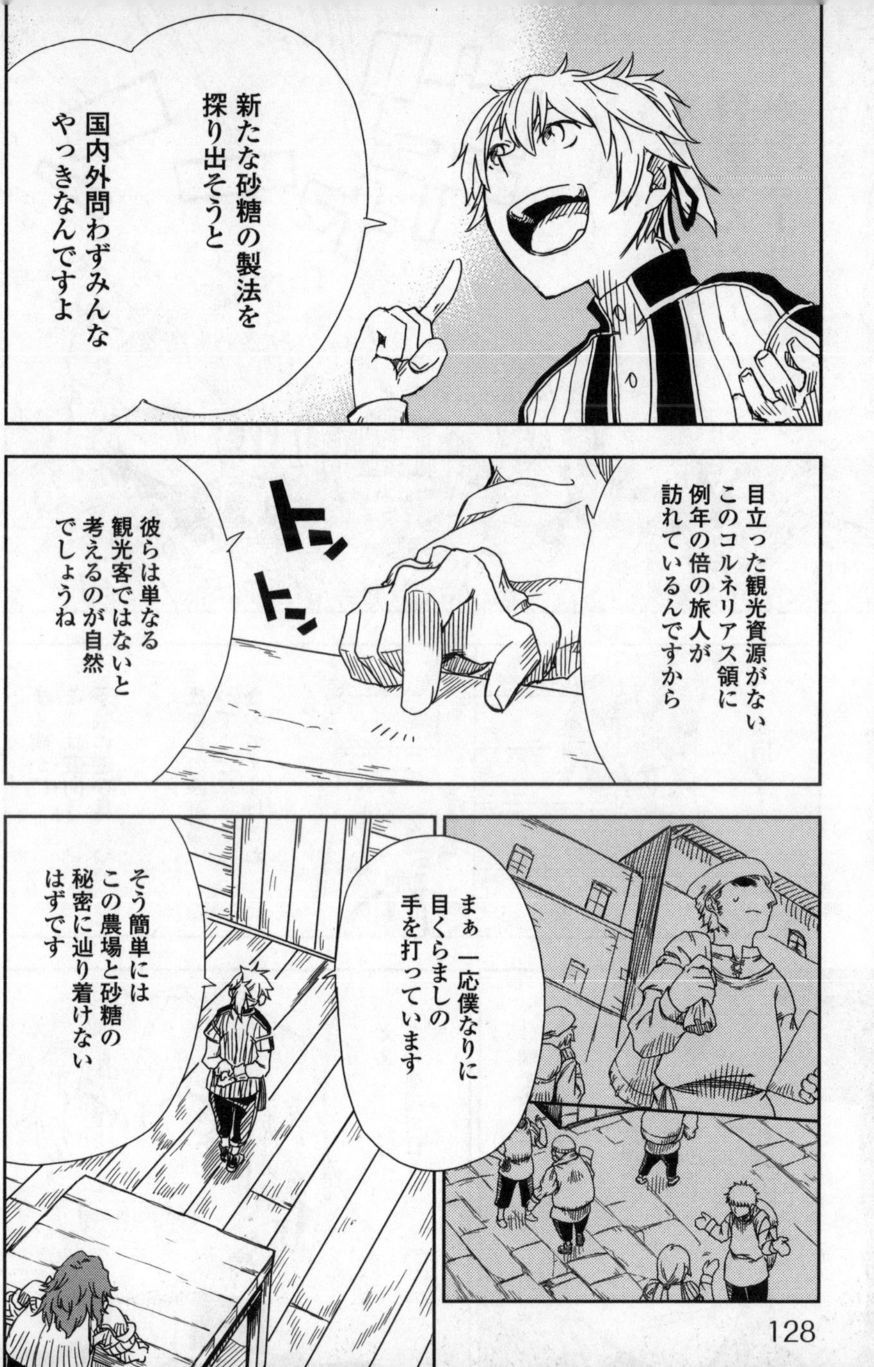
新たな砂糖の製法を探り出そうと国内外問わずみんなやっきなんですよ
目立った観光資源がないこのコルネリアス領に例年の倍の旅人が訪れているんですから
トン
トン
彼らは単なる観光客ではないと考えるのが自然でしょうね
まぁ 一応僕なりに目くらましの手を打っています
そう簡単にはこの農場と砂糖の秘密に辿り着けないはずです

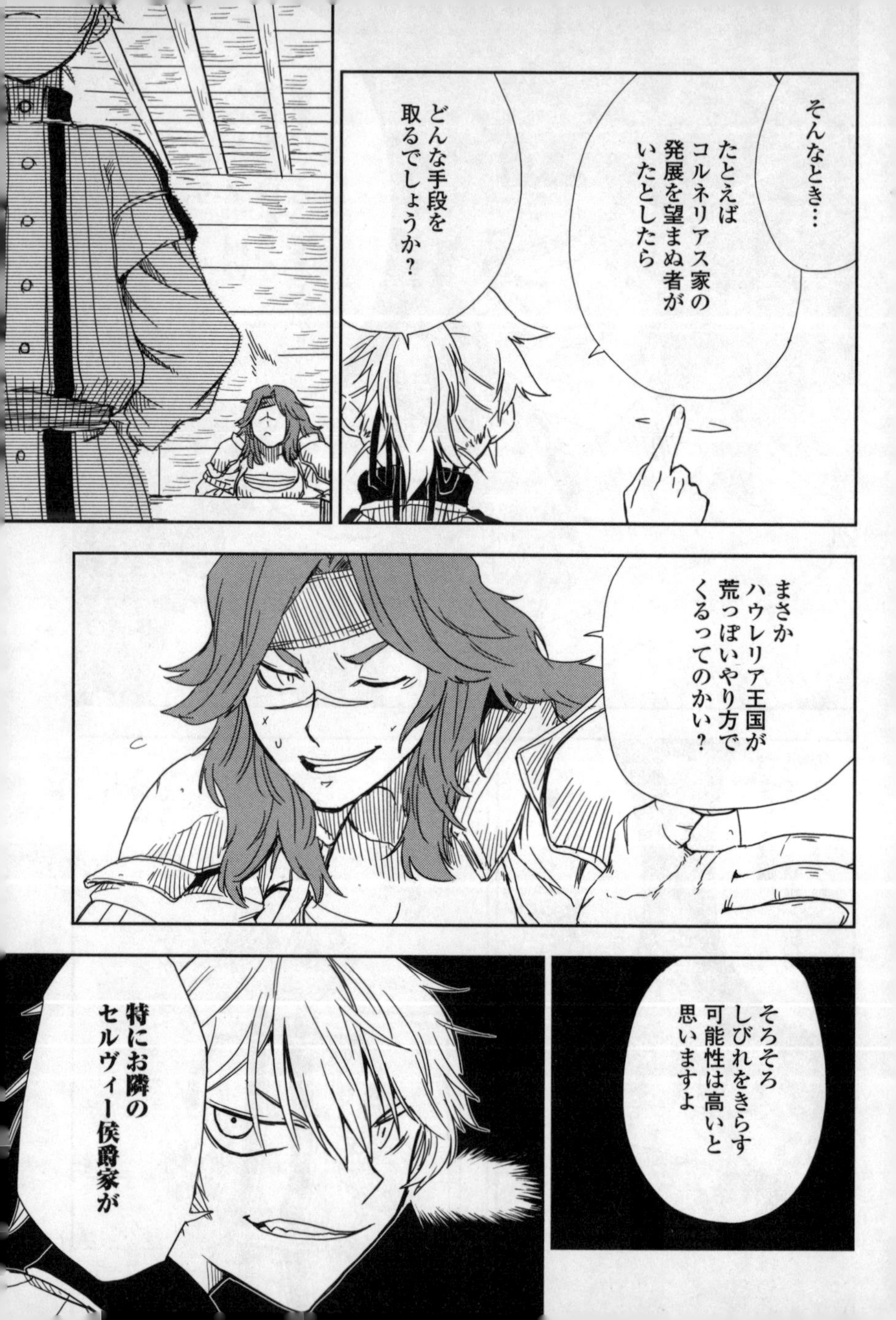
そんなとき…
たとえばコルネリアス家の発展を望まぬ者がいたとしたら
どんな手段を取るでしょうか？
まさかハウレリア王国が荒っぽいやり方でくるってのかい？
そろそろしびれをきらす可能性は高いと思いますよ
特にお隣のセルヴィー侯爵家が

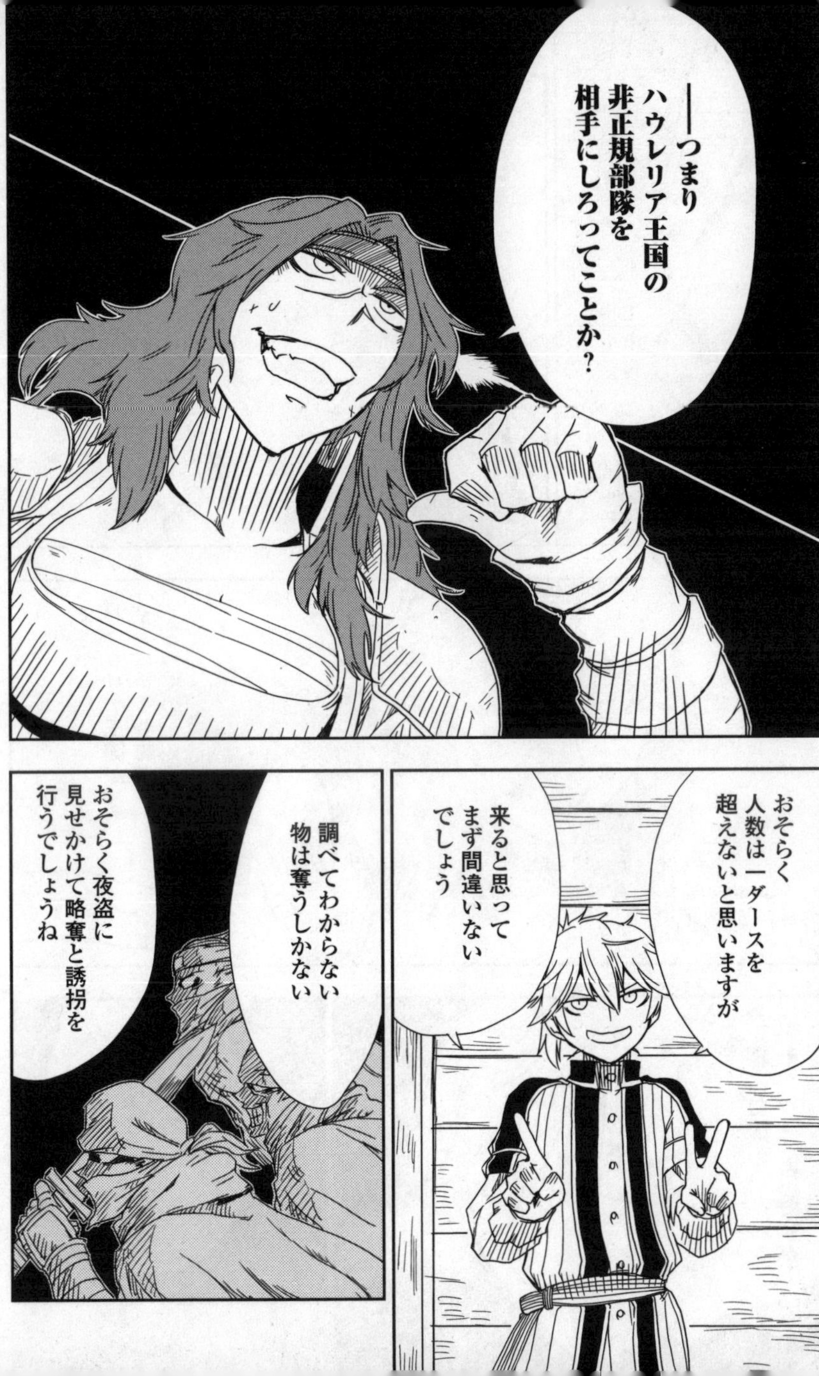

――つまり
ハウレリア王国の
非正規部隊を
相手にしろってことか？
おそらく
人数は一ダースを
超えないと思いますが
来ると思って
まず間違いない
でしょう
調べてわからない
物は奪うしかない
おそらく夜盗に
見せかけて略奪と誘拐を
行うでしょうね

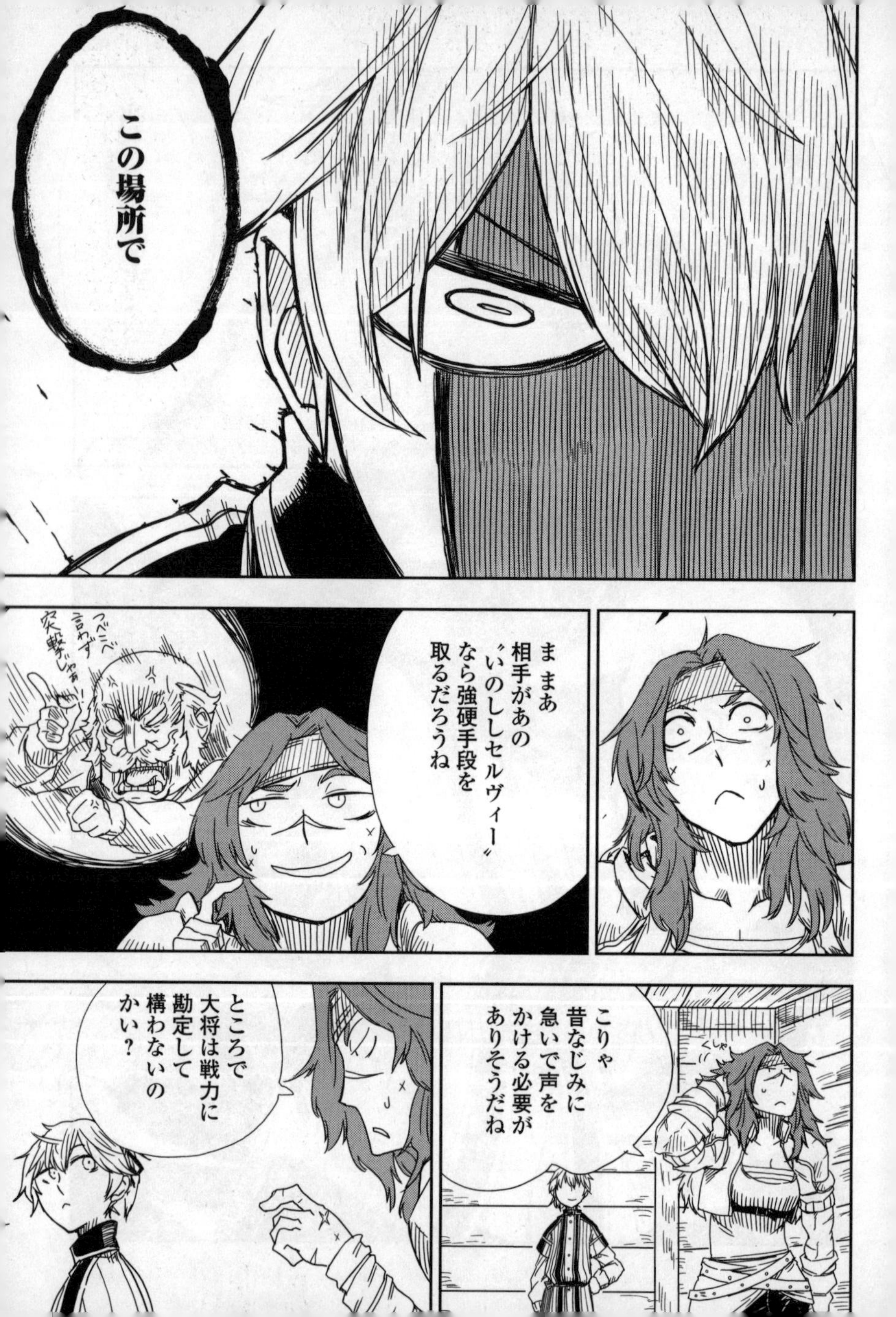
この場所で
ま まあ 相手があの 〃いのししセルヴィー〃 なら強硬手段を 取るだろうね
つべこべ言わず突撃じゃあ!
こりゃ昔なじみに急いで声をかける必要がありそうだね
くしゃ
ところで大将は戦力に勘定して構わないのかい？

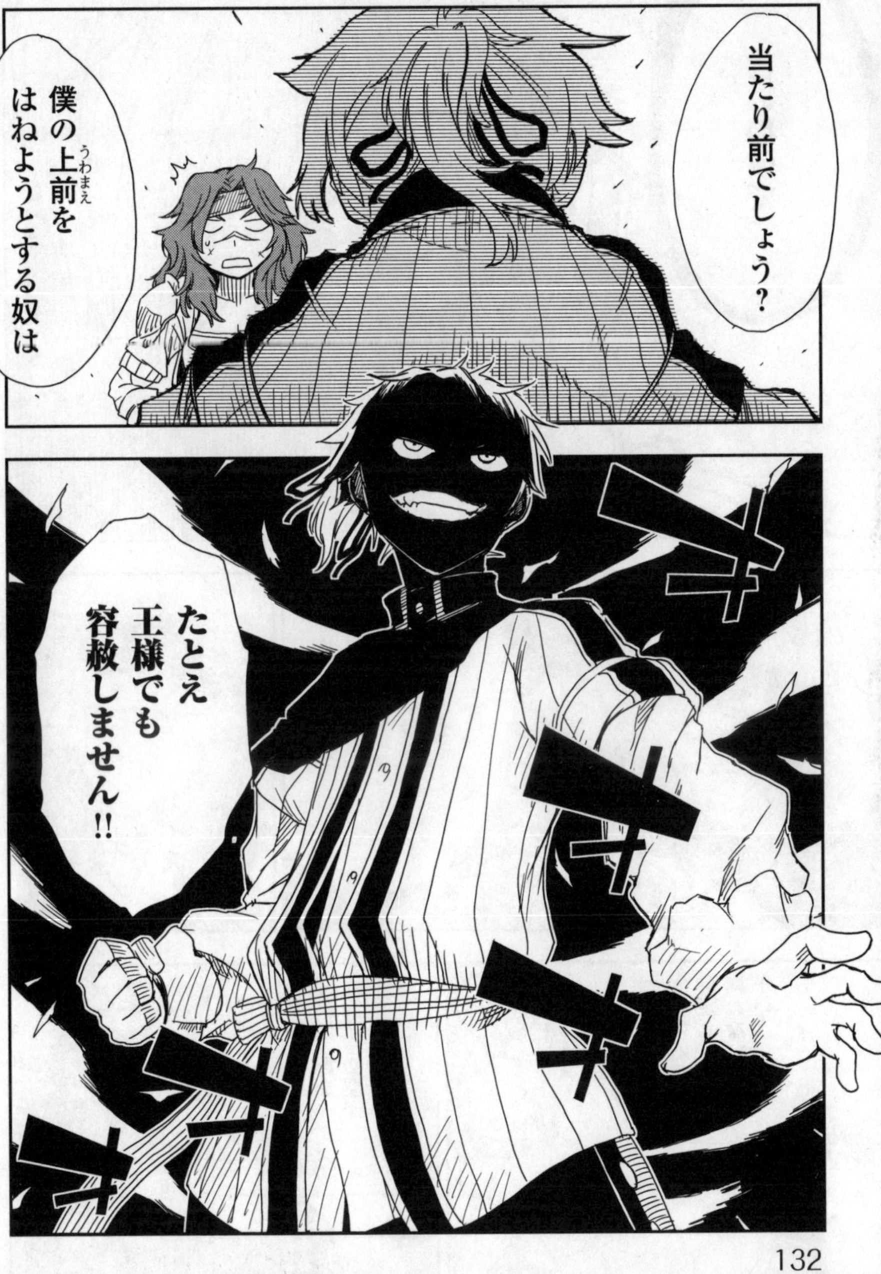
当たり前でしょう？
僕の上前をはねようとする奴は
たとえ王様でも容赦しません!!

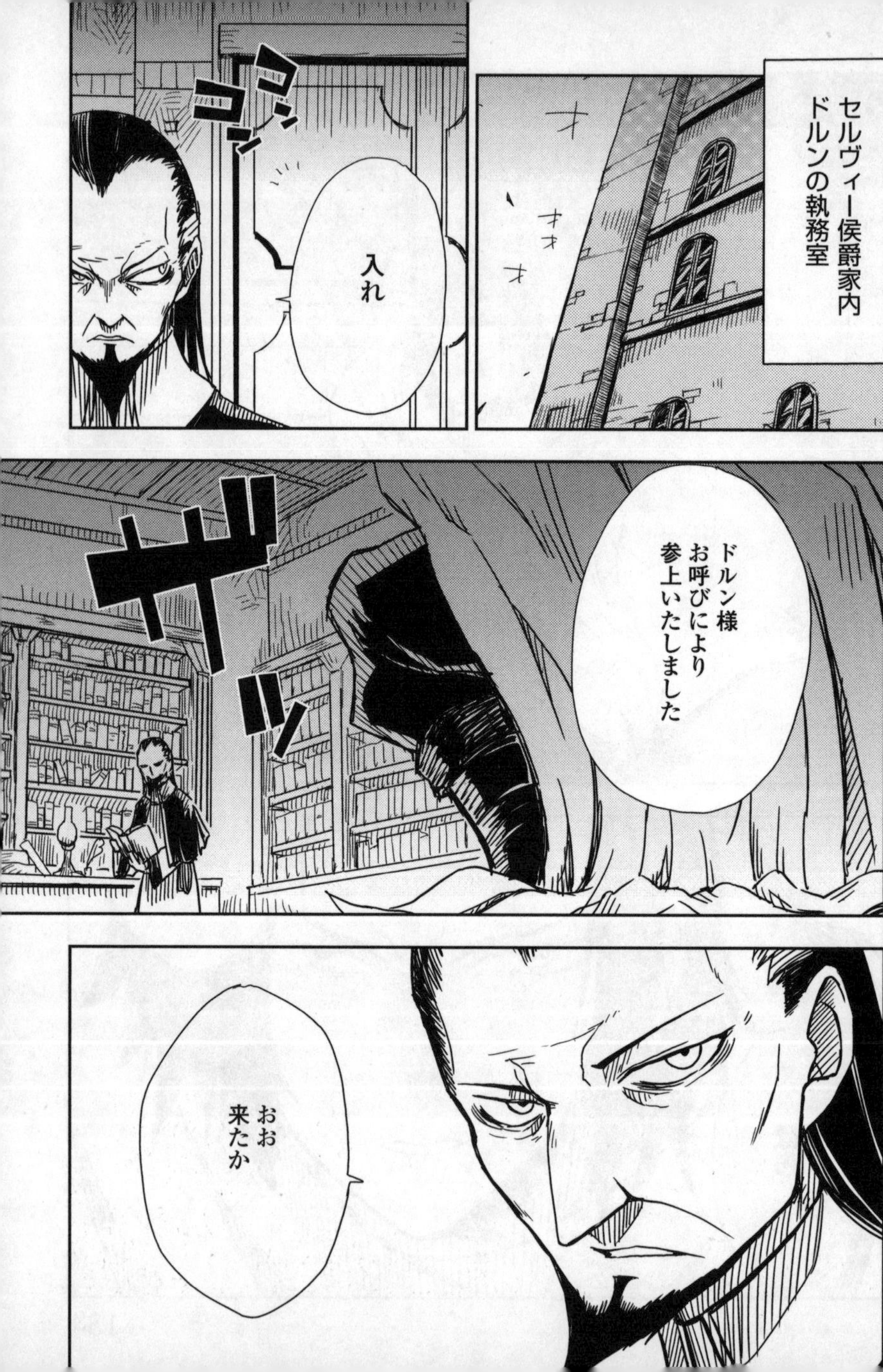
セルヴィー侯爵家内
ドルンの執務室
オオ
オオ
ゴン
ゴン
入れ
ザッ
ドルン様
お呼びにより
参上いたしました
おお
来たか

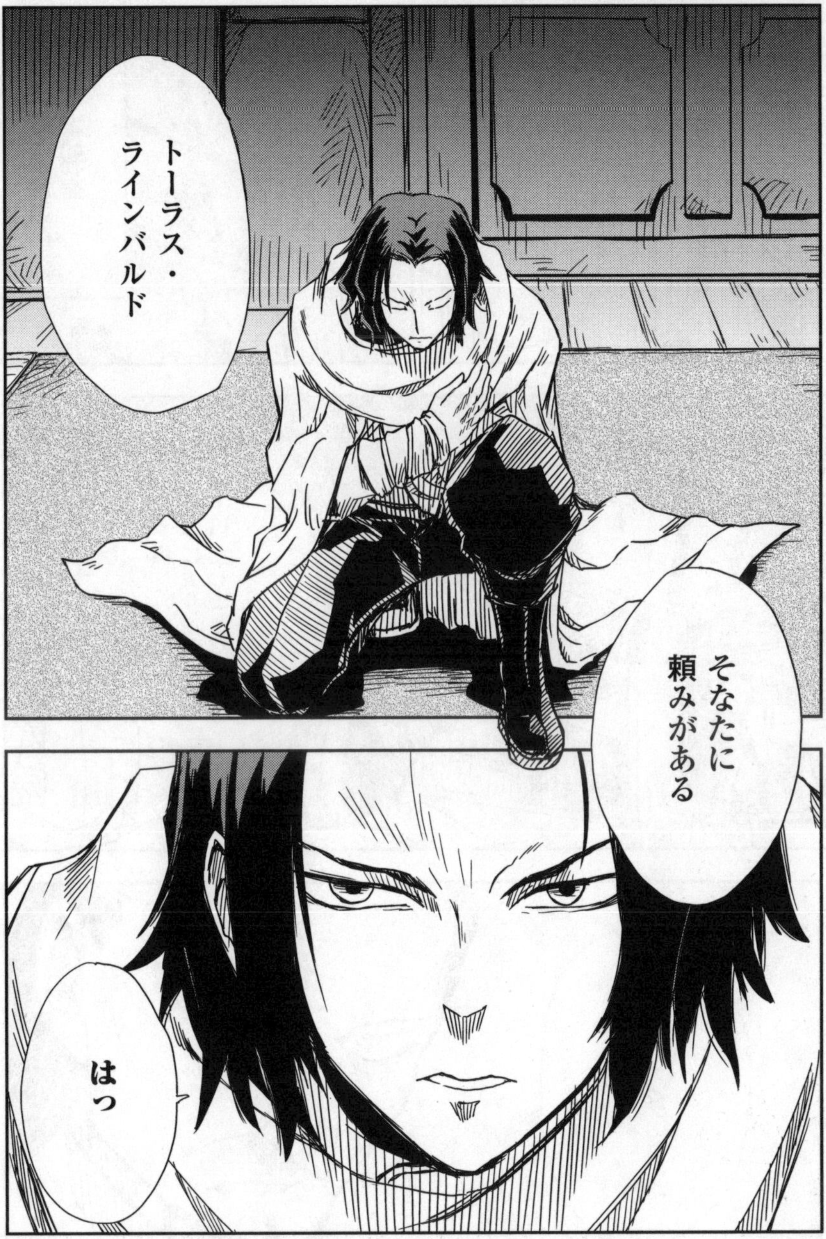
トーラス・
ラインバルド
そなたに
頼みがある
はっ

第7話
東方より来る嵐

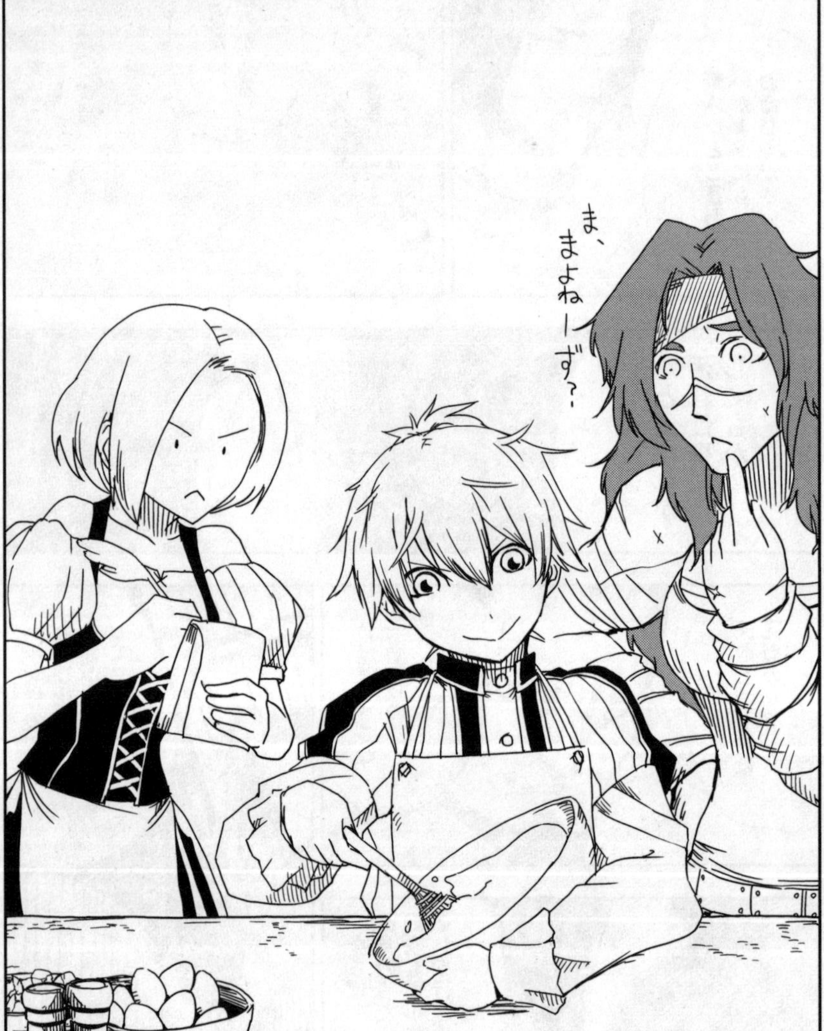

マヨネーズを作るの図

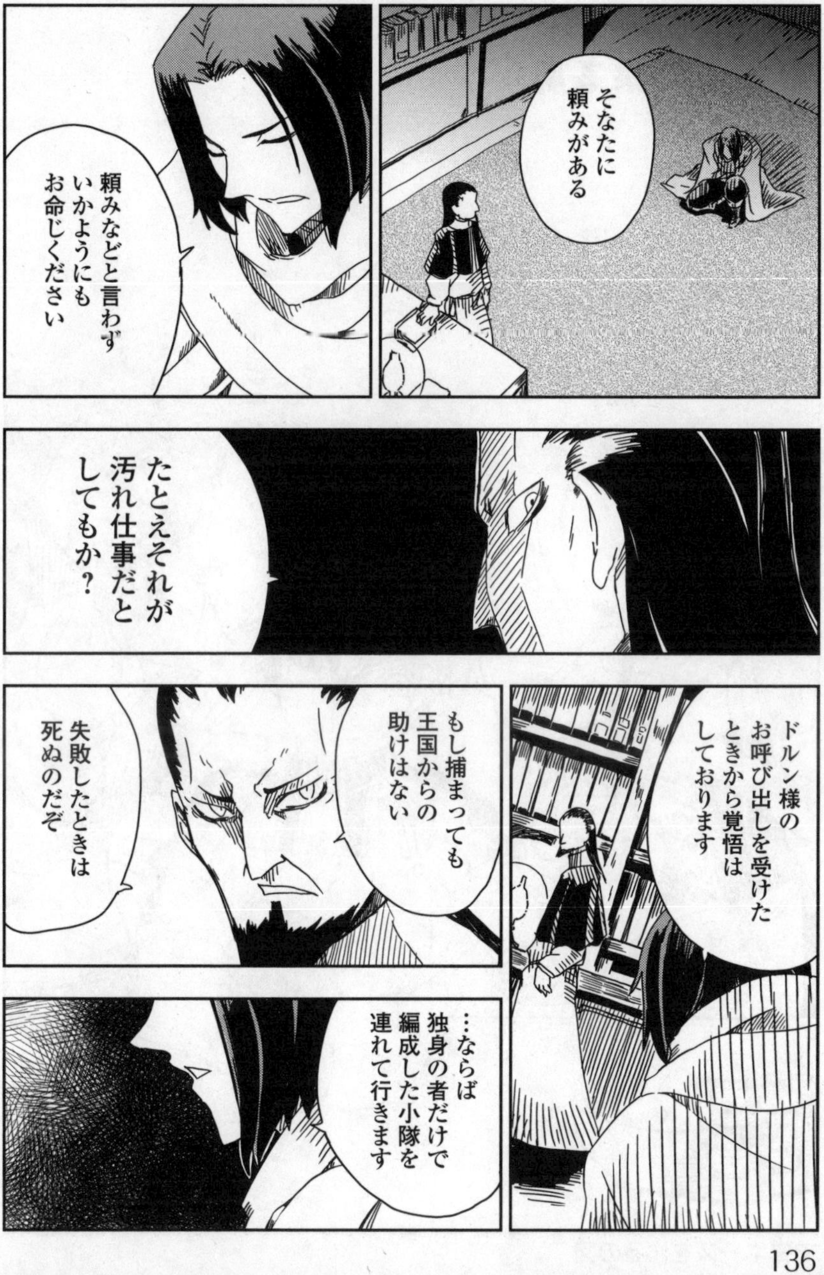
そなたに頼みがある
頼みなどと言わずいかようにもお命じください
たとえそれが汚れ仕事だとしてもか？
ドルン様のお呼び出しを受けたときから覚悟はしております
もし捕まっても王国からの助けはない
失敗したときは死ぬのだぞ
…ならば独身の者だけで編成した小隊を連れて行きます

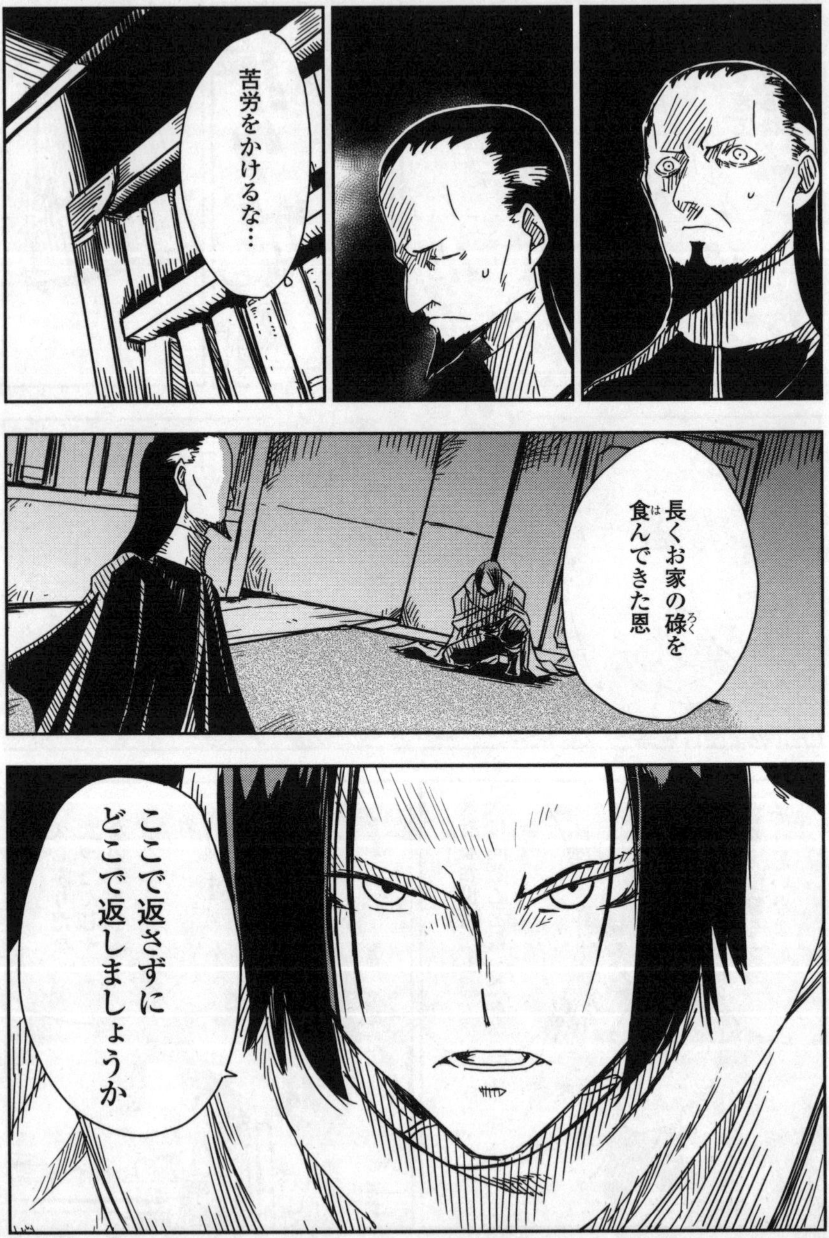
苦労をかけるな…
長くお家の碌を食んできた恩
ここで返さずにどこで返しましょうか

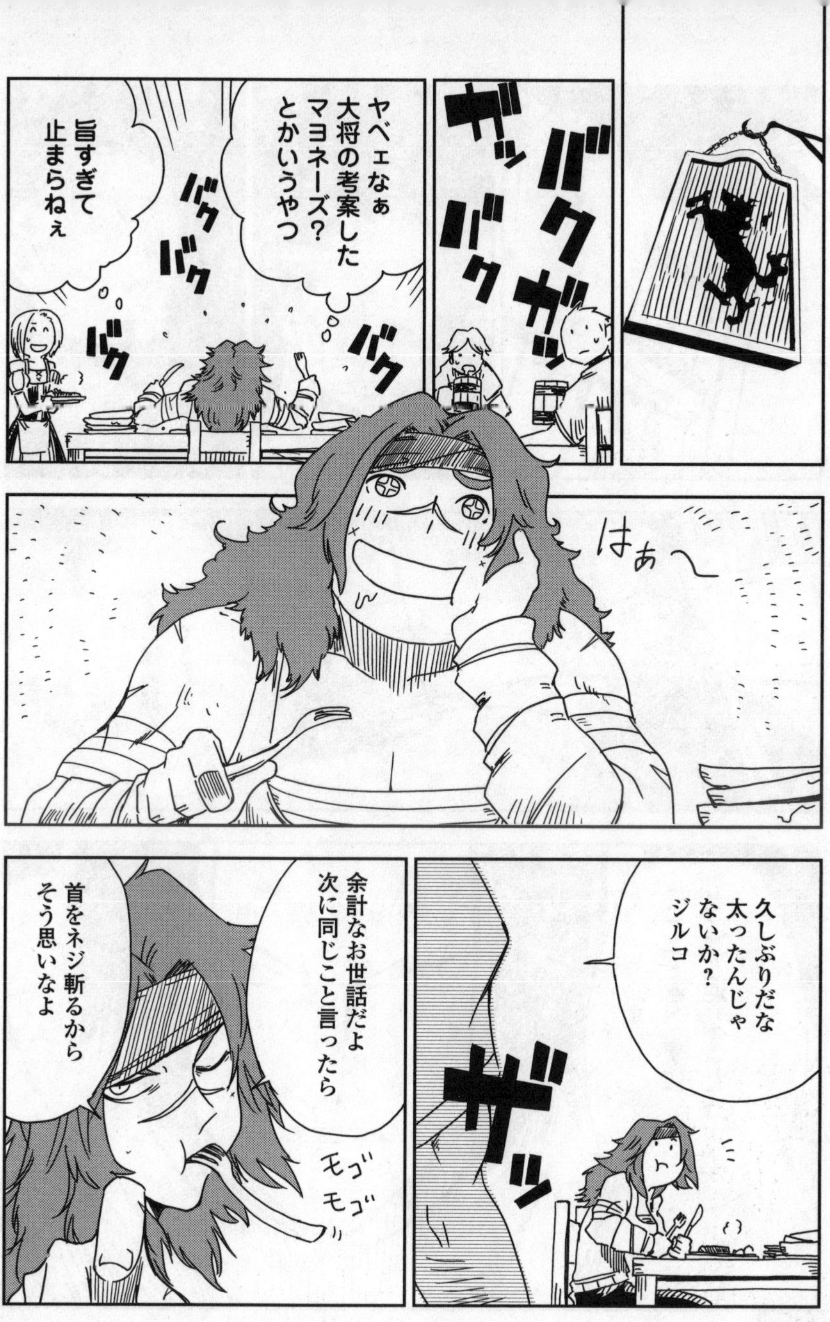
ガッガッ
バクバク
バク
ヤベェなぁ
大将の考案した
マヨネーズ？
とかいうやつ
旨すぎて
止まらねぇ
バクバクバク
はぁ〜
ザッ
久しぶりだな
太ったんじゃ
ないか？
ジルコ
余計なお世話だよ
次に同じこと言ったら
首をネジ斬るから
そう思いなよ
モゴモゴ

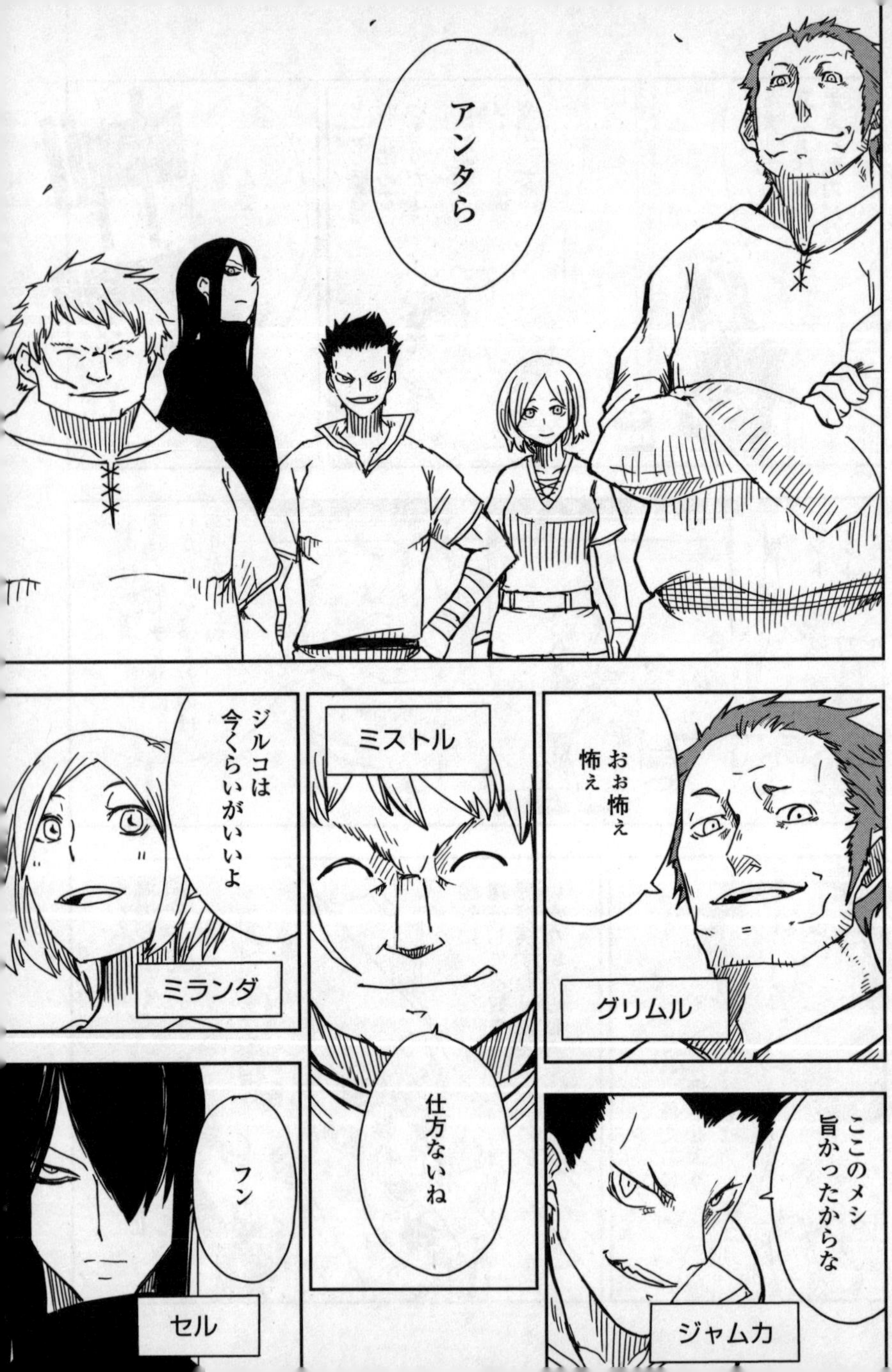
アンタら
おぉ怖ぇ
怖ぇ
グリムル
ミストル
仕方ないね
ジルコは
今くらいがいいよ
ミランダ
ここのメシ
旨かったからな
ジャムカ
フン
セル

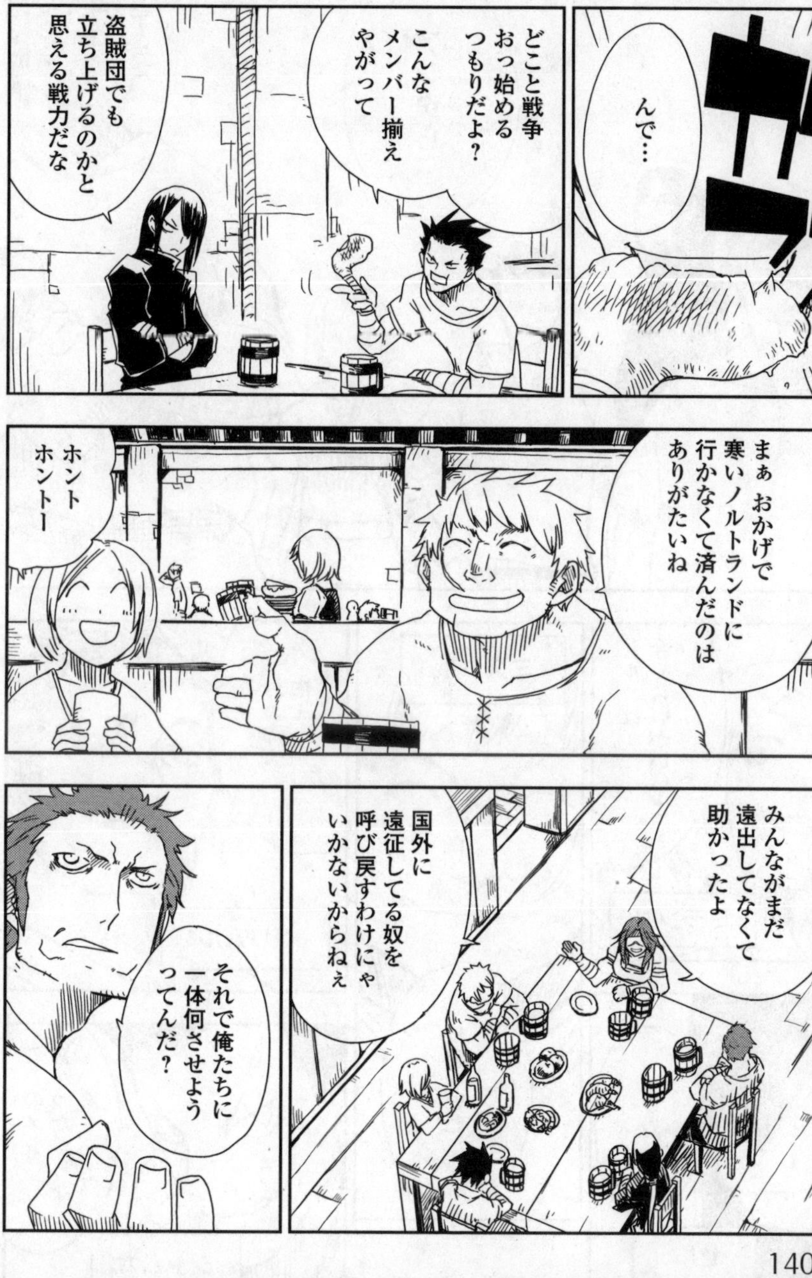
ガブ
んで…
どこと戦争おっ始めるつもりだよ？
こんなメンバー揃えやがって
盗賊団でも立ち上げるのかと思える戦力だな
まぁ おかげで寒いノルトランドに行かなくて済んだのはありがたいね
ホントホントー
みんながまだ遠出してなくて助かったよ
国外に遠征してる奴を呼び戻すわけにゃいかないからねぇ
それで俺たちに一体何させようってんだ？

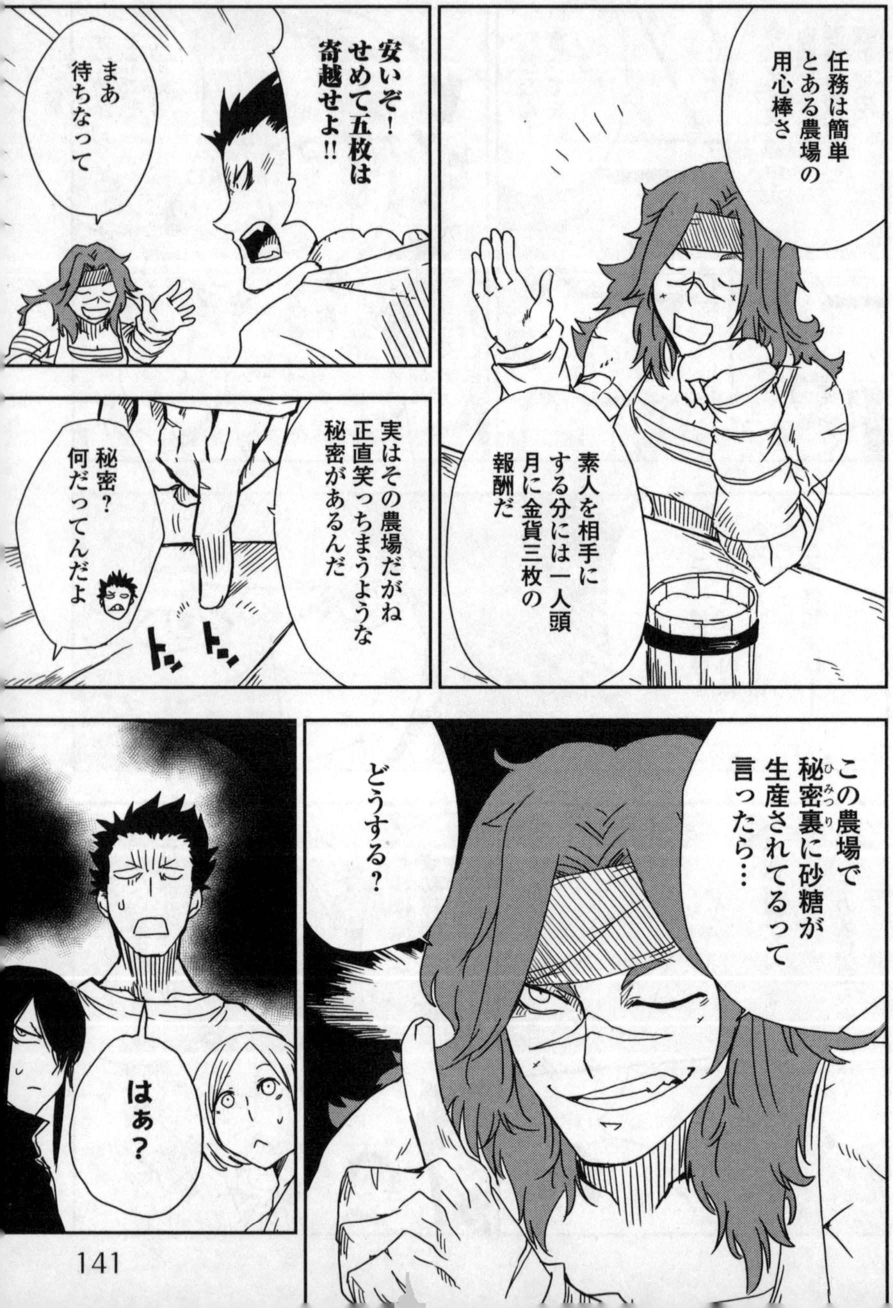

任務は簡単
とある農場の
用心棒さ
素人を相手に
する分には一人頭
月に金貨三枚の
報酬だ
安いぞ！
せめて五枚は
寄越せよ!!
まあ
待ちなって
実はその農場だがね
正直笑っちまうような
秘密があるんだ
秘密？
何だってんだよ
トッ
トッ
この農場で
秘密裏に砂糖が
生産されてるって
言ったら…
どうする？
はぁ？

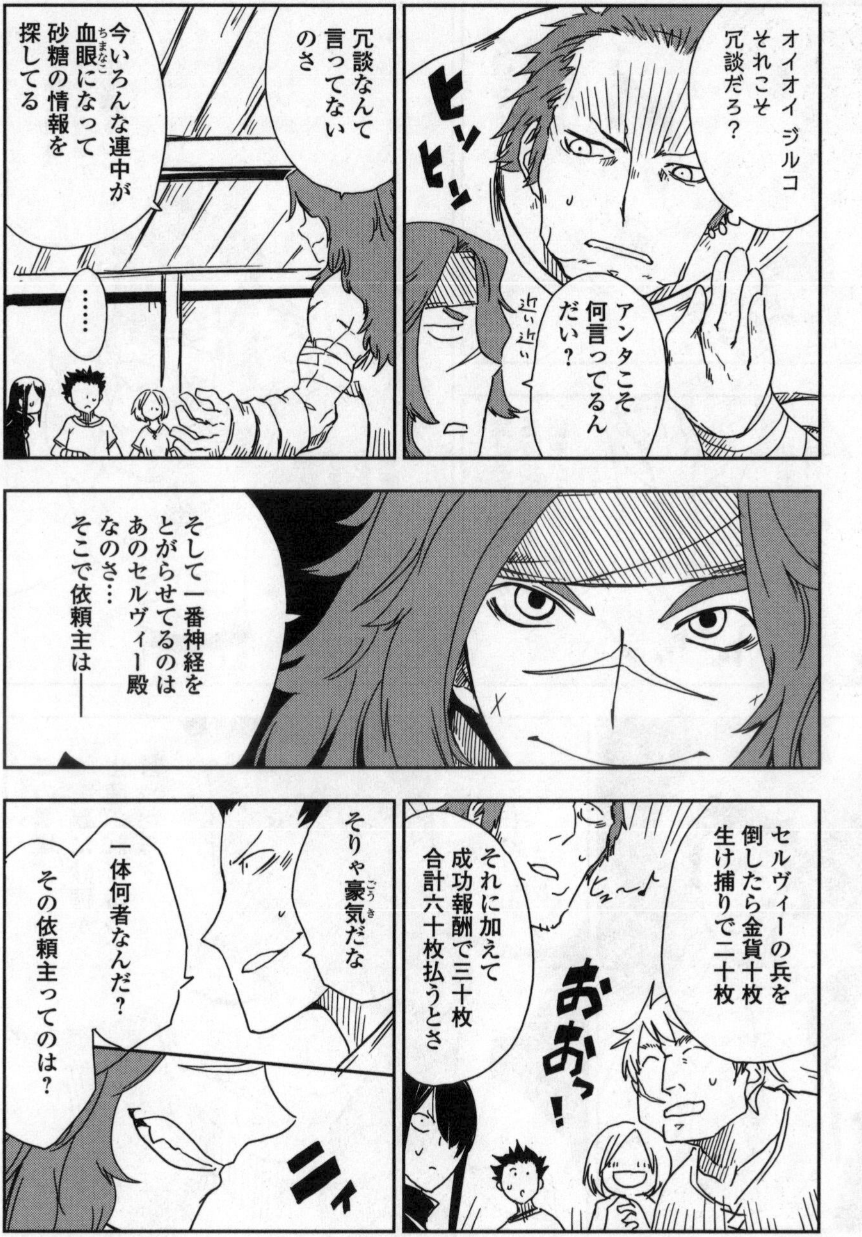
オイオイ ジルコ
それこそ
冗談だろ？
ヒッヒッ
アンタこそ
何言ってるん
だい？
近い近い
冗談なんて
言ってない
のさ
今いろんな連中が
血眼になって
砂糖の情報を
探してる
……
そして一番神経を
とがらせてるのは
あのセルヴィー殿
なのさ…
そこで依頼主は——
セルヴィーの兵を
倒したら金貨十枚
生け捕りで二十枚
それに加えて
成功報酬で三十枚
合計六十枚払うとさ
ヒュ～♪
おおっ！
そりゃ豪気だな
一体何者なんだ？
その依頼主ってのは？
ニィ

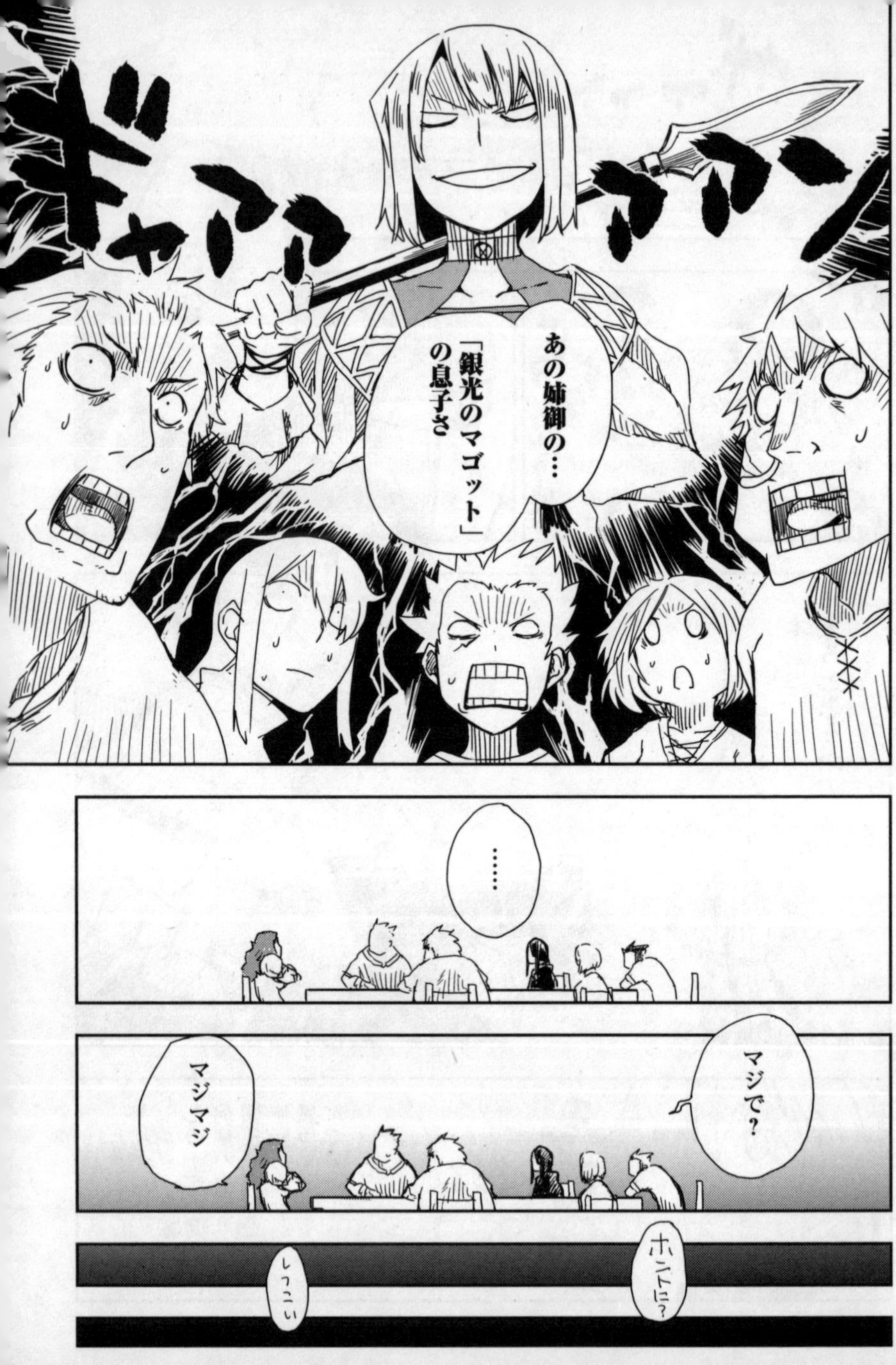
あの姉御の…「銀光のマゴット」の息子さ
……
マジで？
マジマジ
ホントに？
しつこい

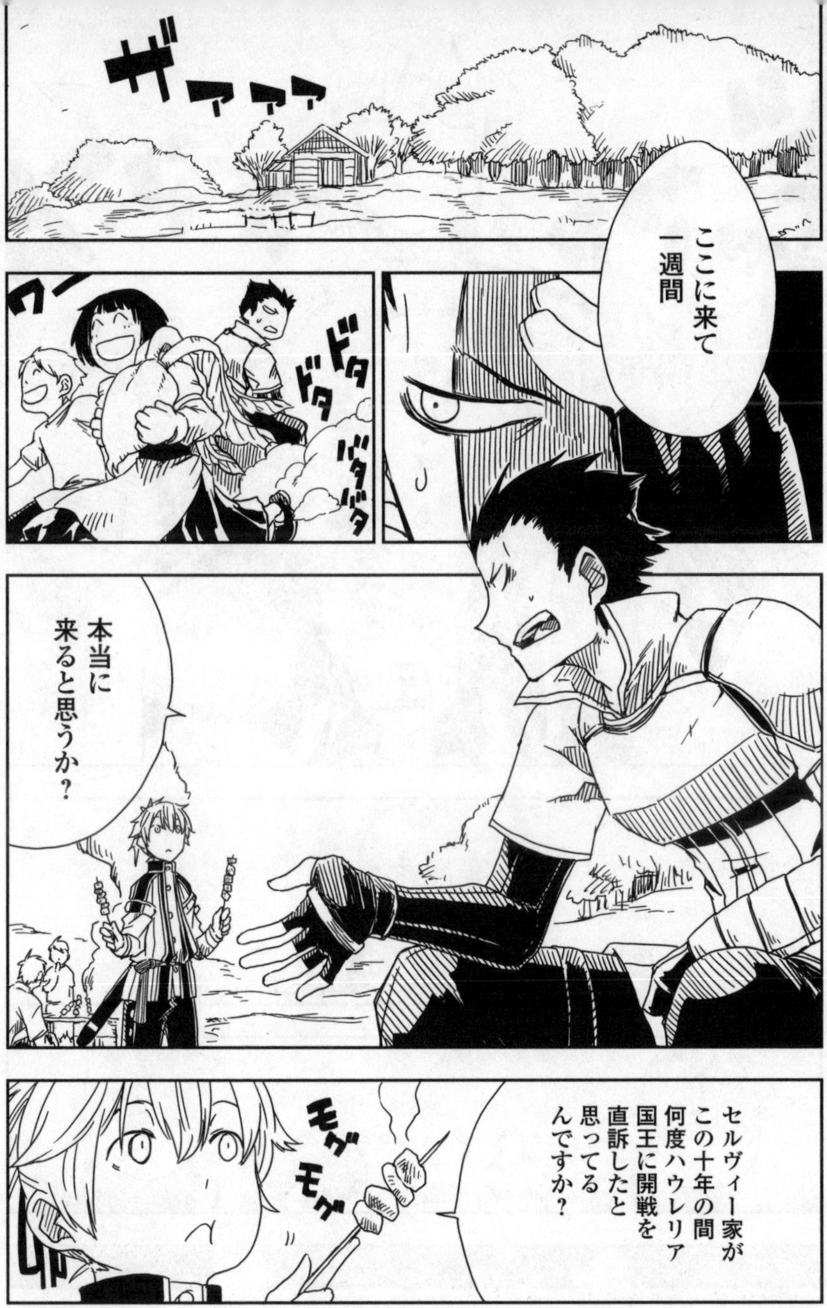
ザァァァ
ここに来て
一週間
ワー
ドタ
ドタ
バタバタ
本当に
来ると思うか？
セルヴィー家が
この十年の間
何度ハウレリア
国王に開戦を
直訴したと
思ってる
んですか？
モグ
モグ

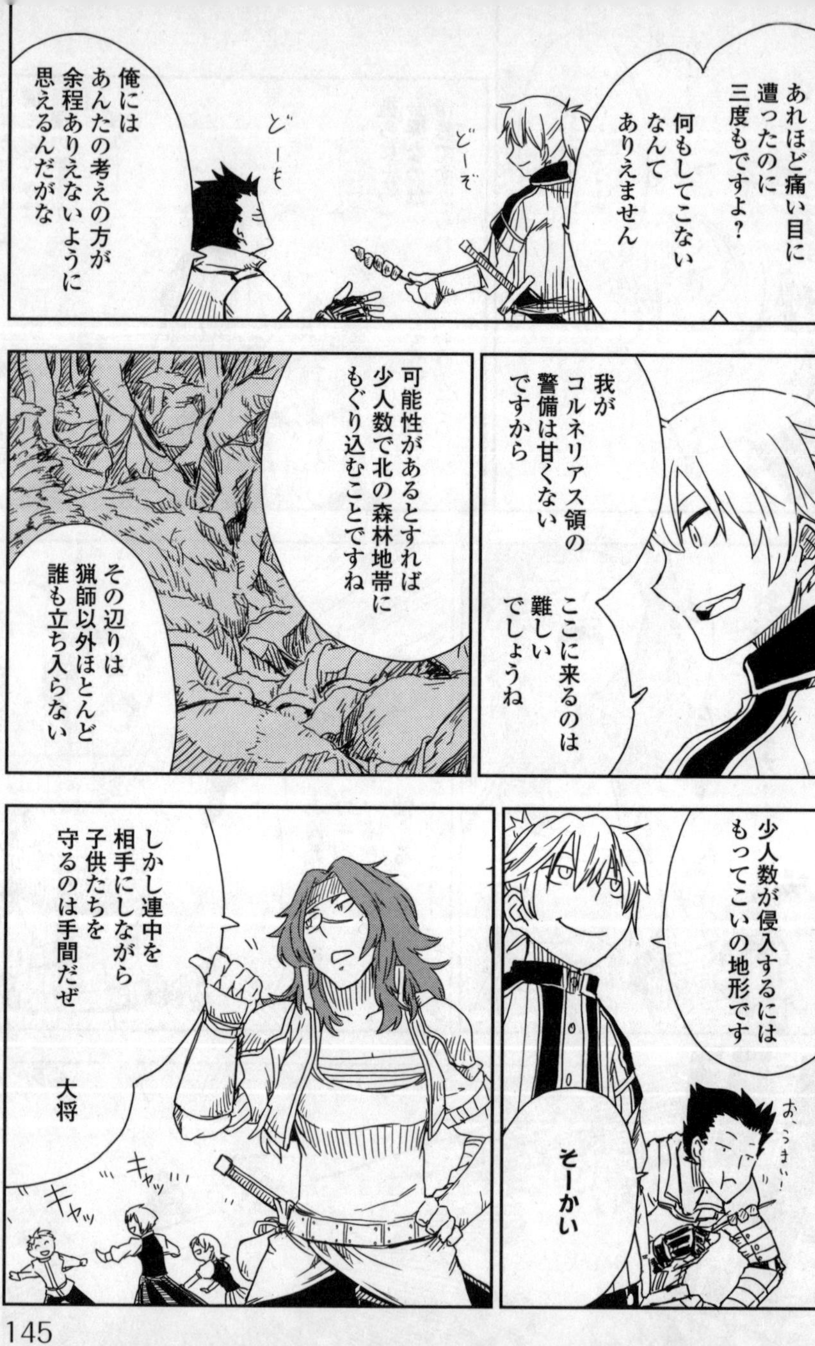
あれほど痛い目に遭ったのに三度もですよ？
何もしてこないなんてありえません
どーぞ
どーも
俺にはあんたの考えの方が余程ありえないように思えるんだがな
我がコルネリアス領の警備は甘くないですから
ここに来るのは難しいでしょうね
可能性があるとすれば少人数で北の森林地帯にもぐり込むことですね
その辺りは猟師以外ほとんど誰も立ち入らない
少人数が侵入するにはもってこいの地形です
お、うまい！
そーかい
しかし連中を相手にしながら子供たちを守るのは手間だぜ
大将
キャッ
キャッ

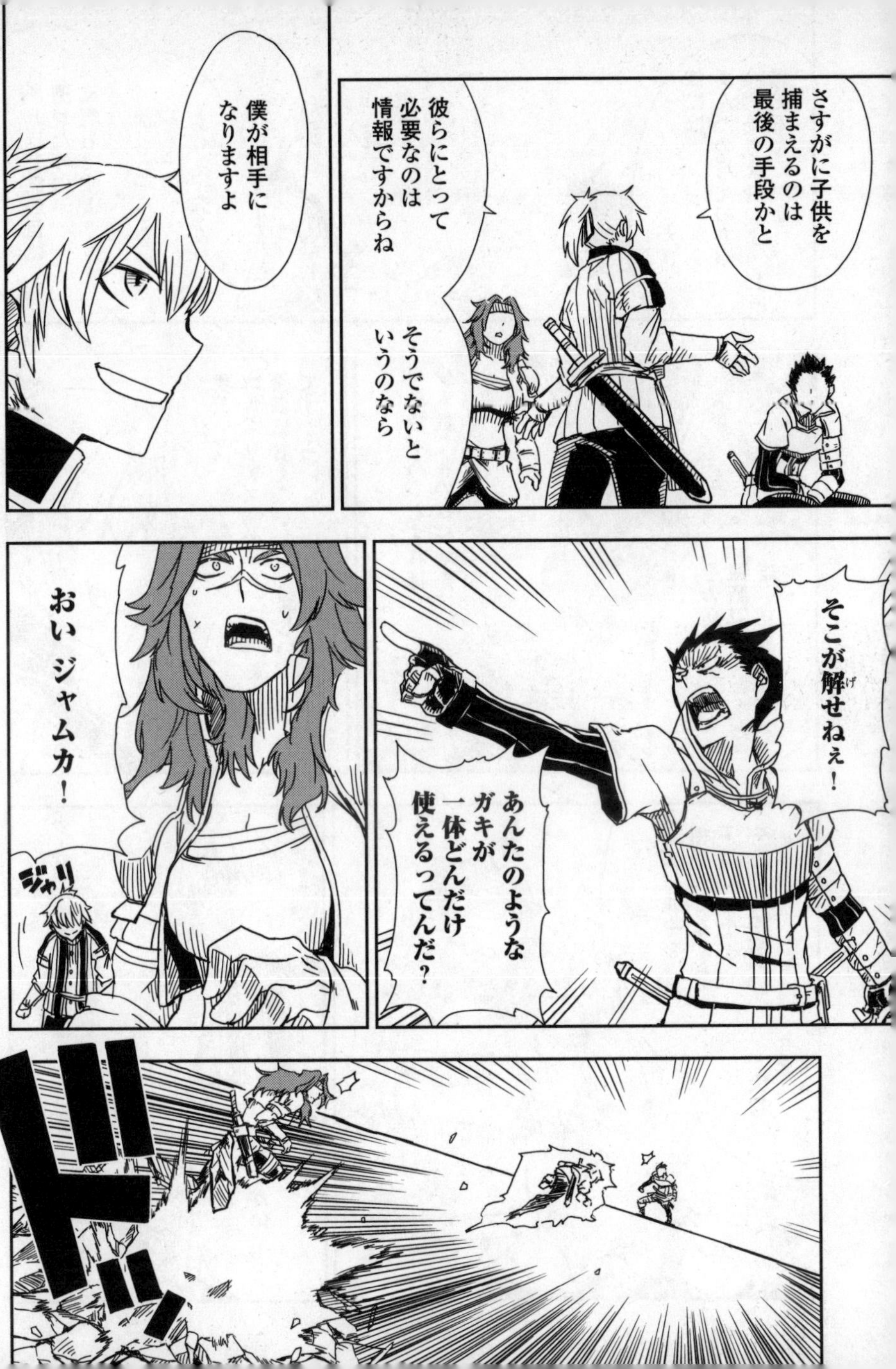
さすがに子供を捕まえるのは最後の手段かと
彼らにとって必要なのは情報ですからね
そうでないというのなら
僕が相手になりますよ
そこが解せねぇ！
あんたのようなガキが一体どんだけ使えるってんだ？
おい ジャムカ！
ジャリ
ド
ド

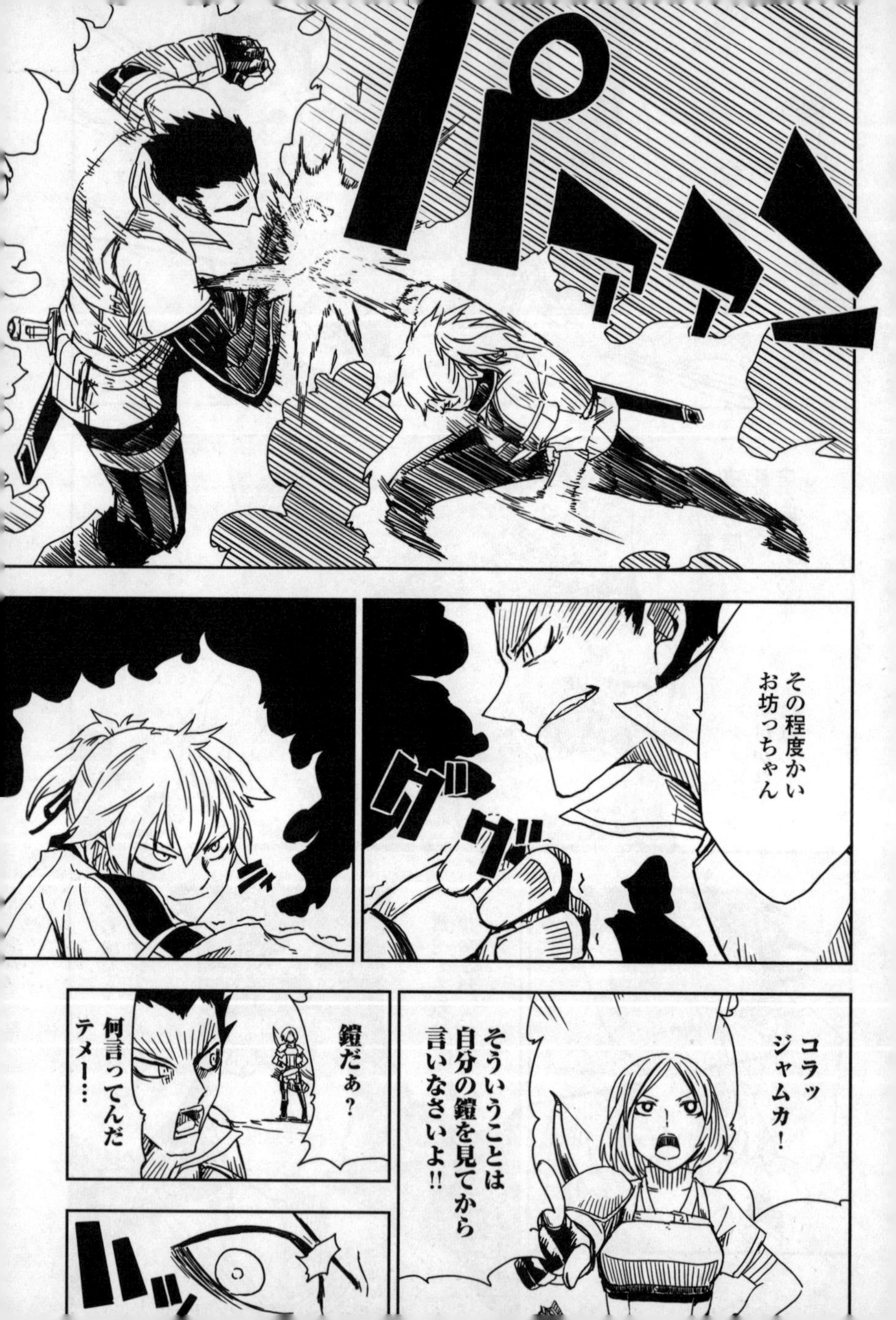
パァァァン
その程度かい
お坊っちゃん
ググ
ニィ
コラッ
ジャムカ！
そういうことは
自分の鎧を見てから
言いなさいよ!!
鎧だぁ？
何言ってんだ
テメー…

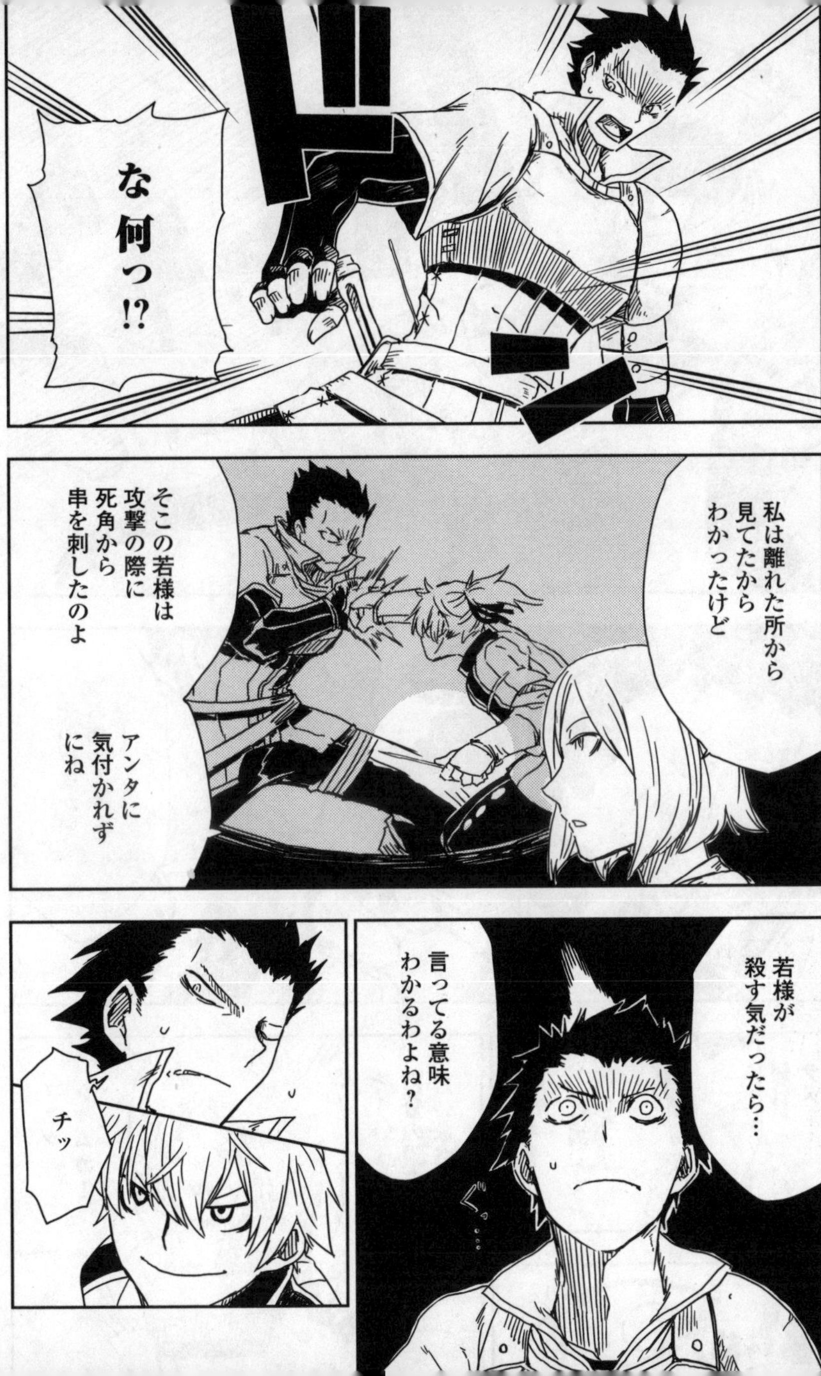

ド
な何っ!?
私は離れた所から見てたからわかったけど
そこの若様は攻撃の際に死角から串を刺したのよ
アンタに気付かれずにね
若様が殺す気だったら…
言ってる意味わかるわよね？
チッ

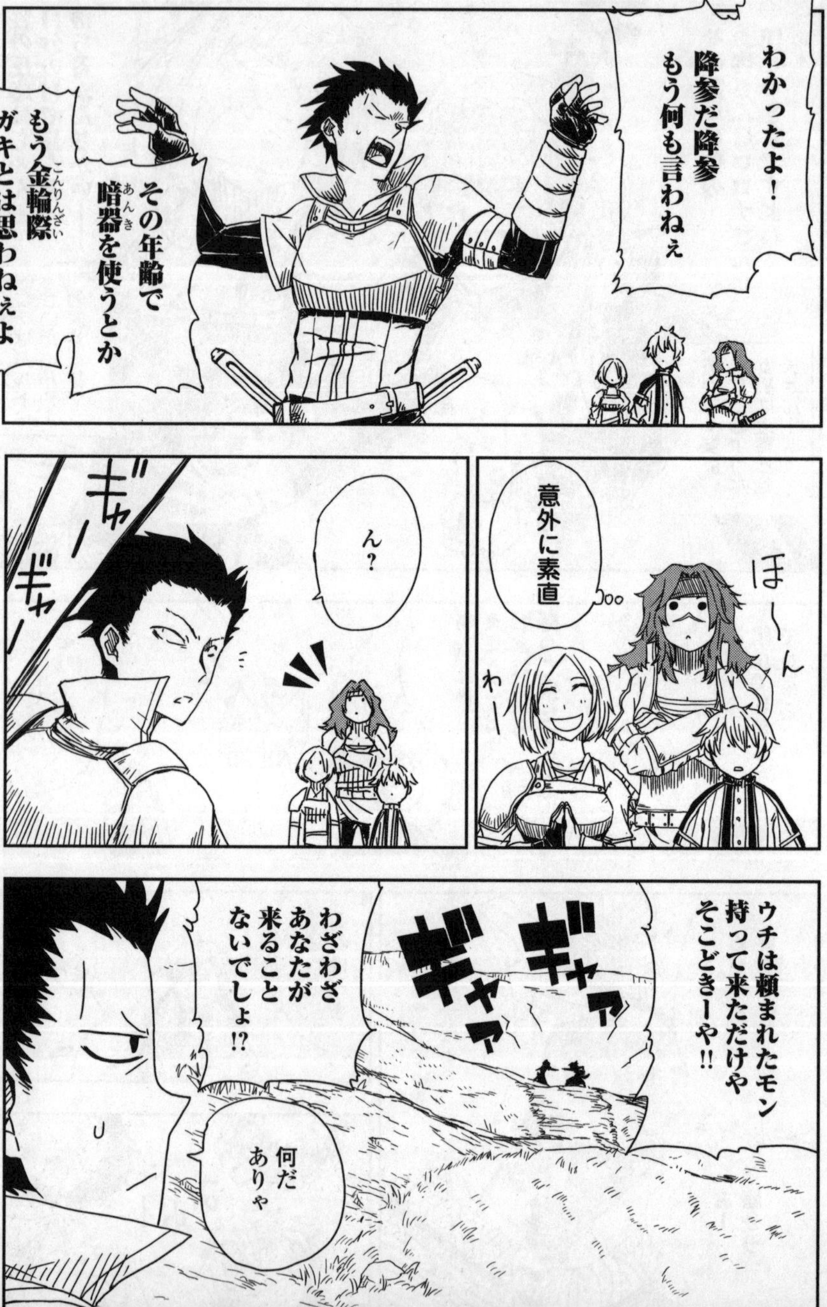

わかったよ！
降参だ降参
もう何も言わねぇ
その年齢で
暗器を使うとか
もう金輪際
ガキとは思わねぇよ
意外に素直
ほ〜ん
わ〜
ん？
ギャー
ギャー
ウチは頼まれたモン
持って来ただけや
そこどきーや!!
ギャア
ギャア
わざわざ
あなたが
来ること
ないでしょ!?
何だ
ありゃ

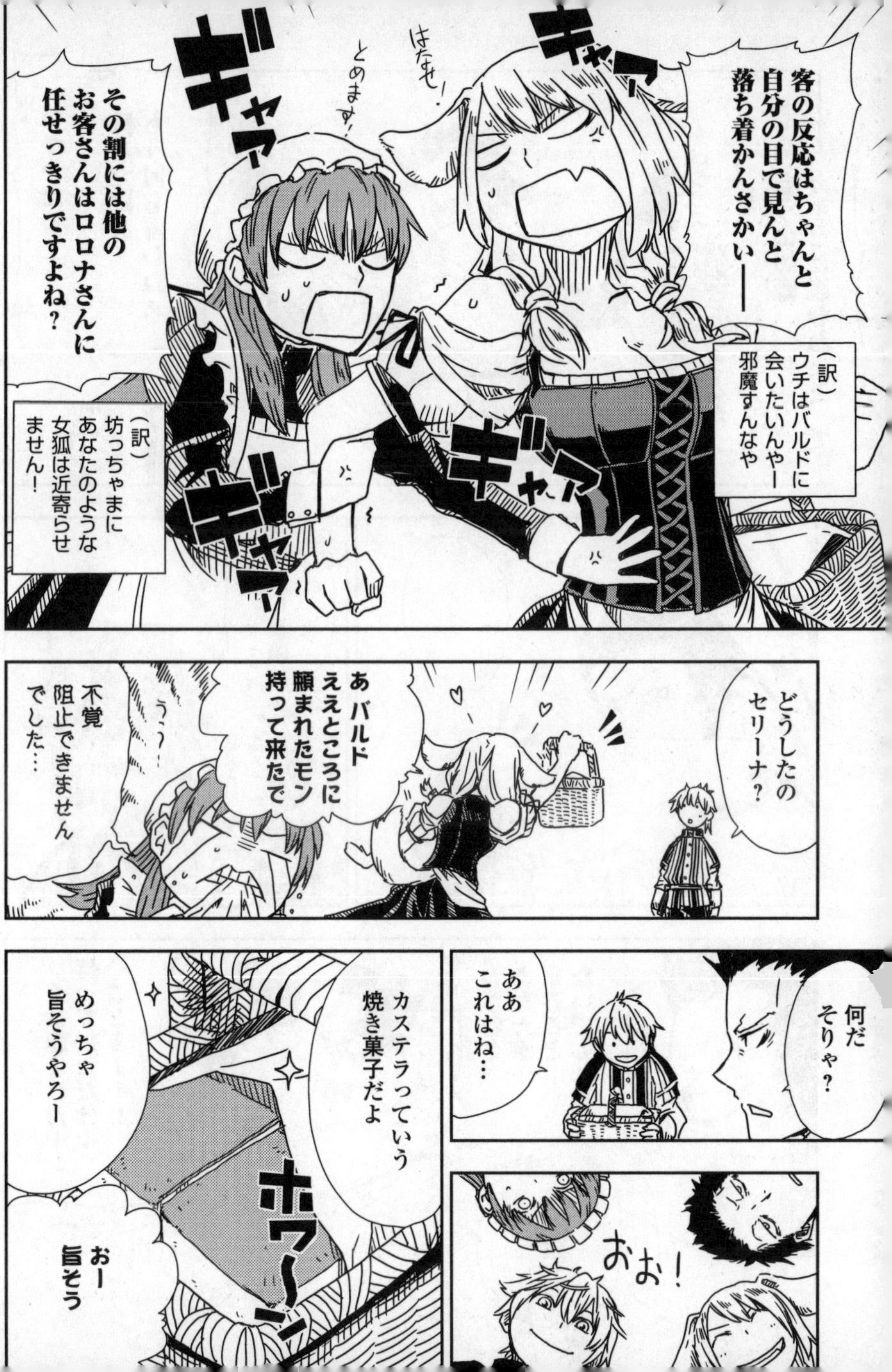

ギャアー
客の反応はちゃんと
自分の目で見んと
落ち着かんさかいー
(訳)
ウチはバルドに
会いたいんやー
邪魔すんなや
はなせ！
とめます！
ギャア
ギャア
その割には他の
お客さんはロロナさんに
任せっきりですよね？
(訳)
坊っちゃまに
あなたのような
女狐は近寄らせ
ません！
ギャア
ギャア
どうしたの
セリーナ？
あ バルド
ええところに
頼まれたモン
持って来たで
うう…
不覚
阻止できません
でした…
何だ
そりゃ？
ああ
これはね…
カステラっていう
焼き菓子だよ
めっちゃ
旨そうやろー
ホワ〜ン
おお！
おー
旨そう

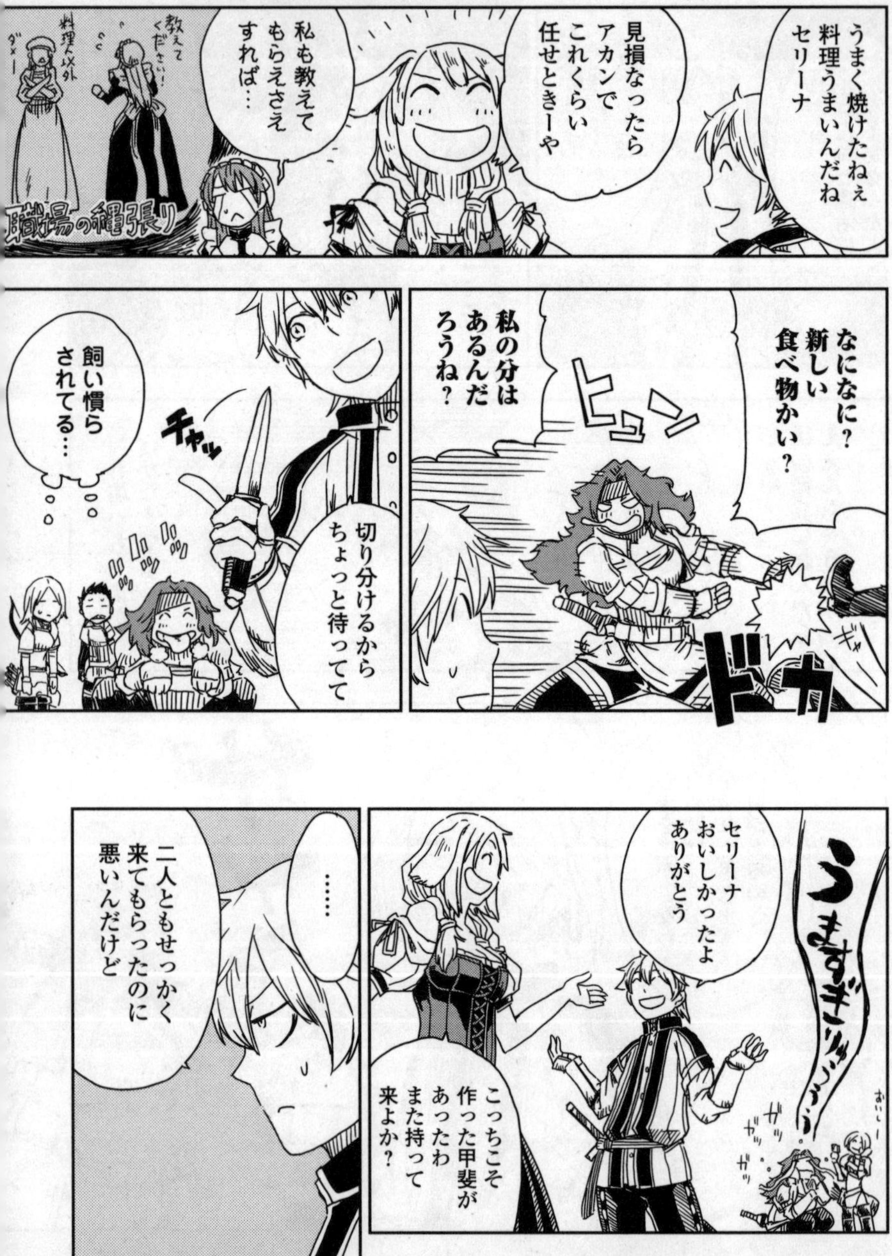
うまく焼けたねぇ 料理うまいんだね セリーナ
見損なったら アカンで これくらい 任せときーや
私も教えて もらえさえ すれば…
教えてください!
料理人以外ダメー
職場の縄張り
なになに? 新しい 食べ物かい?
私の分は あるんだろうね?
ヒュン
ギャ
ドカ
切り分けるから ちょっと待ってて
チャッ
飼い慣らされてる…
うますぎりゅううう!
セリーナ おいしかったよ ありがとう
おいしー
ガツ
ガツ
ガツ
こっちこそ 作った甲斐が あったわ また持って 来よか?
……
二人ともせっかく 来てもらったのに 悪いんだけど

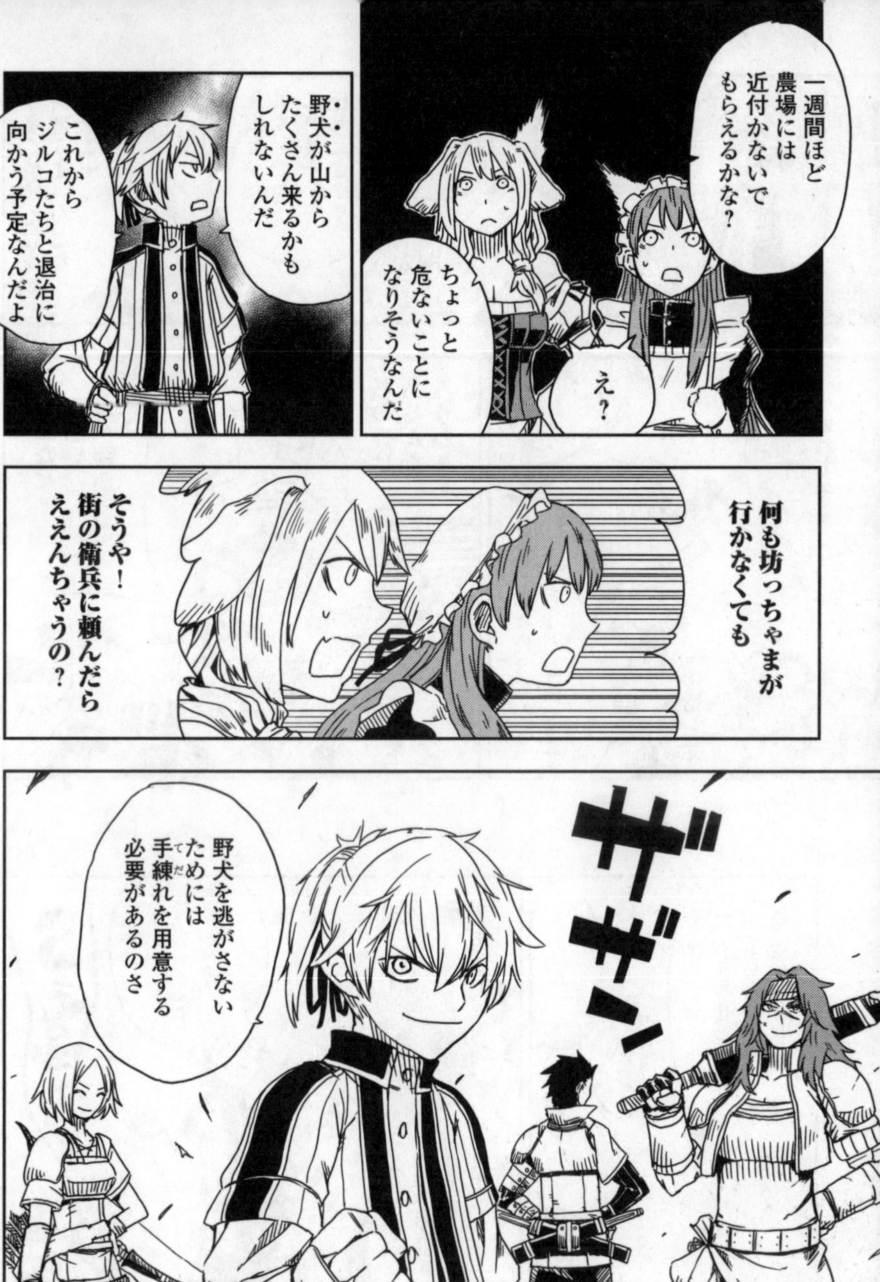
一週間ほど農場には近付かないでもらえるかな？
え？
ちょっと危ないことになりそうなんだ
野・・野犬が山からたくさん来るかもしれないんだ
これからジルコたちと退治に向かう予定なんだよ
何も坊っちゃまが行かなくても
そうや！街の衛兵に頼んだらええんちゃうの？
ザザン
野犬を逃がさないためには手練れを用意する必要があるのさ

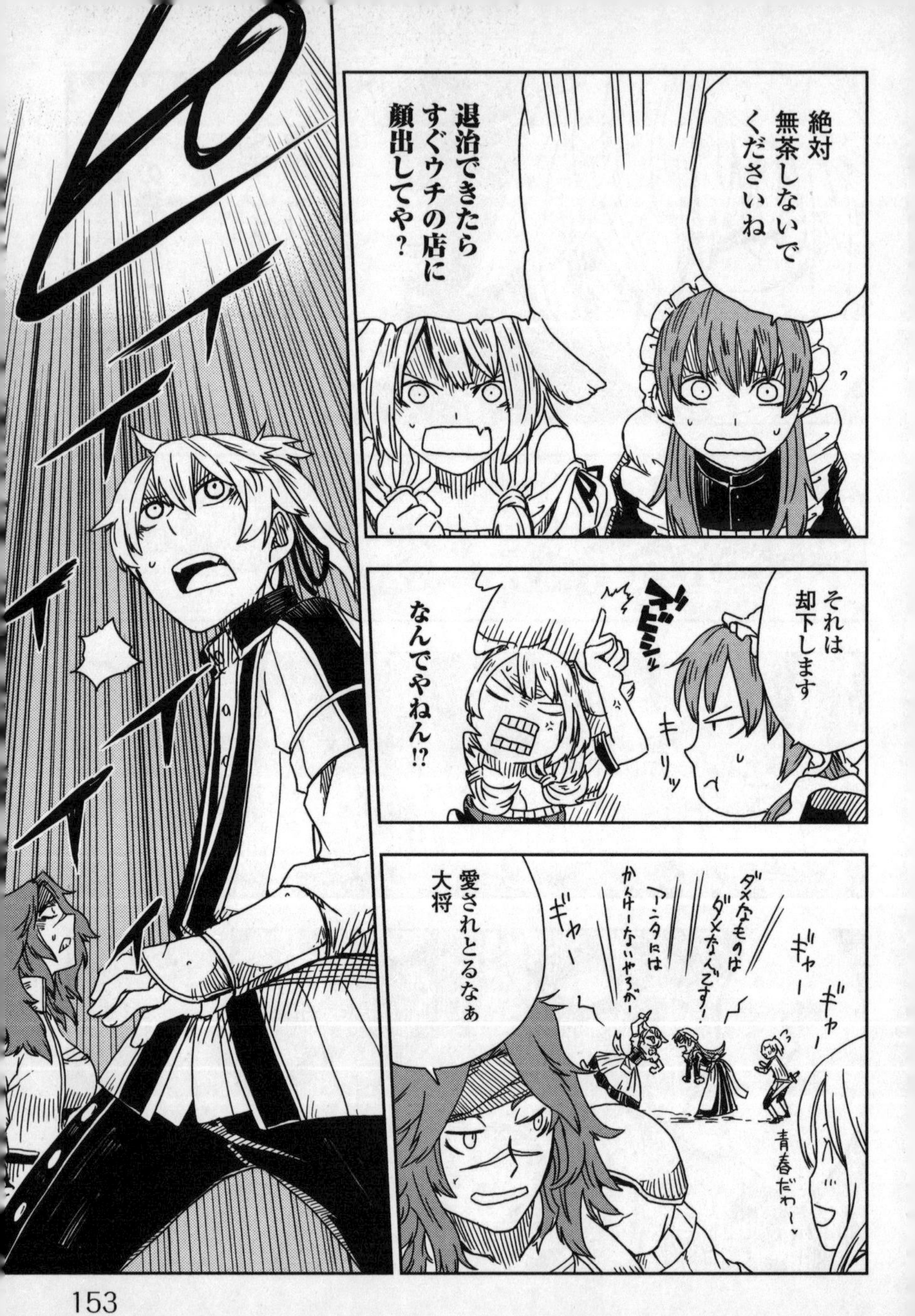

絶対無茶しないでくださいね
退治できたらすぐウチの店に顔出してや？
それは却下します
ズビシッ
キリッ
なんでやねん⁉
ダメなものはダメなんです！
アンタにはかんけーないやろがー
ギャー
ギャー
ギャー
青春だわ～
愛されとるなぁ大将
ぐっ

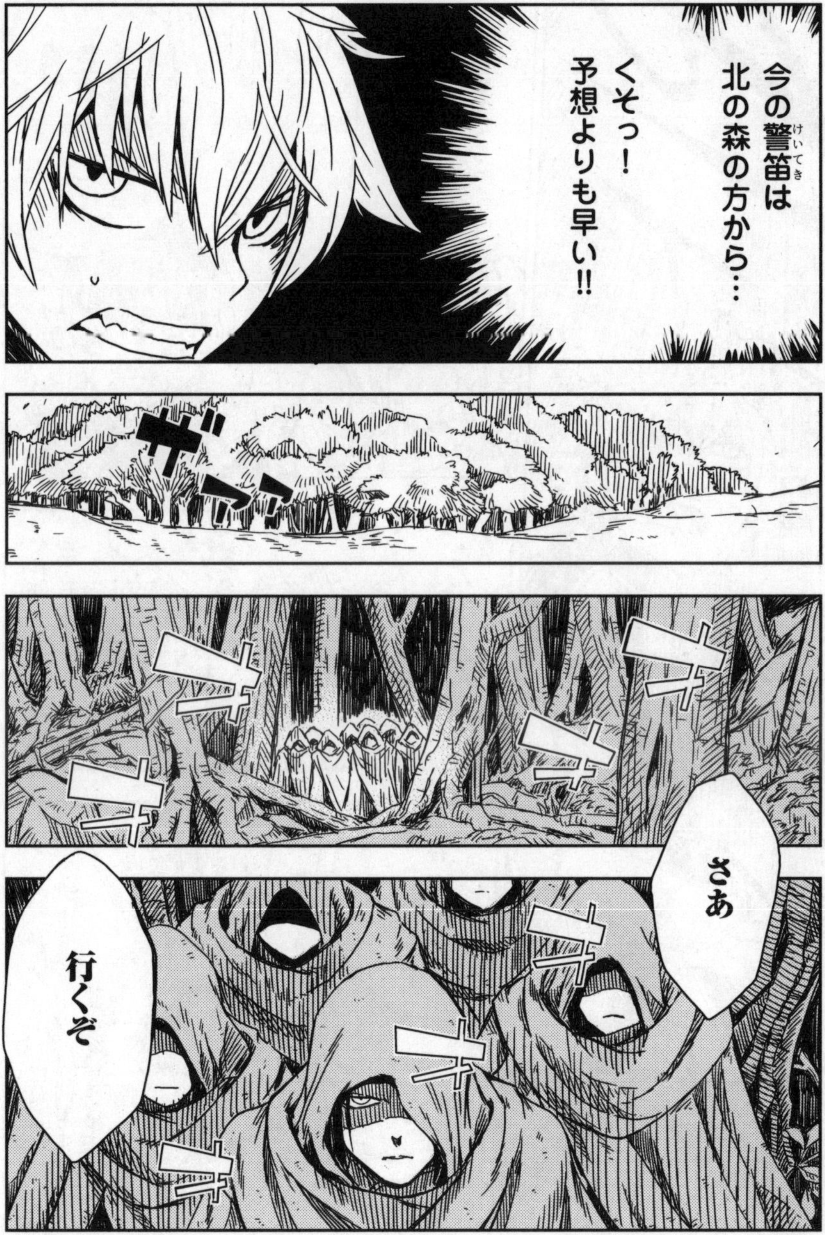
今の警笛は
北の森の方から…
くそっ!
予想よりも早い!!
ザァァ
さあ
行くぞ

第8話 バルド、覚醒

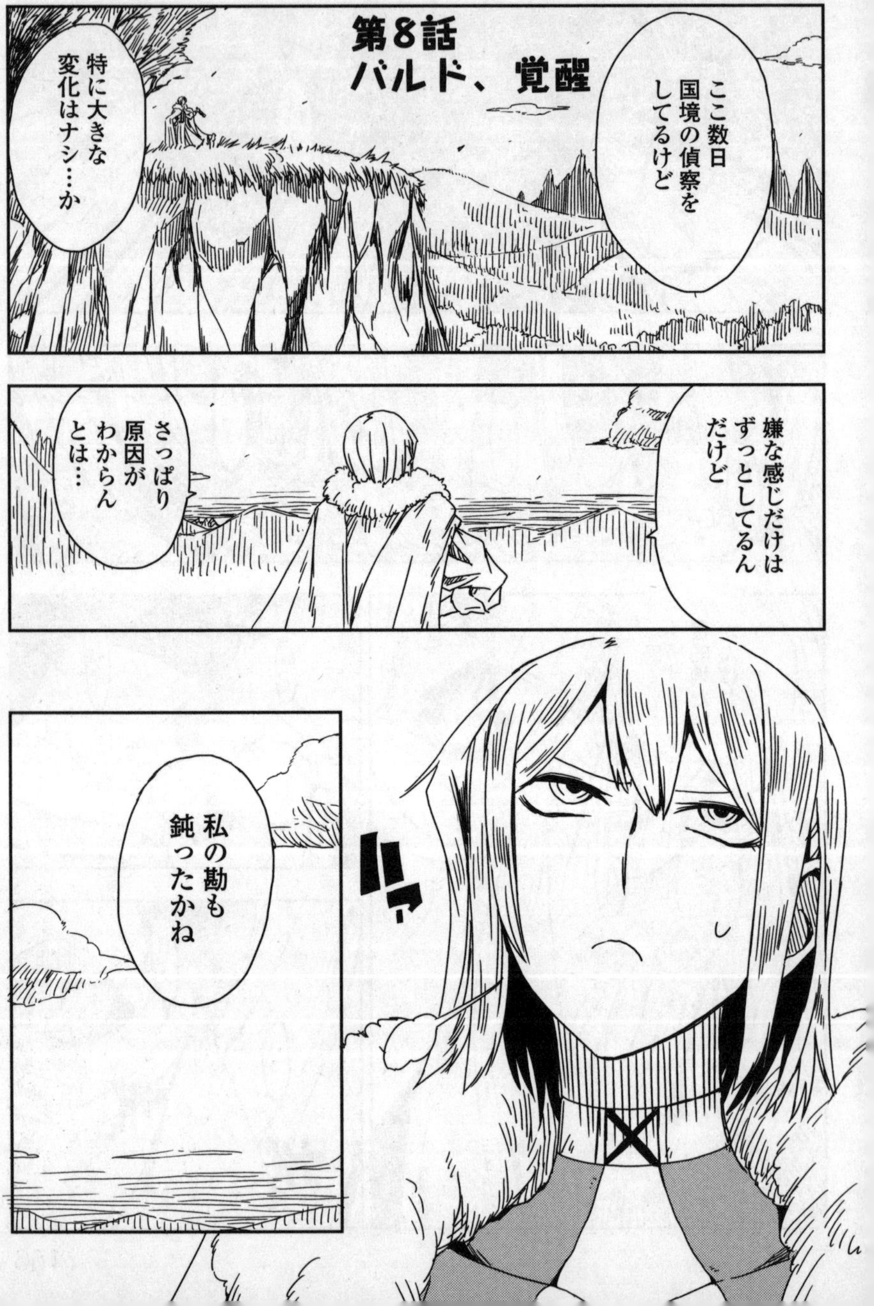
ここ数日国境の偵察をしてるけど
特に大きな変化はナシ…か
嫌な感じだけはずっとしてるんだけど
さっぱり原因がわからんとは…
私の勘も鈍ったかね

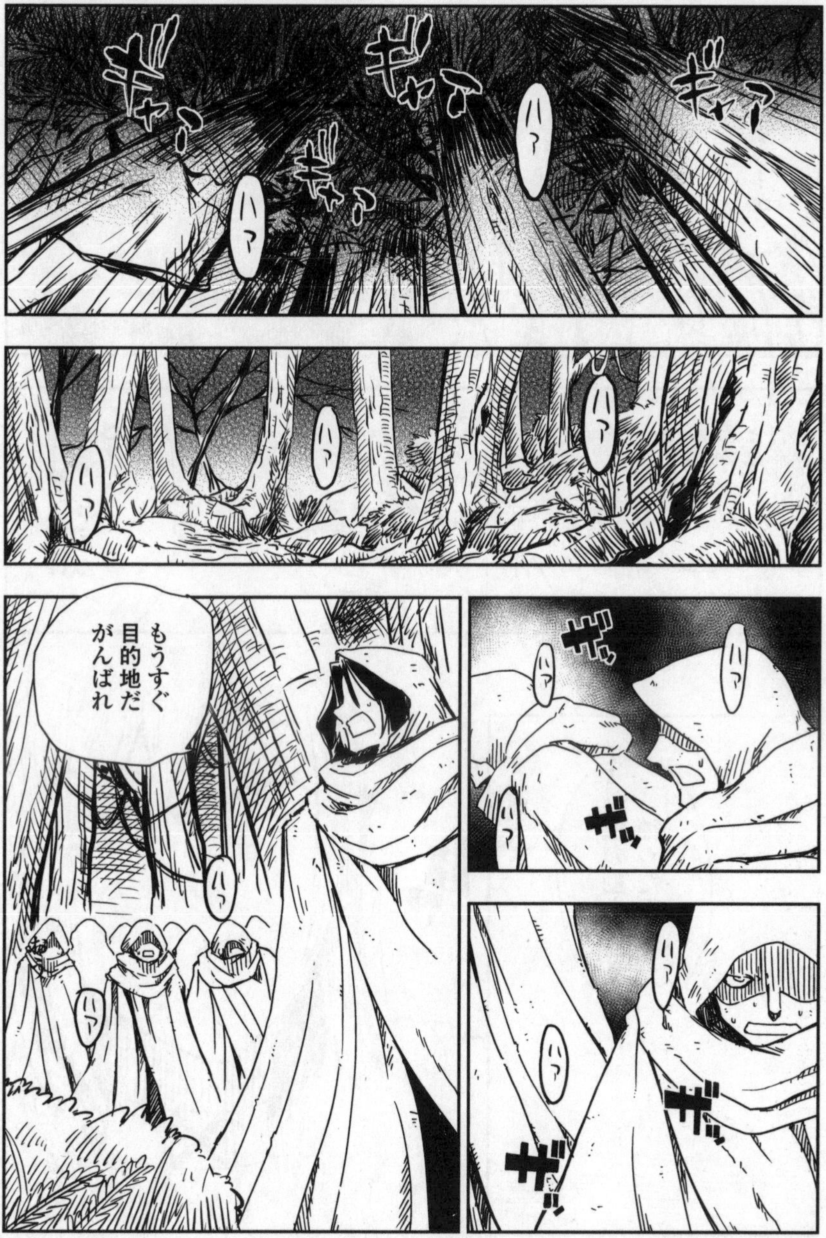
ギャァ
ハァ
ギャァ
ギャァ
ハァ
ギャァ
ハァ
ハァ
ハァ
ハァ
ザッ
ハァ
ザッ
ハァ
ハァ
ハァ
ザッ
ザッ
もうすぐ
目的地だ
がんばれ
ハァ
ハァ

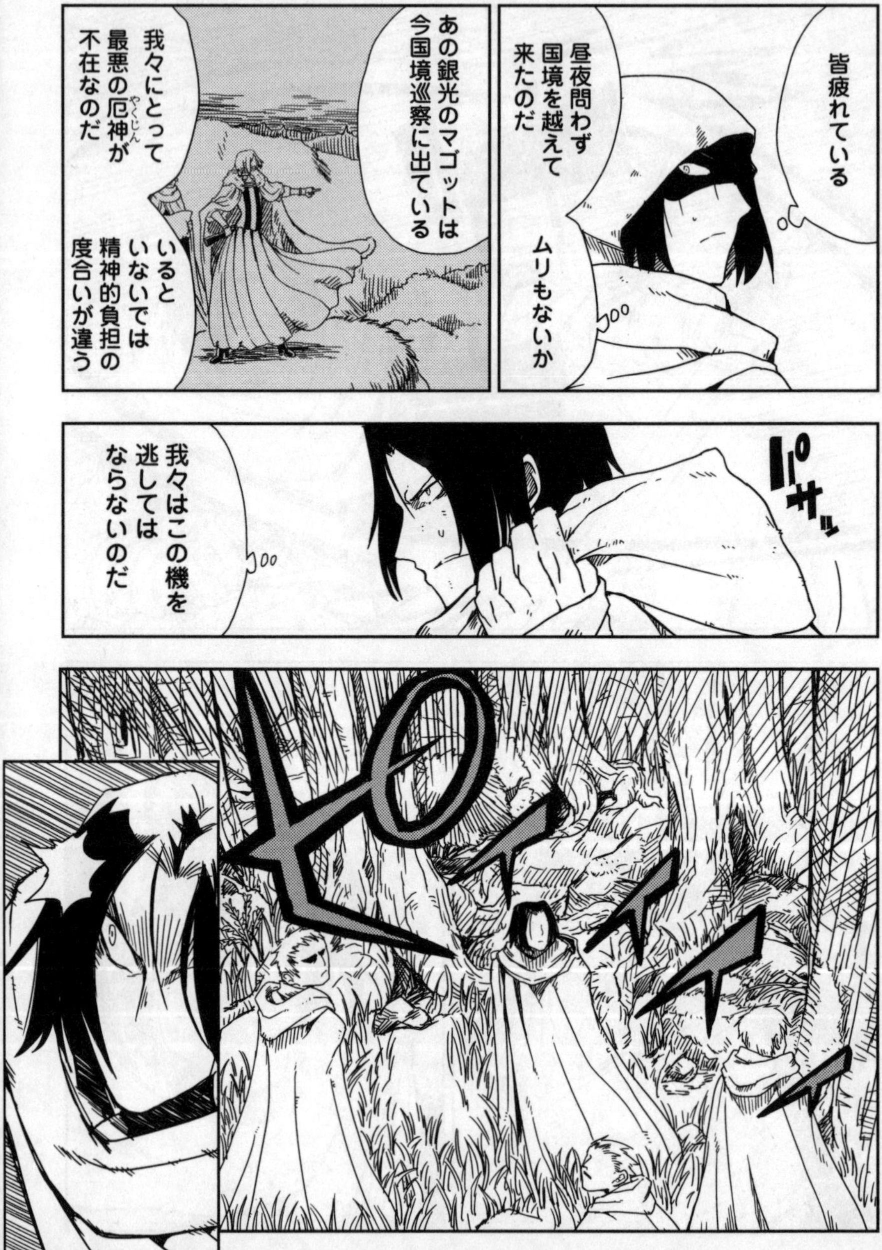

皆疲れている
昼夜問わず国境を越えて来たのだ
ムリもないか
あの銀光のマゴットは今国境巡察に出ている
我々にとって最悪の厄神(やくじん)が不在なのだ
いるといないでは精神的負担の度合いが違う
パサッ
我々はこの機を逃してはならないのだ
ピィイイイイ

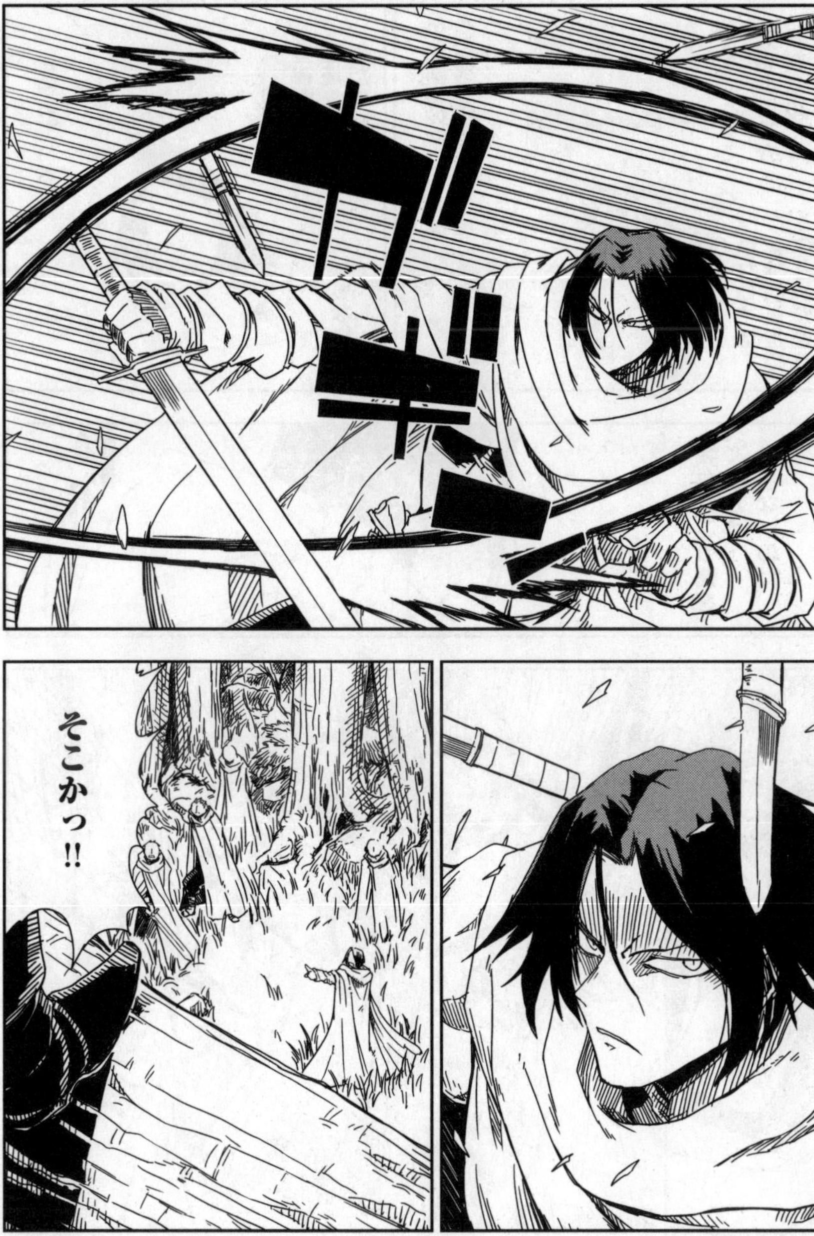
そこかっ!!

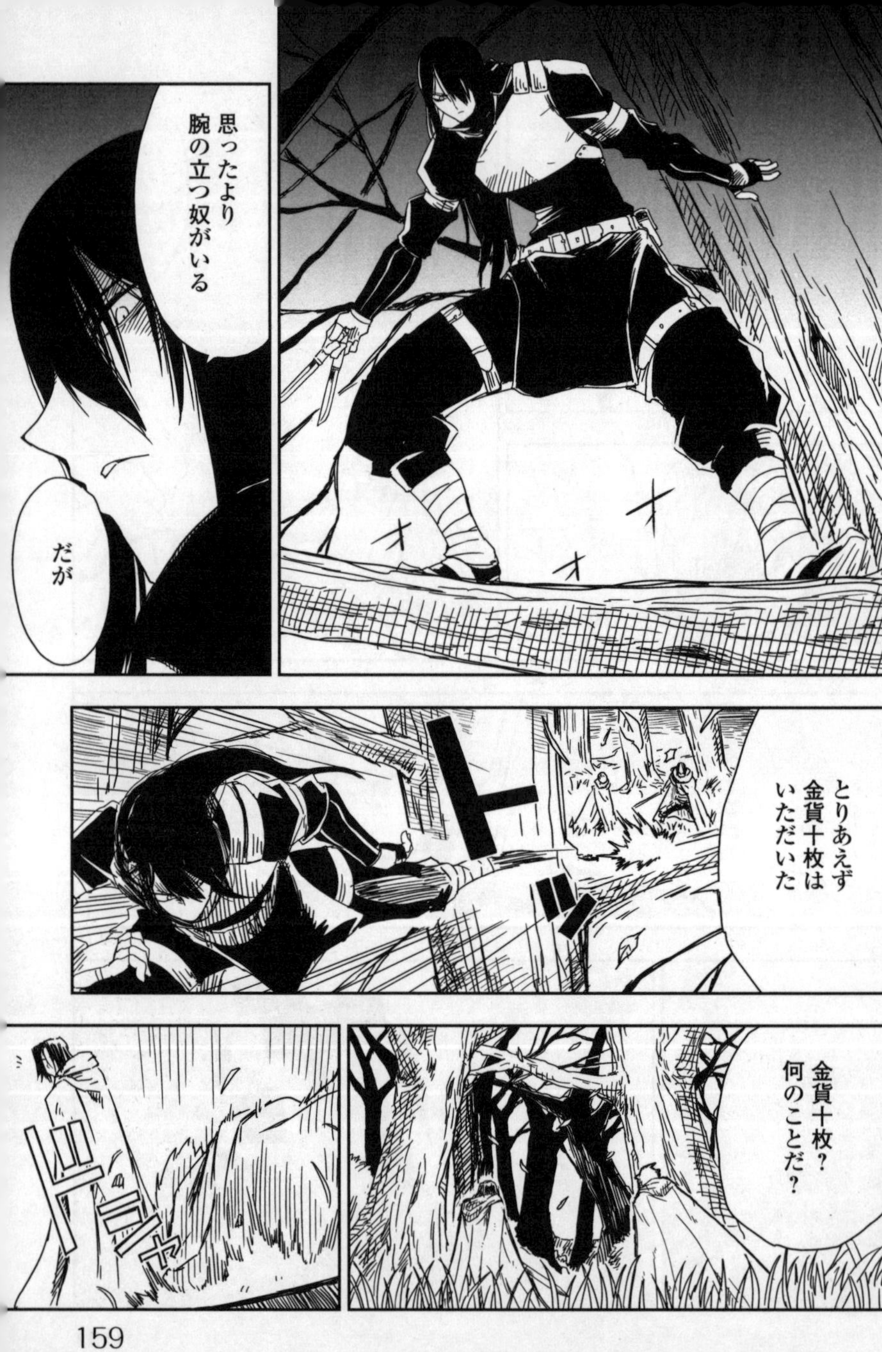
思ったより
腕の立つ奴がいる
だが
とりあえず
金貨十枚は
いただいた
金貨十枚？
何のことだ？

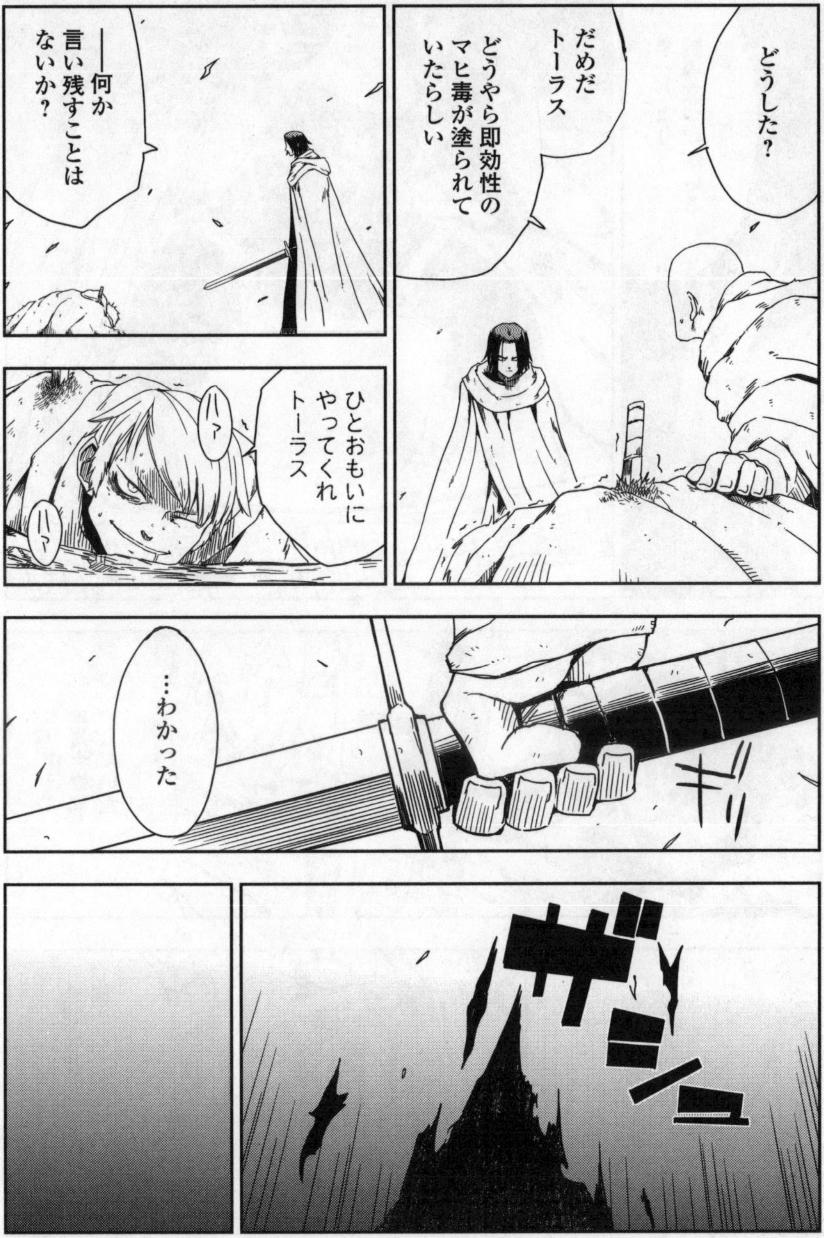
どうした？
だめだ トーラス どうやら即効性のマヒ毒が塗られていたらしい
——何か言い残すことはないか？
ひとおもいにやってくれ トーラス
ハァ
ハァ
…わかった
ギリ
ザシュ

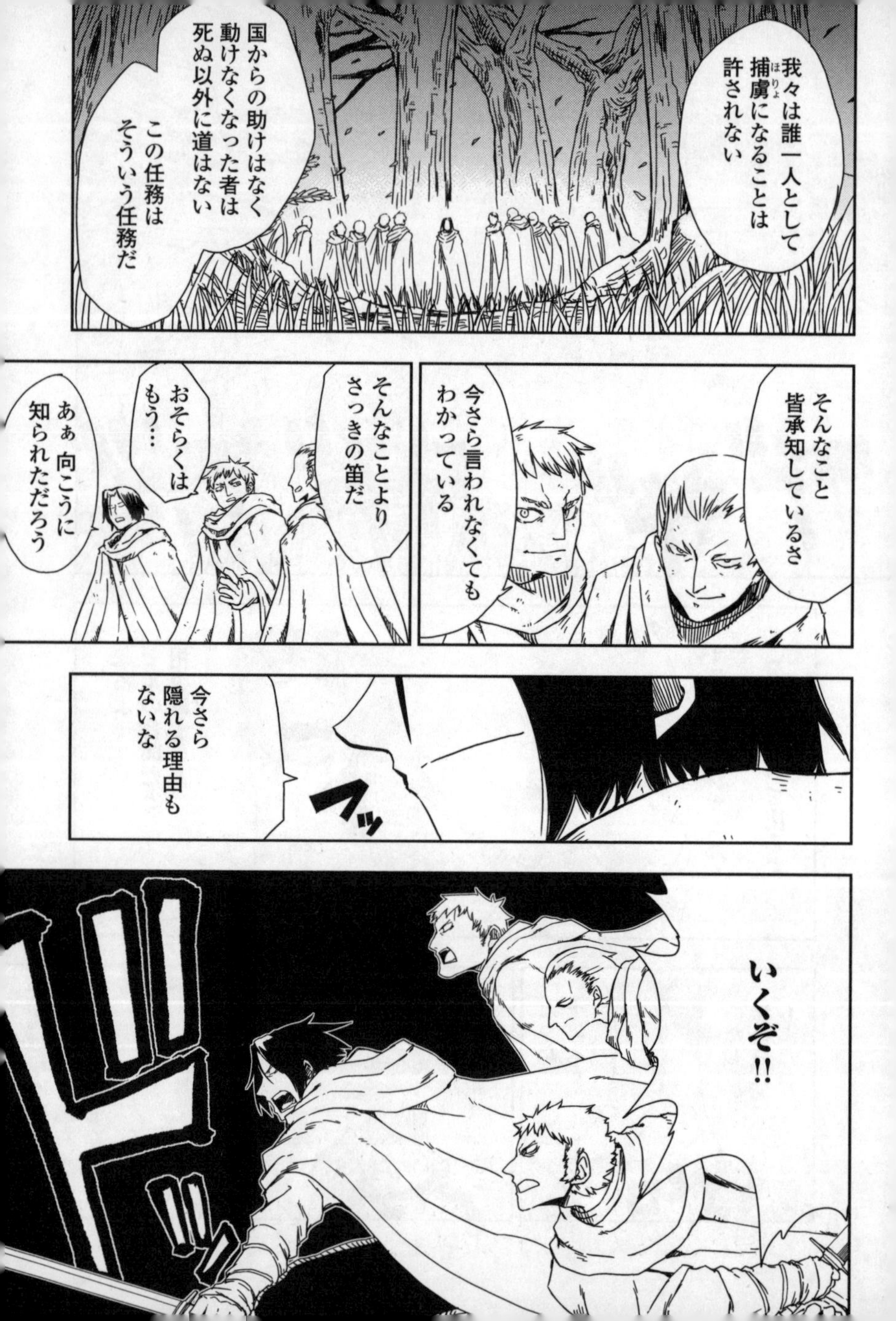
我々は誰一人として捕虜になることは許されない
国からの助けはなく動けなくなった者は死ぬ以外に道はない
この任務はそういう任務だ
そんなこと皆承知しているさ
今さら言われなくてもわかっている
そんなことよりさっきの笛だ
おそらくはもう…
あぁ 向こうに知られただろう
今さら隠れる理由もないな
いくぞ!!

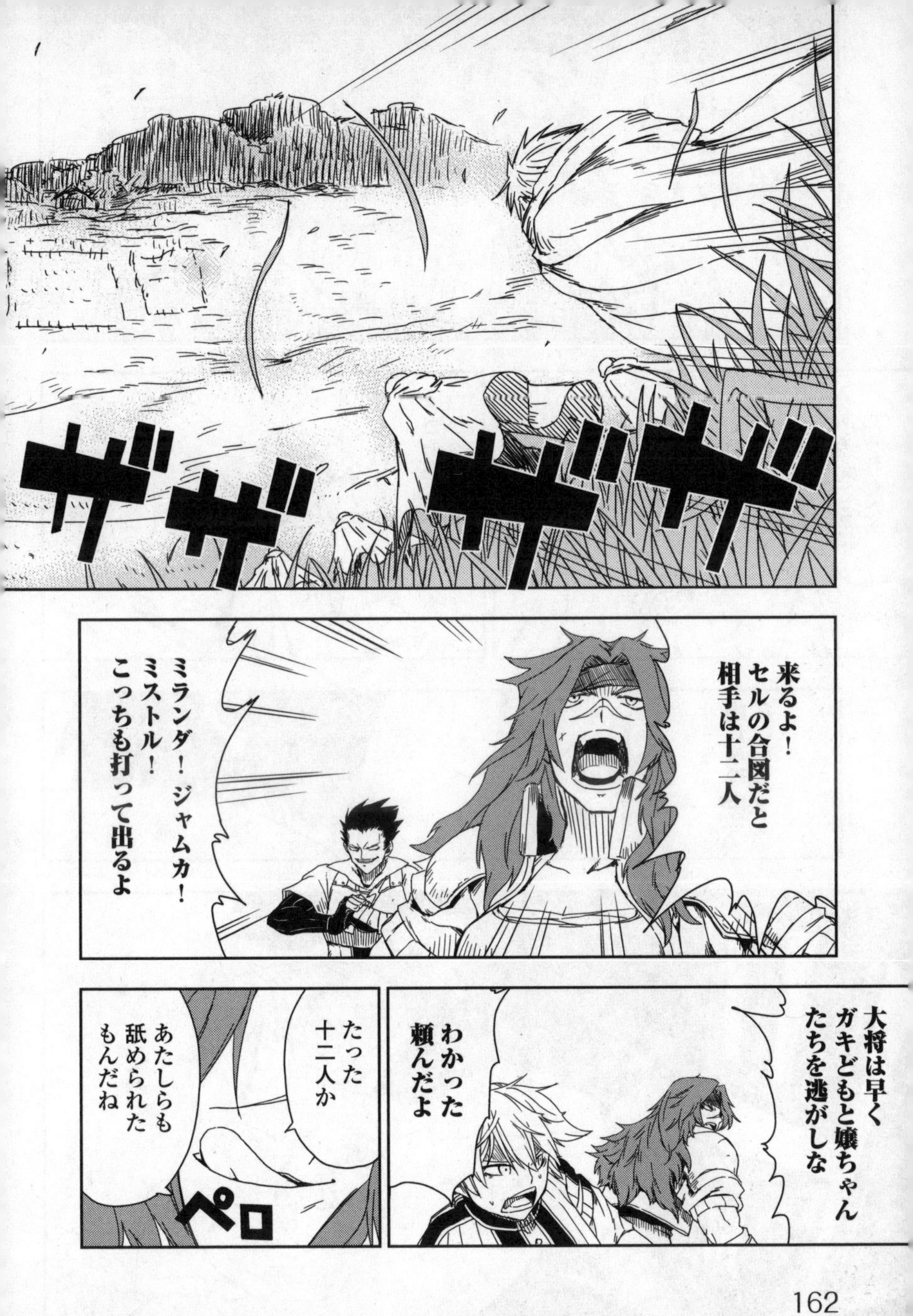
ザザザザザ
来るよ！セルの合図だと相手は十二人
ミランダ！ジャムカ！ミストル！こっちも打って出るよ
大将は早くガキどもと嬢ちゃんたちを逃がしな
わかった頼んだよ
たった十二人か
あたしらも舐められたもんだね
ペロ

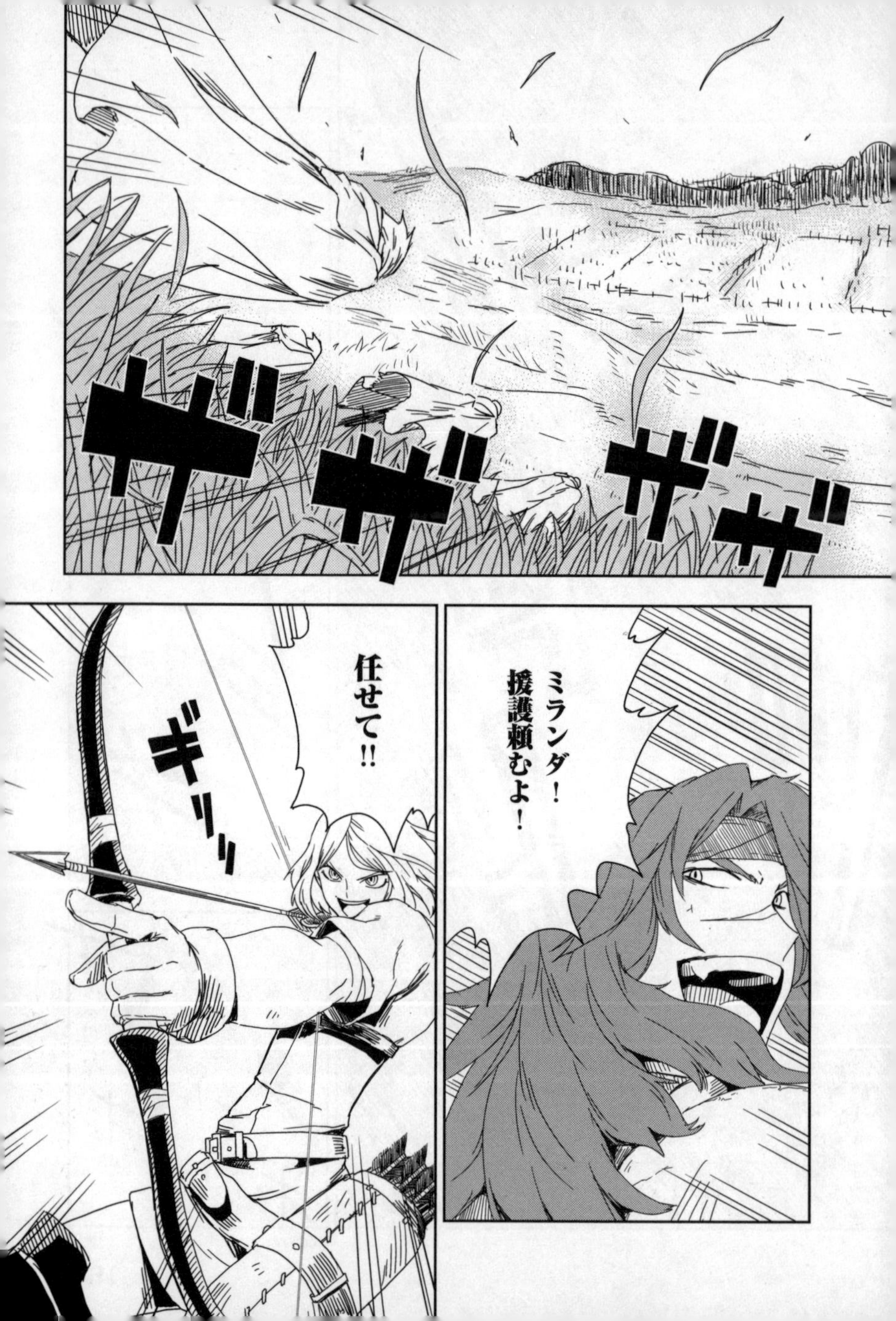
ザザザザ
ミランダ！援護頼むよ！
任せて!!
ギリッ

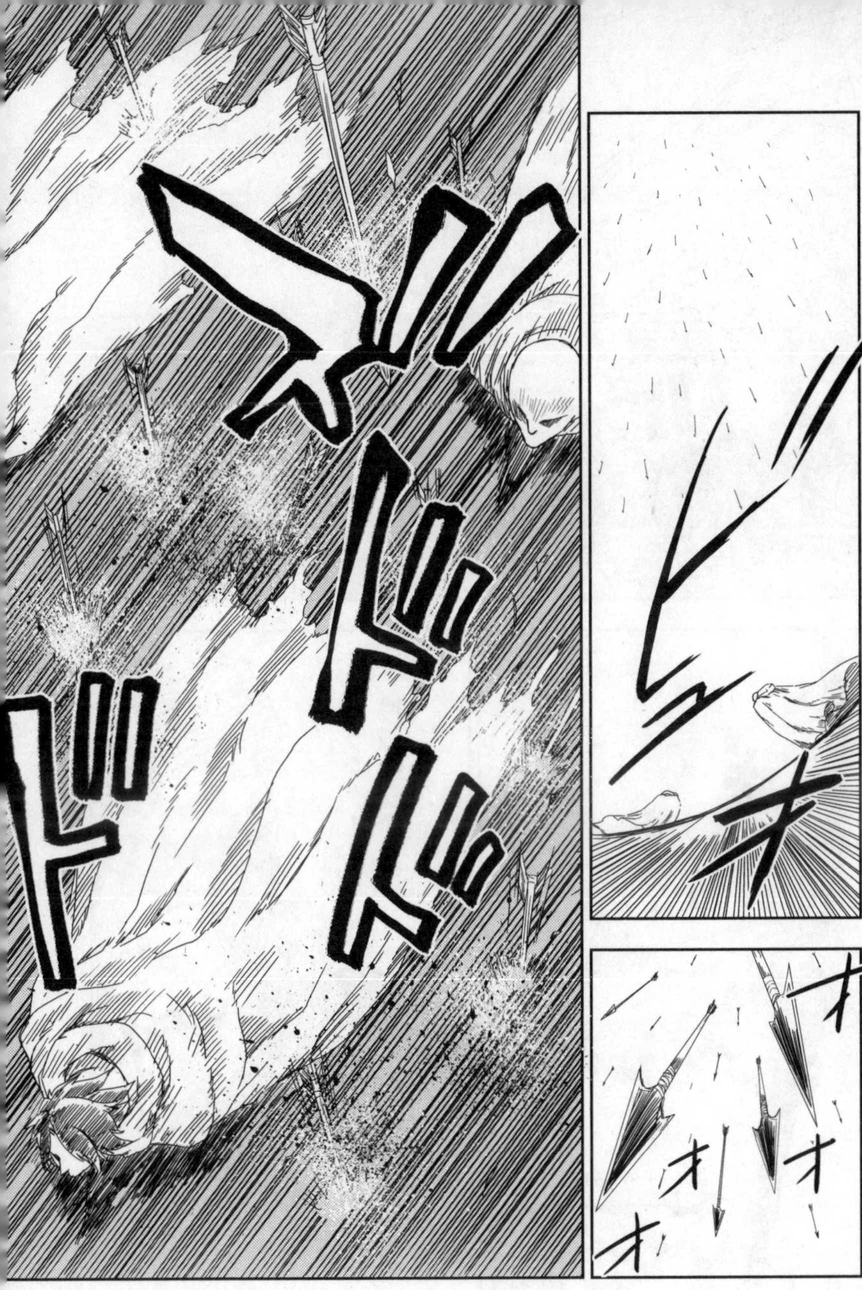

ヒュオ
オオオオ
ズドドド

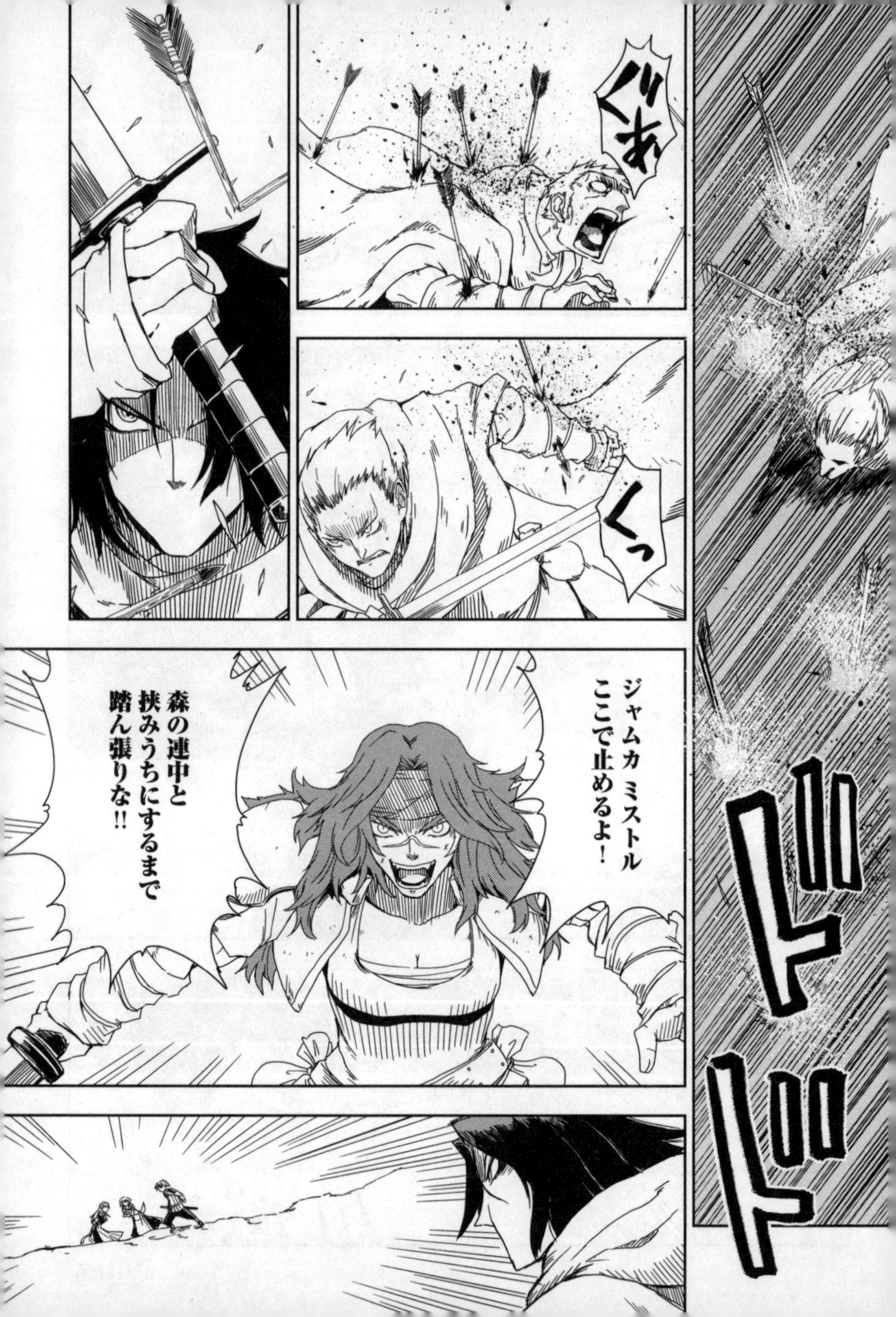
ぐあ
くっ
ドドッ
ジャムカ ミストル
ここで止めるよ！
森の連中と
挟みうちにするまで
踏ん張りな!!

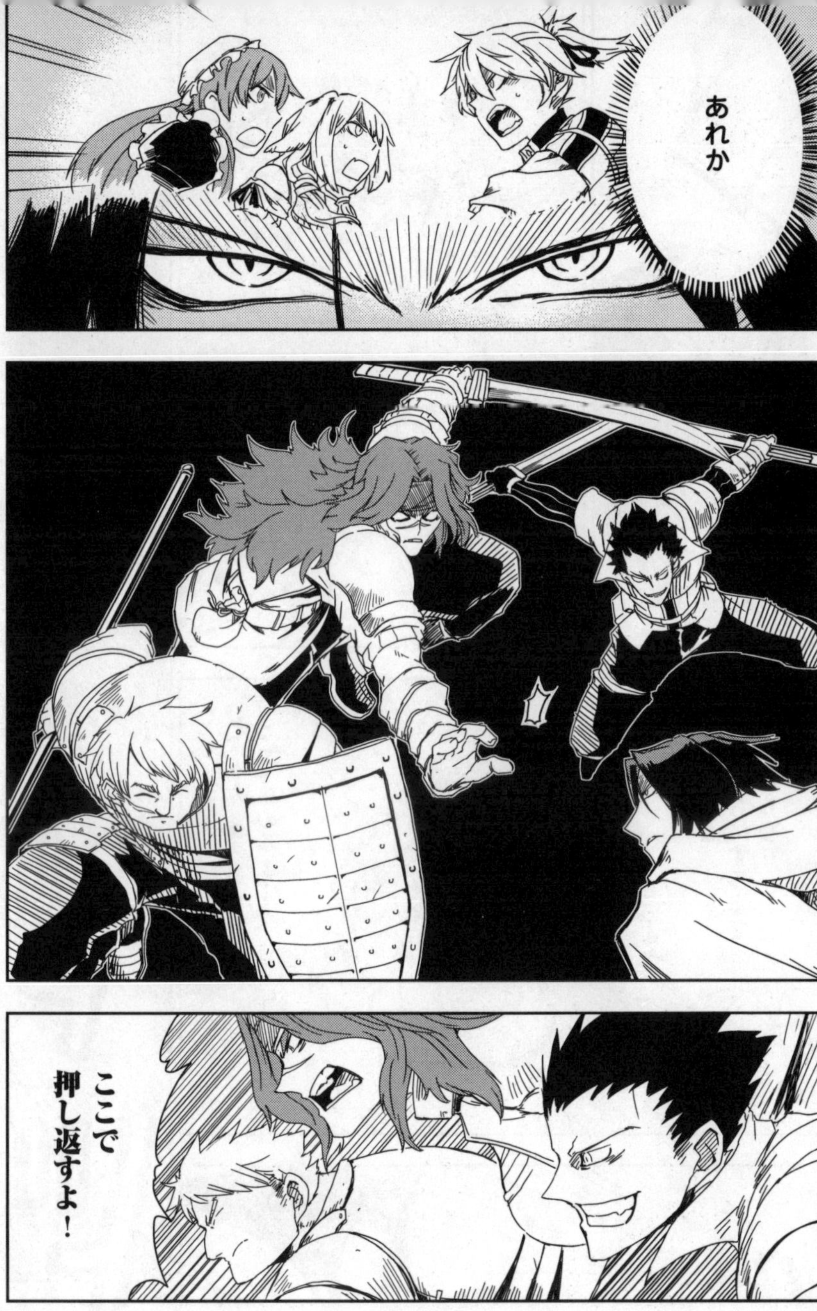

あれか
ここで押し返すよ！

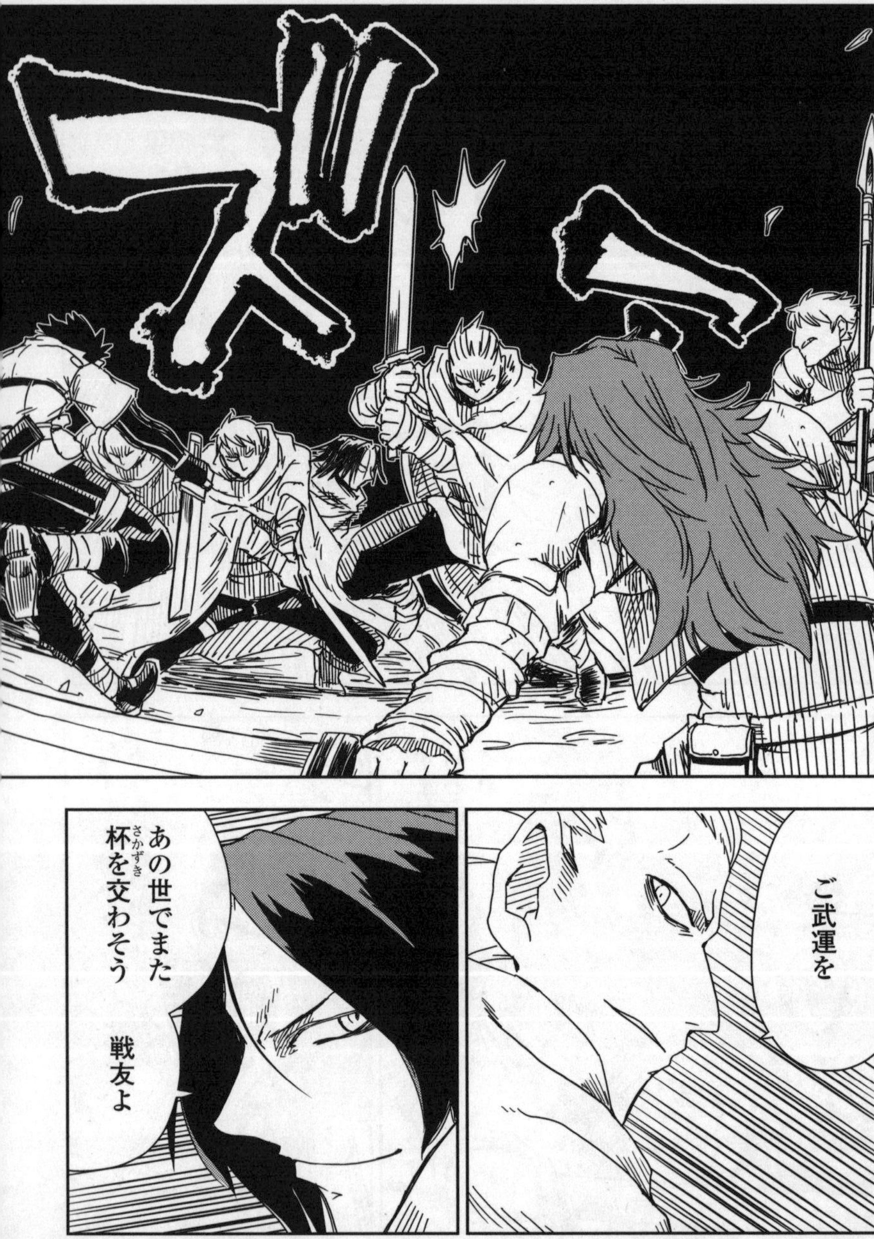
ご武運を
あの世でまた杯を交わそう 戦友よ

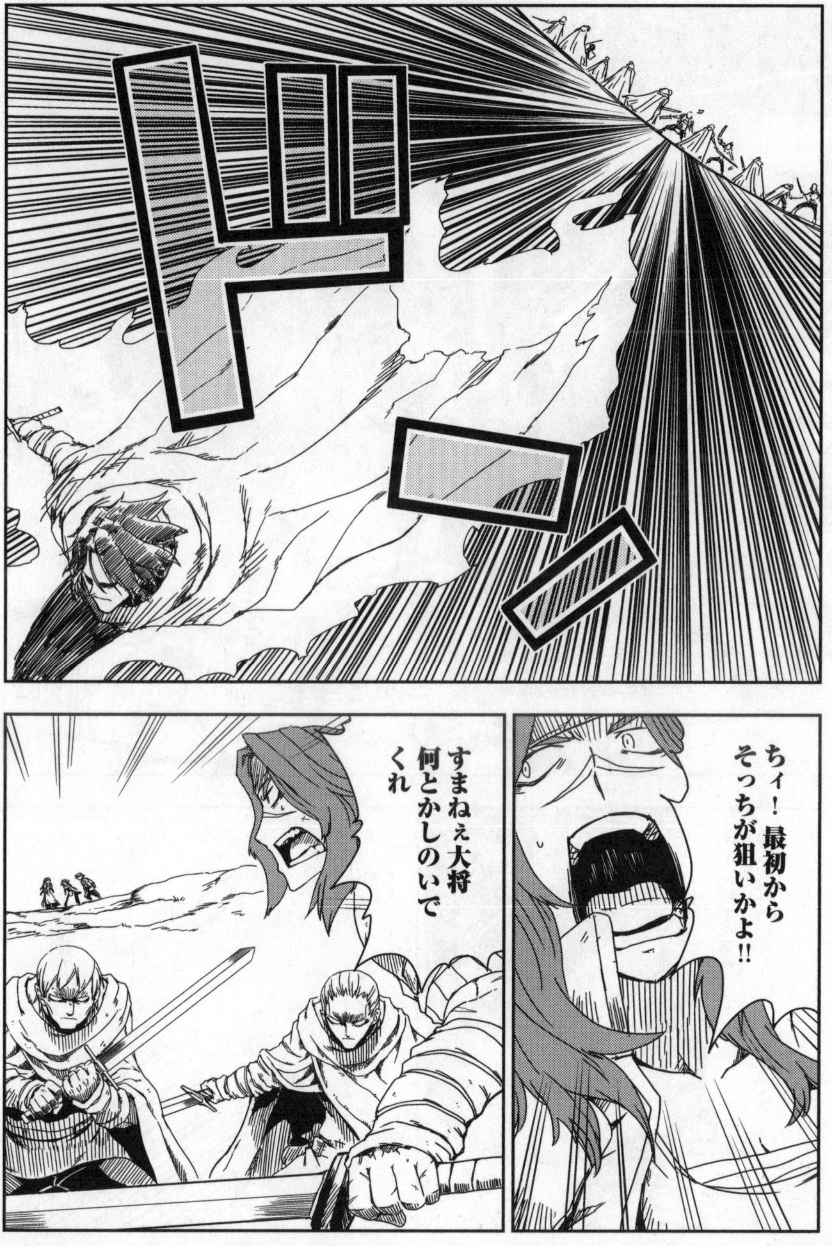
ド
ド
ド
ちィ! 最初から
そっちが狙いかよ!!
すまねぇ大将
何とかしのいで
くれ

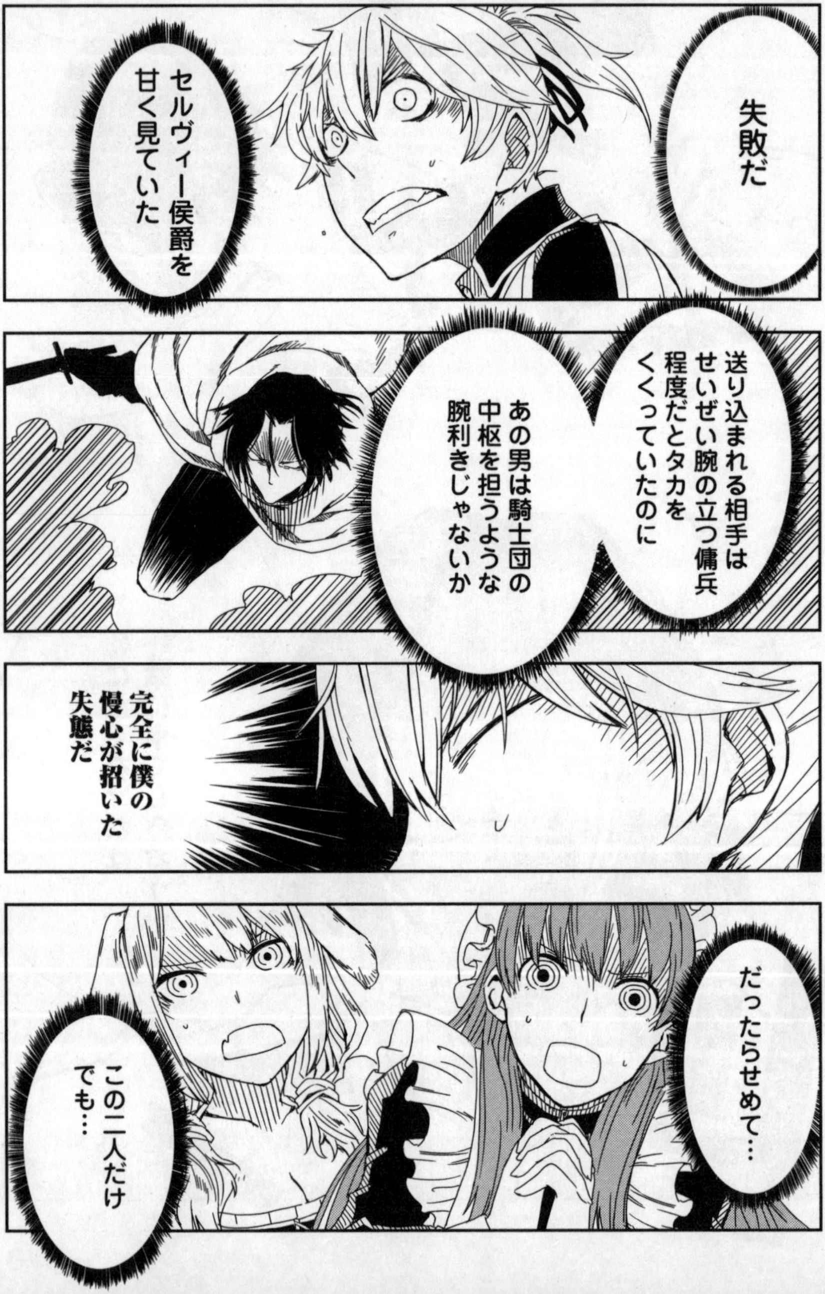
失敗だ
セルヴィー侯爵を甘く見ていた
送り込まれる相手はせいぜい腕の立つ傭兵程度だとタカをくくっていたのに
あの男は騎士団の中枢を担うような腕利きじゃないか
完全に僕の慢心が招いた失態だ
だったらせめて…
この二人だけでも…

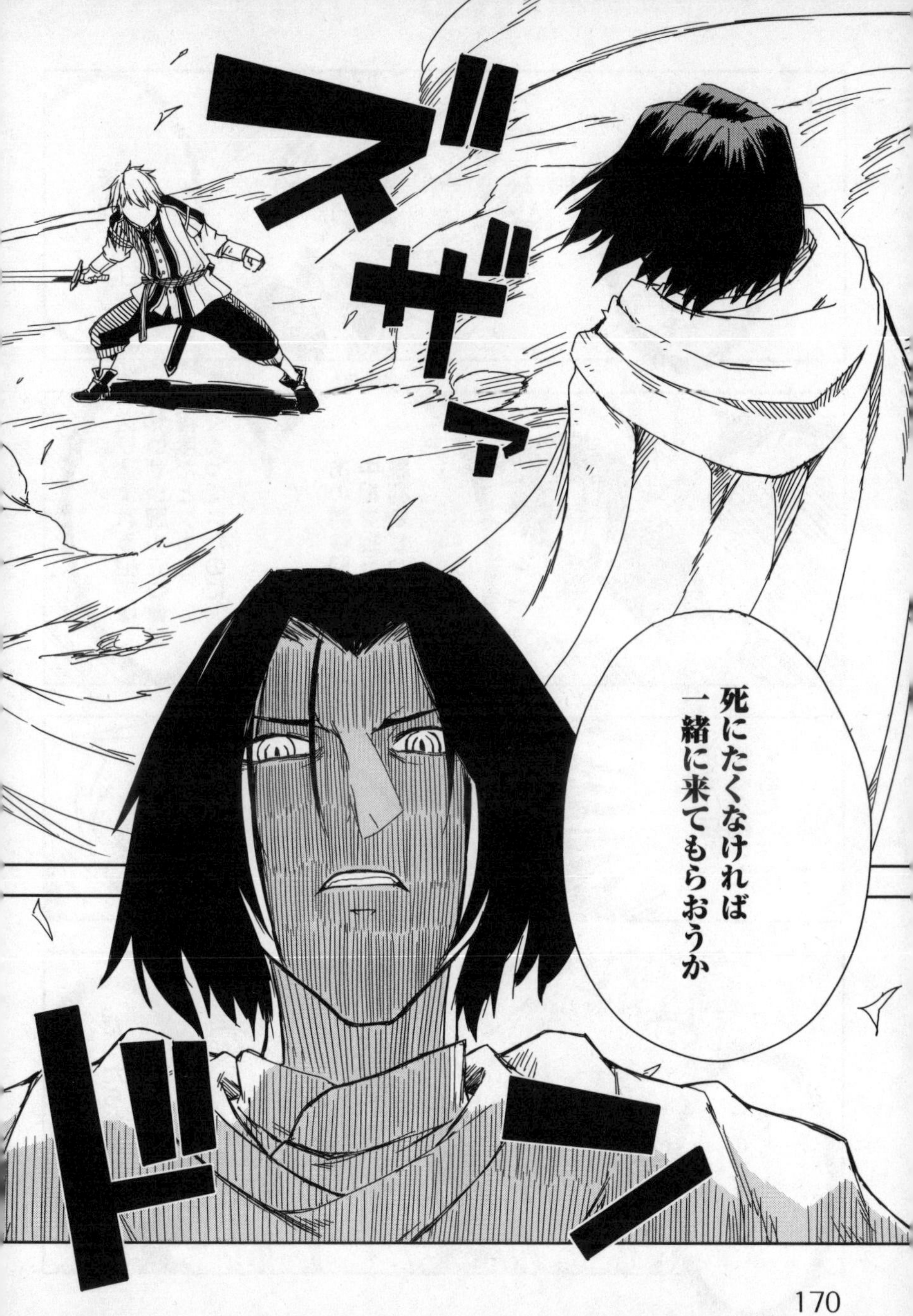
ズザァ
死にたくなければ
一緒に来てもらおうか
ドーン

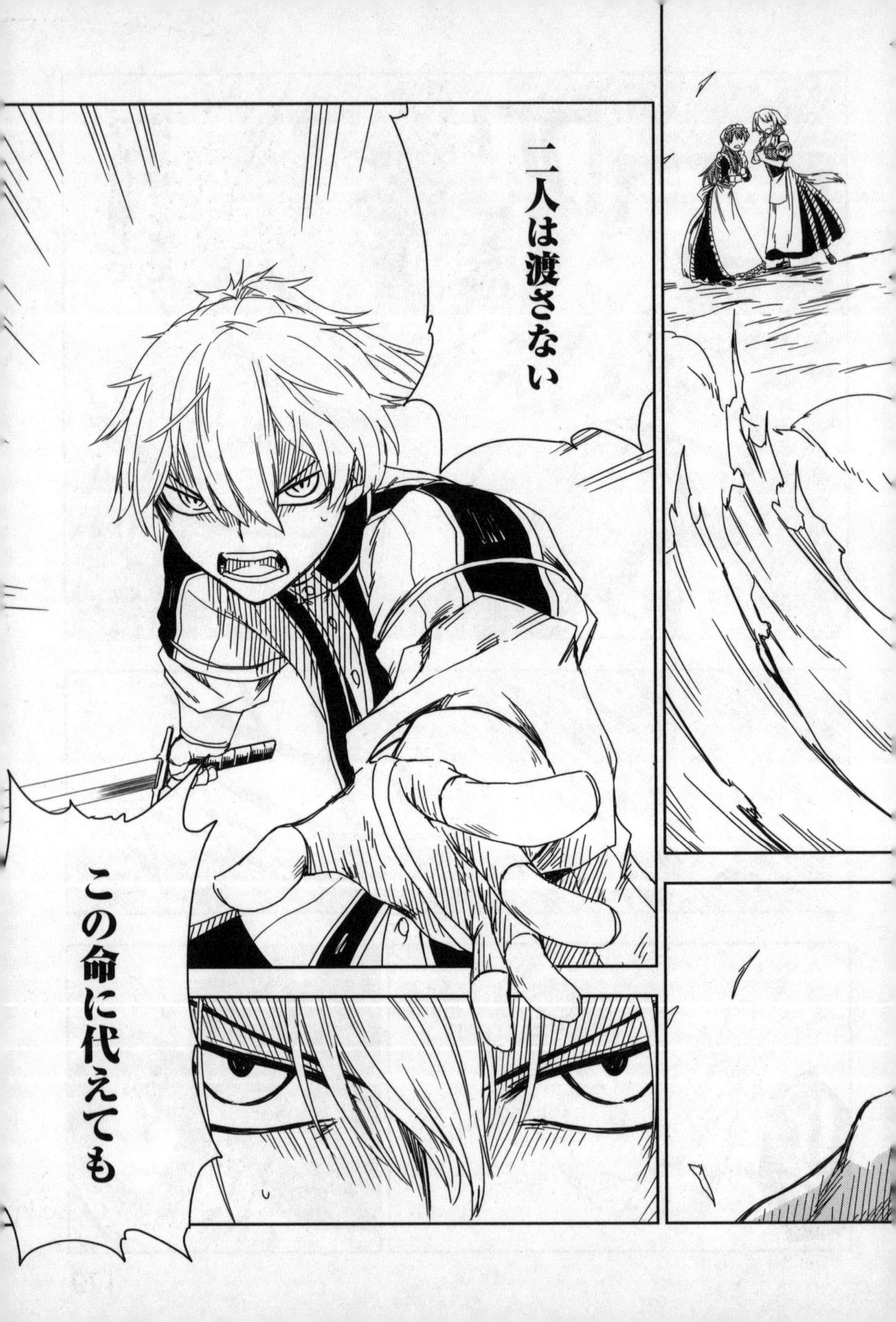
二人は渡さない
この命に代えても

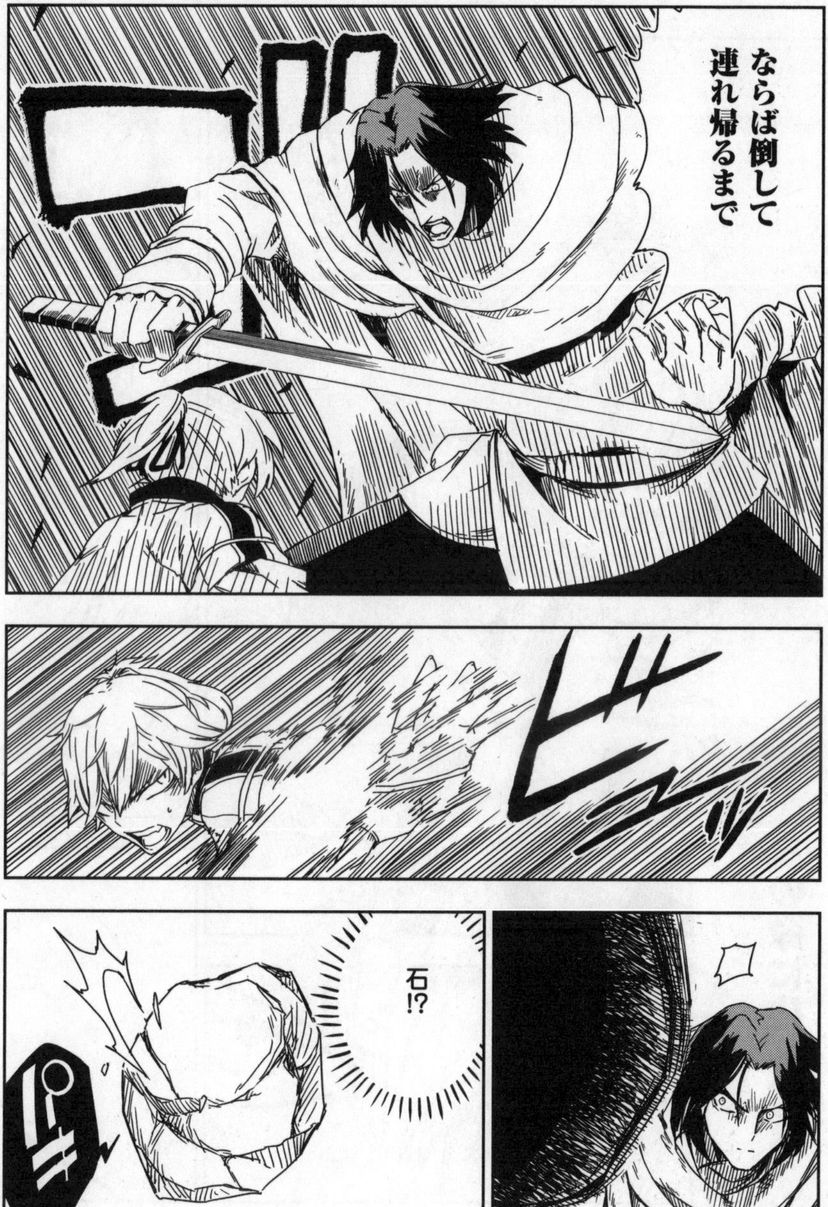
ならば倒して
連れ帰るまで
ビュッ
石!?

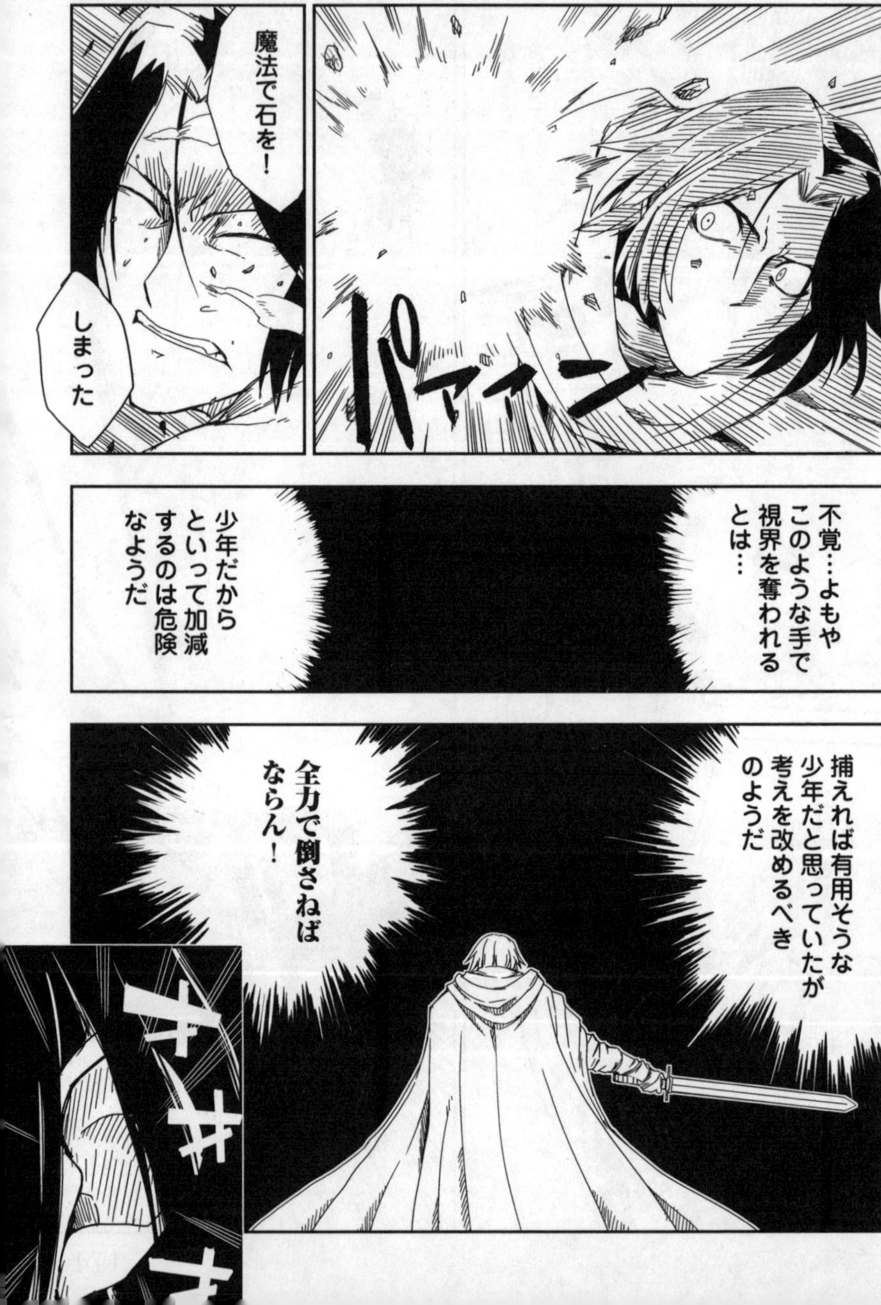
パァァーン
魔法で石を！
しまった
不覚…よもやこのような手で視界を奪われるとは…
少年だからといって加減するのは危険なようだ
捕えれば有用そうな少年だと思っていたが考えを改めるべきのようだ
全力で倒さねばならん！

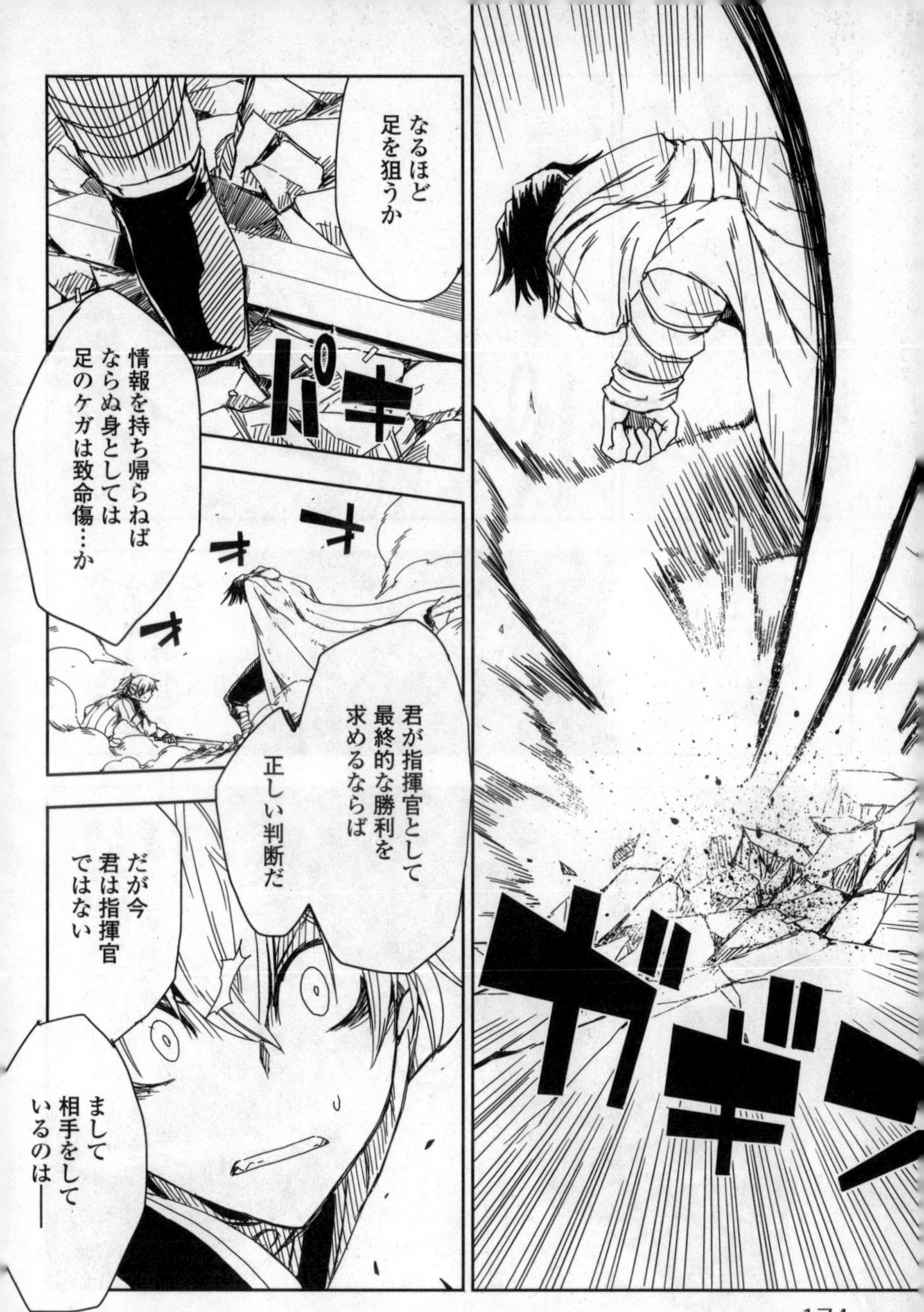
ガギン
なるほど
足を狙うか
パキ
情報を持ち帰らねば
ならぬ身としては
足のケガは致命傷…か
オオオ
君が指揮官として
最終的な勝利を
求めるならば
正しい判断だ
だが今
君は指揮官
ではない
まして
相手をして
いるのは——

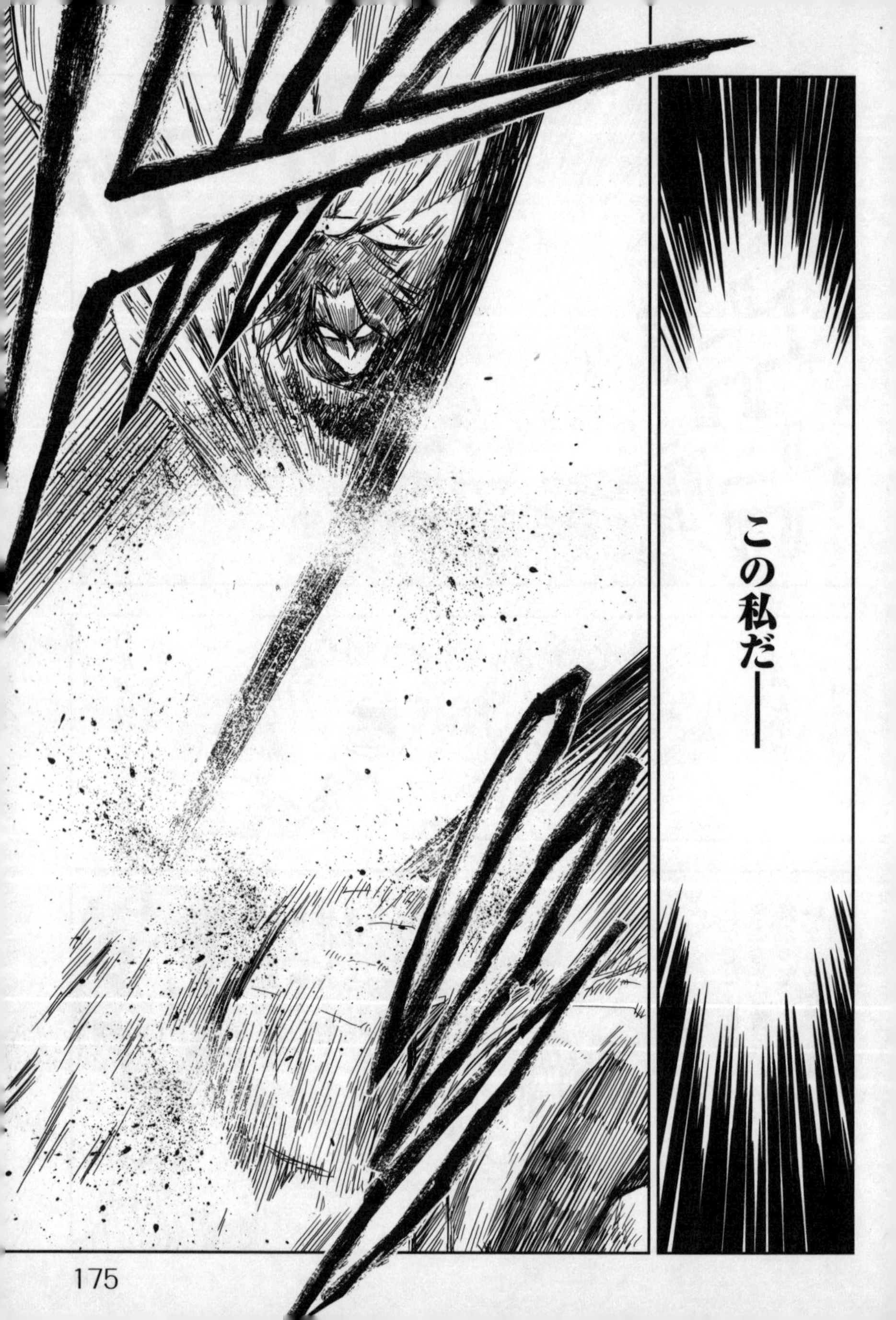
この私だ――

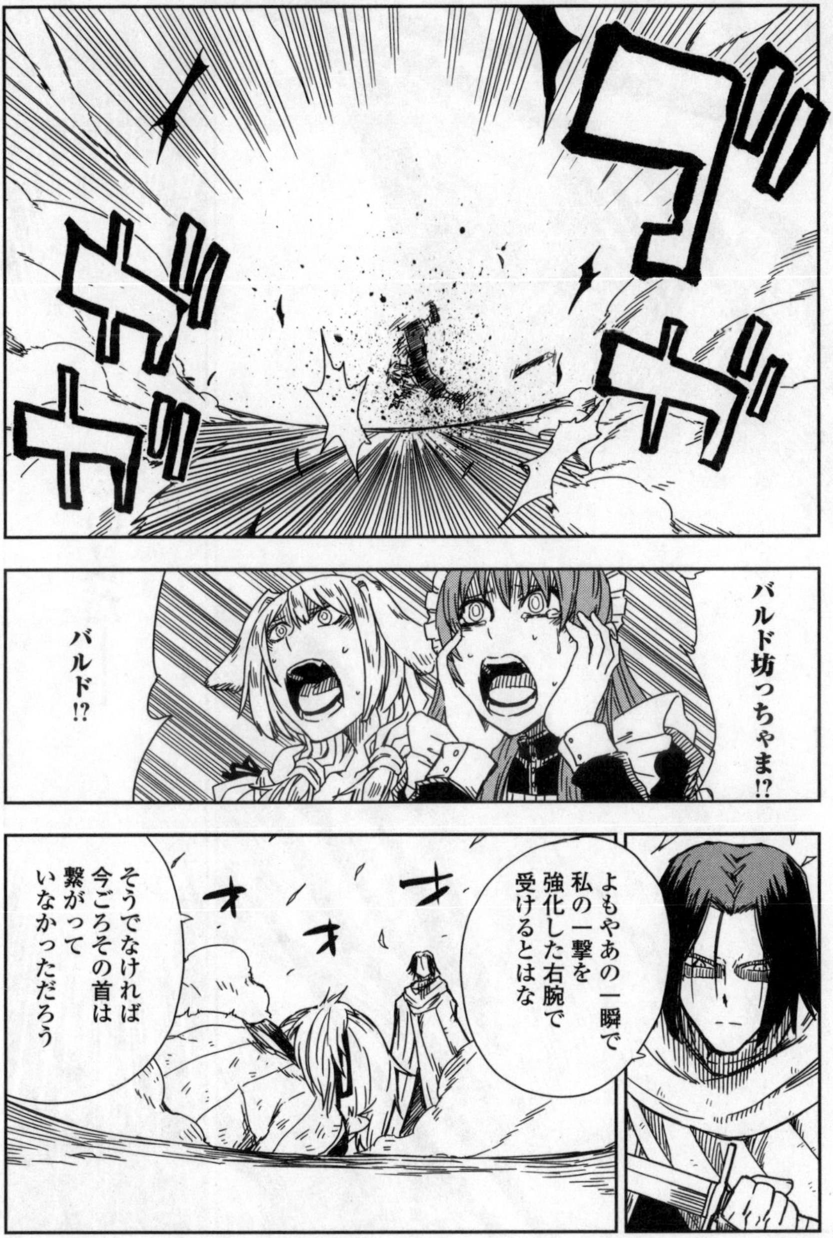
バルド坊っちゃま!?
バルド!?
よもやあの一瞬で私の一撃を強化した右腕で受けるとはな
そうでなければ今ごろその首は繋がっていなかっただろう

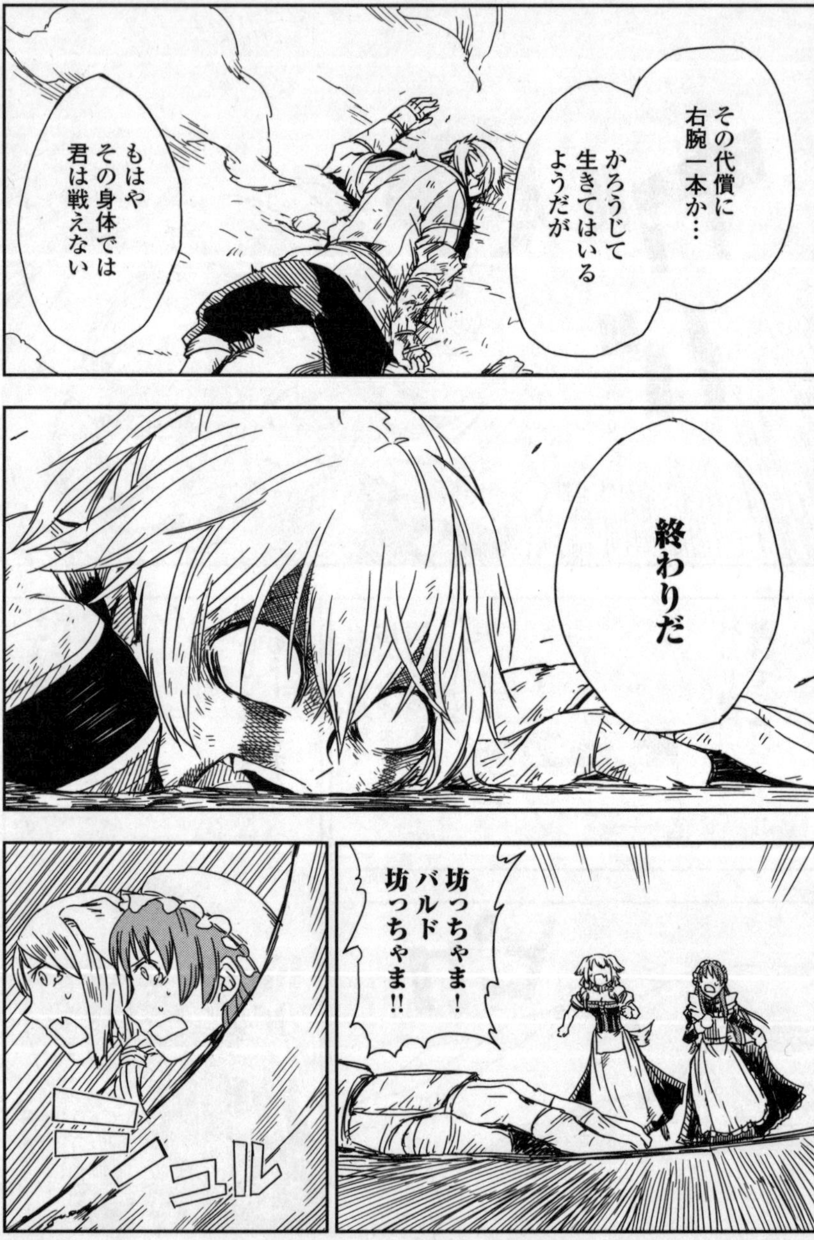
その代償に右腕一本か…
かろうじて生きてはいるようだが
もはやその身体では君は戦えない
終わりだ
坊っちゃま！バルド坊っちゃま!!

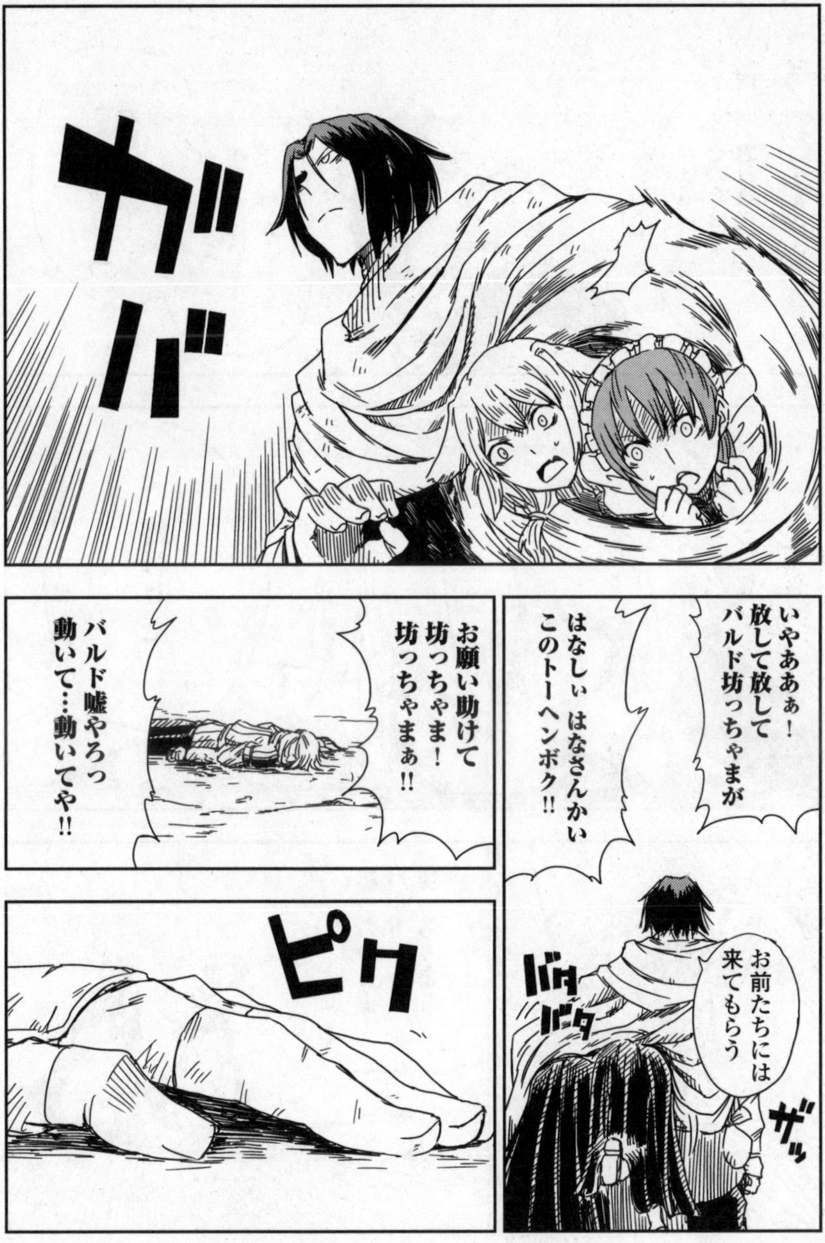
ガバ
いやあぁ！放して放してバルド坊っちゃまが
はなしぃ はなさんかい このトーヘンボク!!
お願い助けて坊っちゃま！坊っちゃまぁ!!
バルド嘘やろっ動いて…動いてや!!
お前たちには来てもらう
バタバタ
ザッ
ピク

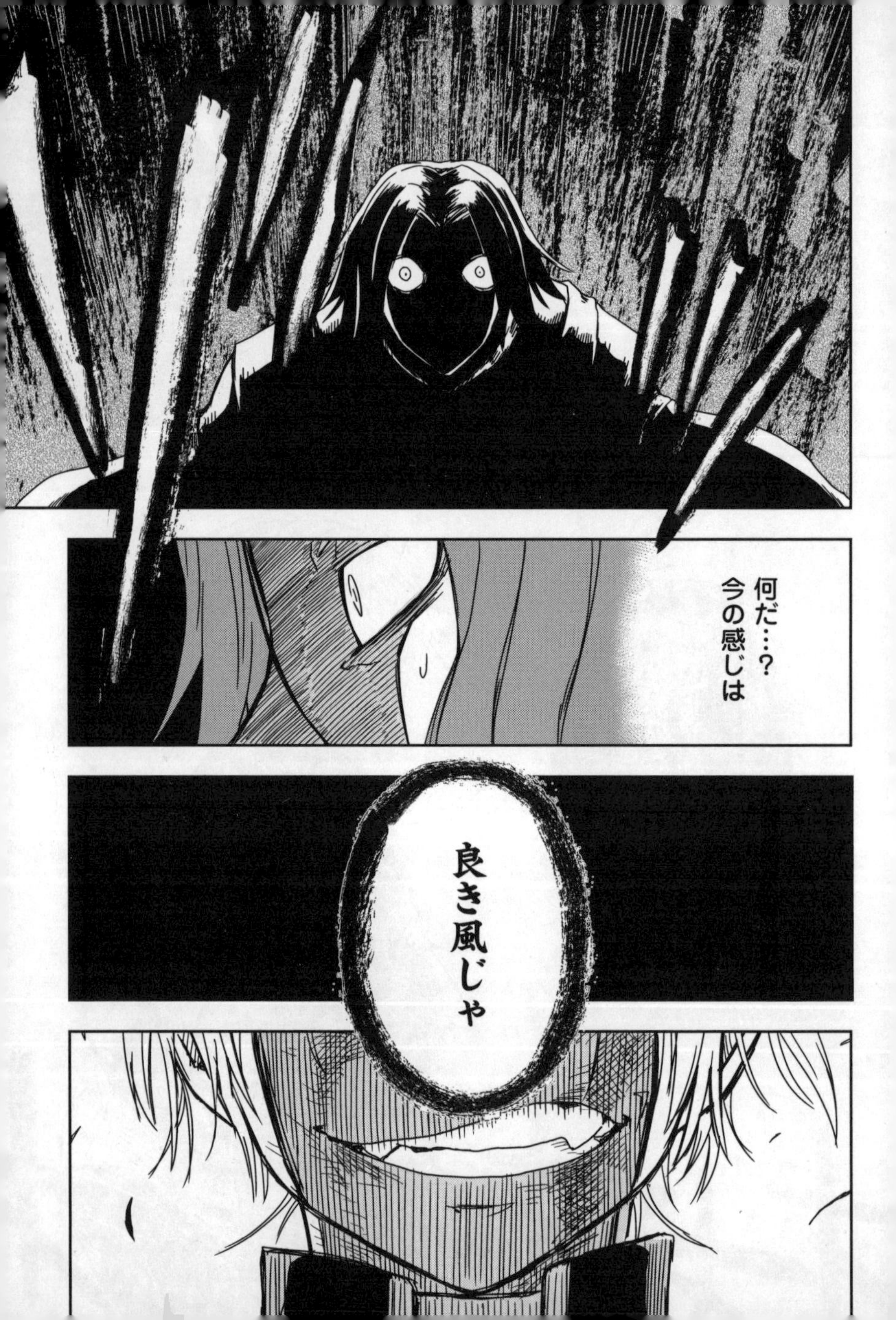
何だ…？
今の感じは
良き風じゃ

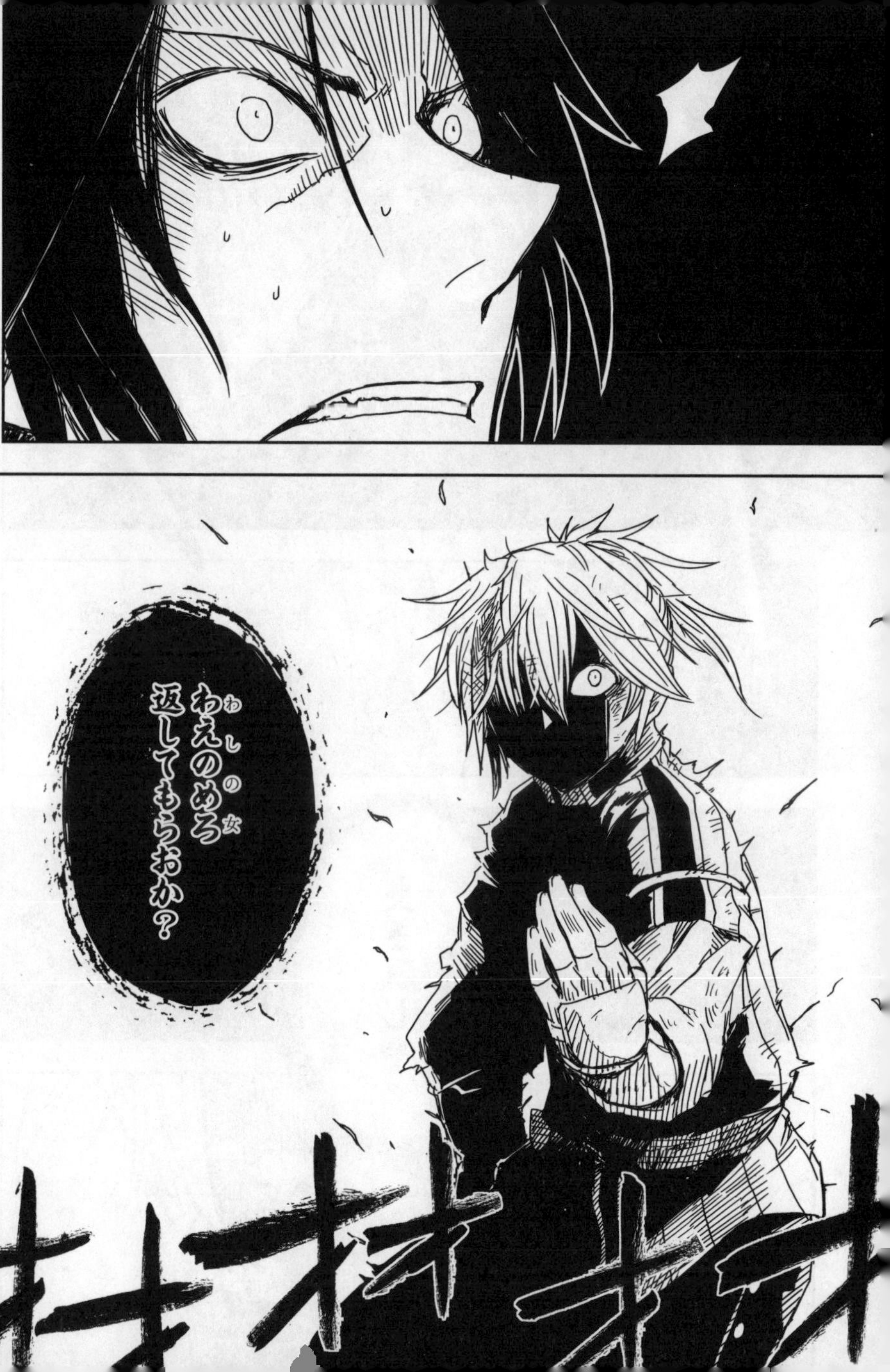
わえのめろ返してもらおか？
オオオオオオ

第9話
激闘の果てに

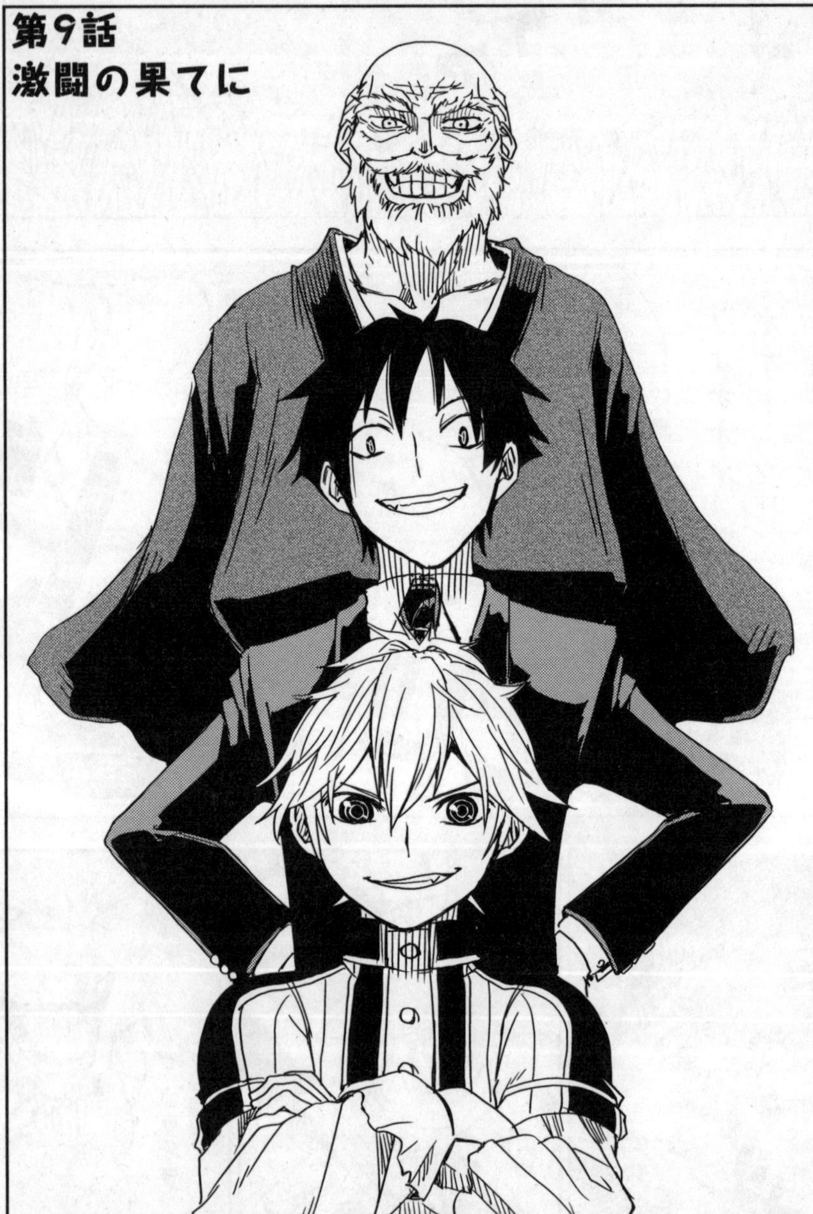

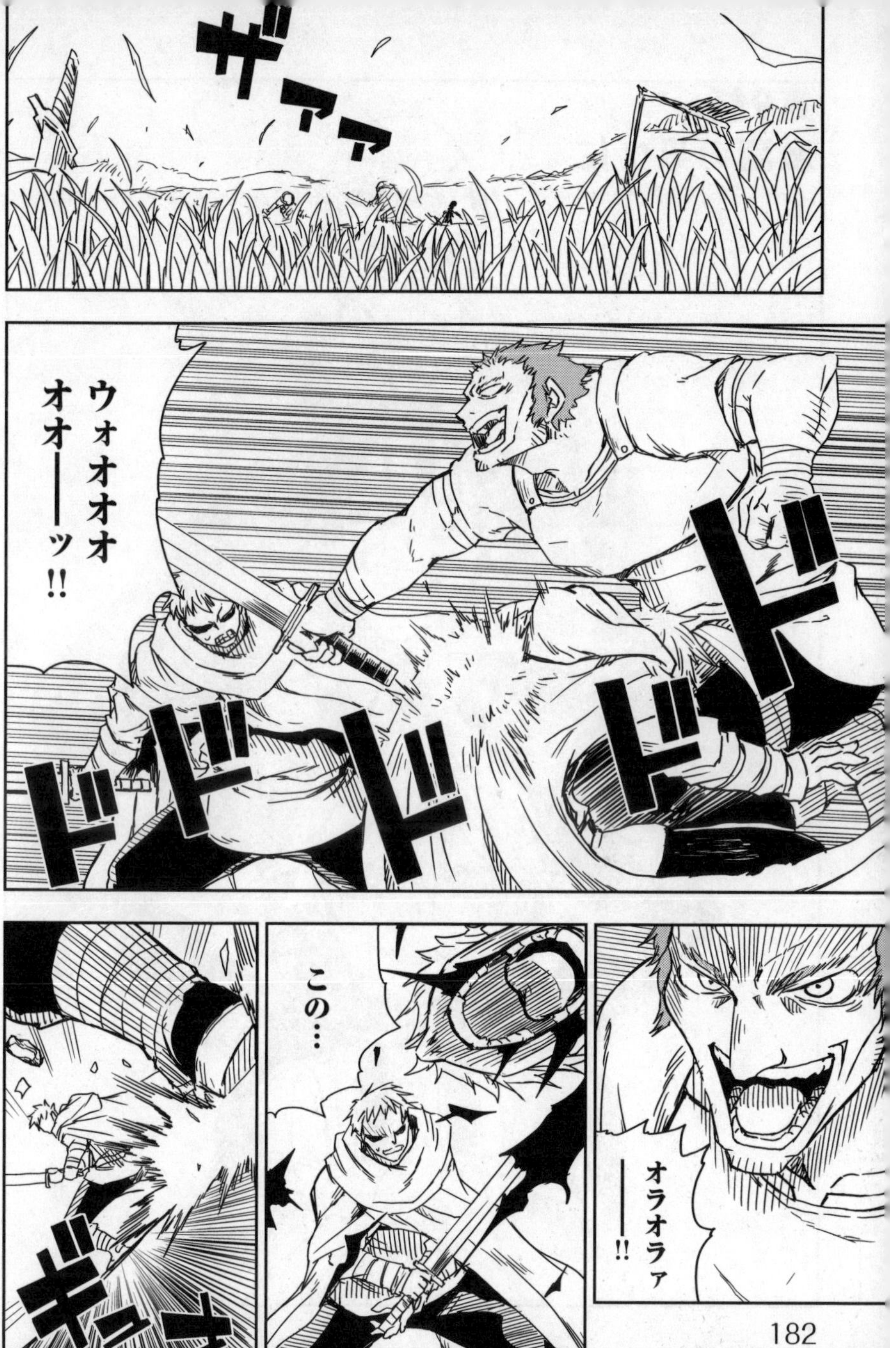
ザアァア
ウォオオオオオーーーッ!!
ドドドドド
オラオラァーー!!
この…
ギュオ

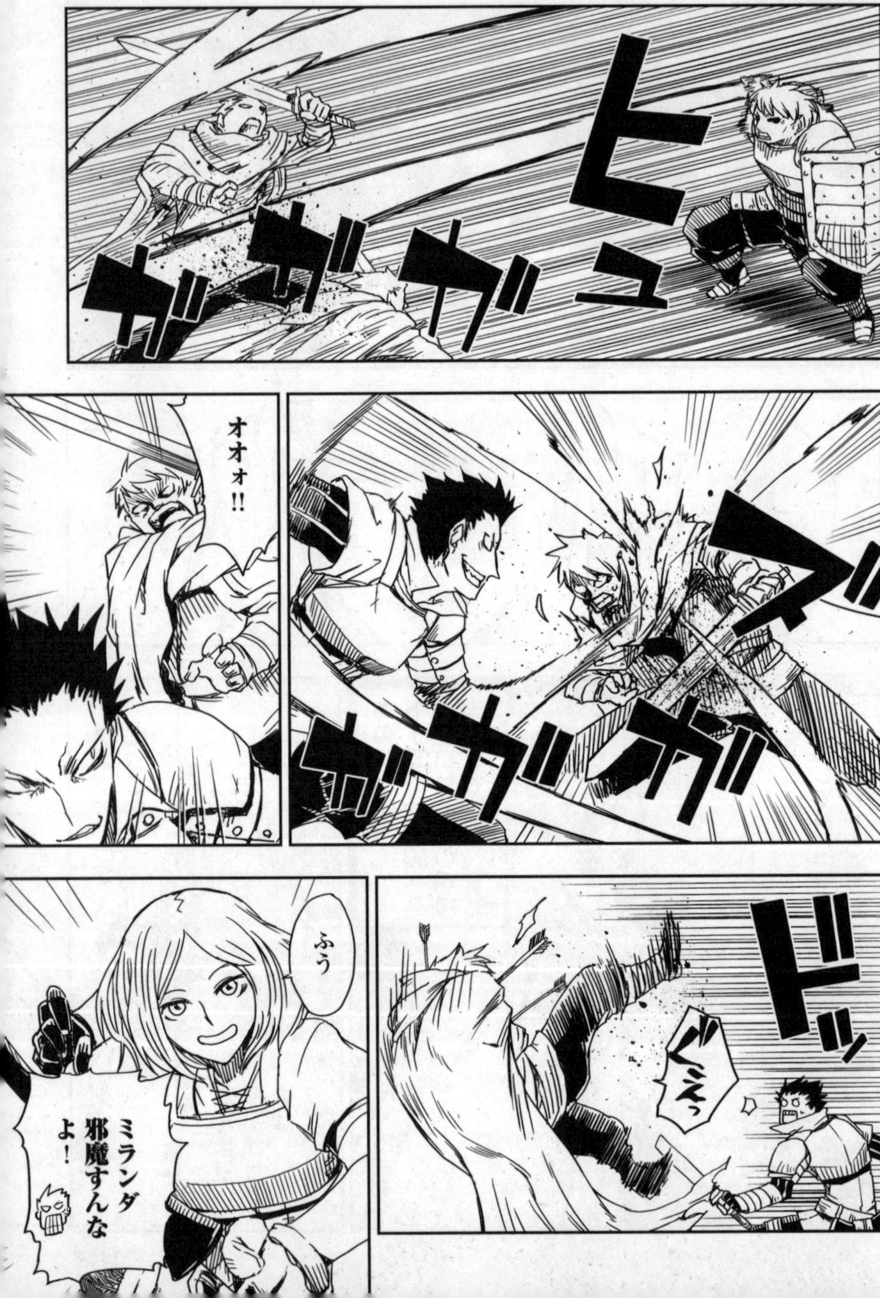
ヒュ
ザザザ
オオォ!!
ズ
ザガガ
ド
ぐえっ
ふう
ミランダ
邪魔すんな
よ！

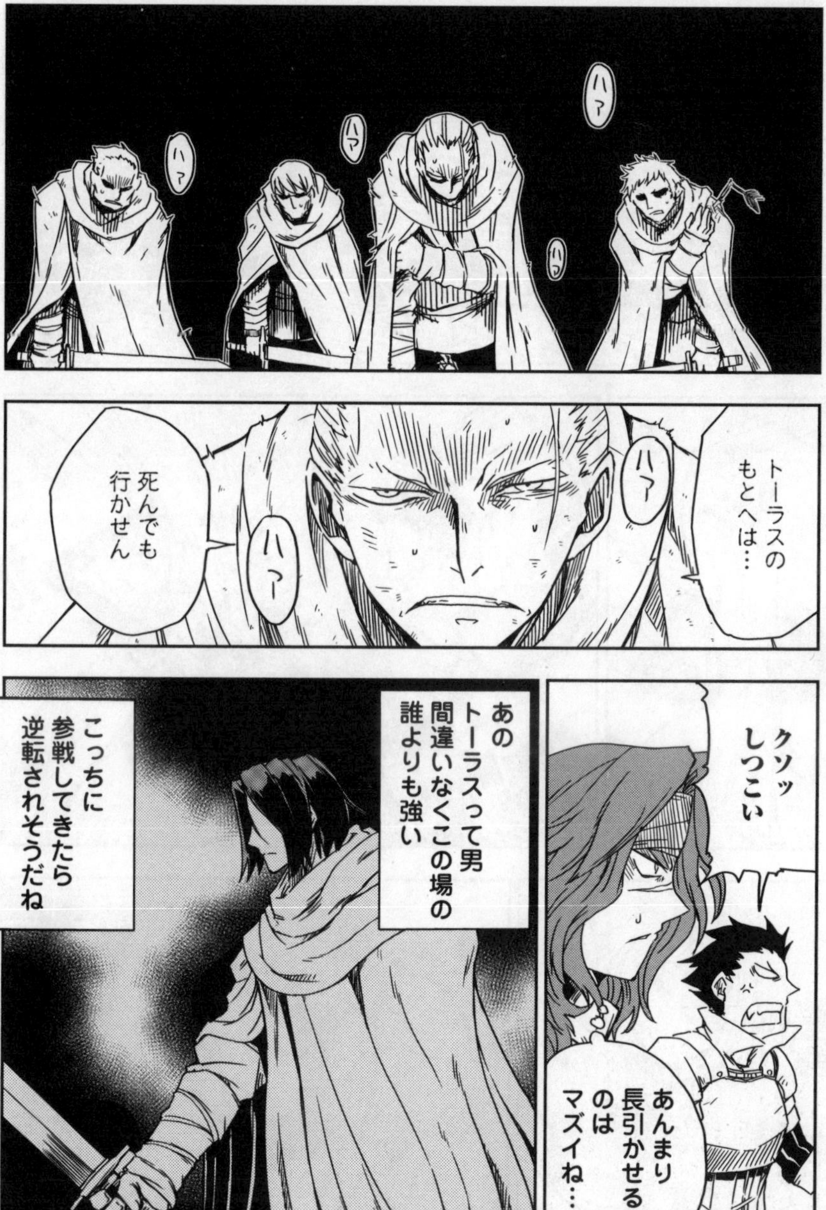
ハァ
ハァ
ハァ
ハッ
トーラスのもとへは…
ハァー
ハァー
死んでも行かせん
クソッしつこい
あんまり長引かせるのはマズイね…
あのトーラスって男間違いなくこの場の誰よりも強い
こっちに参戦してきたら逆転されそうだね

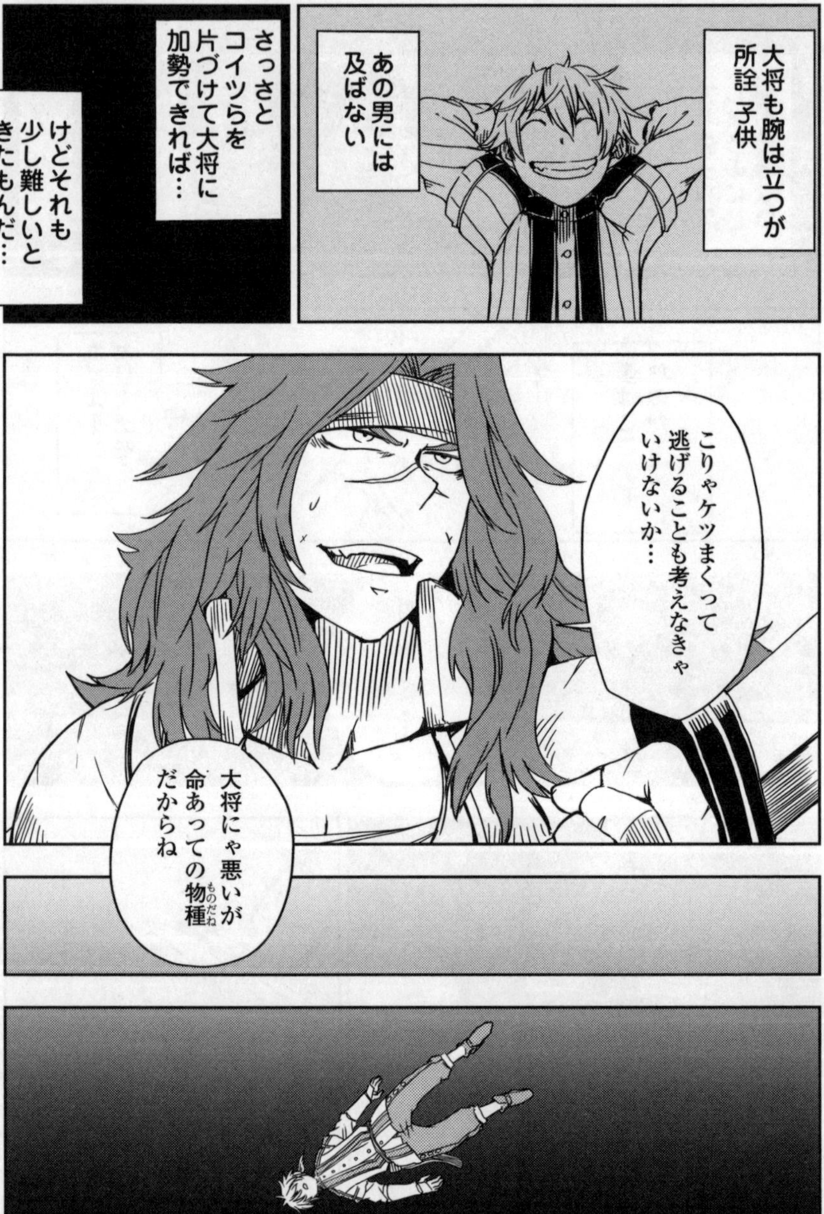
大将も腕は立つが
所詮 子供
あの男には
及ばない
さっさと
コイツらを
片づけて大将に
加勢できれば…
けどそれも
少し難しいと
きたもんだ…
こりゃケツまくって
逃げることも考えなきゃ
いけないか…
大将にゃ悪いが
命あっての物種
だからね

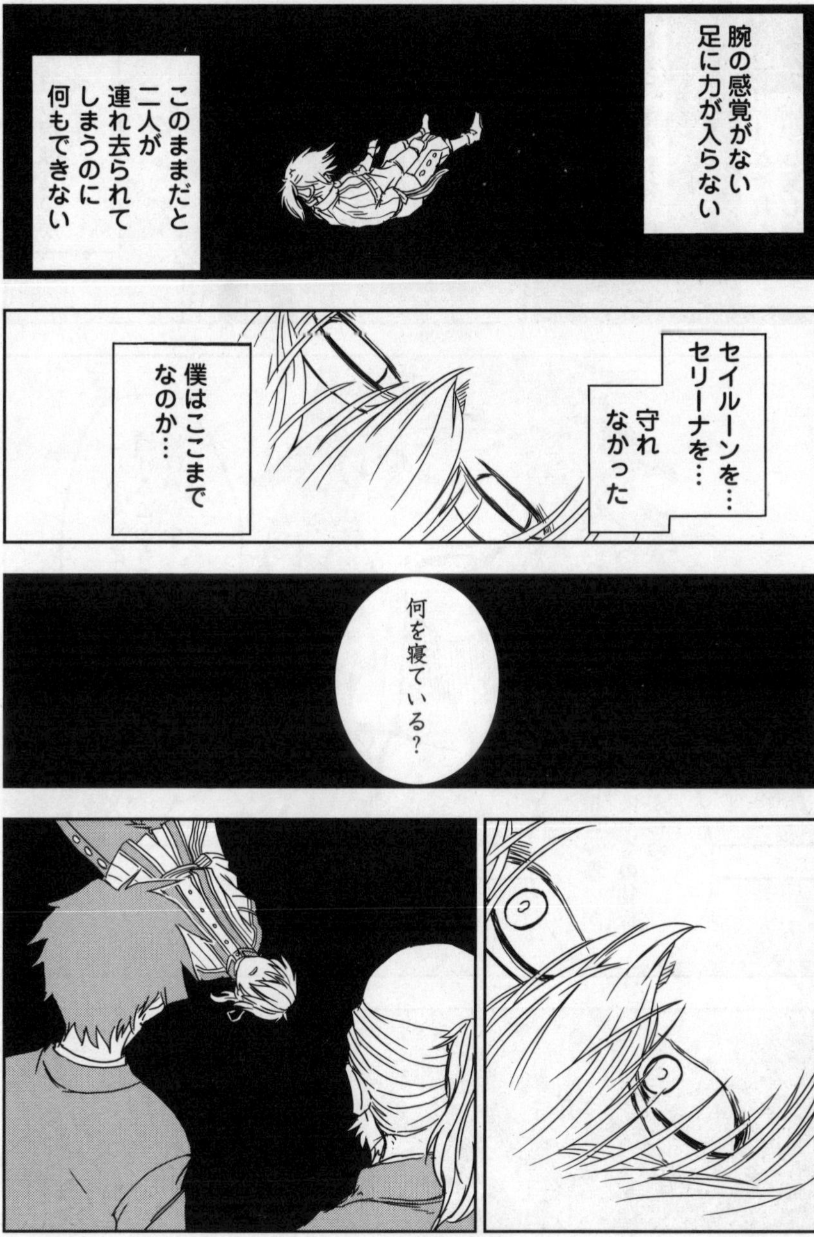
腕の感覚がない
足に力が入らない
このままだと
二人が
連れ去られて
しまうのに
何もできない
セイルーンを…
セリーナを…
守れ
なかった
僕はここまで
なのか…
何を寝ている?

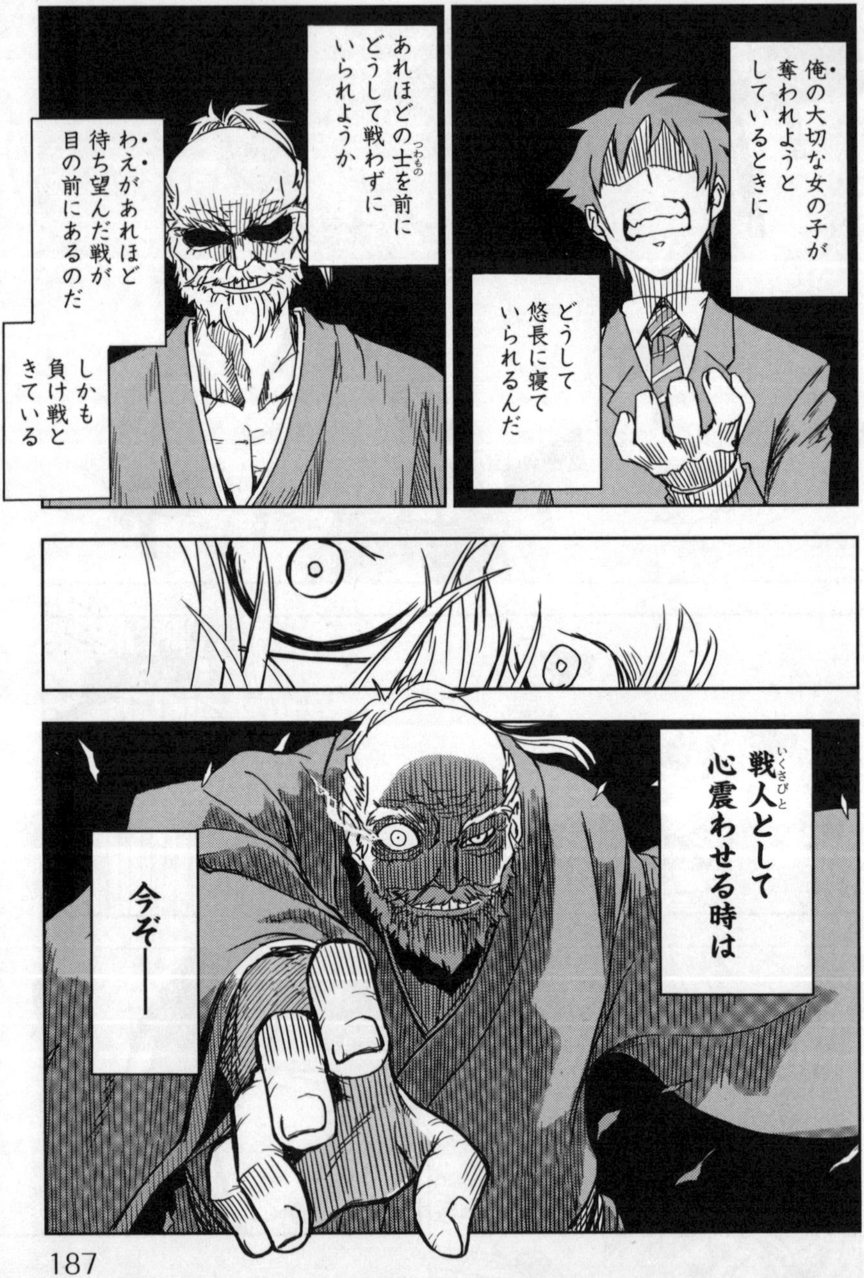
俺の大切な女の子が奪われようとしているときに
どうして悠長に寝ていられるんだ
あれほどの士（つわもの）を前にどうして戦わずにいられようか
わえがあれほど待ち望んだ戦が目の前にあるのだ
しかも負け戦ときている
戦人（いくさびと）として心震わせる時は
今ぞ――

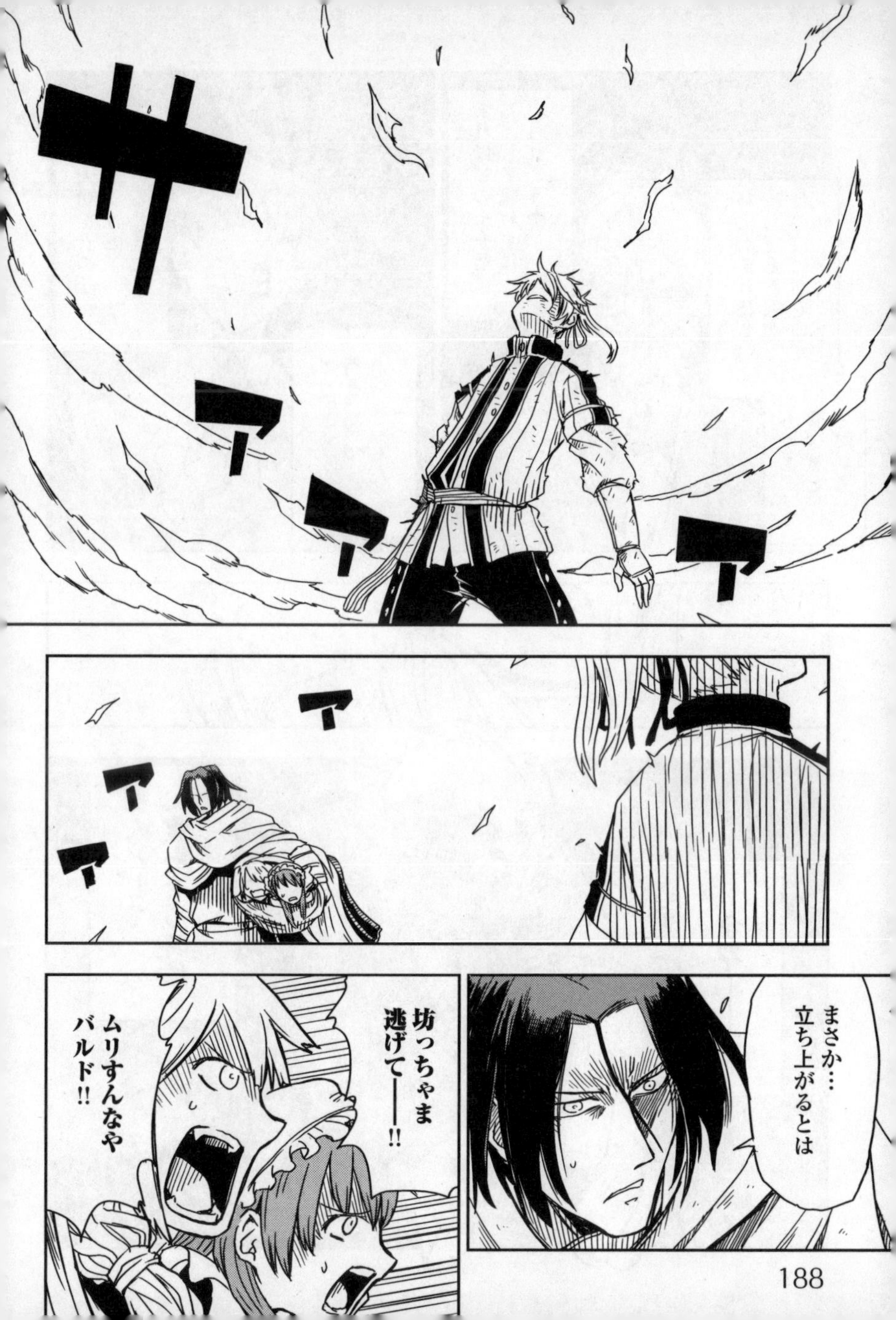
ザ
ア
ア
ア
ア
ア
ア
まさか…立ち上がるとは
坊っちゃま逃げて——!!
ムリすんなやバルド!!

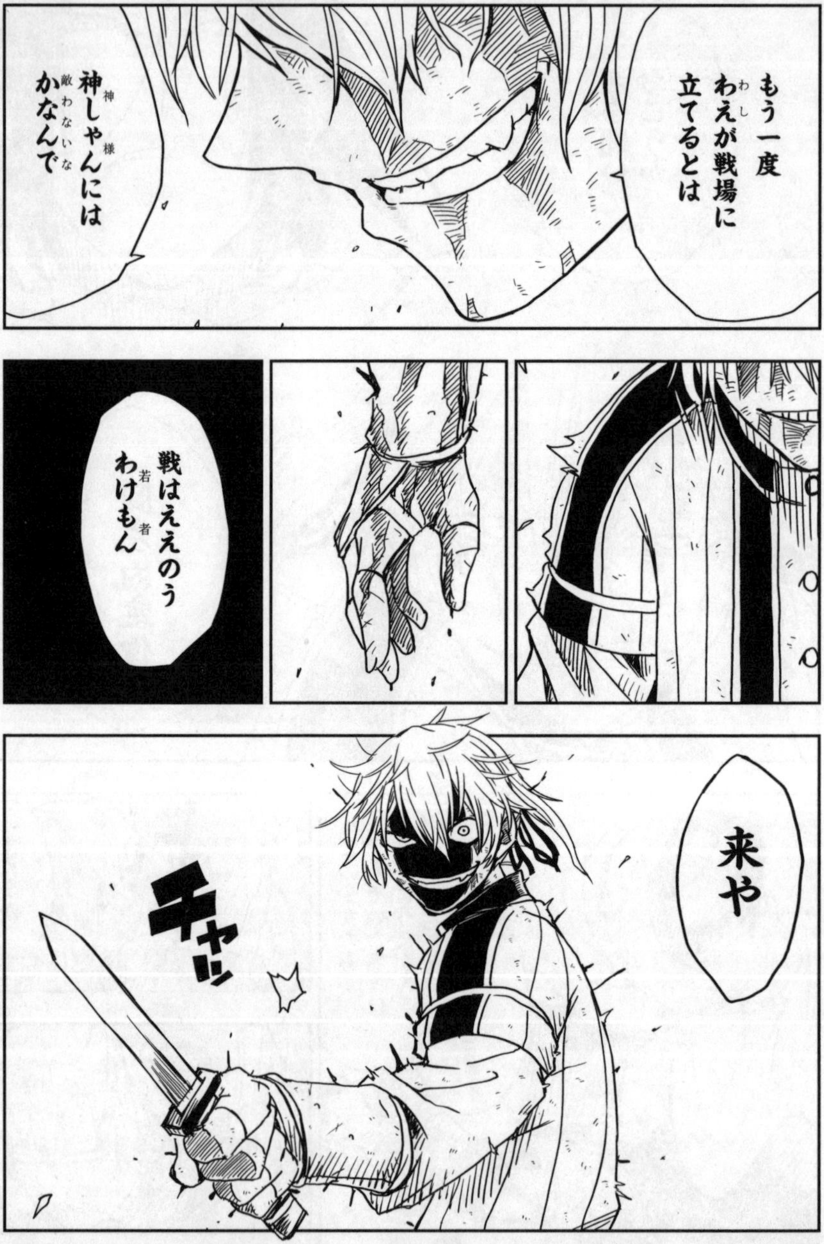

もう一度
わえ(わし)が戦場に
立てるとは
神しゃん(神様)には
かなんで(敵わないな)
戦はええのう
わけもん(若者)
来や
チャッ

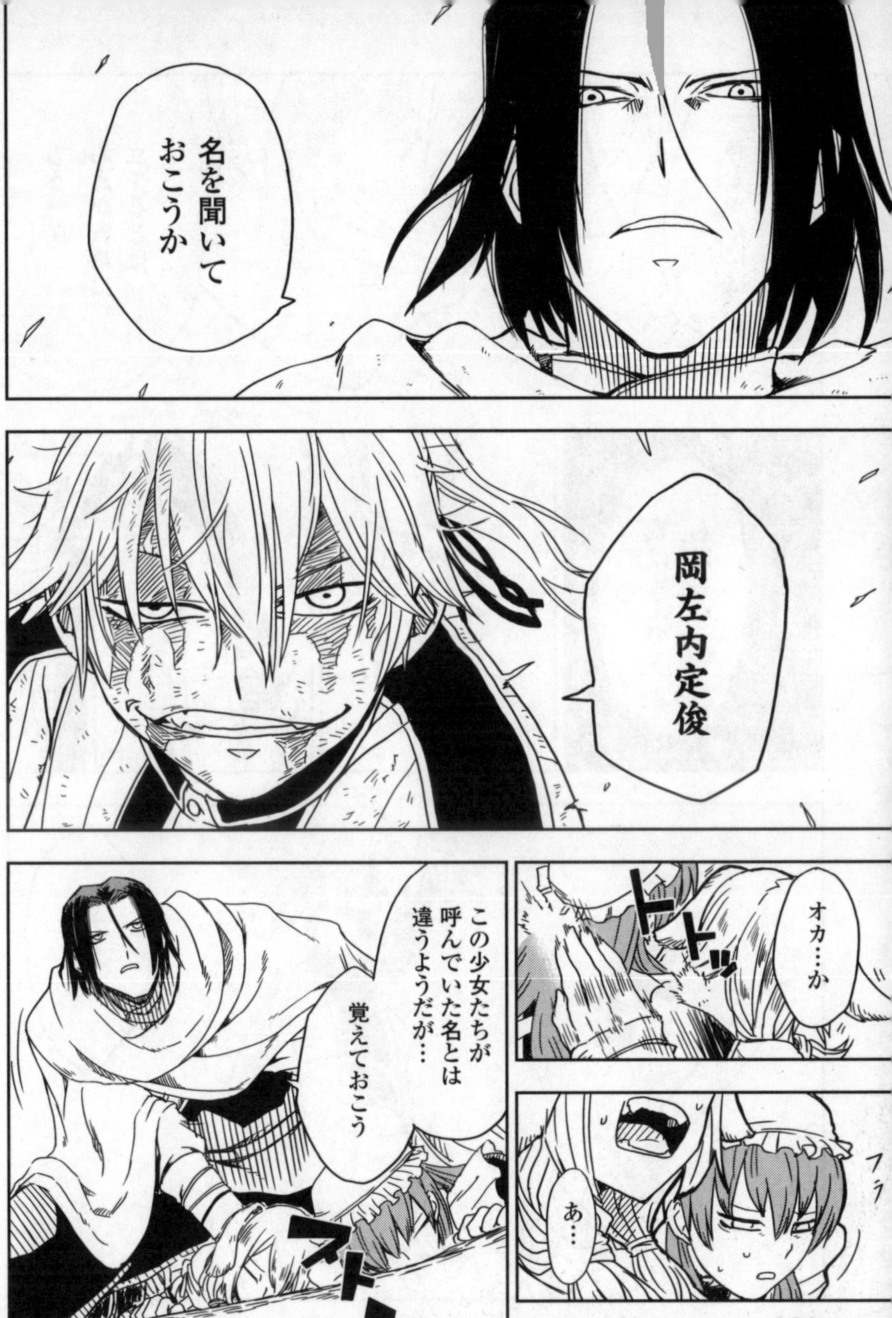
名を聞いておこうか
岡左内定俊
トトッ
オカ…か
あ…
フラ
この少女たちが呼んでいた名とは違うようだが…
覚えておこう
ストン

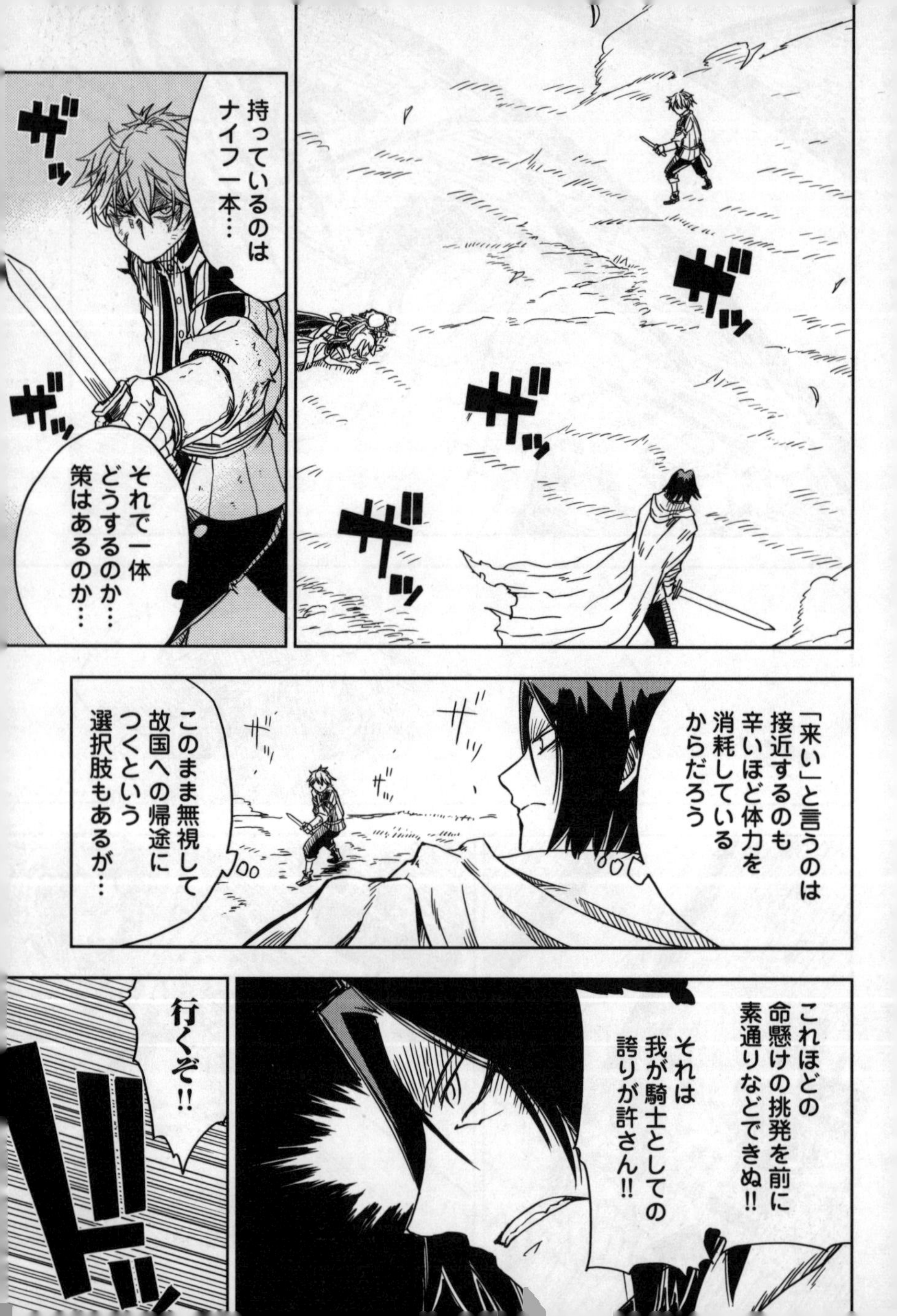

ザッ
ザッ
ザッ
ザッ
持っているのはナイフ一本…
それで一体どうするのか…策はあるのか…
ザッ
ザッ
「来い」と言うのは接近するのも辛いほど体力を消耗しているからだろう
このまま無視して故国への帰途につくという選択肢もあるが…
これほどの命懸けの挑発を前に素通りなどできぬ!!
それは我が騎士としての誇りが許さん!!
行くぞ!!
ドッ!!

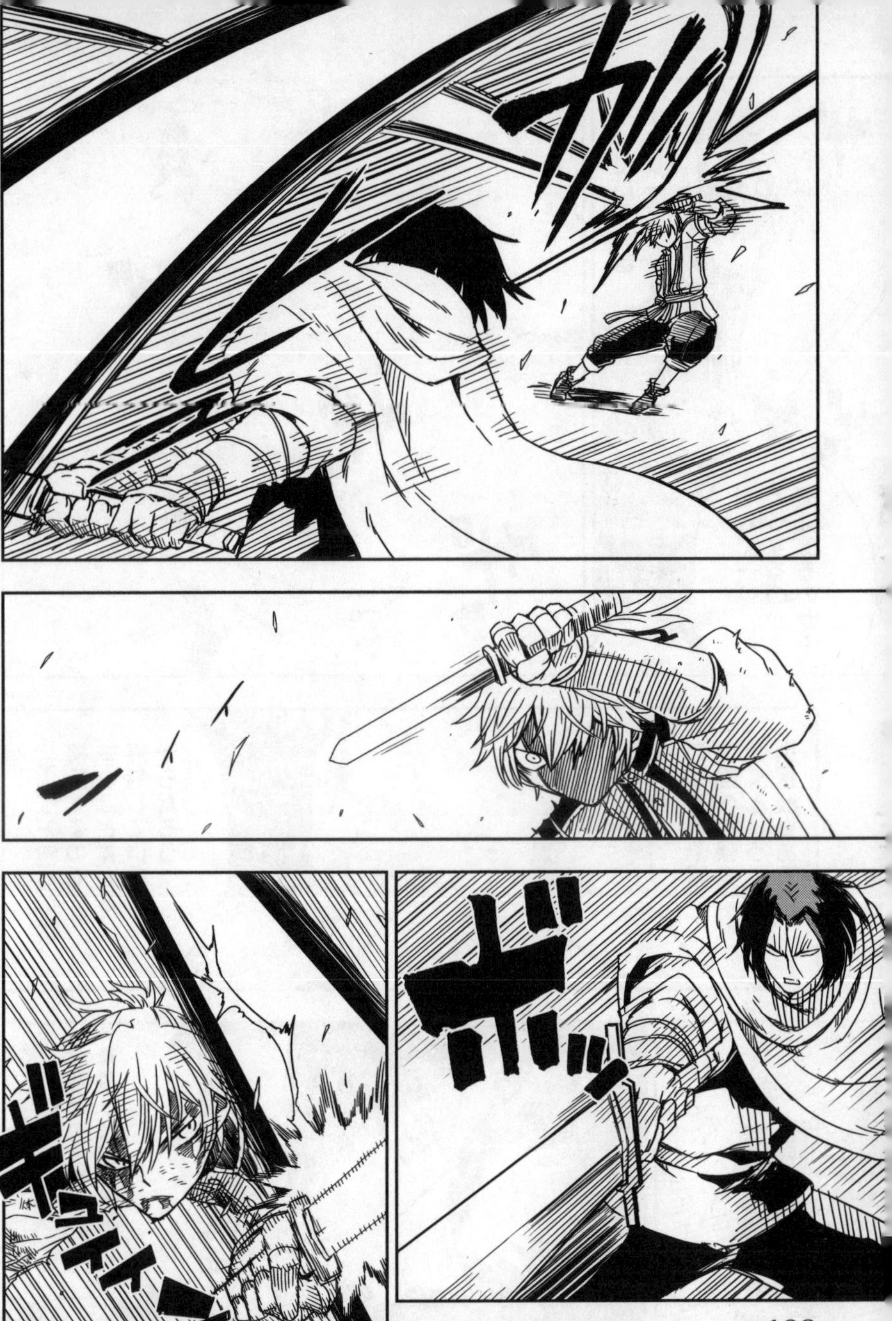

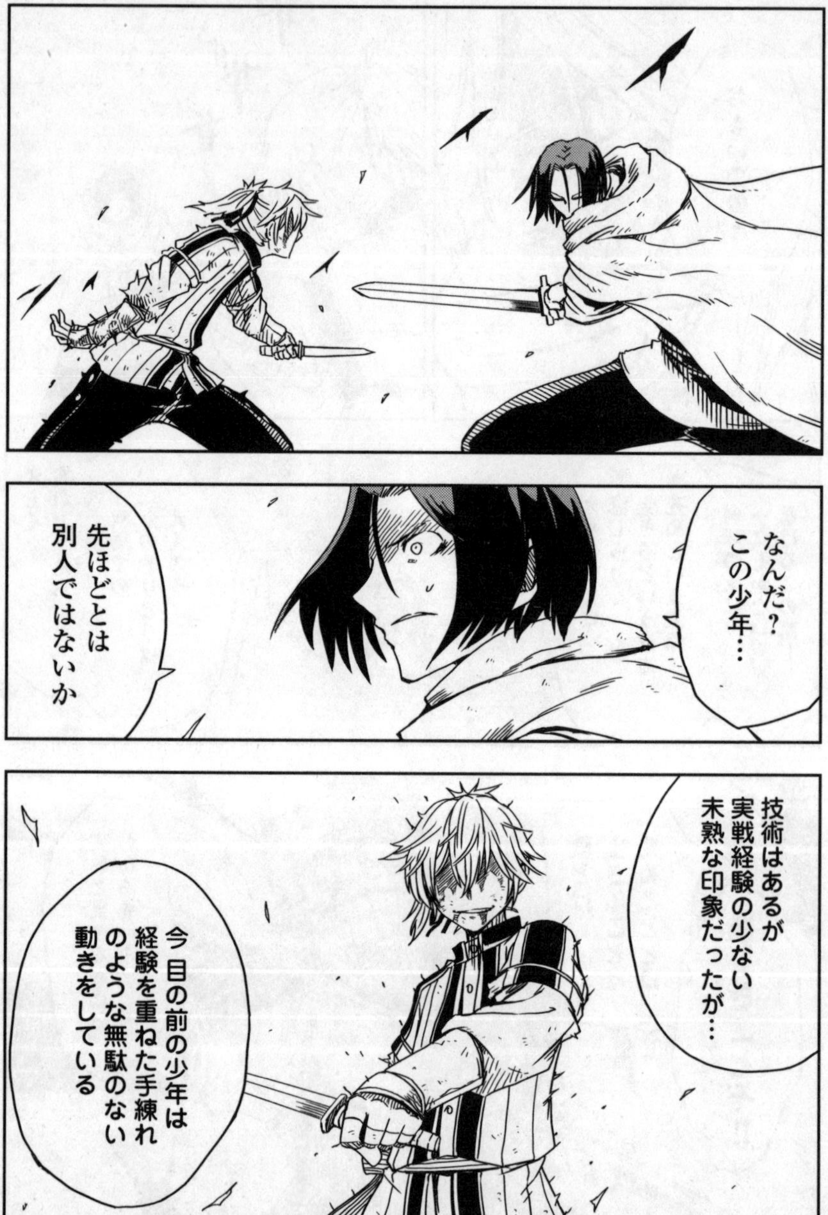
なんだ？
この少年…
先ほどとは
別人ではないか
技術はあるが
実戦経験の少ない
未熟な印象だったが…
今目の前の少年は
経験を重ねた手練れ
のような無駄のない
動きをしている

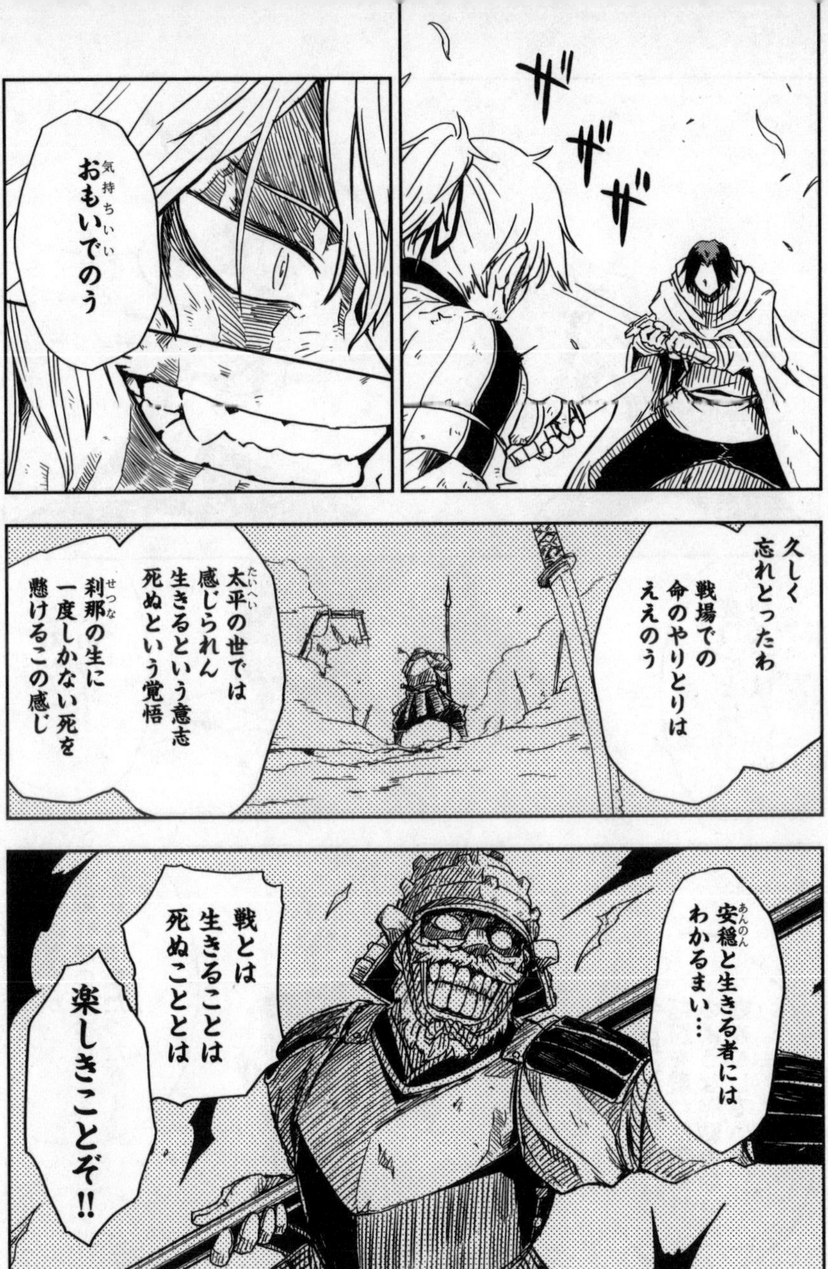
ザザザ
おもいでのう
久しく忘れとったわ
戦場での命のやりとりはええのう
太平の世では感じられん
生きるという意志
死ぬという覚悟
刹那の生に一度しかない死を懸けるこの感じ
安穏と生きる者にはわかるまい…
戦とは生きることは死ぬこととは
楽しきことぞ!!

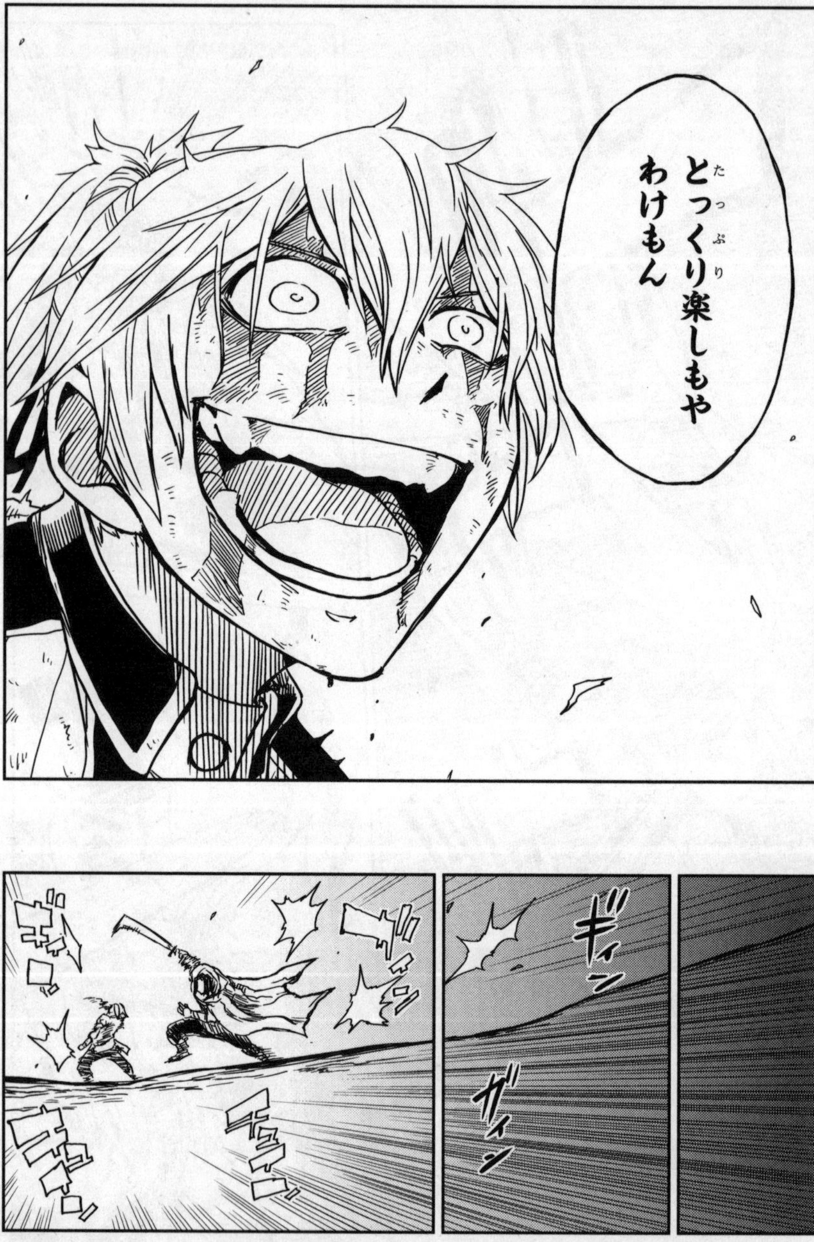
とっくり楽しもや
わけもん
ギィン
ガィン

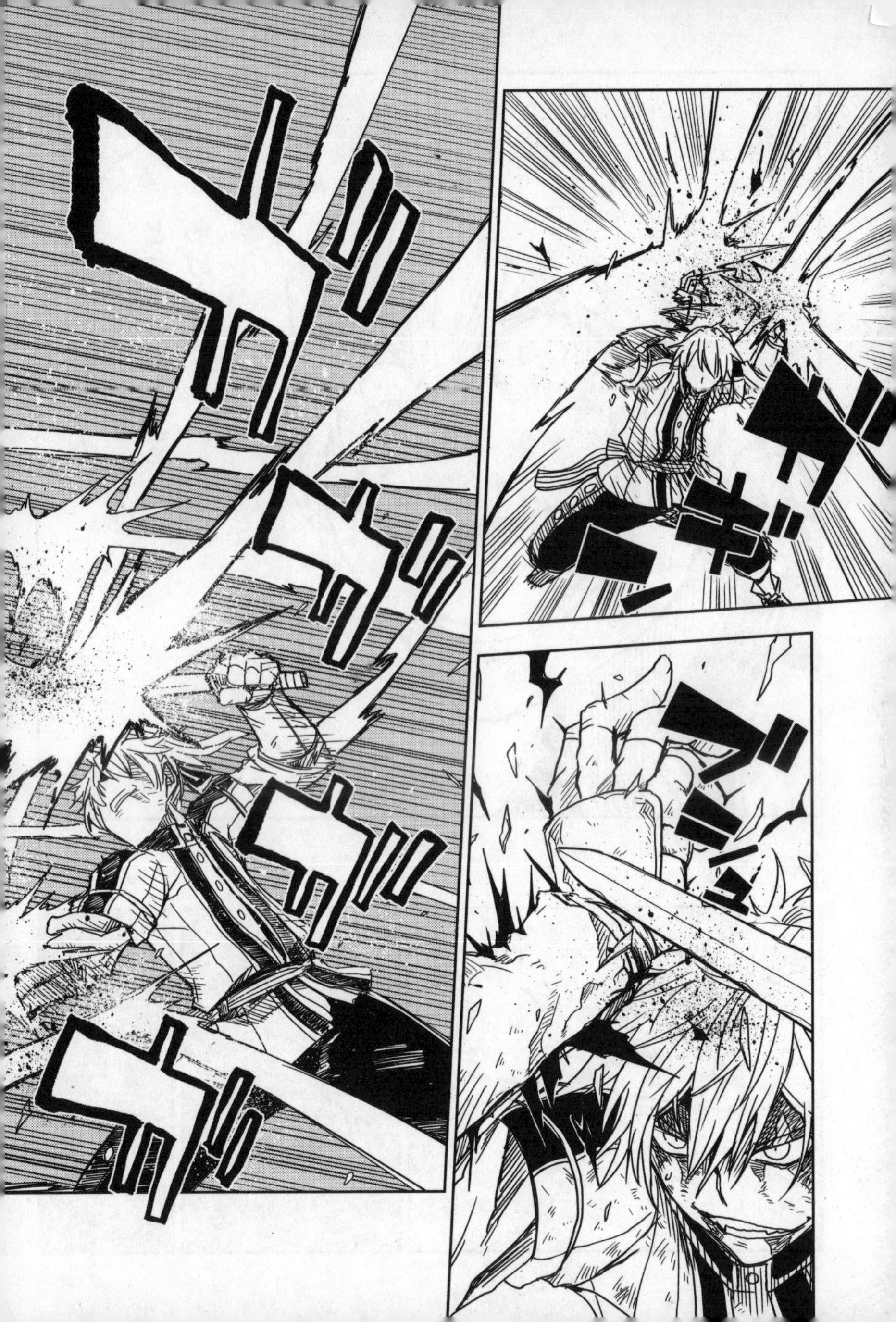
ブシュ

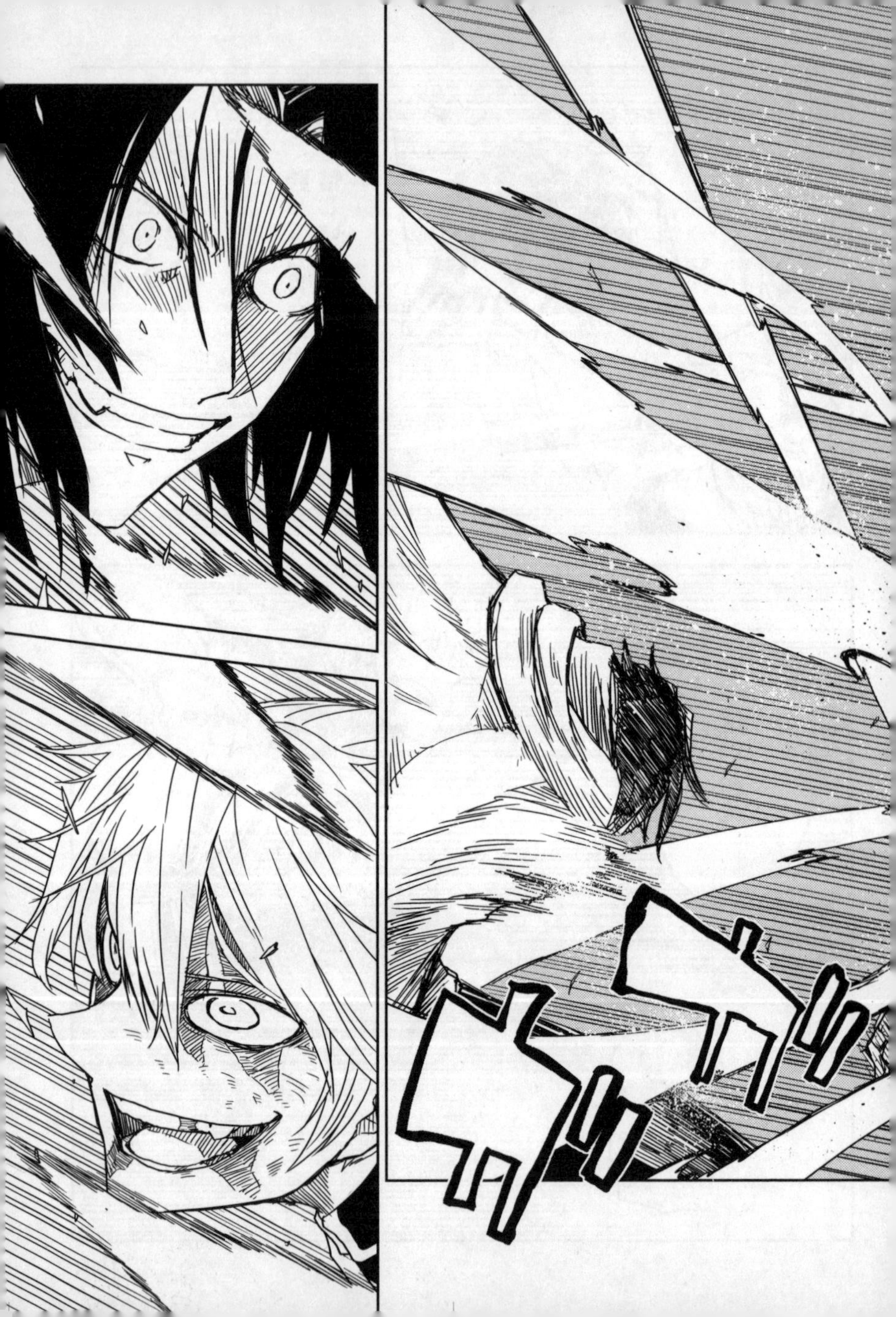

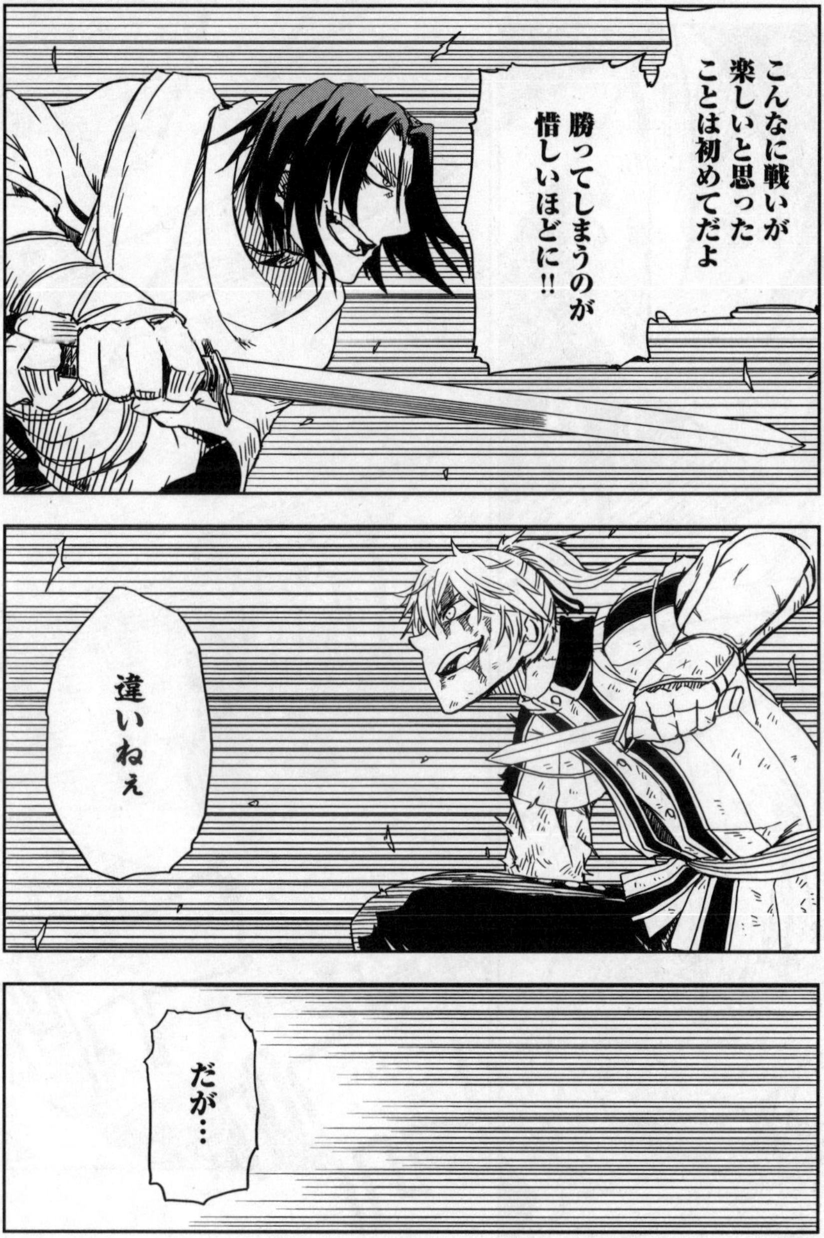
こんなに戦いが
楽しいと思った
ことは初めてだよ
勝ってしまうのが
惜しいほどに!!
違いねぇ
だが…

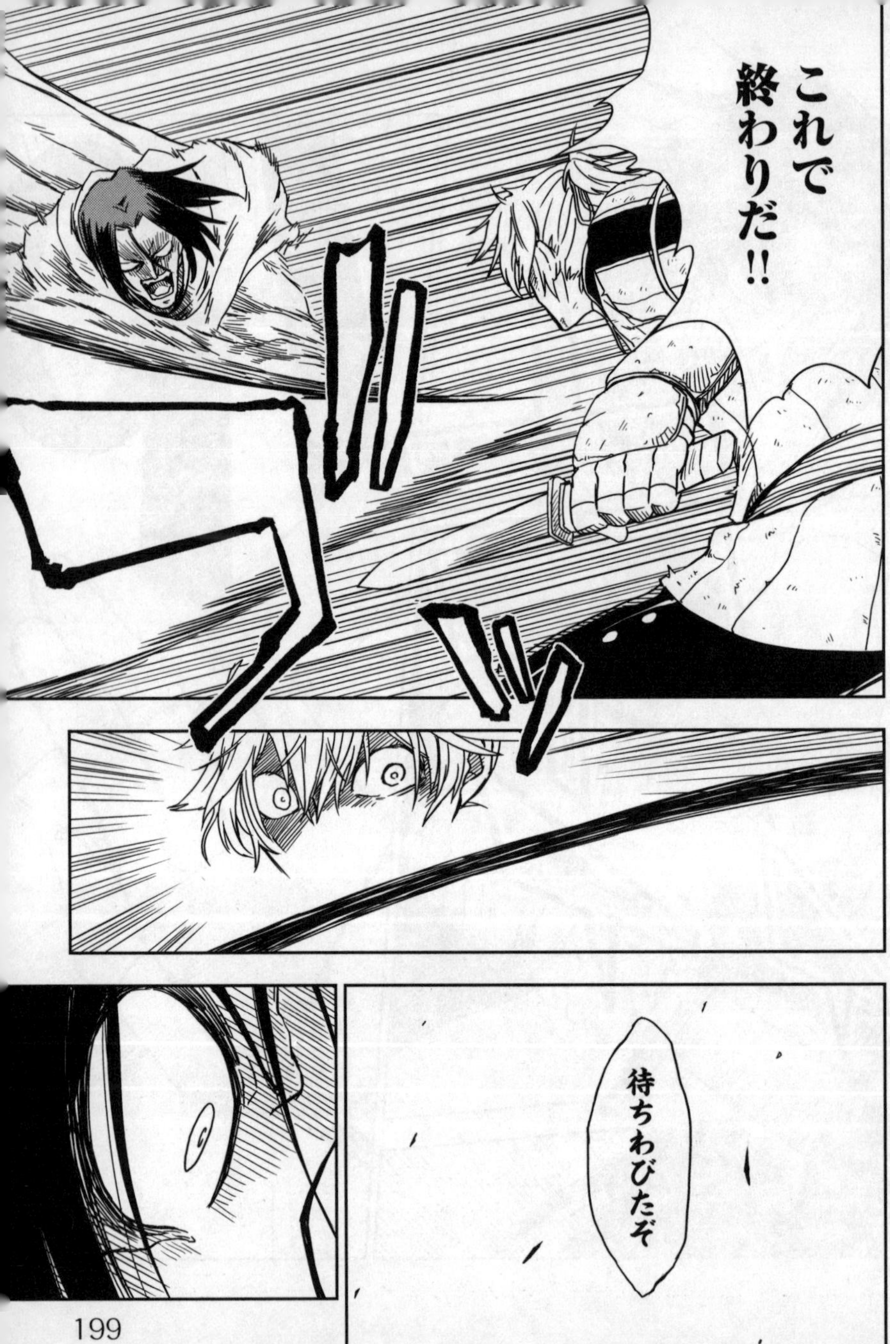
これで終わりだ!!
待ちわびたぞ

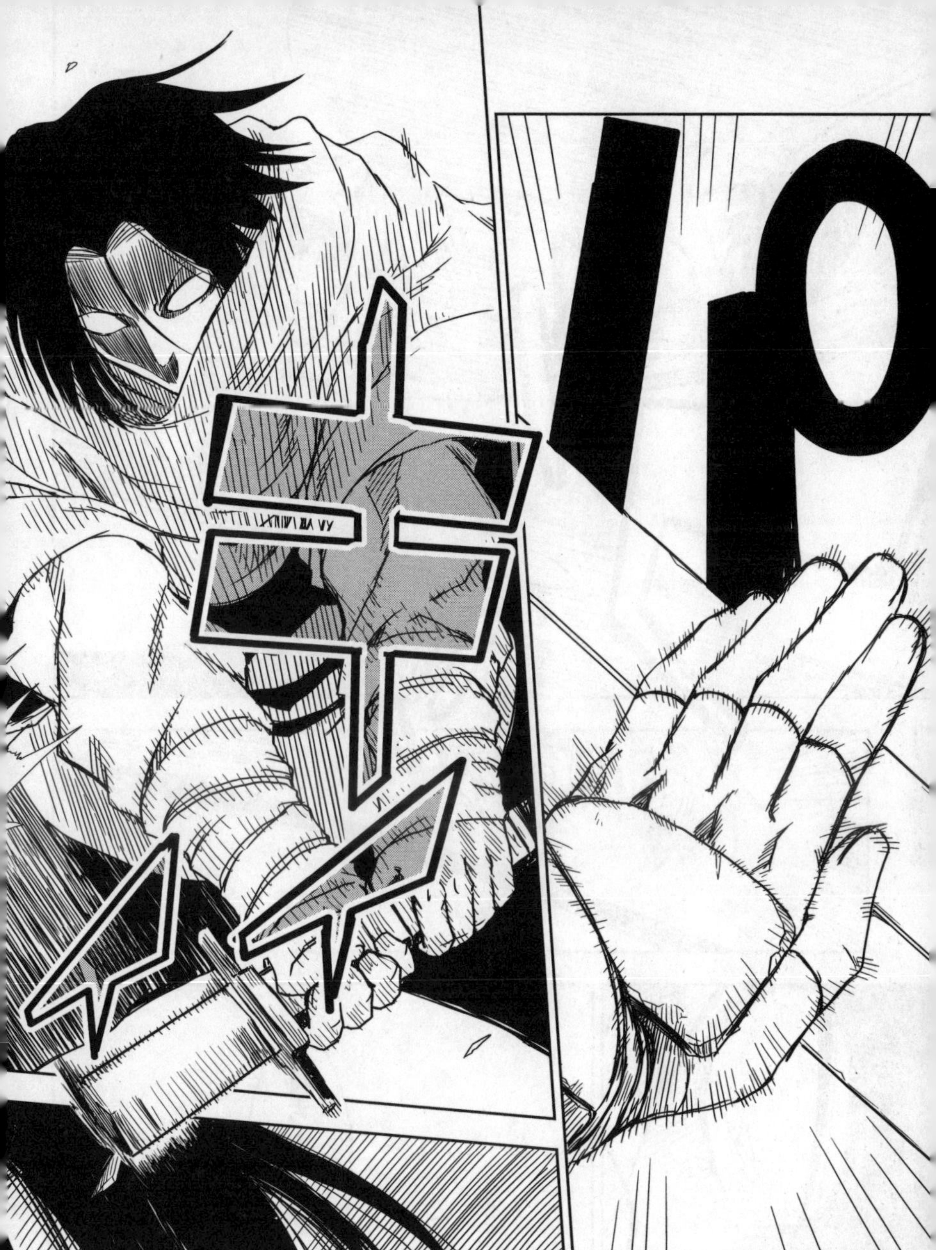

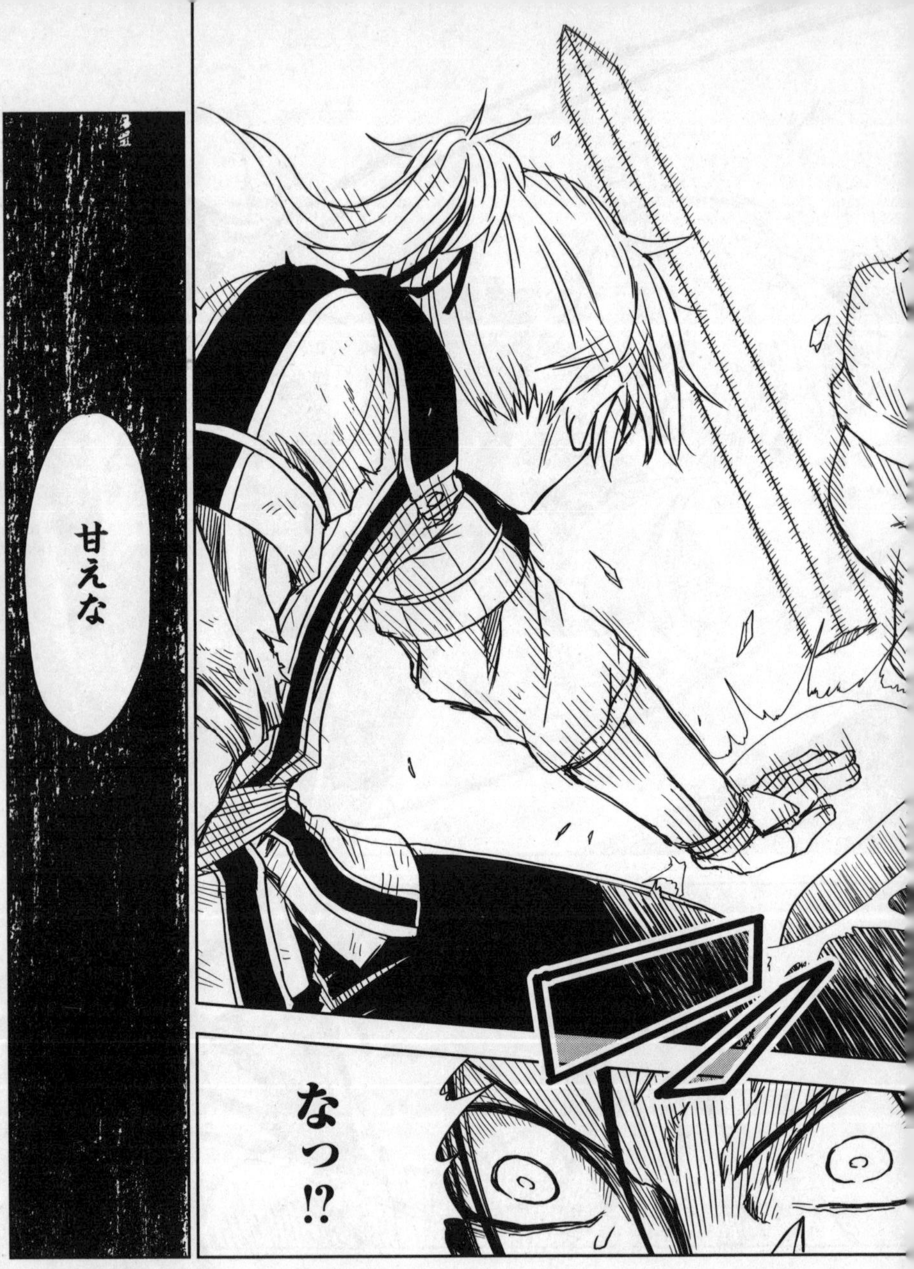
甘えな
なっ!?

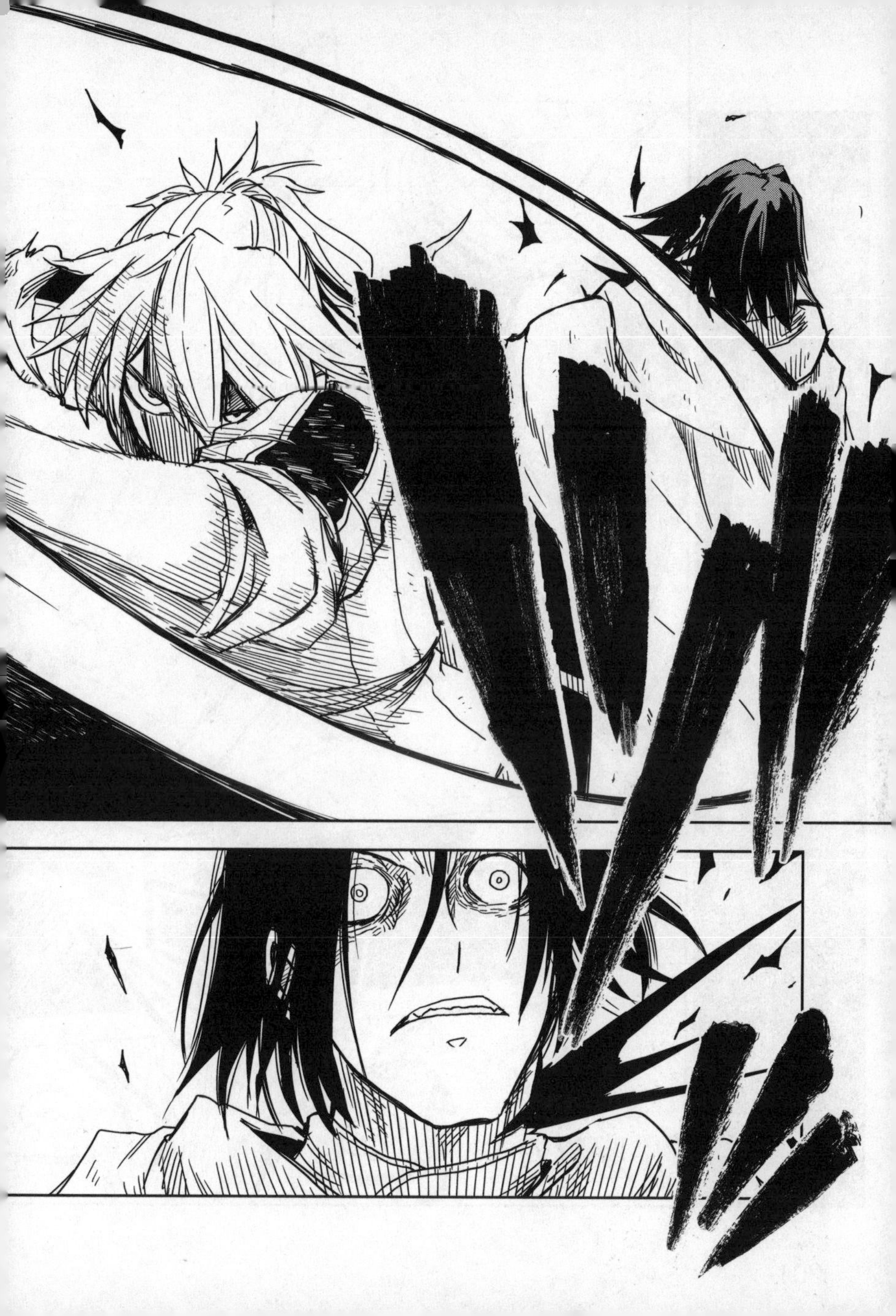

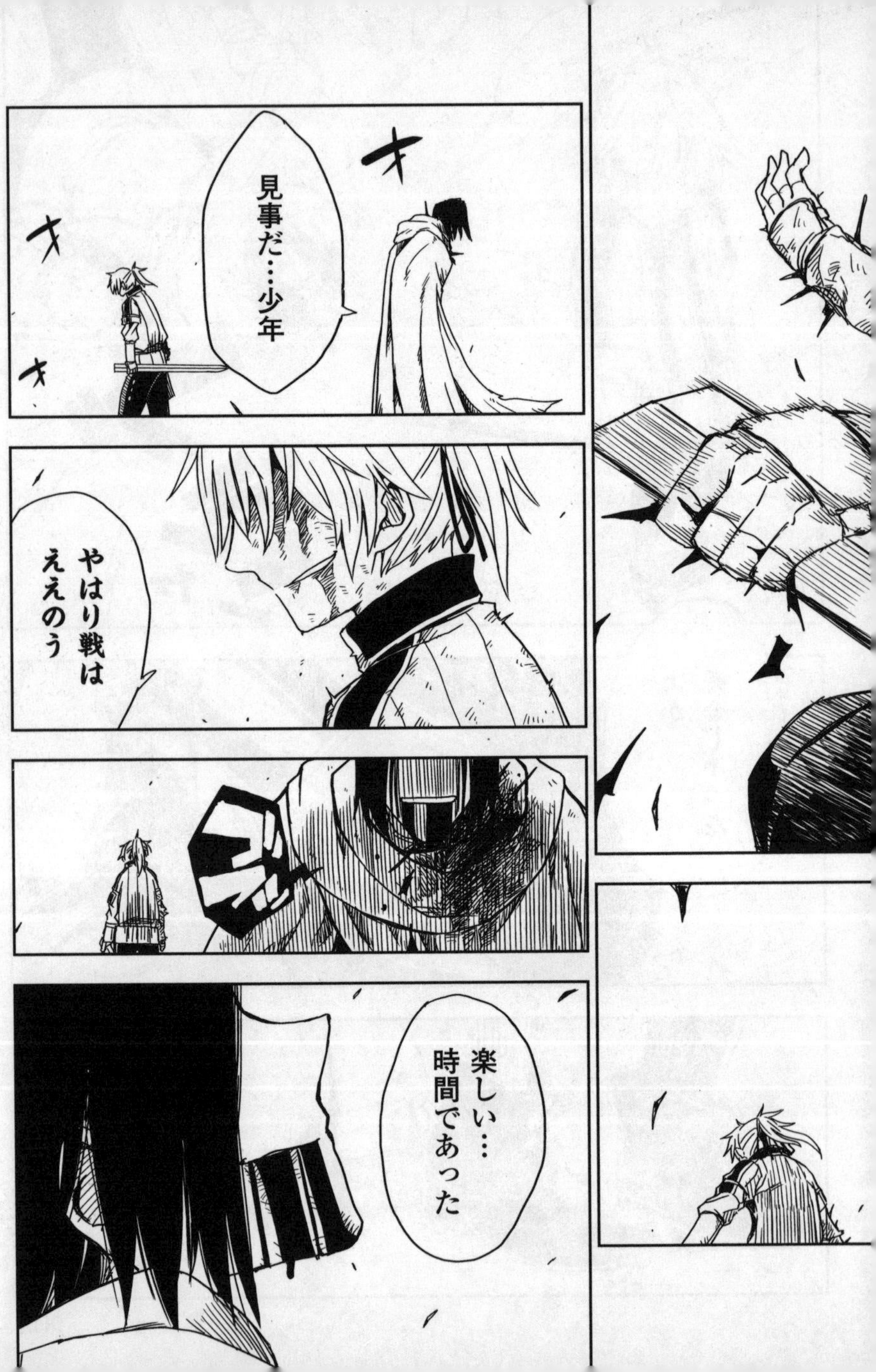
見事だ…少年
やはり戦はええのう
楽しい…時間であった

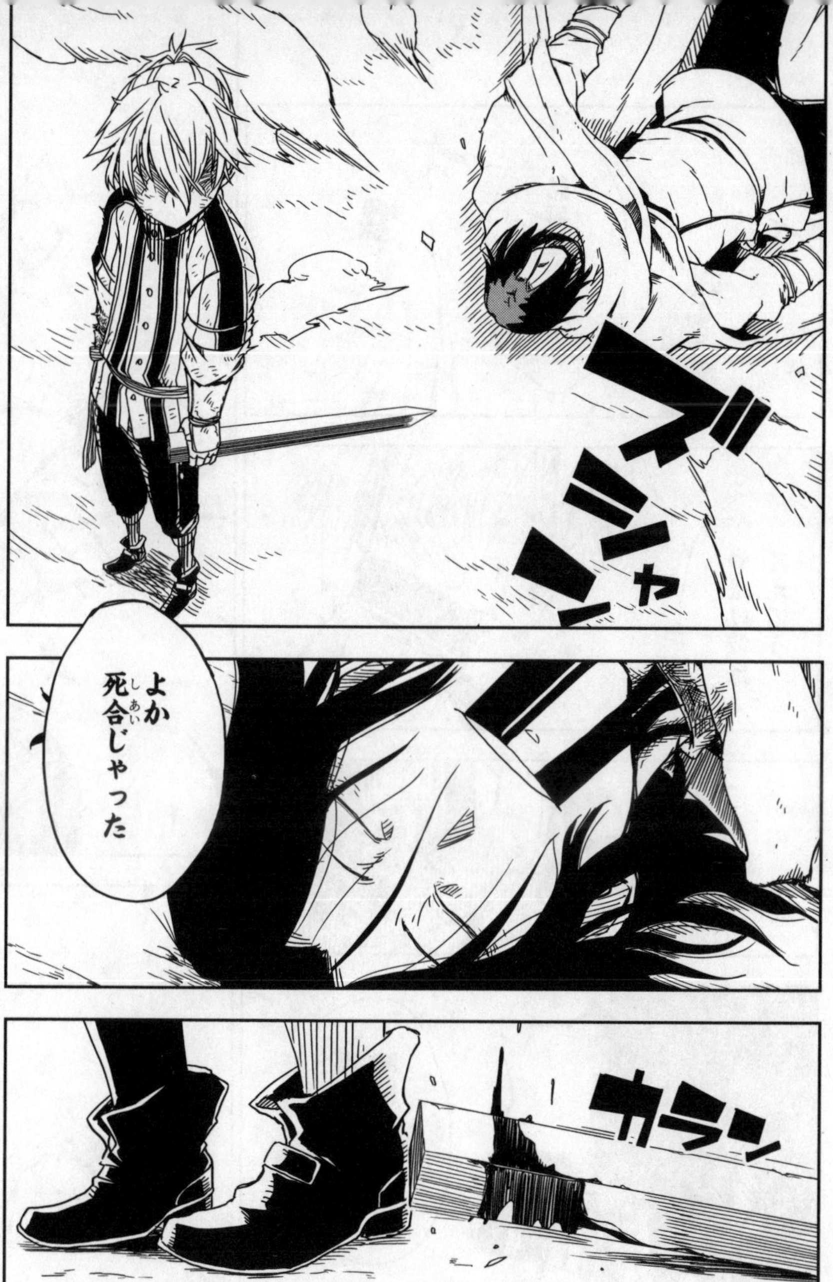
ズシャン
よか
死合じゃった
カラン

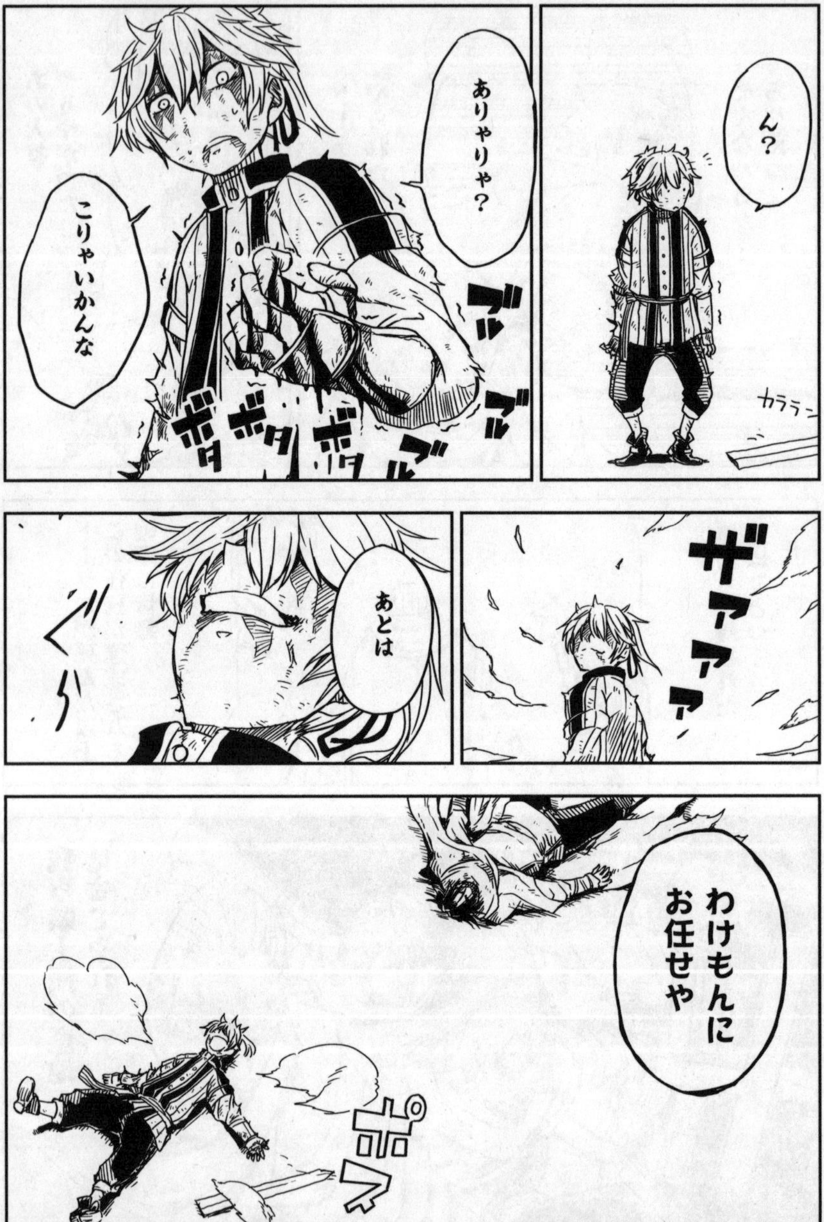
ん？
カラララン
ありゃりゃ？
ブルブル
ボタボタボタ
こりゃいかんな
ザァアァ
あとは
ぐら
わけもんに
お任せや
ポフ

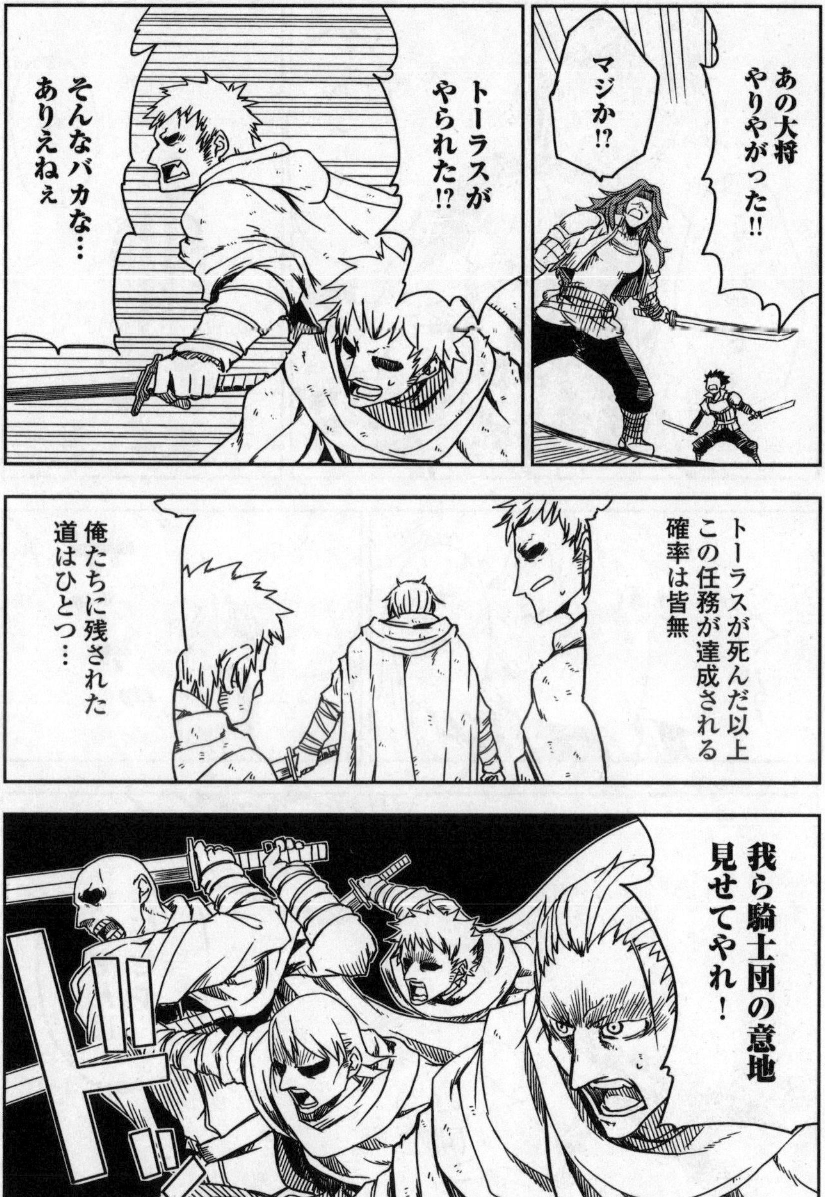
あの大将
やりやがった!!
マジか!?
トーラスが
やられた!?
そんなバカな…
ありえねぇ
トーラスが死んだ以上
この任務が達成される
確率は皆無
俺たちに残された
道はひとつ…
我ら騎士団の意地
見せてやれ!

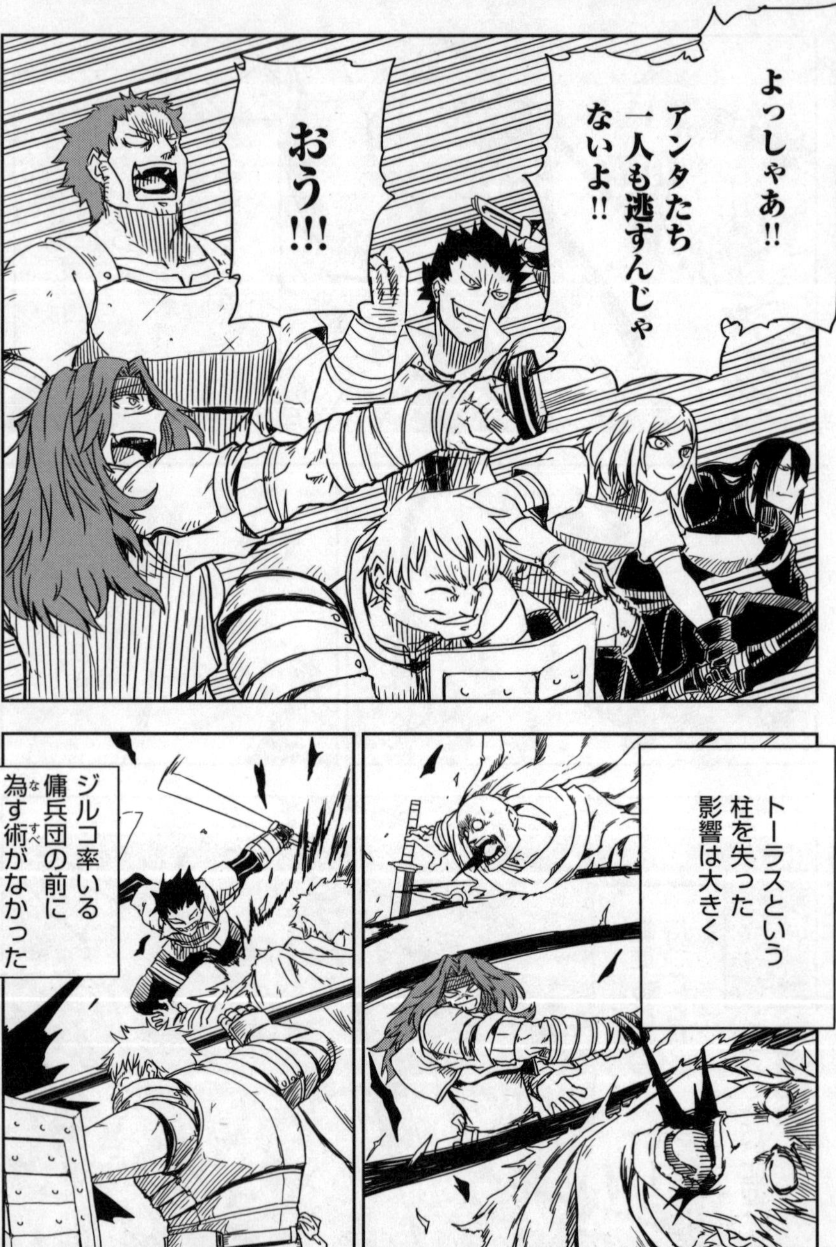
よっしゃあ!!
アンタたち
一人も逃すんじゃ
ないよ!!
おう!!!
トーラスという
柱を失った
影響は大きく
ジルコ率いる
傭兵団の前に
為す術がなかった

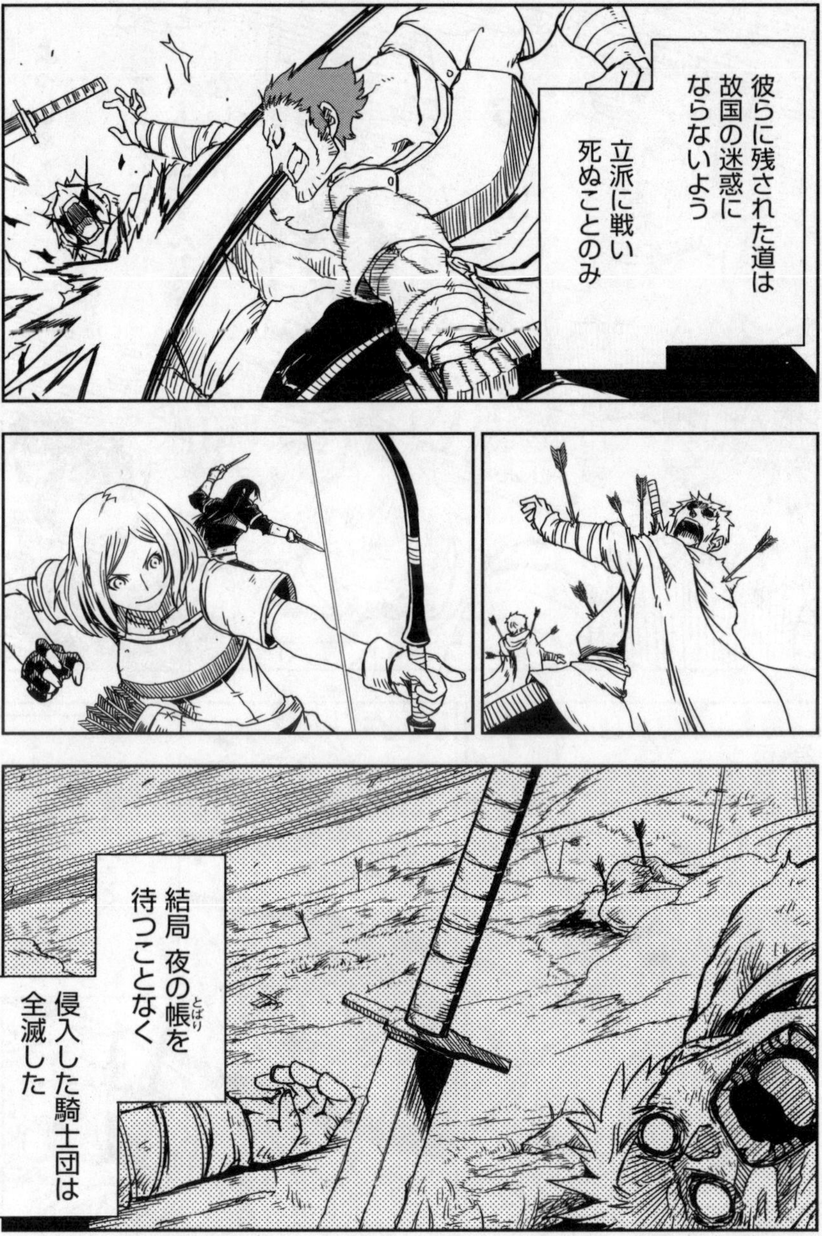
彼らに残された道は
故国の迷惑に
ならないよう
立派に戦い
死ぬことのみ
結局 夜の帳(とばり)を
待つことなく
侵入した騎士団は
全滅した

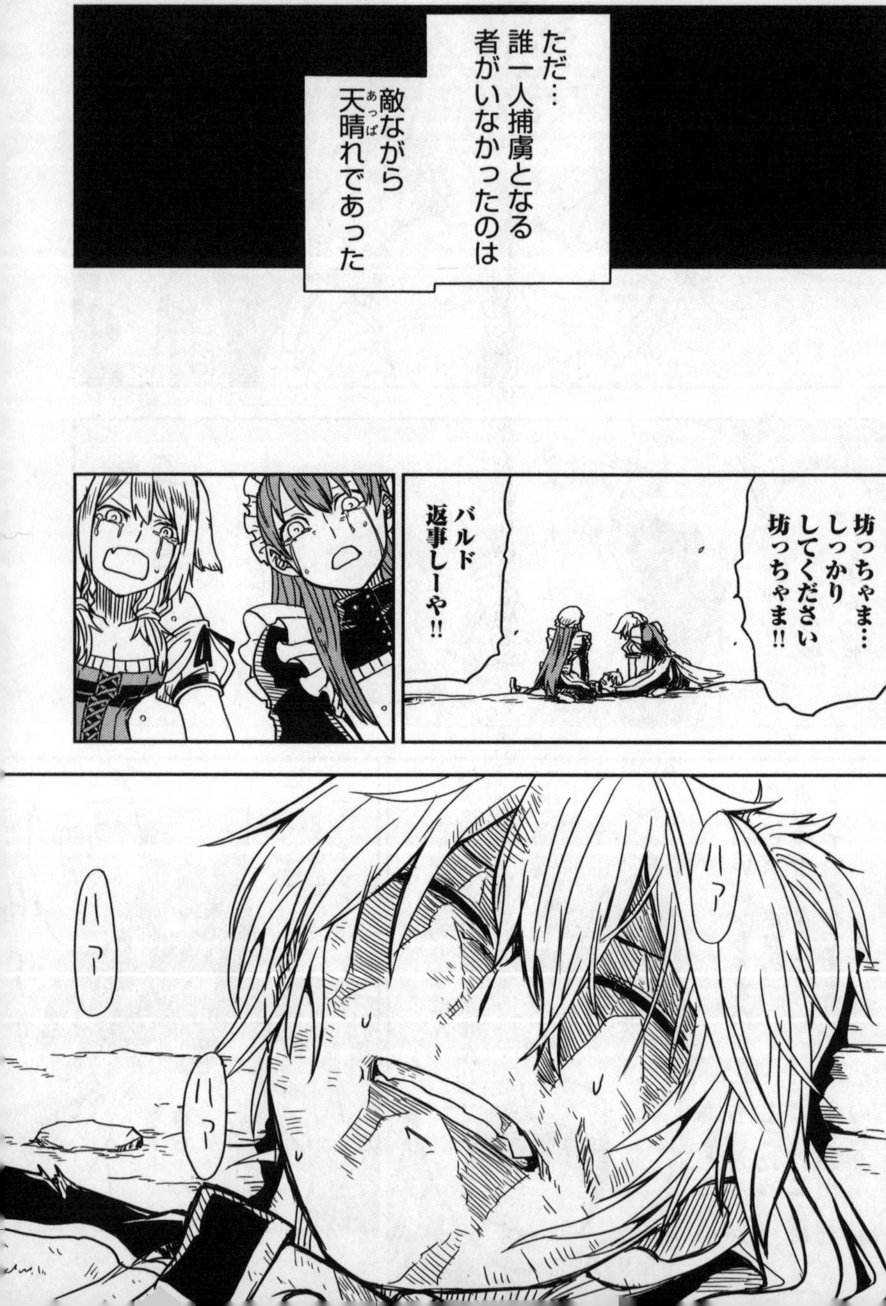
ただ…
誰一人捕虜となる
者がいなかったのは
敵ながら
天晴れであった
坊っちゃま…
しっかり
してください
坊っちゃま!!
バルド
返事しーや!!
ハァ
ハァ
ハァ

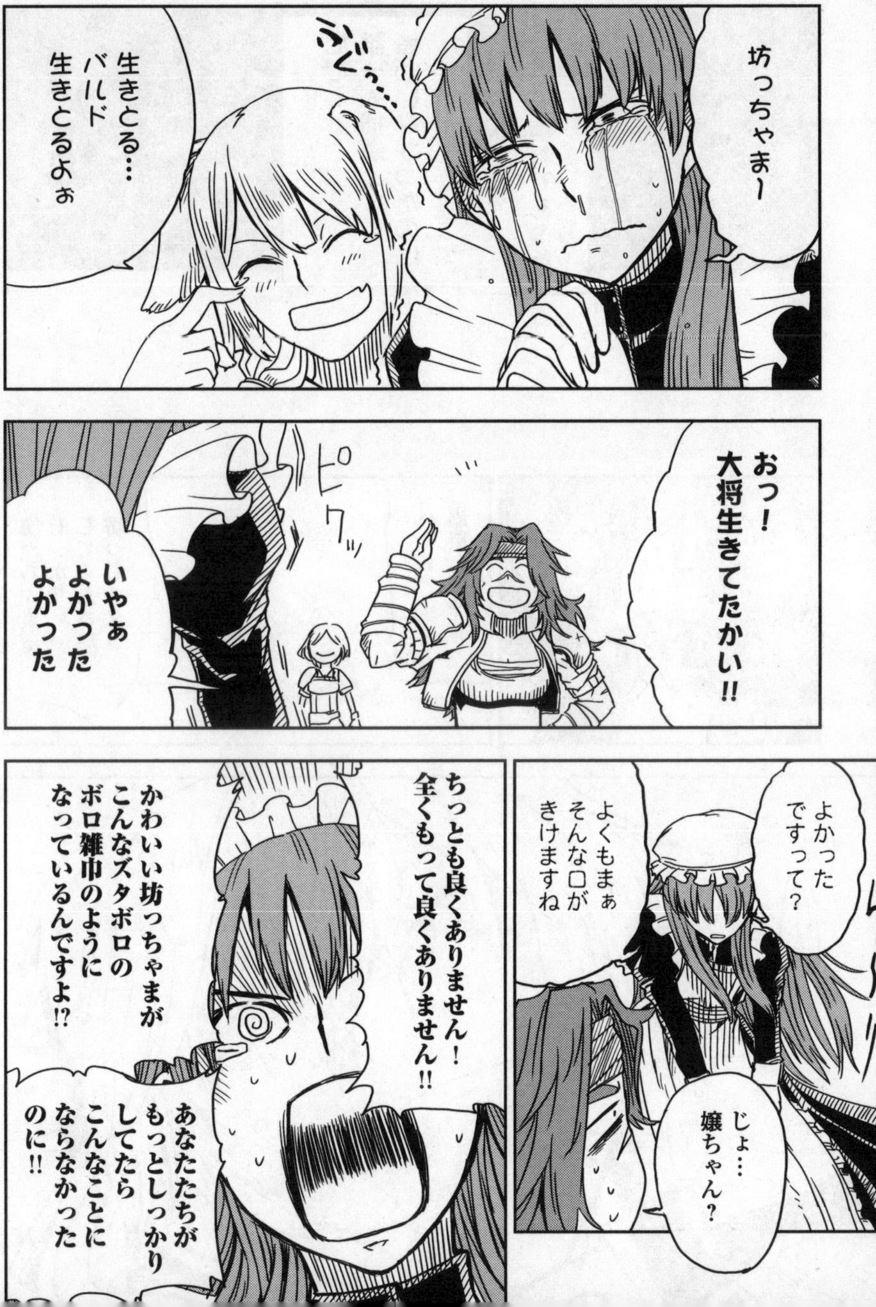

坊っちゃまー
ふぐぅ…
生きとる…
バルド
生きとるよぉ
おっ!
大将生きてたかい!!
ピクッ
いやぁ
よかった
よかった
よかった
ですって?
よくもまぁ
そんな口が
きけますね
じょ…
嬢ちゃん?
ちっとも良くありません!
全くもって良くありません!!
かわいい坊っちゃまが
こんなズタボロの
ボロ雑巾のように
なっているんですよ!?
あなたたちが
もっとしっかり
してたら
こんなことに
ならなかった
のに!!

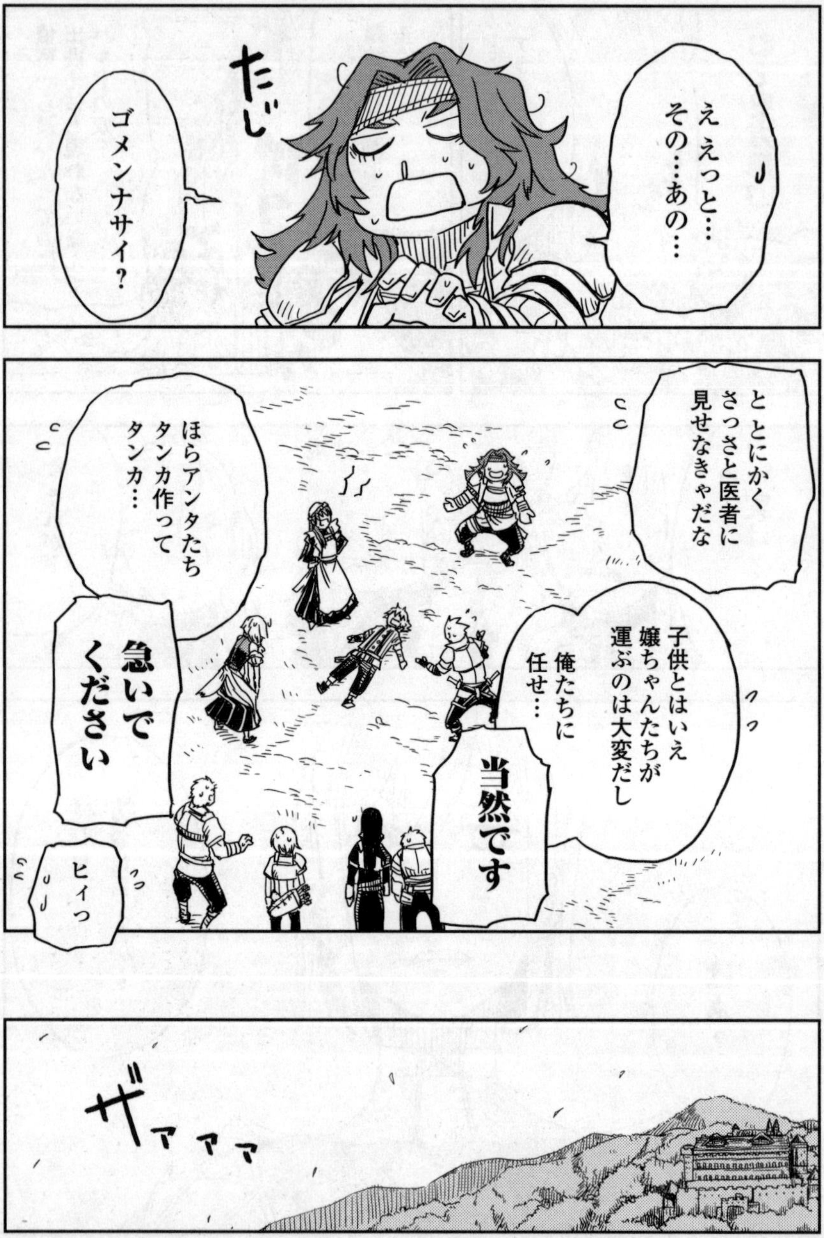
ええっと…その…あの…
たじ
ゴメンナサイ？
とにかくさっさと医者に見せなきゃだな
ほらアンタたちタンカ作ってタンカ…
子供とはいえ嬢ちゃんたちが運ぶのは大変だし俺たちに任せ…
当然です
急いでください
ヒイっ
ザァァァ

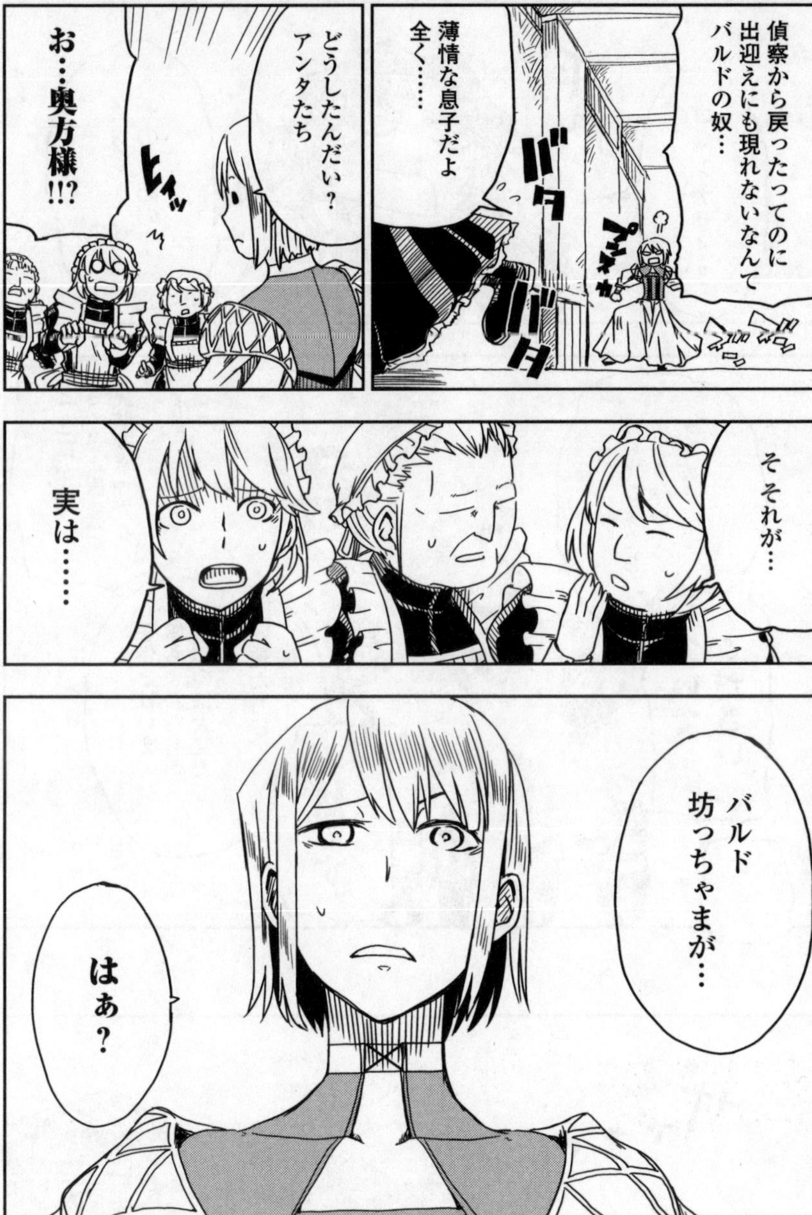

偵察から戻ったってのに
出迎えにも現れないなんて
バルドの奴…
プンスカ
ズカズカ
ドタ
バタ
バタ
薄情な息子だよ
全く……
どうしたんだい？
アンタたち
ヒイッ
お…奥方様!!?
そ それが…
実は……
バルド
坊っちゃまが…
はぁ？

異世界転生騒動記

Otaku knowledge & Samurai spirit & Blue blood

おまけ！

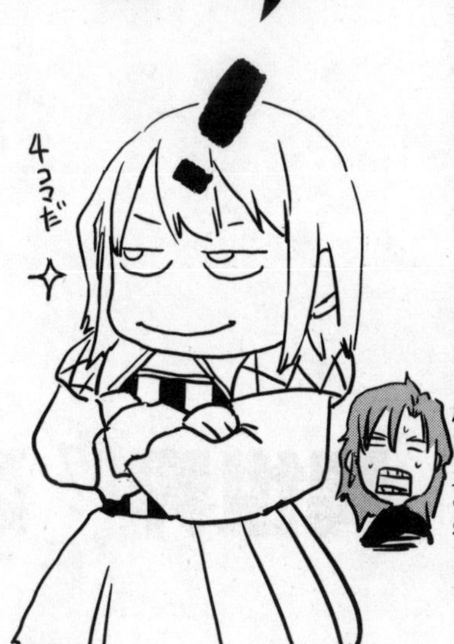
4コマだ
存在がうすい…!?

雅晴の場合

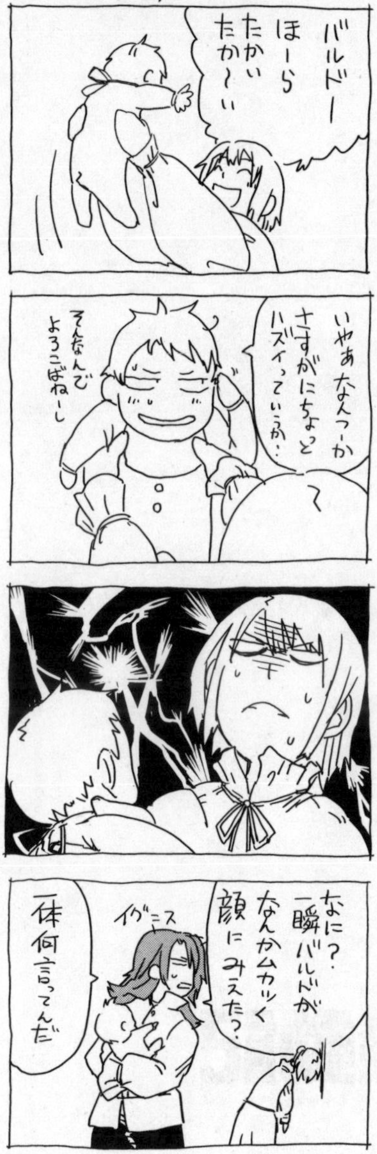
バルドー ほーら たかい たか〜い
いやあなんつーか さすがにちょっと ハズイっていうか…
そんなんで よろこばねーし
なに？ 一瞬バルドが なんかムカツく 顔にみえたっ？
イグニス
一体何言ってんだ

左内の場合

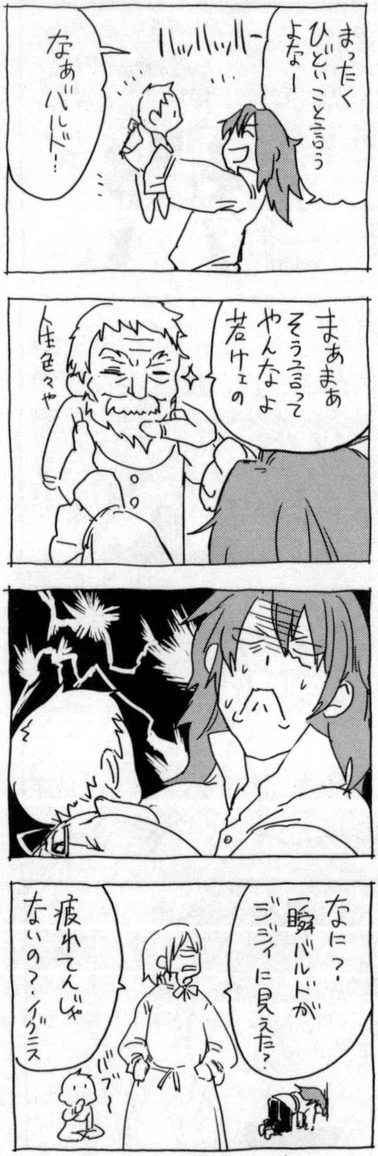

貴賤なんてないさっ!

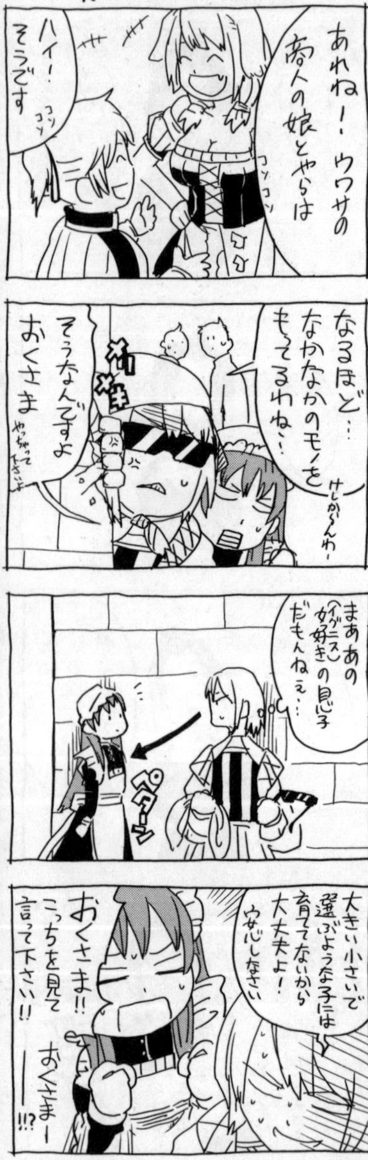

ロロナさん

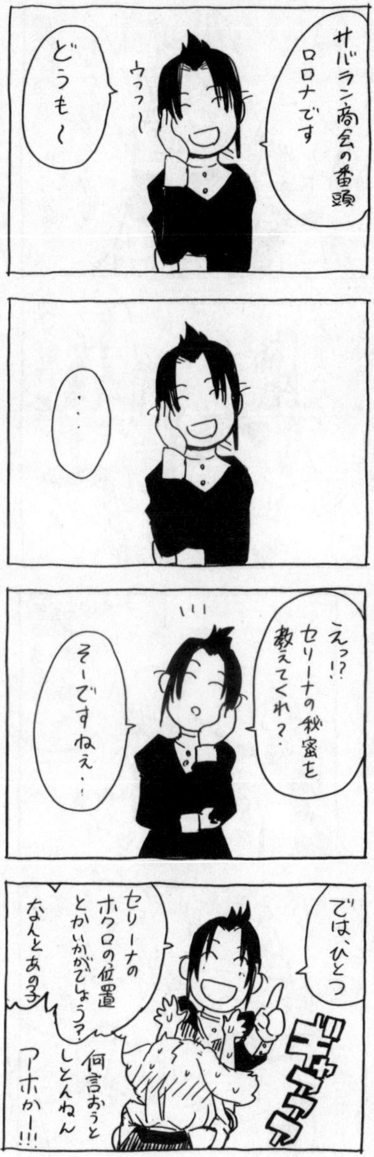

セイルーンとバルド①

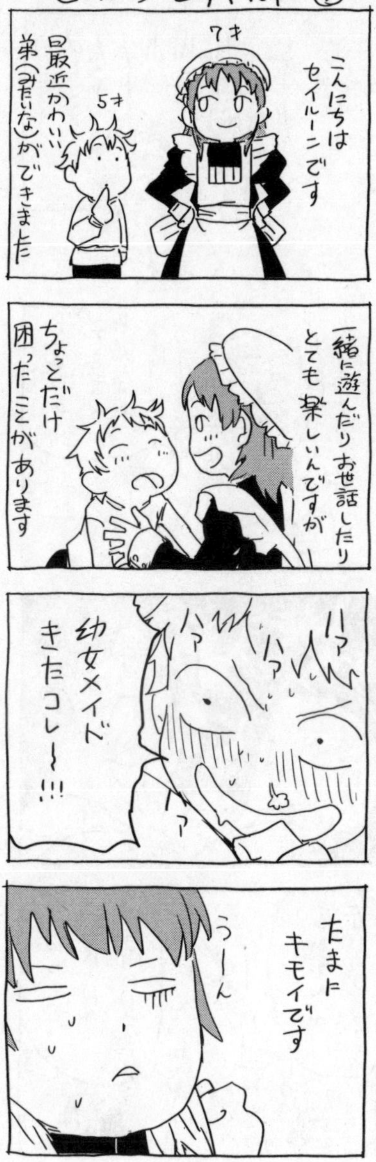

あとがき!

どうも ほのじです
コミックス版「異世界転生騒動記」1巻
お手にとっていただき ありがとうございます!
これから先バルドがどう活躍するのか
原作ファンの方は知っていると思いますが
そんな方達にも楽しんでもらえるよう
がんばっていきたいと思います.

それでは また2巻で…

ほのじ

原作の高見梁川先生
新担当のUさん
アルファポリスさん
前担当のSさん
ありがとうございます!

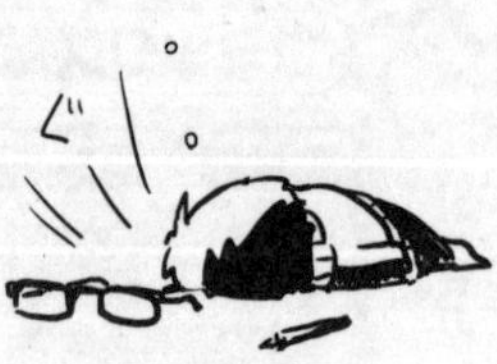

セイルーンとバルド②

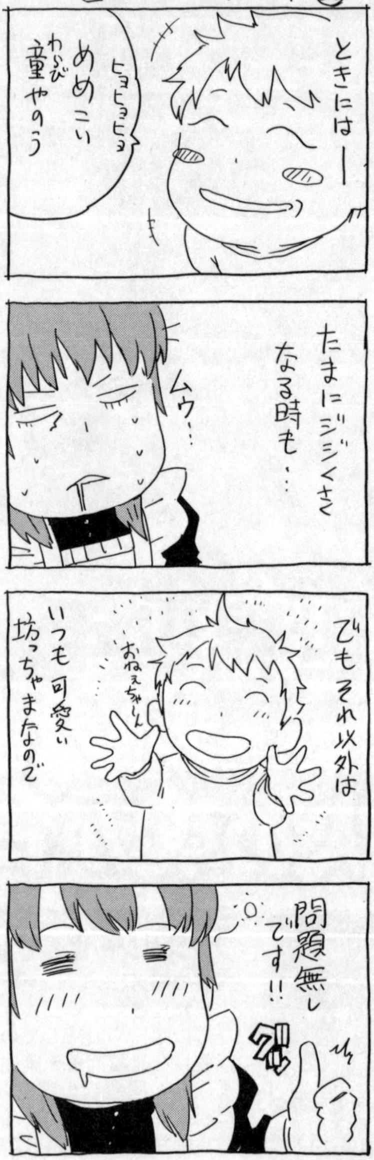

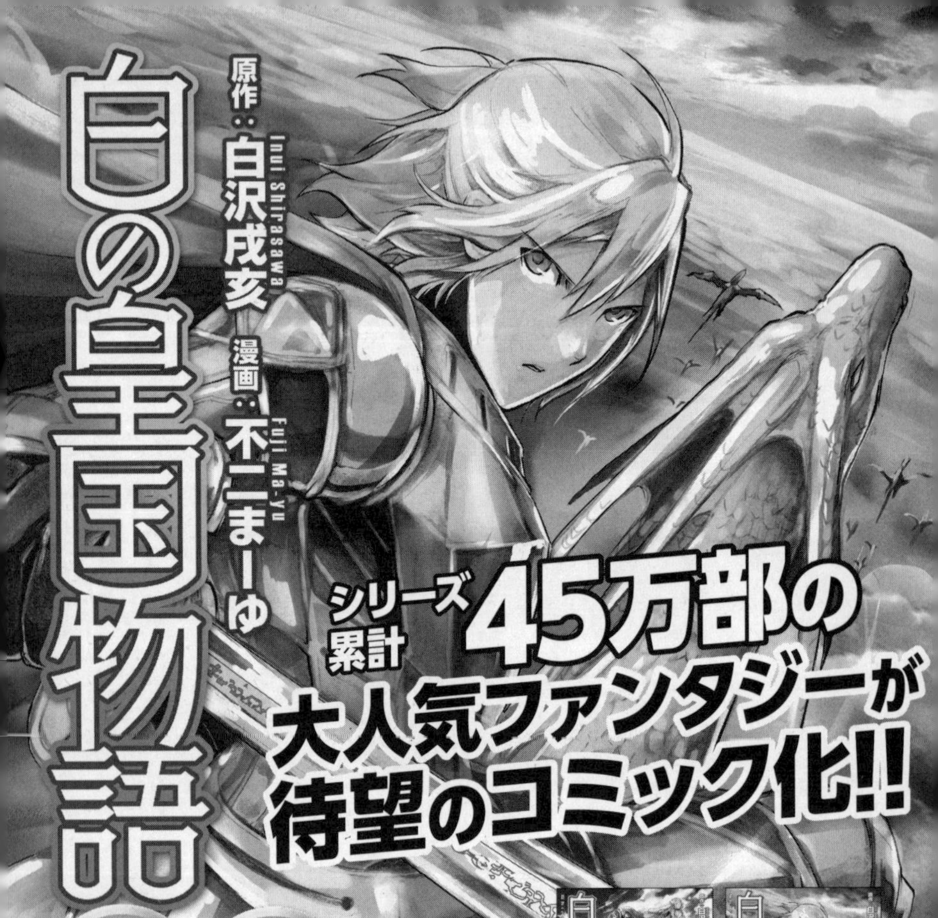

白の皇国物語

原作：白沢戌亥 Inui Shirasawa

漫画：不二まーゆ Fuji Ma-yu

シリーズ累計45万部の大人気ファンタジーが待望のコミック化!!

①〜④

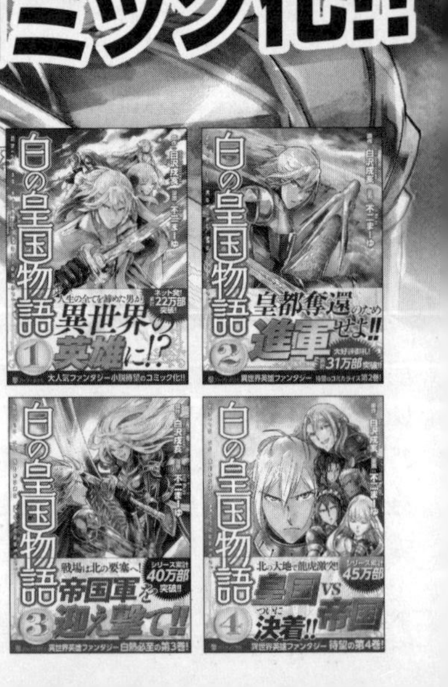

金も恋人も将来も得られず、諦めることしか出来なかった一人の男は、異世界にある「アルトデステニア皇国」に転生した。
前世の記憶を失くした彼＝レクティファールは、大貴族の令嬢メリエラに命を救われ、滅亡の危機にある皇国の救世主として立ち上がる……！

B6判　各定価：本体680円+税

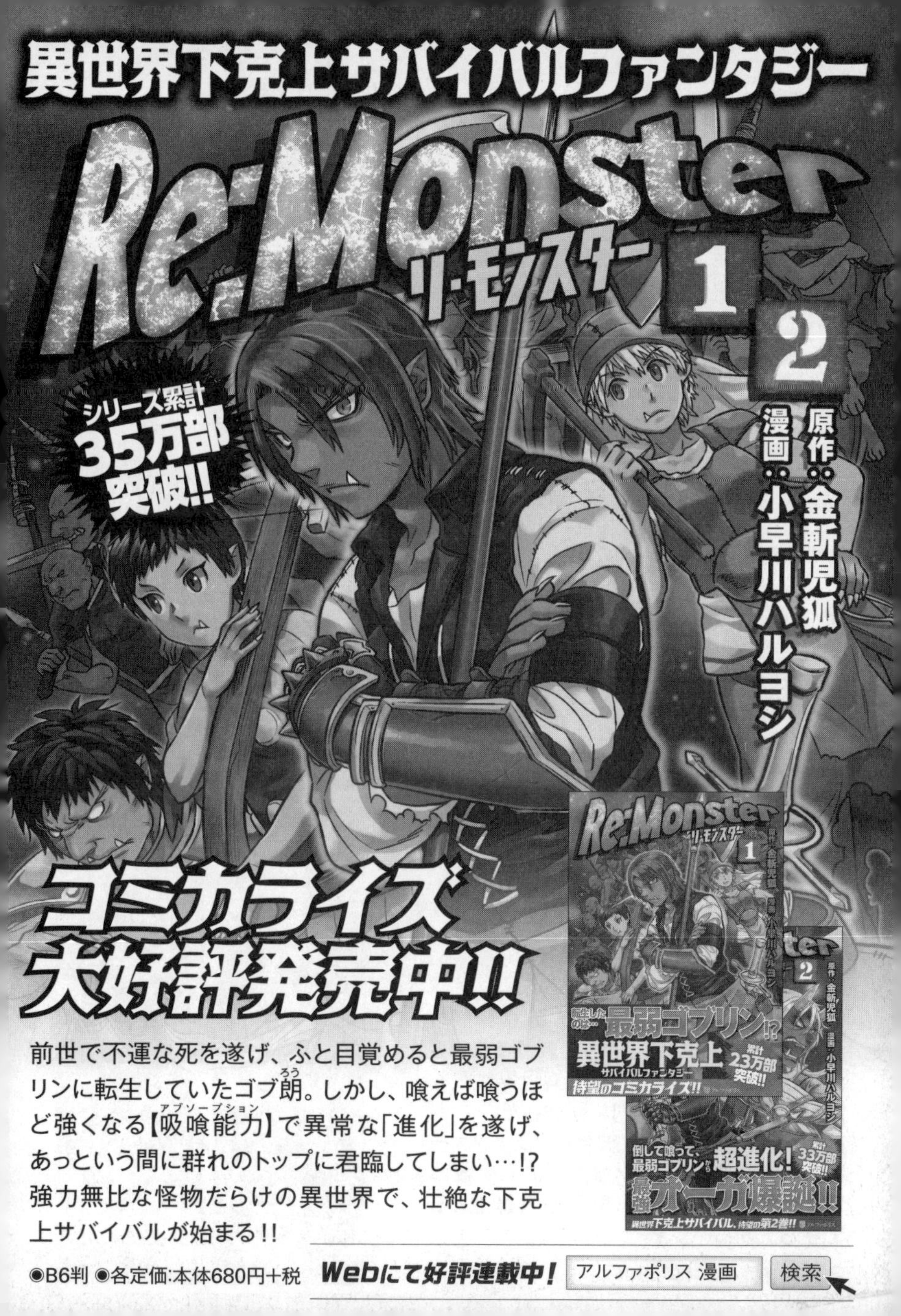

異世界下克上サバイバルファンタジー
Re:Monster
リ・モンスター
1
2
原作：金斬児狐
漫画：小早川ハルヨシ
シリーズ累計35万部突破!!
コミカライズ大好評発売中!!
前世で不運な死を遂げ、ふと目覚めると最弱ゴブリンに転生していたゴブ朗（ろう）。しかし、喰えば喰うほど強くなる【吸喰能力（アブソープション）】で異常な「進化」を遂げ、あっという間に群れのトップに君臨してしまい…!?
強力無比な怪物だらけの異世界で、壮絶な下克上サバイバルが始まる!!
Re:Monster
リ・モンスター
1
最弱ゴブリン!?
異世界下克上
サバイバルファンタジー
累計23万部突破!!
待望のコミカライズ!!
2
原作・金斬児狐
漫画・小早川ハルヨシ
倒して喰って、最弱ゴブリンから超進化!
累計33万部突破!!
オーガ爆誕!!
異世界下克上サバイバル、待望の第2巻!!
◉B6判 ◉各定価:本体680円+税
Webにて好評連載中!
アルファポリス 漫画
検索

ALPHAPOLIS
WEB CITY SINCE 2000

アルファポリス
COMICS

異世界転生騒動記 1

2016年 2月 29日初版発行
2018年 5月 15日4刷 発行

原作――高見梁川（たかみりょうせん）
漫画――ほのじ
キャラクター原案――りりんら

編集――上山拓也・菅沼大輔・柏木誠
編集長――塙綾子
発行者――梶本雄介
装丁デザイン――伸童舎
（レーベルフォーマットデザイン：ansyyqdesign）

発行所――株式会社アルファポリス
〒150-6005 東京都渋谷区恵比寿4-20-3
恵比寿ガーデンプレイスタワー5F
TEL 03-6277-1601（営業）03-6277-1602（編集）
URL http://www.alphapolis.co.jp/

発売元――株式会社星雲社
〒112-0005 東京都文京区水道 1-3-30
TEL 03-3868-3275

印刷――大日本印刷株式会社

ISBN978-4-434-21566-7 C0979

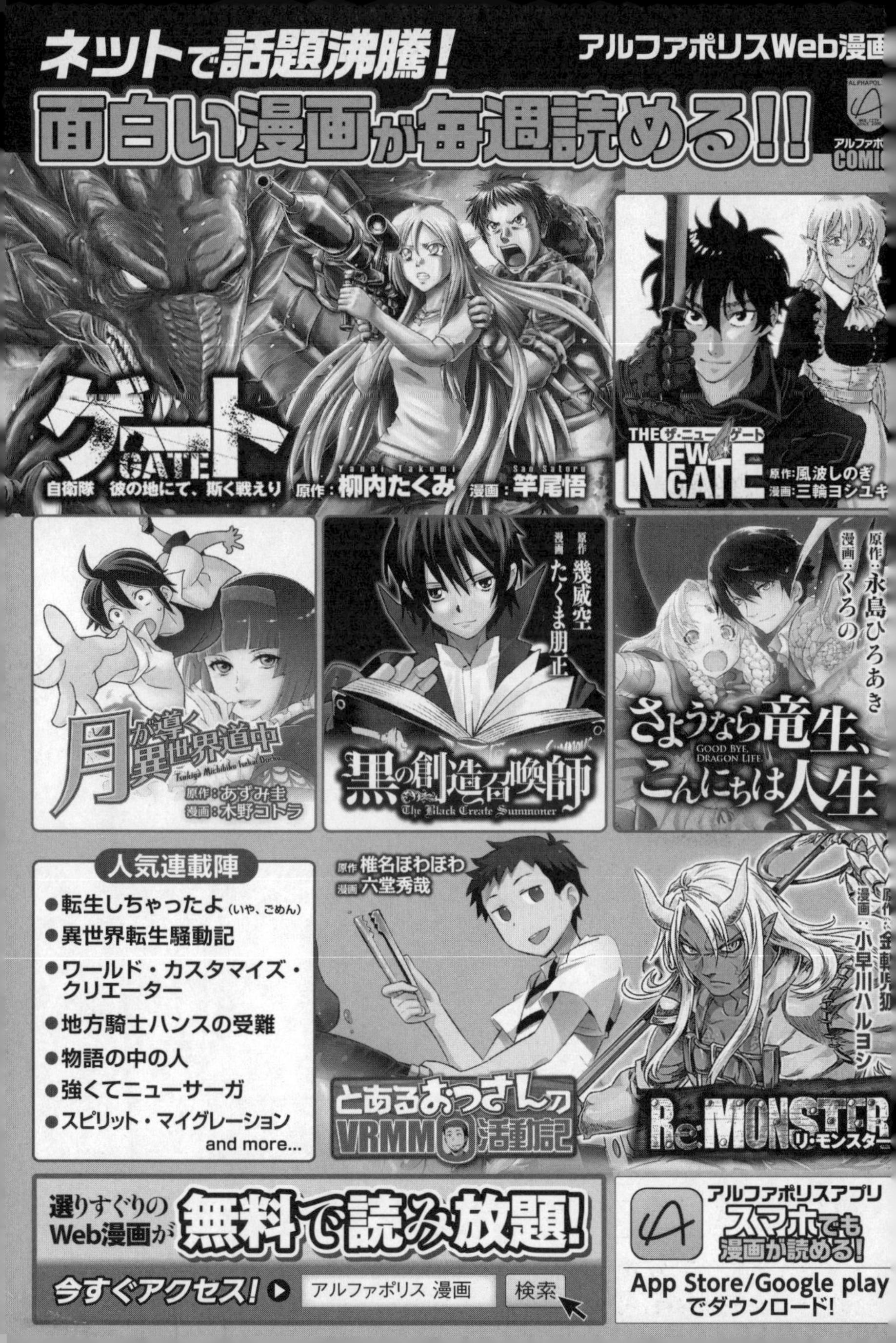

ネットで話題沸騰！
アルファポリスWeb漫画
面白い漫画が毎週読める!!
アルファポリスCOMICS
ゲート GATE 自衛隊 彼の地にて、斯く戦えり
原作：柳内たくみ
漫画：竿尾悟
THE NEW GATE ザ・ニュー・ゲート
原作：風波しのぎ
漫画：三輪ヨシユキ
月が導く異世界道中 Tsukiga Michibiku Isekai Dochu
原作：あずみ圭
漫画：木野コトラ
黒の創造召喚師 The Black Create Summoner
原作 幾威空
漫画 たくま朋正
さようなら竜生、こんにちは人生 GOOD BYE, DRAGON LIFE
原作：永島ひろあき
漫画：くろの
人気連載陣
●転生しちゃったよ（いや、ごめん）
●異世界転生騒動記
●ワールド・カスタマイズ・クリエーター
●地方騎士ハンスの受難
●物語の中の人
●強くてニューサーガ
●スピリット・マイグレーション
and more...
原作 椎名ほわほわ
漫画 六堂秀哉
とあるおっさんのVRMMO活動記
原作：金斬児狐
漫画：小早川ハルヨシ
Re:MONSTER リ・モンスター
選りすぐりのWeb漫画が無料で読み放題！
今すぐアクセス！ アルファポリス 漫画 検索
アルファポリスアプリ
スマホでも漫画が読める！
App Store/Google play でダウンロード！

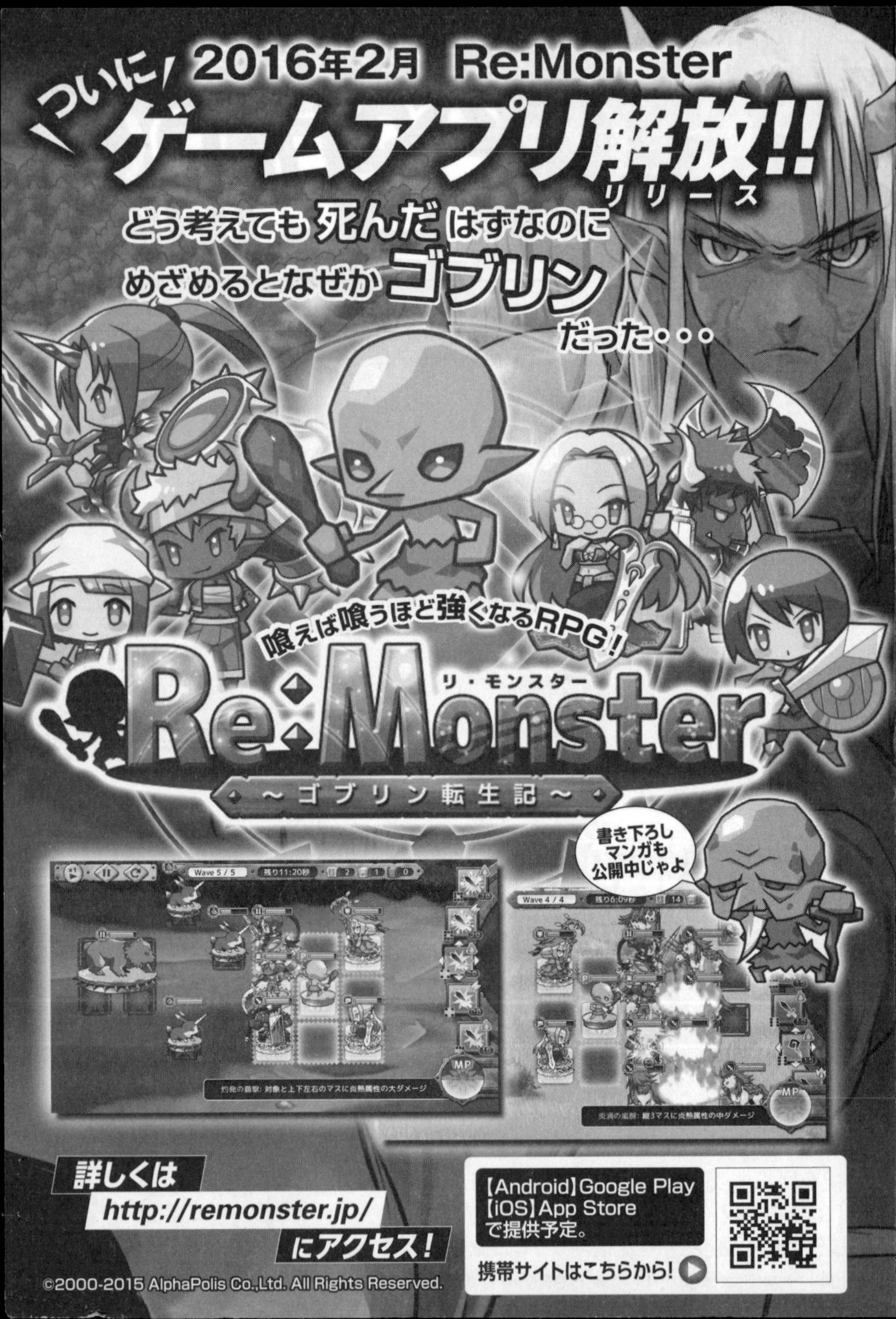

ついに！
2016年2月 Re:Monster
ゲームアプリ解放（リリース）!!
どう考えても死んだはずなのに
めざめるとなぜかゴブリンだった・・・
喰えば喰うほど強くなるRPG！
Re:Monster
リ・モンスター
～ゴブリン転生記～
書き下ろしマンガも公開中じゃよ
Wave 5 / 5
Wave 4 / 4
MP
詳しくは
http://remonster.jp/
にアクセス！
【Android】Google Play
【iOS】App Store
で提供予定。
携帯サイトはこちらから！
©2000-2015 AlphaPolis Co.,Ltd. All Rights Reserved.

こじらせ系

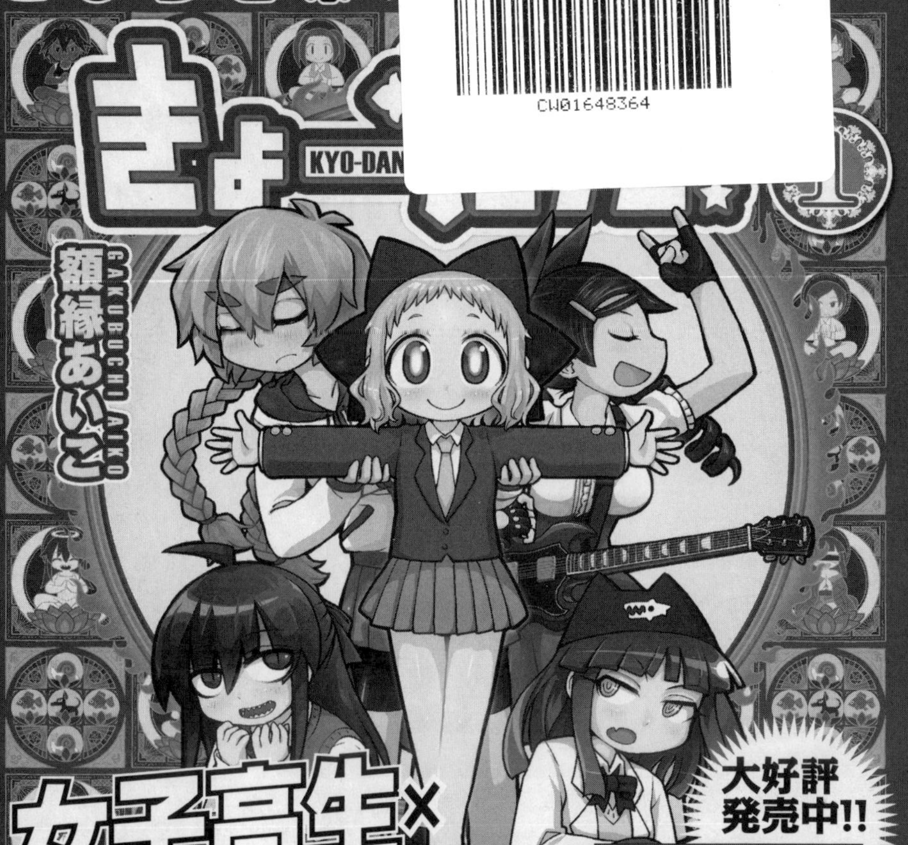

コミュ障、ぼっち、百合娘、ロックお嬢etc
世の中と折り合えず、独り傷ついていた少女達。
そんな彼女達に手を差し伸べたのは、
教祖を目指す美少女・十条真理(じゅうじょうまり)だった!
これは、友情? それとも勧誘?
こじらせ女子高生達の友情ギャグ4コマ開幕!

◉B6判 ◉定価:本体640円+税 ◉ISBN978-4-434-21603-9